기독교윤리의
기초 이해

기독교윤리의 기초 이해

A Basic Understanding of Christian Ethics

최영태 지음

보라 내가 오늘 생명과 복과 사망과 화를 네 앞에 두었나니 곧 내가 오늘 네게 명령하여 네 하나님 여호와를 사랑하고 그 모든 길로 행하며 그의 명령과 규례와 법도를 지키라 하는 것이라 그리하면 네가 생존하며 번성할 것이요 또 네 하나님 여호와께서 네가 가서 차지할 땅에서 네게 복을 주실 것 임이니라 그러나 네가 만일 마음을 돌이켜 듣지 아니하고 유혹을 받아 다른 신들에게 절하고 그를 섬기면 내가 오늘 너희에게 선언하노니 너희가 반드시 망할 것이라 너희가 요단을 건너가서 차지할 땅에서 너희의 날이 길지 못할 것이니라.

신명기 30:15-18

도서출판 새한

머리말

성경이 인간에게 가르쳐 주는 가장 중요한 것을 크게 둘로 말한다면, 그것은 구원과 윤리라고 할 것이다. 여기서 구원이란 인간이 죄와 죽음에서 벗어나 영생 곧 참으로 복된 삶을 얻는 것을 말한다. 인간은 아담 이후 죄로 말미암아 참 생명의 근원이신 하나님을 떠나 죽음 곧 불행한 가운데 있기 때문이다. 그러므로 인간은 무엇보다도 먼저 이러한 죄와 죽음에서 벗어나 참 생명을 얻어야 한다. 그러므로 예수님은 마태복음 16:24에서 다음과 같이 말씀하셨다. "사람이 만일 온 천하를 얻고도 제 목숨을 잃으면 무엇이 유익하리요 사람이 무엇을 주고 제 목숨과 바꾸겠느냐." 인간은 무엇보다도 먼저 참 생명인 영생을 얻어야 한다는 것이다. 바로 이것을 위해서 예수님이 오셨고(요 10:10 등), 또 십자가에서 고난받고 죽으신 것이다(롬 5:8 등). 그러므로 인간에게 있어서 가장 중요한 것은 무엇보다도 하나님의 아들 예수 그리스도를 바로 알고 믿어서 구원 곧 영생을 얻는 것이다(요 3:16; 롬 1:16,17 등). 그리고 여기서 윤리란 그리스도인의 삶을 말한다. 예수 그리스도를 믿어서 구원받은 그리스도인은 무엇을 위해 어떻게 살아야 하는가를 말하는 것이다. 성경은 이와 같이 그리스도인들이 어떻게 살아야 하는가를 가르쳐 주는 것이다. 그러므로 사도 바울은 젊은 목회자 디모데에게 목회자의 자세에 대해서 권고하면서 성경의 유익에 대해서 다음과 같이 말한다.

15. 또 어려서부터 성경을 알았나니 성경은 능히 너로 하여금 그리스
도 예수 안에 있는 믿음으로 말미암아 구원에 이르는 지혜가 있게 하
느니라 16. 모든 성경은 하나님의 감동으로 된 것으로 교훈과 책망과
바르게 함과 의로 교육하기에 유익하니 17. 이는 하나님의 사람으로
온전하게 하며 모든 선한 일을 행할 능력을 갖추게 하려 함이라.[1]

바울은 이 말씀에서 성경은 1) 구원에 이르는 지혜가 있게 하며, 2) 하
나님의 사람으로 온전하게 하여 모든 선한 일을 행할 능력을 갖추게 한다
는 것이다. 다시 말해서 성경은 사람으로 예수 그리스도를 알고 믿어 구원
을 얻게 하며, 또한 하나님을 믿는 그리스도인을 온전하게 하여 선한 삶을
살 수 있게 한다는 것이다. 다시 말해서 성경은 우리에게 구원의 길과 윤
리적 삶의 길을 가르쳐 준다는 것이다. 그러므로 웨스트민스터 신앙고백
에서도 성경은 신앙 곧 구원과 그리스도인 삶 곧 윤리의 표준이라고 하는
것이다.[2]

그런데, 오늘날 한국교회와 신자들은 구원에 대해서는 잘 알고 있으나,
윤리적 삶에 대해서는 잘 알지 못하는 것 같다. 오늘날 한국교회가 비난을
받는 주된 이유는 교회 또는 신자들의 삶이 윤리적이지 못하기 때문이라고
하기 때문이다.[3] 그러면, 오늘날 한국교회는 왜 이렇게 윤리적으로 문제가
많은가? 그 이유는 여러 가지가 있겠지만, 그 중에 하나는, 우리 한국교회
는 그동안 구원받고, 복을 받는 데는 많은 관심과 노력을 기울였지만, 그리
스도인들이 이 사회 속에서 어떻게 살아야 하는가에 대해서는 제대로 가르

---

1) 딤후 3:15-17. 이하 다른 표시가 없으면, 한글 성구 인용은 Good TV 온라인 성경, 개역개
   정 한글 성경임. http://goodtvbible.goodtv.co.kr/bible.asp 참조.
2) 『영한대조 웨스트민스터 신앙고백』 1. 6, 송종섭 역(서울: 소망사, 1982), 10-13 참조.
3) 최영태, "로마서에 나타난 바울의 윤리적 교훈에 대한 연구: 구원과 윤리의 관계를 중심으
   로," 「성경과 신학」 73(2015. 4), 244-245; 정병오, 박제민 편, 『2017 한국교회의 사회적 신
   뢰도 여론조사 결과 발표 세미나』(서울: (사)기독교윤리실천운동, 2017), 9-12 등 참조.

치지 못했기 때문이라고 생각된다. 물론 어떤 점에서는 그것을 이해할 수 있다. 한 개인이나 교회가 처음 신앙을 가질 때에는 구원을 받고 복을 받는 것에 많은 관심을 가지고 이를 위해 노력을 하는 것은 어쩌면 당연한 것이기 때문이다. 그러므로 한국교회가 선교 이후 현재에 이르기까지 개인의 구원과 복을 받는 것, 그리고 교회의 부흥과 성장에 많은 노력을 기울여온 것은 이해할 수 있는 것이다. 그러나 이제 한국교회가 여러 면에서 어느 정도 성장한 지금 아직도 개인의 구원과 복을 받는 것, 그리고 교회의 성장과 부흥에만 관심을 기울이고 있다면, 이는 큰 문제이다. 이것은 한 인간에게 있어서 어린 아이일 때는 많은 것을 받아야 하지만, 어느 정도 성장한 어른이 되어서는 그 성장한 만큼 어른으로서의 책임과 의무를 감당해야 하는 것과 같다고 할 것이다. 그런데 만약 그가 어느 정도 성장한 후에도 계속하여 어린아이의 수준에 머물러 있다면, 그것은 큰 문제가 아닐 수 없는 것이다.

그리고 오늘날 한국교회의 윤리적 제 문제의 원인 중의 또 하나는 한국교회가 윤리 자체를 경시하는 것이라고 생각된다. 물론 구원이 중요하다. 구원은 모든 것의 시작이기 때문이다. 그러나 한국교회는 구원이 기독교 신앙의 전부인 것처럼 생각하는 점이 있다.[4] 그리고 구원은 행위가 아니라 오직 하나님의 은혜로, 믿음으로 받는다는 것을 강조한 나머지 그리스도인의 윤리적 삶을 경시한 측면이 많다고 생각된다. 사람이 구원받는 것은 선행이 아니라 오직 믿음에 의해서 가능한 것이라면, 인간에게 있어서 선행이란 별로 중요하지 않다는 것이다. 그러나 만약 우리가 그리스도를 믿는 목적이 단지 구원을 얻어 천국에 가는 것이라면 그리스도인들이 이 세상에서 고생하며 사는 이유는 무엇인가? 예수를 믿고 바로 천국에 가는 것이 더 낫지 않은가? 물론 구원이 중요한 것이다. 그러나 그리스도인의 삶 또한 그만큼 중요한 것이다. 하나님이 우리를 구원하신 목적이 여기에 있기 때문

---

4) 특히 보수적이라고 하는 교회들에서 그런 경향이 더하다.

이다(마 5:13-16; 딛 2:14; 엡 2:10[5] 등 참조). 그리고 우리는 예수를 믿어 그리스도인이 된 후에 더 많은 시간을 이 세상에서 살아야 하기 때문이다. 이러한 모든 윤리적 삶의 경시는 구원과 윤리의 관계, 믿음과 선행, 은혜와 율법 등에 대한 잘못된 이해에서 비롯된 것이라고 생각된다.

그러므로 이 책에서 본 저자는 기독교윤리의 기본적인 내용들에 대한 바른 이해를 도모하고자 한다. 기독교윤리의 기본적인 내용이 무엇인지를 고찰함으로 그리스도인들이 그리스도의 제자로서의 삶의 기준과 방법을 알고, 이를 실천함으로써 그리스도인들이 이 세상에서 하나님의 뜻을 이루고, 하나님께 영광을 돌리는 삶을 살게 하고자 하는 것이다. 그래서 이 책에서 저자는 다음과 같은 것들에 대해서 고찰해보고자 한다.

제1장에서는 기독교윤리는 무엇이며 왜 필요한가에 대해서 간략히 고찰해보고자 한다. 제2장에서는 윤리의 기본 개념과 목적에 대해서 고찰한다. 기독교윤리에 대해서 말하기 전에 윤리가 무엇이며, 윤리는 무엇을 위해 필요한 것인가를 먼저 이해해야 하기 때문이다. 제3장에서는 인간의 윤리적 삶의 방법에 대해서 고찰한다. 인간의 윤리적 삶에는 어떤 요소들이 있는지? 그리고 그러한 삶을 살기 위해 무엇이 필요한지를 개괄적으로 이해하기 위해서이다. 제4장에서는 인간의 윤리적 삶의 판단 기준에 대해서 고찰하고자 한다. 우리가 윤리적 삶을 산다는 것은 대개 우리의 삶이 옳은가 그른가를 판단하는 것인데, 이 때 우리는 무엇을 기준으로 이런 옳고 그름을 판단할 수 있는지에 대해서 고찰하고자 하는 것이다. 이것은 다른 말로 정의의 기준이라고 할 수도 있을 것이다. 제5장에서는 바울의 윤리적 이상과 실현 방법에 대해서 고찰한다. 주로 로마서의 내용을 검토함으로 사도

---

5) "우리는 그가 만드신 바라 그리스도 예수 안에서 선한 일을 위하여 지으심을 받은 자니 이 일은 하나님이 전에 예비하사 우리로 그 가운데서 행하게 하려 하심이니라." (엡 2:10); "그가 우리를 대신하여 자신을 주심은 모든 불법에서 우리를 속량하시고 우리를 깨끗하게 하사 선한 일을 열심히 하는 자기 백성이 되게 하려 하심이라." (딛 2:14). 바울은 하나님이 우리를 구원하신 목적이 우리를 새롭게 하여 선한 일을 하게 하기 위한 것이라고 한다.

바울은 그리스도인의 윤리적 삶의 이상과 그 실현 방법을 무엇이라고 하였는가를 검토하고자 하는 것이다. 우리는 이를 통해 그리스도인의 윤리적 삶의 기준과 방법에 대해 사도 바울이 무엇을 말하고 있는지를 알게 될 것이다. 제6장에서는 구원과 윤리의 관계에 대해서 고찰한다. 주로 바울서신에 나타난 인간의 구원과 윤리에 대해서 고찰함으로 인간의 구원과 윤리적 삶의 관계에 대해서 사도 바울은 무엇을 말하고 있는지를 알고자 하는 것이다. 제7장에서는 로마서 6-8장에 나타난 그리스도인의 윤리적 삶의 방법에 대해서 고찰한다. 이를 통해 그리스도인의 윤리적 삶의 기준과 방법, 특히 그리스도인의 윤리적 삶에 있어서 가장 큰 문제 중의 하나인 육신의 문제에 대해서 고찰하고자 하는 것이다. 제8장에서는 그리스도인과 모세 율법에 대해서 고찰한다. 그리스도인의 삶에 있어서 하나의 중요한 기준이 될 수 있는 율법에 대해서, 특히 구약의 모세 율법을 어떻게 이해하고 적용해야 할 것인가에 대해서 고찰하고자 하는 것이다. 이것은 오늘 우리에게 또 하나의 중요한 문제가 되기 때문이다.

한 가지 여기서 밝힐 것은 여기서 활용하고 있는 많은 내용이 이미 본 저자가 여러 학술지에 발표한 내용을 일부 수정하여 제시하고 있다는 것이다. 이 내용들은 각자가 나름대로의 중요성을 가지고 있으나, 이들을 체계적으로 모아 정리하는 것은 기독교윤리의 기초를 이해하는데 있어서 큰 도움이 된다고 생각하기 때문이다. 보다 구체적인 내용은 각 내용이 사용되는 곳에서 밝힐 것이다. 어떤 점에서 이 내용들은 저자 자신의 문제들을 해결하기 위해 고민하고, 연구했던 내용들이다. 이 내용들은 본 저자가 1998년 연세대학교 대학원에서 기독교윤리를 공부하기 시작할 때부터 저자 자신이 많은 관심을 가지고 고민하던 문제들이었다. 저자는 기독교윤리에 대한 많은 내용들을 공부하면서 정작 기독교윤리의 기본 내용들에 대한 이해가 부족함을 절실하게 느꼈고, 따라서 저자는 이런 문제들에 대해 많은 고민과 연구, 노력을 기울였고, 그 결과로 나온 것이다. 아직도 많이 부족하지만,

그래도 기독교윤리에 대해서 생각할 때 가장 기본적으로 생각해야 하는 문제들에 대해서 나름대로 작은 대답을 제시할 수 있었다는 점에서 이런 은혜를 주신 하나님께 감사드린다. 그리고 여기까지 기독교윤리에 대해서 연구하고 가르칠 수 있도록 끊임없이 도와주고 기도해준 많은 분들께 감사드린다. 첫째는 가족들에게, 그리고 내가 근무하는 한국성서대학교의 총장님과 여러 교수들, 교직원들과 또 그동안 나와 함께 해준 모든 학생들에게 진심으로 감사드린다.

　이 책의 내용들은 기독교윤리의 기초를 이해하기 위한 하나의 작은 노력이다. 아직도 많은 내용들이 더 검토되고 연구되어야 할 것들이다. 그럼에도 불구하고, 이 책이 필요한 것은 기독교윤리의 기본적인 내용들에 대한 체계적인 연구가 많이 부족하기 때문이다. 아무쪼록 이 작고 부족한 책을 통하여 한국의 그리스도인들이 그리스도인의 삶의 문제를 다루는 기독교윤리의 기본 내용을 이해하는데 조금이라도 도움이 되기 바란다. 그리고 그들이 그 내용을 자신의 삶에 적용하고 실천함으로 하나님이 각 그리스도인들에게 원하시는 삶을 살아 이 땅에서 하나님의 뜻을 이루고 하나님께 영광 돌리는, 그래서 하나님을 기쁘시게 하는 그리스도의 좋은 일군들이 되기 바란다.

2018년 8월

한국성서대학교 복음관 연구실에서

최 영 태

서론

A Basic Understanding of Christian Ethics

제1장

서 론

기독교윤리(基督教倫理, Christian Ethics)는 기독교 신앙(基督教 信仰, Christian Faith)에 기초한 윤리(倫理) 또는 기독교적인 관점에서의 윤리(倫理)라고 할 것이다. 그리고 기독교윤리학(基督教倫理學, Christian Ethics)은 이러한 기독교윤리에 대한 연구 또는 학문이라고 할 것이다.[1] 그런데 다음 장에서 보는 바와 같이 우리 말 "윤리"(倫理, Ethics)가 "윤리학"(倫理學, Ethics)을 의미하기도 하므로 이 책에서는 특별한 경우가 아니면 "기독교윤리"란 말이 단순히 "기독교윤리"(基督教倫理, Christian Ethics) 또는 "기독교윤리학"(基督教倫理學, Christian Ethics)을 의미하는 것으로 사용하고자 한다.[2] 백석대학교의 전 기독교윤리학 교수인 김희수는 그의 책 『기독교윤리학』에서 기독교윤리학을 다음과 같이 정의하였다.

기독교신학의 한 분야인 기독교윤리학은 도 또는 진리, 선과 악, 옳고 그름에 대하여 기독교윤리학적인 관점에서 탐구함을 의미하는 것이

---

1) 김희수, 『기독교윤리학』(서울: 동문선, 2011), 20-21 참조.
2) 최영태, "윤리의 기본 개념과 목적에 대한 연구," 「복음과 윤리」, 9(2012): 157-203 참조.

다. … 기독교윤리는 "인간과 다른 피조물(자연과 우주를 포함하는)들 사이에 하나님의 뜻에 합당한 올바른 관계를 형성함으로써 정의와 평화를 이룩하고 함께 더불어 사는 삶의 환희가 넘쳐나게 만드는 합당한 행동 원칙"으로, 기독교윤리학은 "인간과 인간 사이에, 그리고 인간과 다른 모든 피조물들 사이에 하나님의 뜻에 합당한 올바른 관계를 형성함으로써 정의와 평화를 이룩하고 함께 더불어 사는 삶의 환희가 넘쳐나게 만드는 데 합당한 행동 원칙에 대하여 연구하는 학문"으로 정의할 수 있을 것이다.[3]

그는 기독교윤리와 기독교윤리학을 구분하여 기독교윤리는 기독교적 관점에서의 윤리이고, 기독교윤리학은 이런 기독교윤리에 대해서 연구하는 학문이라고 한다. 그리고 그는 기독교윤리를 "인간과 다른 피조물(자연과 우주를 포함하는)들 사이에 하나님의 뜻에 합당한 올바른 관계를 형성함으로써 정의와 평화를 이룩하고 함께 더불어 사는 삶의 환희가 넘쳐나게 만드는 합당한 행동 원칙"이라고 하는데, 이 내용을 좀 더 분석하면, 기독교윤리는 1) 사람과 다른 피조물들 사이의 관계에 관한 것이며, 2) 그들 사이에 하나님의 뜻에 합당한 올바른 관계를 형성하는 것이며, 3) 이를 통해 정의와 평화를 이룩하는 것이며, 4) 그 결과 함께 더불어 사는 삶의 환희가 넘쳐나게 만드는 것이며, 5) 그렇게 만드는 합당한 행동 원칙이라는 것이다. 그런데 여기서 2) "그들 사이에 하나님의 뜻에 합당한 올바른 관계를 형성하는 것"이 곧 "정의"라고 할 수 있고, 3)의 "평화"가 이루어질 때 4)의 "함께 더불어 사는 삶의 환희가 넘쳐나"는 삶이 만들어진다. 그러므로 이 내용을 좀 더 요약해보면, 기독교윤리는 1) 사람과 다른 피조물들 사이의 관계에 관한 것이며, 2) 그들 사이에 하나님의 뜻에 합당한 올바른 관계(정의)를 이루는 것이며, 3) 이를 통해 평화와 공동의 행복(곧 함께 더불어 사는 삶의

---

3) 김희수, 『기독교윤리학』, 20-21.

환희가 넘쳐나는 삶)을 만드는 것이며, 4) 그렇게 하기 위해 필요한 규범 또는 규칙(그렇게 만드는 합당한 행동 원칙)이라고 할 수 있다. 이 내용을 좀 더 분석해 보면, 1) 기독교윤리는 사람들 사이(또는 사람과 다른 피조물들 사이)의 관계에 대한 것이다. 김희수 교수는 이 관계를 다른 모든 피조물들에게까지 확장시키나, 윤리는 원래 사람들 사이의 관계에 대한 것이다.[4] 2) 기독교윤리는 또한 사람들 사이에 정의를 실현하기 위한 것이다. 다만 그 정의는 하나님의 뜻에 합당한 것이어야 한다. 왜냐 하면, 원래 정의는 사람들 사이에 올바른 관계를 형성하는 것인데, 여기서 정의는 기독교적인 정의이므로 그것은 하나님의 뜻에 합당한 것이어야 하는 것이다. 여기에 기독교윤리의 특징이 있는 것이다. 3) 그리고 이러한 기독교윤리의 목적은 결국 사람들 사이에 평화와 공동의 행복을 이루는 것이다. 4) 그리고 기독교윤리의 핵심적인 내용은 결국 이것을 이루기 위해 필요한 행동 원칙 곧 규칙 또는 규범이라는 것이다. 이것을 요약해서 다음과 같이 말할 수 있을 것이다. **"기독교윤리는 하나님의 뜻에 따라 사람들 사이에 정의를 이루어 평화와 공동의 행복을 이루기 위해 필요한 행동 원칙 또는 규범이다."** 우리는 이것을 더 요약해서 "기독교윤리는 하나님의 뜻을 따라 사람들이 함께 잘 살기 위해(평화와 공동의 행복을 위해) 그 방법을 찾는 것(정의와 규칙, 규범의 문제)"이라고 할 수도 있을 것이다.[5] 우리는 이 내용에서 기독교윤리의 중요한 요소들을 보게 된다. 그것은 곧 기독교윤리는 1) 하나님의 뜻에 따라야 한다는 것이며, 2) 사람들 사이의 관계 곧 정의에 대한 것이며, 3) 사람들 사이에 평화와 행복을 이루기 위한 것이며, 4) 이를 위한 규칙 또는 규범이라는 것이다. 이 내용을 조금 더 자세히 고찰해 보면, 다음과 같다.

　　1) 기독교윤리는 하나님의 뜻에 따라야 한다. 기독교윤리는 기독교 신앙 곧 하나님과 그의 뜻에 기초해야 하기 때문이다. 이를 위해서는 성경이 말하

---

4) 김희수, 『기독교윤리학』, 16-17.
5) 최영태, "윤리의 기본 개념과 목적에 대한 연구," 196-199 참조.

는 하나님과 그의 뜻을 잘 알아야 한다. 그리고 이를 위해서 우리는 기독교 신학을 공부하는 것이다. 다시 말해서 기독교윤리는 신학적 윤리라는 것이다.

2) 기독교윤리는 사람들 사이에 정의를 이루기 위한 것이다. 그러므로 우리는 정의가 무엇인지를 알아야 한다. 그리고 그 정의에는 어떠한 요소들이 있으며, 그 정의를 어떻게 이룰 수 있는지를 알아야 한다.

3) 기독교윤리의 목적은 사람들 사이에 평화와 행복을 이루기 위한 것이다. 그러므로 우리는 여기서 참된 평화와 행복이 무엇인지 그리고 그것을 어떻게 이룰 수 있는지를 알아야 한다. 이는 삶의 가치와 선에 대한 문제라고 할 것이다.

4) 기독교윤리는 행동원칙 또는 규칙에 대한 것이다. 물론 윤리에도 여러 가지 의미가 있지만 그 중에 가장 핵심적인 것 중의 하나는 규칙 또는 규범이라고 할 것이다.[6] 규칙 또는 규범은 삶의 현실 속에서 앞에서 말한 정의를 실현하기 위한 좀 더 구체적인 행동 지침인 것이다. 다만 이것은 결국 사람들 사이의 평화와 행복을 위한 것이므로 이 규칙 또는 규범들이 실제적으로 이러한 목적을 이루는 것인지를 검토해야 할 것이다. 그리고 이를 위해서는 인간 삶의 현실을 바로 이해해야 한다. 현실에 맞지 않는 규칙은 그 목적을 실현할 수 없기 때문이다.

그러므로 우리가 기독교윤리를 잘 알기 위해서는 1) 기독교 신앙에 대해서 잘 알아야 하고, 이는 신학의 문제이다. 기독교윤리는 성경에 나타난 참 하나님과 그의 뜻에 대한 신앙에 기초해야 하기 때문이다. 2) 정의와 평화, 그리고 인류 공동의 행복이 무엇인지를 잘 알아야 한다. 이것은 곧 윤리 이론의 문제이다. 곧 인간 삶의 목적과 방법 등에 대한 이론적인 연구가 필요하다는 것이다. 3) 삶의 현실을 잘 알아야 한다. 윤리는 인간의 삶의 문제로서 단지 이론에 그치는 것이 아니라, 실제 삶의 현장에서 사람이 어떻게 살

---

6) 최영태, "윤리의 기본 개념과 목적에 대한 연구," 196-199.

아야 하는가에 대해 연구하기 때문이다.[7] 이를 위해서는 많은 학문과 현실의 이해를 위한 노력이 필요하다.

1. 기독교윤리의 성격

가이슬러(Norman L. Geisler)는 그의 책 『기독교윤리학』에서 기독교윤리학의 특성을 다음과 같이 다섯 가지로 말하였다.[8]

1) 기독교윤리는 하나님의 뜻(의지)에 기초한다. 기독교윤리는 하나님의 도덕적 속성에서 나오기 때문이라고 한다.[9]

2) 기독교윤리는 절대적이다. 하나님의 도덕적 속성은 불변하기 때문이라는 것이다.[10]

3) 기독교윤리는 하나님의 계시에 기초한다. 하나님의 뜻은 계시를 통해 나타나기 때문이다. 그리고 그 계시에는 일반계시와 특별계시가 있다.[11]

4) 기독교윤리는 규정적이다. 여기서 규정적이라는 것은 단지 서술적인 것이 아니라, 의무를 규정하고 있다는 것이다. 곧 당위를 말한다는 것이다.[12]

5) 기독교윤리는 의무론적이다. 기독교윤리는 하나님이 정하신 법과 의무의 준수를 중요시한다는 것이다. 그렇다고 하여 목적론적인 결과를 소홀히 하는 것은 아니라고 한다.[13]

---

7) 최영태, "그리스도인의 윤리적 삶의 방법에 대한 사도 바울의 교훈 연구," 「신학과 실천」, 6(2008), 188-198 참조.

8) 노르만 L. 가이슬러, 『기독교윤리학』, 위거찬 역 (서울: 기독교문서선교회, 1999), 16-21; 김희수, 『기독교윤리학』, 32-36.

9) 가이슬러, 『기독교윤리학』, 16-17; 김희수, 『기독교윤리학』, 32.

10) 가이슬러, 『기독교윤리학』, 17-18; 김희수, 『기독교윤리학』, 32-33.

11) 가이슬러, 『기독교윤리학』, 18; 김희수, 『기독교윤리학』, 33.

12) 가이슬러, 『기독교윤리학』, 18-19; 김희수, 『기독교윤리학』, 33-34.

13) 가이슬러, 『기독교윤리학』, 19-21; 김희수, 『기독교윤리학』, 34-36.

가이슬러의 다섯 가지 기독교윤리학의 특성들은 기독교윤리학이 기독교 신앙에 기초한 것이라는 특성에서 나오는 당연한 귀결이라고 할 것이다. 이 외에 기독교윤리가 윤리학에 속하는 점에서 다음과 같은 성격을 가지고 있음을 또한 보게 된다.

1) 기독교윤리는 지혜(智慧, wisdom)의 학문이다. 윤리는 사람들이 함께 잘 사는 길을 찾는 것이기 때문이다. 잘사는 길을 가르쳐주는 것이 지혜이 다.[14] 그러므로 윤리는 잘사는 길을 찾는 지혜의 학문이다. 오늘날에는 인 터넷의 발달로 지식은 많으나 지혜를 찾기가 어렵다. 우리는 많은 지식 중 에 무엇이 그리고 어떻게 하는 것이 우리를 가장 유익하고 행복하게 하는 것인지를 알아야 한다. 윤리는 바로 이런 것을 연구하는 것이다. 그러므로 자고로 윤리는 성인들의 가르침이었다. 인생이 무엇인지를 알고, 어떻게 사는 것이 참으로 사람을 행복하게 하는 것인가를 아는 사람들이 가르친 것 이다. 그러므로 지혜로운 자 곧 윤리를 잘 아는 사람이 참다운 지도자가 될 수 있는 것이다.[15] 특히 구약에서 잠언은 참된 지혜를 가르치는데(잠언 1

---

14) 지혜란 지식과 자원을 효과적으로(최대의 유익이 있도록) 사용하는 능력이라고 할 것이다. 네이버 국어사전은 지혜를 "사물의 이치를 빨리 깨닫고 사물을 정확하게 처리하는 정신적 능력"이라고 한다. 네이버 국어사전, "지혜," http://krdic.naver.com/detail.nhn?docid= 35880600 (2018. 8. 3). 또한 네이버 백과사전은 지혜(智慧)에 대해서 "사물의 도리나 선 악을 분별하는 마음의 작용"이라고 하면서 다음과 같이 설명한다. "인간의 일반적인 지적 활동에서, 지식(知識)이 인간적인 사상(思想)까지도 포함한 대상에 관한 지(知)를 의미하 는 것임에 대하여, 지혜는 인간존재의 목적 그 자체에 관계되는 지를 의미한다고 할 수 있 다. 지식과 지혜와는 무관한 것이 아니라, 사상 특히 인간적 사상에 대한 정확한 지식이 없 이는 참다운 지혜가 있을 수 없고, 또 반대로 지혜에 의하여 표시되는 구극(究極)의 목적에 대해서 수단으로서의 위치가 주어지지 않는 지식은 위험한 것이며, 참된 지식이라고는 말 하기 어렵다. 지혜란 모든 지식을 통합하고, 살아 있는 것으로 만들며, 구애받지 않는 뛰어 난 의미로서의 감각이다. 그러므로 결코 일정한 지식내용으로 고정되거나 전달할 수 없 다."고 한다. 네이버 지식백과 두산백과, "지혜," http://100.naver.com/100.nhn?docid =143110 (2018. 8. 3).

15) 한 예로 창 41:38-40에서 애굽 왕 바로는 그의 꿈을 해석한 요셉을 애굽의 총리로 세우면 서 다음과 같이 말한다. "38. 바로가 그의 신하들에게 이르되 이와 같이 하나님의 영에 감

장; 9:10 등 참조), 그 지혜는 사람이 참으로 잘 사는 길을 가르치는 것 곧 윤리인 것이다. 잠언 9:10은 "여호와를 경외하는 것이 지혜의 근본이요 거룩하신 자를 아는 것이 명철"이라고 한다. 여호와를 경외하는 것이 참으로 잘사는 길이기 때문이다. 예수님은 복음을 전하기 위해 세상으로 나아가는 제자들에게 뱀같이 지혜롭고 비둘기같이 순결하라고 하셨는데(마 10:16[16]), 이것은 곧 그들의 성품이 그리스도를 닮아 거룩하고 선하고 순수할 뿐만 아니라, 그들이 또한 지혜로워서 이 세상의 악인들에 의해 어리석게 무너지는 자들이 되지 말라는 것이다. 곧 하나님의 뜻을 성취하기 위해서도 지혜의 학문인 윤리가 필요한 것이다.

2) 기독교윤리는 종합학문이다. 윤리는 잘 사는 길을 찾는 것인데, 사람이 잘 사는 것은 어느 한 가지만으로 이루어지는 것이 아니기 때문이다. 우리가 잘살려고 하면, 우리의 지식, 경험, 재능, 재산, 인간관계 등을 총 동원하여 최선의 길을 찾아야한다. 어느 한 가지만 잘한다고 하여 최선의 삶이 이루어지지 않는다. 그러므로 우리가 잘살고자 하면, 우리의 지식과 재능과 재산과 이웃과의 관계 등 우리가 가진 모든 것을 잘 활용하여 최선의 길을 찾아야하고, 그러므로 윤리는 종합적인 학문이 될 수밖에 없는 것이다. 그것도 단순한 종합이 아니고, 서로의 관계와 중요성의 정도 등을 고려하는 체계적인 종합이 되어야 한다. 그러므로 윤리는 사회학, 심리학, 경제학,

---

된 사람을 우리가 어찌 찾을 수 있으리요 하고 39. 요셉에게 이르되 하나님이 이 모든 것을 네게 보이셨으니 너와 같이 명철하고 지혜 있는 자가 없도다 40. 너는 내 집을 다스리라 내 백성이 다 네 명령에 복종하리니 내가 너보다 높은 것은 내 왕좌뿐이니라." 곧 명철하고 지혜 있는 자가 지도자가 될 자격이 있다는 것이다. 윤리는 이와 같이 잘 사는 길을 아는 지혜라고 할 수도 있는 것이다.

16) "보라 내가 너희를 보냄이 양을 이리 가운데로 보냄과 같도다 그러므로 너희는 뱀 같이 지혜롭고 비둘기 같이 순결하라." 여기서 "지혜롭고"(φρόνιμος)는 분별력 있고, 지혜로운 것을 말한다. Thayer's Greek Lexicon, "φρόνιμος," https://biblehub.com/greek/5429.htm (2018. 8. 14) 참조.

정치학, 철학, 신학, 자연과학 등 제반 학문의 도움을 필요로 하고, 이것들을 잘 활용할 때 더 나은 윤리가 될 수 있는 것이다.[17]

2. 일반윤리와 기독교윤리의 차이점

일반윤리는 인간의 이성에 기초하여 사람들이 이 세상에서 잘 살기 위한 삶의 길을 찾는 것이라고 한다면, 기독교윤리는 단순히 인간의 이성에만 기초하는 것이 아니라 기독교 세계관 곧 기독교 신앙에 기초하여 사람들이 함께 잘 사는 길을 찾는 것이라고 할 것이다.[18] 일반윤리와 기독교윤리의 차이점은 다음과 같이 몇 가지 살펴 볼 수 있을 것이다.

가. 세계관: 세계관이란 이 세상에 대한 기본적이고 종합적인 이해라고 할 것이다.[19] 일반윤리는 인간의 이성과 경험에 의한 세계관에 기초한다.

---

17) 윤리학과 타 학문과의 관계에 대해서는 다음 내용을 참고하기 바란다. 김희수, 『기독교윤리학』, 39-41.
18) 김희수, 『기독교윤리학』, 20-31 참조.
19) 제임스 사이어(James W. Sire)는 세계관을 다음과 같이 정의한다. "간단히 정의하여 세계관이란 이 세계의 근본적 구성에 대해 우리가(의식적으로든 무의식적으로든, 일관적이든 비일관적이든) 견지하고 있는 일련의 전제(전체적으로 혹은 부분적으로 옳거나, 아니면 전적으로 틀릴 수 있는 가정)들이다." James W. Sire, *The Universe Next Door*. 2nd ed.(Inter Vasity Press, 1988), 김헌수 역, 『기독교세계관과 현대 사상』(개정판, 서울: 한국기독학생회출판부, 1995), 20. 네이버 국어사전은 세계관을 다음과 같이 정의한다. "자연적 세계 및 인간 세계를 이루는 인생의 의의나 가치에 관한 통일적인 견해. 민족성 · 전통 · 교육 · 운명 따위를 기반으로 하며, 낙천주의 · 염세주의 · 숙명론 · 종교적 세계관 · 도덕적 세계관 · 과학적 세계관 따위의 여러 견해가 있다." 네이버 국어사전, "세계관," https://ko.dict.naver.com/detail.nhn?docid=21493800 (2018. 8. 2). 그리고 네이버 지식백과 두산백과 사전은 세계관을 다음과 같이 정의한다. "형이상학적 관점에서의 세계에 관한 통일적 파악." "지적(知的) 측면뿐만 아니라 실천적 · 정서적 측면까지를 포함한 포괄적 세계 파악을 목적으로 한다."고 한다. 네이버 지식백과 두산백과, "세계관," https://terms.naver.com/entry.nhn?docId=1112844&cid=40942&categoryId=31529 (2018. 8. 2).

그러므로 이것은 신과 초월적인 세계를 부인하고 단지 눈에 보이는 세상과 인간의 본성에 대한 이해에 기초한다. 거기에 비해 기독교윤리는 기독교 세계관 곧 기독교 신앙에 기초한다. 그러므로 기독교윤리는 성경에 나타난 하나님과 그의 세계를 믿고 이에 기초한다.[20]

나. 가치관: 일반윤리에 있어서 최고의 가치는 이 세상에서의 행복한 삶이다. 이 세상에서 인간을 행복하게 하는 것이 최고의 가치가 되는 것이다. 거기에 비해 기독교윤리에서는 하나님과 하나님의 나라가 최고의 가치가 된다. 왜냐하면, 하나님이 온 세계와 역사의 주권자요, 영원한 생명과 복의 근원이라고 믿기 때문이다.

다. 삶의 목적: 사람은 자기에게 가장 중요하다고 생각하는 것을 자기 삶의 최고의 목적으로 삶는다. 이렇게 볼 때 일반윤리에서의 삶의 목적은 이 세상에서의 자기 삶의 행복이라고 할 것이다. 거기에 비해 기독교윤리에서는 하나님의 나라와 하나님의 영광을 위해 사는 것이 삶의 목적이 된다. 하나님의 나라와 하나님의 영광을 위해 사는 것이 최고의 가치이기 때문이다 (마 6:33[21]; 16:26-27[22] 등 참조).

라. 삶의 기준: 일반윤리에서의 삶의 기준은 사람들이 만든 규칙 또는 규범이다. 그 이상의 기준은 없기 때문이다. 거기에 비해서 기독교윤리에서의

---

20) 김희수, 『기독교윤리학』, 21-26 참조.
21) "그런즉 너희는 먼저 그의 나라와 그의 의를 구하라 그리하면 이 모든 것을 너희에게 더하시리라." 예수님은 하나님의 자녀의 첫 번째 의무는 하나님의 나라와 의를 구하는 것이라고 한다.
22) "26. 사람이 만일 온 천하를 얻고도 제 목숨을 잃으면 무엇이 유익하리요 사람이 무엇을 주고 제 목숨과 바꾸겠느냐 27. 인자가 아버지의 영광으로 그 천사들과 함께 오리니 그 때에 각 사람이 행한 대로 갚으리라." 예수님은 이 세상의 그 어떤 것보다도 인간의 생명이 더 귀중한 것임을 말씀하신다. 그러나 그 생명도 이 세상의 삶으로 끝나는 것이 아니고, 인자 곧 그리스도가 다시 오는 그 때에 각 사람의 행위에 대한 심판이 있을 것을 가르쳐 준다.

삶의 기준은 하나님 자신과 그의 말씀이다. 하나님 자신과 그의 말씀이 진리이고, 최고의 기준이라고 생각하기 때문이다(신 30:15-18[23]; 사 40:6-8[24] 등 참조).[25]

마. 삶의 자원과 방법: 여기서 삶의 자원은 사람이 이 세상에서 살아가는 데 있어서 필요한 자원들을 말한다. 이에는 건강, 지식, 재능, 기술, 재산, 이웃과의 관계 등이 있다. 일반윤리에서는 이 세상에서 인간 자신이 가진 것들이 그의 삶의 자원이 된다. 그러나 기독교윤리에서는 인간 자신이 가진 것 외에 하나님의 은혜와 도우심이 더 중요한 자원이 된다. 인간 자신의 자원만으로는 하나님의 뜻을 이루는 삶을 살 수 없기 때문이다(시 146:3-7[26];

---

23) "15. 보라 내가 오늘 생명과 복과 사망과 화를 네 앞에 두었나니 16. 곧 내가 오늘 네게 명령하여 네 하나님 여호와를 사랑하고 그 모든 길로 행하며 그의 명령과 규례와 법도를 지키라 하는 것이라 그리하면 네가 생존하며 번성할 것이요 또 네 하나님 여호와께서 네가 가서 차지할 땅에서 네게 복을 주실 것임이니라 17. 그러나 네가 만일 마음을 돌이켜 듣지 아니하고 유혹을 받아 다른 신들에게 절하고 그를 섬기면 18. 내가 오늘 너희에게 선언하노니 너희가 반드시 망할 것이라 너희가 요단을 건너가서 차지할 땅에서 너희의 날이 길지 못할 것이니라." 이 말씀에서 모세는 그의 백성 이스라엘에게 오직 하나님의 말씀을 따라 사는 것이 그들의 생명과 복임을 말하고 있다.
24) "6. 말하는 자의 소리여 이르되 외치라 대답하되 내가 무엇이라 외치리이까 하니 이르되 모든 육체는 풀이요 그의 모든 아름다움은 들의 꽃과 같으니 7. 풀은 마르고 꽃이 시듦은 여호와의 기운이 그 위에 붊이라 이 백성은 실로 풀이로다 8. 풀은 마르고 꽃은 시드나 우리 하나님의 말씀은 영원히 서리라 하라." 이 말씀은 인간의 덧없음과 하나님의 말씀의 영원성을 잘 가르쳐 주고 있다. 따라서 인간은 영원한 하나님의 말씀을 믿고, 그 말씀을 의지해서 살아야 한다는 것이다.
25) 김희수, 『기독교윤리학』, 23-24 등 참조.
26) "3. 귀인들을 의지하지 말며 도울 힘이 없는 인생도 의지하지 말지니 4. 그의 호흡이 끊어지면 흙으로 돌아가서 그 날에 그의 생각이 소멸하리로다 5. 야곱의 하나님을 자기의 도움으로 삼으며 여호와 자기 하나님에게 자기의 소망을 두는 자는 복이 있도다 6. 여호와는 천지와 바다와 그 중의 만물을 지으시며 영원히 진실함을 지키시며 7. 억눌린 사람들을 위해 정의로 심판하시며 주린 자들에게 먹을 것을 주시는 이시로다 여호와께서는 갇힌 자들에게 자유를 주시는도다." 시인은 인생을 의지함이 헛되다고 한다. 그 이유는 인간은 다 한계가 있기 때문이다. 그 대신에 하나님을 의지하는 자는 복이 있다고 한다. 그 이유는 하나님은 천지 만물을 창조하신 능력의 하나님이시며, 또한 연약한 인간을 도우시기 때문이라고 한다.

삼 16:9[27]); 사 40:31[28] 등 참조). 그리고 삶의 방법이란 삶의 자원을 활용하는 방법이다. 일반윤리에서의 삶의 방법은 인간 자신의 지혜이다. 그러나 기독교윤리에서의 삶의 방법은 인간 자신의 지혜보다도 하나님의 지혜와 도우심이 더 중요한 방법이 된다. 하나님의 지혜와 도우심보다 더 큰 자원과 방법이 없다고 생각하기 때문이다(고전 1:18-25[29] 등). 그러므로 그리스도인은 이러한 도움을 얻기 위해 끊임없이 하나님을 믿고 의지하며 하나님의 도우심을 구하는 기도 가운데 사는 것이다(히 4:16[30] 등 참조).

바. 덕(德): 여기서 덕이란 좋은 성품을 말한다.[31] 곧 인간의 삶에 유익이 되는 성품을 말한다. 그러므로 일반윤리에서 덕이란 이 세상에서의 행복을 위해 필요한 성품으로 보통 서양에서는 네 가지 주된 덕을 말한다. 곧 분별, 용기, 절제, 정의와 같은 덕들이다.[32] 그리고 이러한 덕은 교육과 훈련을 통한 습관에 의해서 만들어진다. 여기에 비해 기독교윤리에서의 덕은 하나

---

27) "사람이 마음으로 자기의 길을 계획할지라도 그의 걸음을 인도하시는 이는 여호와시니라." 이 잠언의 기자는 인간의 생각과 지혜에는 한계가 있음을 말한다. 그 대신 하나님이 인간의 길을 이끄시고 결정하신다고 한다.

28) "30. 소년이라도 피곤하며 곤비하며 장정이라도 넘어지며 쓰러지되 31. 오직 여호와를 앙망하는 자는 새 힘을 얻으리니 독수리가 날개 치며 올라감 같을 것이요 달음박질하여도 곤비하지 아니하겠고 걸어가도 피곤하지 아니하리로다." 이 말씀은 인간의 연약함과 하나님의 능력을 비교하고, 하나님을 의지하는 것이 얼마나 중요한가를 가르쳐 준다.

29) "22. 유대인은 표적을 구하고 헬라인은 지혜를 찾으나 23. 우리는 십자가에 못 박힌 그리스도를 전하니 유대인에게는 거리끼는 것이요 이방인에게는 미련한 것이로되 24. 오직 부르심을 받은 자들에게는 유대인이나 헬라인이나 그리스도는 하나님의 능력이요 하나님의 지혜니라 25. 하나님의 어리석음이 사람보다 지혜롭고 하나님의 약하심이 사람보다 강하니라."

30) "그러므로 우리는 긍휼하심을 받고 때를 따라 돕는 은혜를 얻기 위하여 은혜의 보좌 앞에 담대히 나아갈 것이니라."

31) 네이버 국어사전은 덕을 "1. 도덕적·윤리적 이상을 실현해 나가는 인격적 능력. 2. 공정하고 남을 넓게 이해하고 받아들이는 마음이나 행동." 이라고 한다. 네이버 국어사전, "덕," https://ko.dict.naver.com/search.nhn?kind=all&query=%EB%8D%95 (2018. 8. 2).

32) 김희수, 『기독교윤리학』, 28-30 등 참조.

님과의 관계를 바르게 하는 것으로서 기본적으로 믿음, 소망, 사랑의 덕(고전 13:13)과[33] 성령의 열매(갈 5:22-23) 등을 강조한다. 그리고 이러한 덕은 인간의 노력보다는 하나님의 은혜와 성령의 역사로 주어진다.[34]

사. 일반 윤리의 한계

보통 일반윤리에서 개인의 윤리는 사회규범에 의해 판단되고, 사회규범은 인류 공동의 보편적 이성과 가치에 의해 판단된다. 그러나 인류 공동의 이성과 가치에 대해서 사람들이 서로 다르게 생각할 때, 누가 그것을 최종적으로 판단할 것인가? 일반 윤리에서는 이러한 문제들에 대한 궁극적인 판단 기준이 없는 것이 또 하나의 문제라고 할 것이다.

3. 기독교윤리 공부의 필요성

그리스도인은 예수를 믿음으로 구원을 받고 하나님의 자녀가 됨과 동시에 하나님의 일군으로서 하나님의 뜻을 이루고(마 6:33 등), 하나님께 영광을 돌리는 삶을 살아야 한다(고전 10:31 등). 이를 위해서는 구원과 윤리의 관계는 무엇이며, 그리스도인의 사명과 책임은 무엇이며, 그 사명을 감당하는 방법은 무엇인가? 등 기독교윤리의 기본적인 요소들에 대해서 공부해야 할 필요가 있다. 기독교윤리를 공부해야 하는 이유는 무엇인가?

가. 그리스도인은 먼저 자신이 하나님 앞에 바로 서고, 구원의 완성을 위해서 기독교윤리를 공부할 필요가 있다(롬 6-8장; 엡 4:1-16 등 참조).

---

33) 김희수, 『기독교윤리학』, 94.
34) 김희수, 『기독교윤리학』, 28-30 등 참조.

그리스도인은 죄에서 벗어나 자신을 지켜야 하며(살전 5:23-24[35] 등),
구원의 완성을 위해 그리스도를 닮은 장성한 사람이 되어야 한다(엡 4:1-
16; 빌 2:12[36] 등 참조). 그리고 이것을 위해 무엇이 필요한지, 이것이 어떻
게 가능한지 알기 위해 기독교윤리를 공부해야 하는 것이다.

나. 그리스도의 제자로서의 삶을 바로 살고, 하나님의 심판대 앞에 바로 서
기 위해서 필요하다(고전 10:31; 고후 5:10 등).
그리스도인은 그리스도의 제자로서 그리스도를 따르며, 이 세상에서 하
나님을 기쁘시게 하고 하나님께 영광 돌리는 삶을 살아야 한다(고전 10:31
등). 그러기 위해서는 그리스도인 자신이 먼저 그리스도인의 삶의 기준과
방법 등 이 세상에서의 하나님의 뜻을 바로 알고 행해야 하는 것이다(요
8:31-32; 롬 6-8장 등). 그리고 그는 또한 그리스도의 심판대 앞에 바로 서
기 위해서 하나님의 뜻을 바로 알고 행하는 것이 필요하다(고후 5:10; 롬
14:10-12[37] 등). 그리스도인은 하나님께로부터 받은 것에 대해서 책임을 져
야 하는 것이다(마 25:14-30 등).

다. 그리스도인들은 이 세상에서 이웃을 사랑하고, 착한 행실로 하나님의
영광을 드러내기 위해서이다(마 5:13-16; 고전 10:31 등).
그리스도인들은 하나님의 자녀로서 구원을 받을 뿐만 아니라 하나님의

---

35) "23. 평강의 하나님이 친히 너희를 온전히 거룩하게 하시고 또 너희의 온 영과 혼과 몸이
    우리 주 예수 그리스도께서 강림하실 때에 흠 없게 보전되기를 원하노라 24. 너희를 부르
    시는 이는 미쁘시니 그가 또한 이루시리라."
36) "그러므로 나의 사랑하는 자들아 너희가 나 있을 때뿐 아니라 더욱 지금 나 없을 때에도 항
    상 복종하여 두렵고 떨림으로 너희 구원을 이루라."
37) "10. 네가 어찌하여 네 형제를 비판하느냐 어찌하여 네 형제를 업신여기느냐 우리가 다 하
    나님의 심판대 앞에 서리라 11. 기록되었으되 주께서 이르시되 내가 살았노니 모든 무릎이
    내게 꿇을 것이요 모든 혀가 하나님께 자백하리라 하였느니라 12. 이러므로 우리 각 사람
    이 자기 일을 하나님께 직고하리라."

일군으로서 이 세상에서 선을 행함으로 빛을 비추어야 할 사명이 있다(마 5:13-16; 고전 10:31; 빌 2:15-16[38] 등). 이와 같이 세상에서 빛을 비추는 지도자의 역할을 하기 위해서는 그리스도인들 자신이 먼저 삶의 길을 바로 알고 행해야 하는 것이다(마 23장 등 참조). 그리고 그 길을 사람들에게 가르쳐야 한다.

그리스도인들이 착한 일 곧 선을 행한다는 것은 이웃을 사랑하고 섬기는 것이다. 이것은 최고의 계명이다(마 22:37-40 등). 이 세상 사람들의 고난에 동참하고, 그들을 사랑하고 섬기는 것이 필요하다(막 10:45 등). 오늘날 한국의 기독교인들이 너무 이기적이라는 비판을 받는데, 그 이유는 한국의 기독교인들이 자기 자신의 구원과 복을 받는 데에만 큰 관심을 기울이고, 이웃의 아픔과 고난에는 무관심하기 때문이다. 사회의 부조리와 불의, 불법에 대해서도 너무 무관심하다는 것이다. 지금은 지구촌시대이다. 이 지구촌시대에 우리에게는 수많은 문제들이 발생하고 있다. 그러나 이러한 가운데서 사람들은 어떻게 살아야 할 것인가를 모르고 방황하고 있다. 오늘날 우리에게는 인간복제, 자살, 안락사, 동성애, 일본 중국과의 관계, 위안부 문제, 이란 이라크 등 이슬람과의 관계, 북한 핵문제, 경제 문제, 사형제, 과거사 문제, 이혼, 청소년 범죄, 낙태, 인터넷 범죄, 첨단과학이 가져오는 여러 가지 문제들 등 많은 문제가 있다. 그러나 이러한 가운데서 사람들은 어떻게 살아야 할 것인가를 모르고 방황하고 있다. 이 지구촌시대에 우리는 그리스도인으로서 사람들이 어떻게 살아야 할 것인가를 바로 알고 가르쳐야 할 것이다. 이를 위해 기독교윤리를 공부할 필요가 있는 것이다.

---

38) "15. 이는 너희가 흠이 없고 순전하여 어그러지고 거스르는 세대 가운데서 하나님의 흠 없는 자녀로 세상에서 그들 가운데 빛들로 나타내며 16. 생명의 말씀을 밝혀 나의 달음질이 헛되지 아니하고 수고도 헛되지 아니함으로 그리스도의 날에 내가 자랑할 것이 있게 하려 함이라."

라. 그리스도인들이 하나님의 뜻을 따라 이 세상 속에서 정의를 실현함으로 하나님의 나라가 이루어지게 하기 위해서 필요하다(마 6:33; 롬 12-13장 등).

그리스도인이 예수를 믿어 구원을 받은 후에도 이 세상에서 더 계속하여 사는 것은 거기에도 하나님의 뜻이 있기 때문이다. 그리고 그 뜻을 이루는 것은 그리스도인의 사명이다. 마 25장 달란트 비유 등 참조. 그리스도인들은 하나님의 좋은 일군으로서 가정과 교회와 사회 속에서 하나님의 뜻을 이루어야 한다(마 5:13-16; 6:10; 롬 12:14-21 등). 하나님의 뜻은 우리가 이 세상 속에서 하나님의 나라를 실현하는 것이다(마 6:33 등). 가정, 교회, 직장, 사회, 국가, 세계 속에서 우리는 하나님의 뜻을 발견하고 이를 실천함으로써 하나님의 나라가 이 땅에 실현되게 해야 한다. 비록 완전한 하나님의 나라는 예수님이 다시 오셔야 이루어질 것이지만, 우리는 그 때까지 이 땅에서 하나님의 나라가 이루어지도록 최선을 다해야 할 것이다(**마 6:9-13; 롬 14:17 등 참조**).

마. 그리스도인들이 서로 섬김으로 그리스도의 몸인 교회를 세우고, 이 세상에서 하나님의 선교적 사명을 이루기 위해서이다(마 28:18-20; 행 1:8; 롬 12:4-13; 요 13:34-35 등).

오늘날 한국의 기독교인들이 많은 비판을 받고 있는데, 대부분 기독교인들이 윤리적인 삶을 살지 못하기 때문이다. 그리고 이것은 한국교회의 선교에도 크게 부정적인 영향을 미치고 있는 것이다. 따라서 우리는 보다 더 효과적인 복음전도와 선교를 위해서도 기독교윤리를 잘 배우고 실천해야 할 것이다.

[참고문헌]

가이슬러, 노르만 L. 『기독교윤리학』. 위거찬 역. 서울: 기독교문서선교회, 1999.

김희수. 『기독교윤리학』. 서울: 동문선, 2011.

네이버 국어사전. "덕."
https://ko.dict.naver.com/search.nhn?kind=all&query=%EB%8D%95 (2018.8.2).

_____. "세계관." https://ko.dict.naver.com/detail.nhn?docid=21493800 (2018. 8. 2).

_____. "지혜." http://krdic.naver.com/detail.nhn?docid=35880600 (2018. 8. 3).

네이버 지식백과 두산백과. "세계관."
https://terms.naver.com/entry.nhn?docId=1112844&cid=40942&categoryId=31529
  (2018. 8. 2).

_____. "지혜." http://100.naver.com/100.nhn?docid=143110 (2018. 8. 3).

최영태. "윤리의 기본 개념과 목적에 대한 연구." 「복음과 윤리」. 9(2012): 157-203.

_____. "그리스도인의 윤리적 삶의 방법에 대한 사도 바울의 교훈 연구." 「신학과 실
  천」. 6(2008): 175-200.

Sire, James W. *The Universe Next Door*. 2nd ed. 김헌수 역. 『기독교세계관과 현
  대 사상』. 개정판. 서울: 한국기독학생회출판부, 1995.

Thayer's Greek Lexicon. "φρόνιμος." https://biblehub.com/greek/5429.htm
  (2018. 8. 14).

윤리의 기본 개념과 목적

A Basic Understanding of Christian Ethics

제2장

윤리의
기본 개념과 목적

기독교윤리가 무엇인가를 바로 알려면, 먼저 윤리가 무엇인가를 알아야 한다. 기독교윤리는 기독교적인 관점에서 윤리에 대해서 생각하는 것이기 때문이다. 그러므로 이 장에서는 먼저 윤리에 대해서 고찰하되, 윤리의 기본 개념과 목적에 대해서 생각해 보고자 한다. 오늘날 한국 사회에서 윤리란 말이 여러 가지로 사용되고 있기 때문에 우리는 먼저 윤리가 무엇을 의미하는지, 그리고 윤리의 목적이 무엇인지를 바로 분별할 필요가 있기 때문이다. 윤리에 대해서 많은 것을 얘기할 수 있지만, 우선 몇 가지를 정리해 본다.

1. 윤리의 기본 개념

우리는 보통 윤리에 대해서 생각할 때, 규칙 또는 규범을 생각한다. 어떤 사람이 윤리적으로 문제가 있다고 할 때, 그것은 대개 그가 어떤 규칙 또는 규범을 어기고 있다는 것이다. 그러나 윤리는 단순히 어떤 규칙이나 규범만을 의미하는 것이 아니다. 그보다 더 크고 넓은 의미를 가지고 있는 것이다. 윤리는 넓게는 인간 삶의 문제로부터 좁게는 삶의 규칙에 이르기까지 다양한 의미를 가지고 있는 것이다. 그러므로 여기서는 윤리의 기본 개념과 윤리의 목적에 대해서 생각해 보고자 한다. 본 저자는 윤리의 기본 개념과 목적에 대해서 고찰한 결과 다음과 같은 결론을 얻었다. 그 내용은 다음과 같다.

가. 윤리학과 같은 뜻. 윤리가 때로는 윤리학과 같은 뜻으로 사용되고 있다. 곧 윤리에 대한 연구 또는 학문을 말한다. 윤리란 말이 윤리에 대한 연구인 윤리학과 같은 뜻으로 사용되기도 한다는 것이다. 우리가 "기독교윤리" 수업 과목에 대해서 말할 때 그것은 사실 기독교윤리학에 대해서 말하고 있는 것이다. 윤리와 윤리학을 구별해서 사용할 때 윤리(倫理, Ethic, Ethics)는 사람들 사이의 삶의 이치 또는 규범을 말한다면, 윤리학(倫理學, Ethics)은 윤리에 대한 체계적인 연구를 의미한다. 이 경우 윤리학(ethics)은 도덕철학(moral philosophy) 또는 도덕학(morals)이라고도 한다. 그리고 기독교윤리학(Christian Ethics)은 도덕신학(moral theology)이라고도 한다.[1] 사전에서는 윤리와 윤리학을 다음과 같이 정의한다.

1) 윤리(ethic, ethics): "인간이 지켜야 할 도리와 규범. 도덕의 원리. [morals]"[2]

2) 윤리학(ethics): "〈윤〉사회적 규범, 원리, 규칙에 관한 학문. 논리학, 미학과 더불어 광의의 철학에 있어서의 기본 부문. 도덕학. [ethics]"[3]

3) 도덕(道德): "인륜의 대도. 사람으로서 마땅히 지켜야 할 도리 및 그에

---

1) 김희수, 『기독교윤리학』, 15-16, 20 등 참조.
2) 동아출판사 편집국 편, 『동아 프라임 국어사전』, 증보 개정판(서울: 동아출판사, 1988), 1498.
3) 동아출판사 편집국 편, 『동아 프라임 국어사전』, 1498.
4) 동아출판사 편집국 편, 『동아 프라임 국어사전』, 480.

준한 행위. [morality]"[4)]

4) 도덕 철학(道德哲學): "〈철〉인간의 행위 또는 실천의 본질과 그 기준
을 설명하려는 철학의 한 부문. 윤리학과 거의 동의로 쓰임. 아리스토
텔레스가 확립. [moral philosophy]"[5)]

나. 넓은 의미에서 윤리는 삶의 문제 또는 삶의 과제를 의미한다. 예를 들
어 우리가 기독교인의 삶에 대해서 말하면서 "신앙과 윤리"라고 하는 것은
신앙의 내용과 그의 삶의 문제를 구분해서 말하는 것이다. 그러므로 윤리
가 넓은 의미에서는 "삶의 방식 또는 방법"(The Way of Life) 곧 삶의 문제
또는 과제를 말하는 것이다.

다. 삶의 이치, 원리를 의미한다. 윤리는 삶의 이치, 원리에 대한 것이라고
할 때, 윤리는 인간 삶의 원리 또는 이치를 말하는 것이다.[6)] 윤리(倫理)란
말에서 윤(倫)은 "인륜, 무리, 순서"를 뜻하고[7)], 그리고 리(理)는 이치(理致),
도리(道理), 학문(學問), 원리(原理) 등의 뜻을 가지고 있으므로 윤리(倫理)
란 "공동체 또는 사람들 사이의 이치(도리, 원리)" 곧 사람들 사이의 관계
(關係)의 이치(理致) 또는 사람들 사이의 삶의 이치(理致)라고 할 것이다.[8)]

공자는 "朝聞道 夕死可矣."[9)]라고 했다. 아침에 도(道)를 들으면 저녁에
죽어도 좋다는 것이다. 그만큼 도(道)는 중요한 것이다. 여기서 말하는 도

---

5) 동아출판사 편집국 편,『동아 프라임 국어사전』, 480-1.

6) 네이버 국어사전은 "이치"를 "사물의 정당한 조리(條理). 또는 도리에 맞는 취지."라고 한다.
네이버 국어사전, "이치," https://ko.dict.naver.com/search.nhn?kind=all&query=%EC%9D%
B4%EC%B9%98 (2018.8.14).

7) 한글과 컴퓨터 한글2007 한자자전, "倫".

8) 최영태, "윤리의 기본 개념과 목적에 대한 연구,"「복음과 윤리」9(2012), 164-5 참조.

9) 이 말의 뜻은 "아침에 도를 들으면 저녁에 죽어도 좋다는 뜻으로, 참된 이치를 깨달았으면 죽어
도 여한이 없다는 말."이다. 네이버 지식백과 두산백과, "조문도석사가의," https://terms.naver.
com/entry.nhn?docId=1168863&cid=40942&categoryId=32972 (2018. 8. 3).

(道)는 진리 곧 참 생명의 길을 말하는 것이다. 그런데 예수님은 자신이 길(道), 진리(眞理), 생명(生命)(요 14:6; 요 17:3)이라고 했다.

라. 규범, 규칙을 의미한다. 사람들이 보통 윤리를 말할 때 그들은 대개 삶의 규칙 또는 규범을 말하는 것이다. 그러므로 윤리는 기본적으로 **"삶의 규범, 규칙들"** 곧 삶(행위)의 기준이다. 그리고 이런 규범(規範, norm)[10] 또는 규칙(規則, rule)에는 다음과 같은 것들이 있다. 국제법, 법(국민적 합의에 기초, 실현을 위해 국가의 강제력 사용), 관습(사회적 관행에 기초), 도덕(좁은 의미의 윤리, 인간의 이성, 양심에 기초), 규칙(크고 작은 단체, 집단의 규칙 등), 개인적 가치기준 등.

마. 좁게는 윤리가 삶의 기본 도리를 의미한다. 예를 들어서 인간이라면 기본적으로 지켜야 한다고 생각되는 인간의 기본 도리 또는 질서를 말하는 것이다. 이것은 특히, 사회 규범 중 강제성을 띤 법 또는 관습과 달리 어떤 사회적 강제성은 없을지라도 인간의 양심 또는 이성에 의해 인간이라면 기본적으로 지켜야 한다고 생각되는 규칙 또는 질서를 말하는 것이다. 사람들은 보통 이런 의미의 윤리를 도덕이라고 하기도 하는데, 사실 도덕(道德, Moral)과 윤리(倫理, Ethics)는 어원상 거의 같은 뜻이었다.[11] 그러나 그것이 많은 시간이 흐르면서 도덕은 인간의 기본 도리로, 윤리는 이런 도덕에 대한 좀 더 논리적이고 이론적인 연구 또는 학문을 의미하는 것처럼 사용되게 된 것이다.[12]

---

10) 삶의 기준) – "행위(판단)의 기준이 되는 것." 행위의 지침.

11) 서양에서 윤리(ethic)는 희랍어 ἔθος 또는 'ηθος' (습관, 관습, 풍속, 성격, 성품)에서 온 것으로, 이는 라틴어 mos(습관, 관습, 풍속, 성격, 성품)로 번역되었고, 여기서 mores, 그리고 morality(도덕성)가 되었다. 이러한 의미에서 윤리는 도덕과 거의 같은 뜻으로 "인간 사이의 도리"라고 할 것이다. 박봉배, "그리스도인과 윤리," 「기독교윤리학 개론」(1987; 재인쇄, 서울: 대한 기독교출판사, 1996), 9–11 참조.

12) 김희수, 『기독교윤리학』, 13–20 참조.

네이버 백과사전은 윤리 또는 도덕을 "인간이 지켜야 할 도리 또는 바람직한 행동기준"이라고 하면서 다음과 같이 정의한다.

> 동양에서 도덕이란 말은 유교적인 어감이 강하고, 실상 유교의 이상을 나타내는 것이기도 하여 근대에 이르러서는 흔히 윤리라는 용어로 쓴다. 그리스어의 'ethos', 라틴어의 'mores', 독일어의 'Sitte' 등이 모두 '습속'이라는 뜻인 것처럼, 원래 도덕이란 자연환경의 특성에 순응하고 각기 그 집단과 더불어 생활하여 온 인간이 한 구성원으로서 살아간 방식과 습속에서 생긴 것이다. 즉 생활양식이나 생활관습의 경험을 정리해서 공존(共存)을 위해 인간집단의 질서나 규범을 정하고 그것을 엄격하게 지켜나간 데서 도덕은 생긴 것이다. 이러한 점에서 도덕과 법은 같은 근원에서 나온 것이라 할 수 있다. 다만 사회가 복잡해짐에 따라 법은 사회적 외적(外的) 규제로, 그리고 도덕은 개인적 내적(內的) 규제로 자연히 분화되었을 뿐이다. 계급사회의 성립과 함께 법과 도덕은 정치 지배의 유력한 수단이 되기도 하였으며 그와 함께 법이 국가권력을 지배하고, 도덕이 보편적 원리를 지배하는 영역이 되었다.[13]

2. 윤리의 목적

윤리는 단지 삶의 이치에 대해서 연구하는 것이 아니다. 윤리는 **삶의 이치**에 근거해서 **잘 사는 길**을 찾는 것이다. 다시 말해서 윤리는 단지 삶의 이치로서의 진리를 찾는 것만이 아니라 그것에 기초해서 인간이 어떻게 살 것인가에 대해서 연구한다. 그리고 그와 같이 하는 이유는 결국 인간이 어떻게 해야 잘 살 수 있는가를 찾기 위해서인 것이다. 다시 말해서 윤리의 궁극

---

13) 네이버 지식백과 두산백과, "도덕," http://100.naver.com/100.nhn?docid=47588 (2018. 8. 3).

적인 목적은 잘 살기 위한 것이라고 할 것이다. 그리고 인간은 이 세상에서 혼자 살 수 없다. 반드시 이웃과 함께 살아야 한다. 그러므로 윤리는 잘 사는 길을 찾되, 인간이 "함께 잘 사는 길"을 찾는 것이다. 윤리에서는 이와 같이 잘 사는 것을 보통 선,[14] 행복[15] 또는 가치[16]라고 하기도 한다. 성서는 삶의 방법, 원리, 규범으로서의 윤리의 목적에 대해서 말하기를, 그것은 결국 인간이 참으로 복된 삶 곧 잘사는 삶을 위해서 필요하다고 한다. 예를 들어 신명기 30:15-18은 다음과 같이 말한다.

> 15. 보라 내가 오늘 생명과 복과 사망과 화를 네 앞에 두었나니 16. 곧 내가 오늘 네게 명령하여 네 하나님 여호와를 사랑하고 그 모든 길로 행하며 그의 명령과 규례와 법도를 지키라 하는 것이라 그리하면 네가 생존하며 번성할 것이요 또 네 하나님 여호와께서 네가 가서 차지할 땅에서 네게 복을 주실 것임이니라 17. 그러나 네가 만일 마음을 돌이켜 듣지 아니하고 유혹을 받아 다른 신들에게 절하고 그를 섬기면 18. 내가 오늘 너희에게 선언하노니 너희가 반드시 망할 것이라 너희가 요단을 건너가서 차지할 땅에서 너희의 날이 길지 못할 것이니라.

> 15. "See, I have set before you today life and prosperity, and death and adversity 16. in that I command you today to

---

14) 네이버 두산백과사전은 선(善)을 "넓은 의미로는 긍정적 평가의 대상이 되는 가치를 갖는 모든 것을 가리키는 말"이라고 한다. 네이버 지식백과 두산백과, "선," http://100.naver.com/100.nhn?docid=90484 (2018. 8. 3).

15) 네이버 국어사전은 행복을 "1. 복된 좋은 운수. 2. 생활에서 충분한 만족과 기쁨을 느끼어 흐뭇함. 또는 그러한 상태."라고 한다. 네이버 국어사전, "행복," https://ko.dict.naver.com/search.nhn?dic_where=krdic&query=%ED%96%89%EB%B3%B5 (2018. 8. 3).

16) 네이버의 두산백과사전은 가치(價值, value)를 "주관 및 자기의 욕구, 감정이나 의지의 욕구를 충족시키는 것"이라고 하면서 "우리의 일상생활에서 필요와 욕구를 충족시킬 수 있는 것은 모두 가치이다."고 한다. 네이버 지식백과 두산백과, "가치," http://100.naver.com/100.nhn?docid=249621 (2018. 8. 3).

love the LORD your God, to walk in His ways and to keep
His commandments and His statutes and His judgments,
that you may live and multiply, and that the LORD your
God may bless you in the land where you are entering to
possess it. 17. "But if your heart turns away and you will
not obey, but are drawn away and worship other gods and
serve them, 18. I declare to you today that you shall surely
perish. You shall not prolong [your] days in the land where
you are crossing the Jordan to enter and possess it.[17]

지금까지 고찰한 것을 기초로 윤리의 기본 개념과 목적을 다음과 같이
요약해 본다.

1. 윤리의 기본 개념 5가지

1) 윤리학과 같은 뜻
2) 넓은 의미에서, 가치평가를 할 수 있는 인간의 삶의 과제 또는 삶의
   문제.
3) 인간 삶의 이치 또는 원리.
4) 인간 행위의 기준 또는 표준으로서 규범 또는 규칙.
5) 좁은 의미에서, 법 또는 관습과 구별하여 순수하게 이성 또는 양심에
   기초한 도덕적 규칙.

2. 윤리의 목적

윤리(倫理, Ethic) 또는 윤리학(倫理學, Ethics)은 인간의 삶이 어떠해야
하는가에 관심을 갖는다. 사람이 이런 문제를 가지고 숙고하는 이유는 결

---

17) 신 30:15-18. 이하 다른 표시가 없으면, 영어 성구 인용은 Good TV 온라인 성경, New
American Standard Bible임. http://goodtvbible.goodtv.co.kr/bible.asp (2018. 8. 10).

국은 "잘 살기 위해서" 또는 "행복한 삶을 위해서"라고 할 것이다. 물론 무엇이 잘 사는 것이냐 하는 것은 많은 논의의 대상이고, 그 자체가 윤리의 과제이지만, 사람들은 잘 살기 위해 삶의 방법을 숙고하는 것이다. 따라서 윤리의 목적은 "인간이 잘사는 것"이라고 할 것이다. 잘살되 인간은 혼자 살수 없으므로 "인간이 함께 잘사는 것"이라고 해야 할 것이다. 따라서 윤리는 인간이 함께 잘살기 위해 그 길을 찾는 것이며, 바로 그 길 곧 "인간이 함께 잘 사는 길"이 윤리라고 할 것이다. 그리고 이 길이 인간의 삶의 방법이 되고, 삶의 원리가 되고, 또 삶의 규범 또는 규칙이 되는 것이다.

윤리의 기본 개념과 목적에 대한 연구

국문 요약

윤리(倫理, Ethics)에 대한 기본 개념을 고찰한 결과 최소한 다음과 같이 다섯 가지의 의미를 찾아볼 수 있었다. 1. 윤리는 때로는 윤리학(倫理學)과 같은 뜻으로 쓰이기도 한다. 2. 윤리는 넓은 의미에서 인간 삶의 문제 또는 삶의 과제이다. 3. 보다 근본적인 의미에서 윤리는 인간 삶의 이치 또는 원리이다. 4. 일반적인 의미에서 윤리는 규범 또는 규칙이다. 5. 윤리는 보다 좁은 의미에서 법 또는 관습과 구별되는 도덕규범이다. 그리고 윤리가 때로는 도덕과 다른 뜻으로 사용되기도 하지만, 어원상 원래는 같은 뜻이었다. 이것이 보여주듯이 윤리는 다양한 의미를 가지고 있다. 그러므로 우리가 윤리란 말을 사용할 때 그 뜻을 잘 분별할 필요가 있다. 그리고 윤리의 목적은 "잘 사는 것" 또는 "함께 잘 사는 것"이라고 할 것이다. 왜냐 하면, 윤리는 항상 "잘 사는 것" 또는 "인간이 함께 잘 사는 것"을 추구하기 때문이다. 그러므로 윤리는 인간이 "함께 잘사는 길"이라고 할 것이다. 우리가 윤리를 이와 같이 이해할 때, 윤리에 대한 이러한 이해는 윤리적 판단의 궁극적 기준이 무엇인가를 결정하는데 도움이 될 것이다. 왜냐 하면, 윤리적 판단의 궁극적 기준은 윤리의 근본 목적에서 찾아야 하기 때문이다.

주제 단어: 윤리, 기본 개념, 목적, 규범, 도덕, 삶의 방법, 가치, 의무, 선.

＊이 자료는 본 저자의 이전 논문 "윤리의 기본 개념과 목적에 대한 연구,"「복음과 윤리」9 (2012): 157–203의 내용을 일부 수정한 것이다.

서론

본 연구자가 가르치는 학교의 학생들에게 윤리란 무엇인가에 대해서 물어본 결과 학생들의 대답은 다음과 같았다.[1]

1. 똑바로 살아라. 착하게 살자(1명)[2]
2. 공동체 안에서 선의 기준(2명)[3]
3. 우리가 지켜야 할, 사회의 기본적인 약속(규범, 법과 질서, 도리, 사랑의 기준, 가치)(6명)[4]
4. 모든 사람들이 인정하는 공통된 가치관(1명)[5]
5. 시대에 따라 변할 수 있는 의무와 가치(1명)[6]
6. 인간의 도리, 사랑의 가치(1명)[7]

---

[1] 이 내용은 2003년 9월 1일 기독교윤리 수업시간에 한 학기의 수업을 시작하면서 한국성서대학교의 학생들에게 물어본 결과 학생들이 답변한 것이다. 이 외에도 매 학기 수업마다 학생들에게 질문한 결과 다양한 대답이 나왔는데, 다음과 같은 것들도 있었다.

1. 최대다수의 최대 행복을 찾는 것─선(목적론적)─공리주의(가치추구)
2. 다수의 사람들이 옳다고 하는 것, 개인적으로 옳다고 생각하는 것─의(의무론적)
3. 삶의 기준이 되는 도리, 삶의 방법
4. 선과 의를 추구하는, 법이 아닌 질서(좁은 의미의 윤리)
5. 행복한 삶을 위한 공동체의 삶의 원리(도리)

이상의 내용으로 볼 때 학생들은 대개 윤리를 공동의 가치(선) 또는 공동의 규범(의무)으로 이해하고 있음을 알 수 있다. 위 내용들이 다양한 표현을 하고 있지만, 그것들의 공통적인 내용은 다음과 같은 것들이기 때문이다. 곧 개인적으로 윤리는 양심, 관습, 습관, 세계관의 해석과 표현 등이며, 사회(공동체)적으로는 사회의 기본적 약속, 질서, 의무(법), 공통의 가치관, 도리, 선의 기준(사랑) 등이기 때문이다.

[2] 이것은 윤리를 옳음 곧 의(義)와 선(善)으로 이해한 것이다.
[3] 이것은 사회 속에서의 규범으로서 선의 기준이라는 것이다.
[4] 이것 또한 사회 규범으로서 사회적 약속이라는 것이다.
[5] 이것은 사회적 보편성을 가진 가치관이라는 것이다.
[6] 이것은 윤리는 의무와 가치이지만 시대에 따라 변할 수 있다는 것이다.
[7] 이것은 윤리를 인간의 도리 곧 인간이 마땅히 지켜야 할 원리라고 보는데, 그것은 곧 사랑의 가치라는 것이다.

7. 각 개인이 가지고 있는 세계관의 해석과 표현(말, 행동으로)(1명)[8]

8. 양심(개인)(1명)[9]

9. 문화적 공동체의 관습, 습관(1명)[10]

이 내용으로 볼 때 윤리란 말이 학생들에게 다양한 의미로 이해되고 있음을 알 수 있다. 그러나 이것은 단지 한국성서대학교 학생들만의 모습은 아닐 것이다.[11] 우리가 현 사회 속에서 윤리란 말이 사용되고 있는 것을 고찰해 보면, 실제 사회 속에서도 윤리란 말이 다양한 뜻으로 사용되고 있음을 알 수 있다.[12] 그리고 이와 같이 윤리란 말이 다양한 뜻으로 사용되는 것은 사람들 사이에 윤리란 말뿐만 아니라 실제 윤리적 삶에 대해서도 많은 혼란을 가져오고 있다고 생각된다. 그리고 이것은 오늘 한국 사회에서 그렇지 않아도 많은 윤리적 혼란 가운데서 그 혼란의 도를 더하는 결과를 가져오고 있다고 생각된다. 따라서 본 연구자는 이와 같이 다양하게 사용되고 있는 '윤리'란 말의 기본 개념과 그 목적에 대해서 연구함으로써 오늘 한국 사회에서 윤리란 말의 개념과 그 목적에 대한 불분명한 이해로 말미암아 발생하는 윤리적 혼란의 해소에 조금이나마 기여해 보고자 하는 것이다.

---

8) 이것은 윤리를 개인적인 것으로 세계관의 해석과 표현이라고 본 것이다.

9) 이것은 윤리를 개인의 양심이라고 본 것이다.

10) 이것은 한 공동체의 문화적 관습(또는 습관)이라고 본 것이다.

11) 사하키안은 철학자들 사이에 윤리학의 정확한 영역에 대해서 그리고 윤리학에서 사용되고 있는 용어들 곧 '선(善)', '옳음' 그리고 '의무'와 같은 일반적인 용어가 지닌 의미에 대해서도 의견의 일치를 보고 있지 못함을 말한다. W. S. 사하키안, 『윤리학: 그 이론과 문제에 대한 개론』, 박종대 역, 개정판 3쇄(서울: 서강대 학교출판부, 2005), 13.

12) 예를 들어 우리가 "학문과 윤리"라고 할 때에 윤리란 학문과는 대비되는 것으로서 '인간의 실천적 삶의 문제'를 의미한다. 그리고 "누구는 윤리적으로 문제가 있다"고 할 때, 이것은 "누구는 인간 삶의 규범에 어긋나 있다"는 것으로 여기서 윤리는 '인간 삶의 규범'을 의미하는 것이다. 또 어떤 경우에는 법과 윤리를 대비하여 법에 규정되지 않은 도덕적 삶의 질서를 의미하기도 하고, 또 어떤 경우에는 실제 사회의 규범과는 구별하여 일반 사회규범의 이론적 기초를 의미하는 말로 사용되기도 한다.

오늘 한국사회는 가치관의 혼란, 윤리 실종이란 말이 어울릴 정도로 윤리적으로 혼란한 상태에 있다. 사람마다 자기주장으로 가득 차 있으나 그것들 중 어느 것이 옳고 어느 것이 그른지를 분별해 줄 분명한 기준을 찾기가 어려운 실정에 있는 것이다. 국민교육기관인 초중고교에서는 학생들 사이에 왕따, 폭력, 자살, 성폭력이 이루어지고 있고, 이에 대해 교사들은 제대로 된 대책을 세우지 못하고 있으며, 사회에서는 가정 파괴, 부정, 부패, 거짓, 사기, 살인 등 각종 범죄가 극심하다. 물론 이런 현상은 인간 사회에서 언제나 있어 온 일이라고 할 수도 있다. 그러나 문제는 이러한 윤리적 혼란의 정도가 점점 더 심해지고 있다는 것이며, 또한 이러한 문제들에 대한 분명한 대책을 제시하지 못하고 있다는 것이다. 그리고 이러한 문제들에 대한 대책을 제시해야 할 사회 지도자들이 오히려 더 사회적 혼란을 야기하고 있다는 것이다.[13] 그리고 사람들은 이러한 윤리적 혼란 속에서 저마다 자기의 정당성을 주장하고 있다. 심지어 대법원의 판결이 났어도 자기에게 불리하면, 그것도 부정한다.[14] 한국사회에서는 무엇이 옳고 무엇이 그른지를 누구도 확실하게 말할 수 없게 되어 버린 것이다. 어느 누구도 자기 외에는 다른 사람의 옳음을 인정하지 않는다. 한 마디로 현재 한국사회는 윤리적인 무정부상태에 있다고 할 것이다.[15] 이런 상황 속에서 윤리 또는 기독교윤리학을 연구하고 있는 학자들의 의무는 무엇인가? 당연히 윤리의 기본 원리가 무엇인지를 밝히고, 이 땅에 바른 윤리가 설 수 있도록 최선의 노력을 다해야 할 것이다. 참으로 지금은 윤리학자들의 사명이 큰 때라고 할 것이다. 그런데 우리가 이러한 윤리의 기본을 바로 세우기 위해서는 먼저

---

13) 이러한 사실은 오늘 한국사회에서 특히 정치인들의 행태를 보면 알 수 있을 것이다.

14) 물론 대법원 판결이라고 절대적으로 옳다고 할 수는 없다. 그럴지라도 대법원 판결은 대한민국에서 최고의 권위를 가지고 있는 것이다. 이런 판결들이 너무도 쉽게 무시되고 있는 것은 한국 사회의 윤리 불신이 얼마나 큰지를 말해주고 있는 것이다.

15) 최근에 한국사회에서 마이클 샌델 교수의 "정의란 무엇인가?"란 책이 그렇게 큰 인기를 누리고 있는 것은 정의에 목말라 있는 한국사회의 현실을 반영하고 있다고 여겨진다.

윤리의 개념부터 바르게 세워야 할 것이다. 그리고 그 윤리의 목적이 무엇인지를 바르게 제시해야 할 것이다. 먼저 이것이 세워지지 않으면, 윤리에 대해서 말하는 것 자체가 공허해질 수 있기 때문이다. 어떤 의미에서 오늘날 한국사회에서 이렇게 윤리가 혼란해진 이유 중의 하나는 윤리의 기본 개념과 그 목적이 분명하게 인식되지 못하기 때문일 수도 있다. 따라서 이 논문은 먼저 윤리의 기본 개념을 밝혀 보고자 한다. 그리고 그 윤리의 목적이 무엇인지를 밝혀보고자 한다.[16] 윤리의 기본 개념과 그 목적을 밝히는 것은 윤리적 판단의 기준을 세우는데 있어서도 하나의 중요한 기초가 될 것이라고 보기 때문이다.

이와 같이 윤리의 기본 개념과 그 목적을 고찰하기 위해서 먼저 윤리의 사전적 의미와 함께 윤리의 개념에 대한 여러 학자들의 견해와 성서의 견해를 살펴보고, 윤리의 개념에 대한 종합적 논의 후에 윤리의 목적에 대해서 고찰해 보고자 한다.

1. 윤리에 대한 사전적 의미

사전에서는 윤리를 무엇이라고 하는가? 이를 위해 먼저 국어사전과 한자어로서 그리고 영어사전과 백과사전에서의 의미를 고찰해 본다.

가. 국어사전에서:

1) 이희승 편저 국어사전은 윤리에 대해서 말하기를, "일반적으로 윤리(倫理, ethic)는 '사람이 지켜야할 도리(道理)'를 말하고, 윤리학(倫理學,

---

16) 어쩌면 윤리의 목적은 윤리의 기본 개념에 포함되어 있는 것이라고 할 것이다. 그럼에도 불구하고 이를 구분해서 보고자 하는 것은 윤리의 개념 중에서도 핵심적인 내용인 이 윤리의 목적을 좀 더 구체적으로 보고자 하기 때문이다.

ethics)은 이러한 윤리에 대한 체계적인 연구를 말한다."고 하였다.[17] 여기
서는 윤리(倫理, ethic)와 윤리학(倫理學, ethics)을 구분해서 말하고 있다.
곧 윤리는 "사람이 지켜야 할 도리"이고, 윤리학은 "이러한 윤리에 대한 체
계적인 연구"라는 것이다. 그러면 도리는 무엇인가? 도리(道理)는 "①사람
이 지켜야 할 바른 길. [reason] ②방도와 사리. [way]"[18]를 말한다. 여기서
'길'은 방법 또는 수단이요,[19] '방도'(方途) 또한 일에 대한 방법이고,[20]
'사리'(事理)란 일의 이치(理致)이다.[21] 그러므로 도리는 이런 의미에서 윤
리와 거의 같은 뜻이라고 할 수 있으며, 따라서 윤리는 사람이 지켜야 할 바
른 길 곧 바른 삶의 방법(way)이요, 삶의 규칙(規則, rule) 또는 삶의 이치
(reason)이다.

   2) 동아프라임 국어사전은 윤리에 대해서 다음과 같이 말한다. "인간이
지켜야 할 도리와 규범. 인륜 도덕의 원리. [morals]"[22] 곧 윤리란 인간이 지
켜야 할 도리(道理)와 규범(規範), 인륜(人倫)[23] 도덕(道德)의 원리(原
理)[24]라고 한다. 여기서 도리(道理)는 "①사람이 지켜야 할 바른 길.
[reason] ②방도와 사리. [way]"[25]이고, 규범(規範)은 철학에 있어서 "행위
(판단)의 기준이 되는 것. [norm]"[26]이다. 따라서 윤리는 인간이 지켜야 할

---

17) 이희승 편저, 『국어사전』, 제3판 (서울: 민중서림, 1994), 2952.
18) 동아출판사 편집국 편, 『동아 프라임 국어사전』, 증보 개정판(서울: 동아출판사, 1988), 483.
19) Ibid., 327.
20) Ibid., 725.
21) Ibid., 917.
22) Ibid., 1498.
23) 여기서 인륜(人倫)이란 "①사람이 지켜야 할 떳떳한 도리. [morality] ②자연적으로 정하여
    진 인류의 질서 관계. 오륜(五倫)의 도. 이륜(彝倫). [human relations]"이다. Ibid., 1545.
    여기서 이(彝)는 떳떳하다는 뜻이다. 따라서 인륜은 윤리와 같은 뜻이라고 할 것이다.
24) 여기서 원리(原理)는 "①모든 사상(事象)의 기초가 되는 근본적 진리. [principle] ②모든
    사실에 공통한 보편적 법칙."이다. Ibid., 1461.
25) Ibid., 483.
26) Ibid., 278.

규칙(規則, rule), 규범(規範, norm), 도덕의 원리(原理, principle, 곧 근본
적 진리)라고 할 것이다. 그리고 동아프라임 국어사전은 윤리학(ethics)에
대해서 다음과 같이 말한다. "〈윤〉사회적 규범, 원리, 규칙에 관한 학문.
논리학, 미학과 더불어 광의의 철학에 있어서의 기본 부문. 도덕학.
(ethics)"[27] 그러므로 윤리학은 윤리에 대한 이론적 탐구 또는 학문이라고
할 것이다. 그리고 같은 사전은 도덕(道德)에 대해서 다음과 같이 말한다.
"인류의 대도. 사람으로서 마땅히 지켜야 할 도리 및 그에 준한 행위.
[morality]"[28] 따라서 도덕은 윤리와 거의 같은 뜻이라는 것이다. 그리고 도
덕 철학(道德哲學)에 대해서 말하기를, "〈철〉인간의 행위 또는 실천의 본
질과 그 기준을 설명하려는 철학의 한 부문. 윤리학과 거의 동의로 쓰임. 아
리스토텔레스가 확립. [moral philosophy]"[29] 따라서 도덕철학은 윤리학과
거의 같은 뜻이라고 해야 할 것이다.

　1)과 2) 두 사전을 통해 볼 때 윤리는 사람이 지켜야 할 도리(道理)로서
곧 ① 삶의 기준으로서의 규칙(rule) 또는 규범(norm), 또는 ② 인류 도덕
의 원리(principle 또는 reason), 또는 ③ 삶의 방법(way)이다. 즉 넓은 의
미에서는 삶의 방법을 가리키고, 좀 좁게는 삶의 기준으로서의 삶의 규칙,
규범이며, 또한 이러한 윤리 또는 도덕의 원리로서 그 근본이 되는 진리 또
는 이치를 말하는 것이다. 이 내용으로 볼 때 윤리(倫理, ethic)란 말이 그
자체로서 인류 도덕의 원리(principle) 또는 이치(理致, reason)란 뜻을 가
짐으로써 '윤리에 대한 체계적인 연구 또는 도덕의 원리에 대한 연구'를 의
미하는 윤리학(倫理學, ethics)과 거의 같은 뜻도 가지고 있음을 보게 된다.
이것은 네이버 국어사전이 '윤리'(倫理)를 "1. **사람으로서 마땅히 행하거나
지켜야 할 도리.** … 2. 〈철학〉 [같은 말] **윤리학**(인간 행위의 규범에 관하여

---

27) Ibid., 1498.
28) Ibid., 480.
29) Ibid., 480-1.

연구하는 학문).”[30]이라고 설명하는 것을 통해서도 알 수 있다.

나. 한자어에서

1) 동양에서 윤리(倫理)란 말이 처음 나오는 것은 예기(禮記)[31] 악기(樂記) 편이라고 한다.[32] 예기 악기 편에 다음과 같은 말이 있다. “凡音者 生於人心者也. 樂者, 通倫理者也.”[33] 여기서 윤리(倫理)는 ‘인간이 한 동아리로 서로 의존해 지켜야할 질서’를 뜻한다고 한다.[34] 이는 국어사전에서 윤리를 “인간이 지켜야 할 도리와 규범. 인류 도덕의 원리.”[35]라고 하는 것과 같은 뜻이라고 여겨진다. 네이버한자사전에서도 윤리(倫理)를 “①사람이 지켜야 할 도리(道理)와 규범(規範) ②인류 도덕(道德)의 원리(原理)”라고 하는데,[36] 이것도 국어사전에서의 의미와 같은 것임을 보여준다.

2) 한자어로 윤리(倫理)란 말은 윤(倫)과 리(理)의 결합인데, 여기서 윤(倫)은 인(人)과 륜(侖)의 결합으로 륜(侖)은 “둥글다. 조리를 세우다. 생각하다”는 뜻을 가지고 있다.[37] 따라서 윤(倫)은 “인륜, 무리, 순서”를 뜻한다.[38] 다시 말해서 윤(倫)은 ‘인간 사이의 질서’ 곧 ‘인간관계의 질서’를 의

---

30) 네이버 국어사전, “윤리,” http://krdic.naver.com/detail.nhn?docid=29893300 (2018. 8. 3) 참조.
31) 예기(禮記)는 “중국 고대 유가(儒家)의 경전”이다. 네이버 지식백과 두산백과, “예기,” http://100.naver.com/100.nhn?docid=114380 (2011.1.4.) 참조.
32) 『브리태니커 세계대백과사전』, V. 17(서울: 한국브리태니커 회사, 1993), 387.
33) 이 말의 뜻은 “무릇 음이란 인심에서 나는 것이다. 악이란 윤리에 통한 것이다.” 즉 음(音)은 인간의 마음에서 나는 것이고, 악(樂)은 윤리(倫理)와 통한다는 것이다. 훈민학당 블로그, 예기 악기편, http://blog.naver.com/spdlqjrl?Redirect=Log&logNo=100014570622 (2018. 8. 3) 참조.
34) 『브리태니커 세계대백과사전』, V. 17, 387.
35) 동아출판사 편집국 편, 『동아 프라임 국어사전』, 1498.
36) 네이버 한자사전, “倫理,” http://hanja.naver.com/search?query=%EC%9C%A4%EB%A6%AC (2018. 8. 3).
37) 한글과컴퓨터 한글2007 한자 자전, “侖”.
38) 한글과컴퓨터 한글2007 한자 자전, “倫”.

미하는 것이다. 그리고 리(理)는 이치(理致), 도리(道理), 학문(學問), 원리(原理) 등의 뜻을 가지고 있으므로 윤리(倫理)란 "공동체 또는 사람들 사이의 관계(關係)의 이치(理致, 道理, 原理), 또는 인간관계의 질서(秩序)"라고 할 것이다. 곧 사람들 사이의 질서(秩序) 또는 사람이 마땅히 지켜야 할 도리(道理)라고 할 것이다.[39] 이런 의미에서도 한자어 윤리(倫理)는 우리말 사전에서의 윤리(倫理)와 같은 뜻으로 쓰이고 있다고 할 것이다.

다. 영어에서

1) 서양에서 윤리(ethic)는 희랍어 ἔθος 또는 ἦθος(습관, 관습, 풍속, 성격, 성품)에서 온 것으로, 이는 라틴어로 번역되어 mos(습관, 관습, 풍속, 성격, 성품)가 되고, 여기서 mores, 그리고 morality(도덕성)가 되었다. 이러한 의미에서 윤리(ethic)는 도덕(moral)과 거의 같은 뜻으로 "인간 사이의 이치 또는 도리"라고 할 것이다.[40]

2) 영어에서 *Webster's New World Dictionary*는 ethic, ethics, ethos

---

39) 김태길은 한자어 윤리(倫理)란 말을 다음과 같이 설명한다. "'윤리'라는 말의 '倫'은 '사람과 사람 사이의 관계'를 뜻하는 자요, '理'는 '결'·'이법'·'도리' 등을 뜻하는 글자이다. 따라서 윤리는 '사람과 사람 사이를 다스리는 이법'이라는 것이 그 본래의 뜻이다." 김태길, 『윤리학』, 개정 증보판(서울: 박영사, 1998), 369, 각주 13 참조. 즉 한자어로 윤리란 "사람과 사람 사이를 다스리는 이법" 곧 '사람 사이의 관계의 법칙'이란 뜻을 가지고 있다는 것이다. 이서행은 말하기를, 윤(倫)은 인(人)과 '사려' 또는 '조리'를 뜻하는 륜(侖)의 결합으로 "인간사의 조리"를 뜻하며, 리(理)는 '사물의 본성에 따라 쪼개거나 파서 가공하는 것'을 의미하는 것으로, 따라서 윤리는 '인간사를 순리적으로 처리하는 것' 또는 '인간사에 대한 합리적 행위'를 의미하는 것으로 해석될 수 있다고 한다. 이서행, 『한국윤리문화사』(경기도 성남시: 한국학중앙연구원 출판부, 2011), 76-7.

40) 박봉배, "그리스도인과 윤리," 『기독교윤리학 개론』(1987; 재인쇄, 서울: 대한 기독교출판사, 1996), 9-11; *The Westminster Dictionary of Christian Ethics*, 1986 ed. s.v. "Ethos," by Robin W. Lovin 참조. 『브리태니커 세계대백과사전』은 윤리학을 정의하기를, "(ethics는 '습속,' '성격'이라는 뜻의 그리스어 ethos에서 유래) moral philosophy라고도 함. 개인적으로는 좋은 에토스의 실현을, 사회적으로는 인간관계를 규정하는 규범과 원리의 확립을 목적으로 하는 학문"이라고 하였다. 『브리태니커 세계대백과사전』 V. 17(서울: 한국브리태니커 회사, 1993), 387.

를 다음과 같이 설명한다. ethic은 그리스어 *ēthikē*에서 온 것이고, "윤리학 또는 하나의 윤리 체계" 또는 "하나의 윤리체계의 어떤 요소"라는 것이다.[41] 그리고 ethics는 "행위의 표준과 도덕 판단에 대한 연구"로서 도덕 철학이라고 할 수 있으며, 또는 "이러한 연구의 논문", 또는 "어떤 특별한 사람, 종교, 집단, 직업 등의 도덕 체계 또는 규정"이라는 것이다.[42] 그리고 ethos는 그리스어 성향, 성품을 뜻하는 *ēthos*에서 온 것으로 "한 개인이나 한 집단의 특징적 또는 구별되는 태도, 습관, 신념 등"을 말한다는 것이다.[43]

그러므로 영어에서 ethic 또는 ethics는 헬라어 ethos에서 유래한 것이며, ethic은 "윤리 또는 하나의 윤리 체계" 또는 "하나의 윤리체계의 어떤 요소"이고, ethics는 이러한 ethic에 대한 연구 또는 연구논문이라고 할 것이다. 그리고 ethics는 ethic과 같이 "하나의 윤리체계"를 의미하기도 한다. 이런 점에서 ethics를 우리말로 번역할 때 때로는 '윤리'로 때로는 '윤리학'으로 번역할 수 있는 것이다.[44] 그러므로 영어에서의 윤리(ethic, ethics)도 우리말 사전에서의 '윤리'와 거의 같은 뜻으로 쓰이고 있다고 할 것이다.

---

41) 다음과 같이 말한다. *"n.* [ME. *ethik* 〈 O Fr. *ethique* 〈 L. *ethica* 〈 Gr. *ēthikē*(*technē*) …] 1. ethics or a system of ethics/the humanist *ethic]* 2. any single element in a system of ethics—*adj.* same as ethical." David B. Guralnik, Ed., *Webster's New World Dictionary of the American Language*, 2nd College Edition(New York: Simon & Shuster, 1982), 481.

42) 다음과 같이 말한다. *"n. pl.* [*with sing. v. in 1 & 2. and occas. 3]* 1. the study of standards of conduct and moral judgment; moral philosophy 2. a treatise on this study 3. the system or code of morals of a particular person, religion, group, profession, etc." Ibid.

43) 다음과 같이 말한다. *"n.* [Gr. *ēthos*, disposition, character: see ethical] the characteristic and distinguishing attitudes, habits, beliefs, etc. of an individual or of a group." Ibid. 『에센스 실용 영한사전』은 ethos가 "(특정한 민족·시대·문화 등의) 기풍, 풍조, 에토스"를 뜻한다고 한다. 민중서림 편집국 편, 『에센스 실용 영한사전』(서울: 민중서림, 1997), 569.

44) 우리말에서 윤리학은 특별히 '윤리에 대한 연구 또는 학문'을 지칭하고, 윤리는 보통 '어떤 도덕규범 또는 인간의 삶의 문제'를 가리키며, 때로는 그 자체로 윤리학을 가리키기도 한다. 민중서림 편집국 편, 『에센스 실용 영한사전』, 568 참조.

또한 영어에서 윤리(ethic, ethics)와 거의 같은 뜻으로 쓰이는 moral(도덕) 또는 morality(도덕, 도덕성)[45]는 라틴어 mos(습관, 관습, 품성을 뜻함)에서 유래하였고,[46] moral은 "① 교훈 ② (pl) (단수 취급) 윤리학(ethics) ③ (pl) (사회적인) 도덕, 윤리, 모럴: (특히 남녀간의) 품행: public-s 공중도덕, 풍기"를 뜻한다.[47] 따라서 영어의 moral 또는 morality는 영어의 ethic, ethics와 거의 같은 뜻으로 쓰이고 있다고 할 것이다.

라. 백과사전에서

네이버 백과사전은 윤리를 도덕[道德, morality]이란 항목에서 "인간이 지켜야 할 도리 또는 바람직한 행동기준"[48]이라고 하면서 윤리 또는 도덕은 인간이 오랜 공동생활을 통해 만들어진 "생활양식이나 생활관습의 경험을 정리해서 공존(共存)을 위해 인간집단의 질서나 규범을 정하고 그것을 엄격하게 지켜나간 데서" 생긴 것이라고 한다.[49] 이 내용으로 보면 윤리 또는 도덕은 '인간 집단의 질서나 규범'으로서 '공존(共存)을 위해' 만들어진 것이라는 것이다.

네이버 백과사전은 또한 윤리학[倫理學, ethics]에 대해서 "사회에서 사람과 사람의 관계를 규정하는 규범·원리·규칙에 대한 학문"[50]이라고 하면서 윤리는 무자각적인 습속(習俗)과는 달리 법률과 함께 자각적인 행위규범이라고 한다. 그리고 법률이 행위의 외면성(外面性)을 강조하는 반면 도

---

45) Ibid., 1072.
46) 박봉배, "그리스도인과 윤리," 9-11; David B. Guralnik, Ed., *Webster's New World Dictionary of the American Language*, 2nd College Edition, 925 참조.
47) 민중서림 편집국 편, 『에센스 실용 영한사전』, 1072.
48) 네이버 지식백과 두산백과, "도덕," http://100.naver.com/100.nhn?docid=47588 (2018. 8. 3).
49) Ibid.
50) 네이버 지식백과 두산백과, "윤리학," http://100.naver.com/100.nhn?docid=123564 (2018. 8. 3).

덕 또는 윤리는 행위의 내면성(內面性)을 강조한다고 한다.[51] 네이버 백과사전은 계속하여 말한다.

> 윤리학은 일반적으로 인간의 행위에 관한 여러 가지 문제와 규범을 연구하는 학문이라고 할 수 있다. '윤리'의 '윤(倫)' 자에 대한 사전적인 풀이를 보면 무리[類] · 또래[輩] · 질서 등 여러 가지 뜻이 있으며, '이(理)' 자에는 이치 · 이법(理法) 또는 도리 등의 뜻이 있다. 물리(物理)가 사물의 이치인 것처럼 윤리는 인간관계의 이법이라고 할 수 있다. … 그것은 존재(存在)의 이법이라기보다는 당위(當爲)로서의 이법이다.[52]

한마디로 윤리는 "인간관계의 이법"으로서 존재(存在)의 이법이라기보다는 "당위(當爲)로서의 이법"이라는 것이다.

이상의 내용으로 볼 때에 윤리(倫理, ethic, ethics)의 사전적 의미는 도덕(道德, moral, morals)과 거의 같은 뜻으로 ① 삶의 기준으로서의 규칙(rule) 또는 규범(norm), 또는 ② 인류 도덕의 원리 또는 이치(principle 또는 reason), 또는 ③ 삶의 방법(way)이라고 할 것이다. 즉 넓은 의미에서는 인간의 삶의 문제 곧 삶의 방법을 가리키고, 좀 좁게는 삶의 기준으로서의 삶의 규칙, 규범이며, 또한 이러한 윤리 또는 도덕의 원리로서 인간 삶의 근본이 되는 진리 또는 이치를 말한다는 것이다.

2. 윤리의 개념에 대한 학자들의 견해

윤리의 개념에 대해서는 학자들마다 조금씩 다르게 말하고 있지만, 여기서는 동서양에 있어서 대표적인 몇 학자들의 견해를 보고자 한다. 가능한

---

51) Ibid.
52) Ibid.

대표적이면서도 최근의 견해들을 고찰하고자 하였으나 지면과 시간적 제한 때문에 충분히 검토하지 못한 점은 추후의 연구에 맡긴다.

가. 동양에서

한국학중앙연구원의 이서행 교수는 동양에서 윤리(倫理)란 말의 의미에 대해서 말하기를, 윤(倫)은 인(人)과 '사려' 또는 '조리'를 뜻하는 륜(侖)의 결합으로 "인간사의 조리"를 뜻하며, 리(理)는 '사물의 본성에 따라 쪼개거나 파서 가공하는 것'을 의미하는 것으로, 따라서 윤리는 '인간사를 순리적으로 처리하는 것' 또는 '인간사에 대한 합리적 행위'를 의미하는 것으로 해석될 수 있다고 한다.[53]

그는 또 도덕(道德)에 대해서 말하기를, 동양에서 도(道)는 처음에는 '길'이라는 뜻으로 쓰였는데, 이것이 차차 원칙, 규율과 같은 뜻으로 확대 사용되었으며, 덕(德)은 『우서(虞書)』[54]의 극명준덕(克明峻德)이란 표현에서 처음 나타나고, 그 뜻은 내면의 감정 혹은 신념을 의미한다고 한다.[55] 그는 또 말하기를, 도와 덕에 대해서 유가와 도가의 입장은, 유가가 이것을 인간적 차원에 국한시켜 해석한 데 반해, 도가는 자연 일반으로 확대시킨 점에서 차이가 있으나, 윤리학적 차원에서 '도'를 객관적 규범으로, '덕'을 내면적 가치로 삼으며, 내면적 가치가 객관적 규범으로부터 유래한다고 해석할 수 있다는 점에서 유가와 도가에 큰 차이가 없다고 한다. 따라서 "동양의 윤리나 도덕 개념은 처음부터 철저히 자연의 원리나 이법과 연계되어 있는 것으로 한국에서의 윤리개념 또는 윤리관도 바로 이러한 동양적 개념의 범주 속에서 찾아져야" 한다고 한다.[56]

---

53) 이서행, 『한국윤리문화사』, 76-7.
54) 우서(虞書)는 서경(書經)의 한 책으로 순(舜) 임금에 대한 기록이다. 서정기, 『새 시대를 위한 서경(상)』(서울: 살림터, 2003), 6 참조.
55) 이서행, 『한국윤리문화사』, 77.
56) Ibid., 77-8.

이상에서 볼 때에 동양에서 윤리는 도덕과 거의 같은 뜻으로 '인간사에 대한 합리적 행위' 또는 '인간의 행위에 대한 객관적 규범과 내면적 가치'를 말하는 것이라는 것이다. 이는 앞에서 본 사전적 의미와 거의 같은 뜻이라고 여겨진다.

나. 서양의 학자들

여기서는 규범윤리학의 목적론자로서 아리스토텔레스, 의무론자로서 칸트, 그리고 분석윤리학자로서 프랑케나, 테일러의 견해를 보고자 한다.

1) 아리스토텔레스: 김태길에 의하면, 아리스토텔레스는 사실의 학과 당위의 학을 구분한 최초의 학자이며, 아리스토텔레스는 윤리학 내지 정치학을 당위의 학 곧 "사람은 어떻게 행위해야 하느냐"에 대답할 것을 궁극의 목표로 삼는 것이라고 했다.[57] 이 점에서 볼 때 아리스토텔레스는 윤리를 인간의 행위 또는 삶의 방법에 관한 문제로 본 것을 알 수 있다.

2) 칸트: 대표적인 의무론자인 칸트는 윤리학에 대해서 『도덕 형이상학을 위한 기초 놓기』란 책에서 다음과 같이 말한다. "자연의 법칙에 관한 학문은 **자연학**이고, 자유의 법칙에 관한 학문은 **윤리학**이다. 앞의 것을 자연론, 뒤의 것을 도덕론이라 부르기도 한다."[58] 그리고 윤리학 또는 도덕철학은 인간의 의지에 법칙을 정해 주어야 하며, 이 법칙 곧 도덕법칙은 이것에 따라 모든 것이 발생해야 하는 당위의 법칙이라고 한다.[59] 그리고 칸트는 이러한 도덕법칙을 이성 자체의 법칙에서 찾고자 한다.[60] 이것으로 볼 때 칸트는 윤리 또는 도덕을 인간 의지의 법칙, 당위의 법칙으로서 곧 도덕법칙으로 보고 있음을 알 수 있다.

---

57) 김태길, 『윤리학』, 19.
58) 이마누엘 칸트, 『도덕 형이상학을 위한 기초 놓기』, 이원봉 역(서울: 책세상, 2002), 15.
59) Ibid., 15-6.
60) Ibid., 27 이하.

3) 프랑케나: 프랑케나는 윤리학(ethics)을 다음과 같이 정의한다. "윤리학은 철학의 한 분야인데 즉 그것은 **도덕철학**(moral philosophy)이며 도덕, 도덕 문제, 도덕 판단 등에 대한 철학적 성찰이다."[61] 그리고 그는 윤리(ethics)라는 말이 다양한 의미로 사용되고 있음을 말한다. 즉 영어의 ethics가 ① 도덕철학(moral philosophy)으로서의 윤리학 또는 ② 단지 도덕(moral)을 가리키는 말로,[62] 또는 ③ '개인이나 집단의 도덕규범 또는 도덕이론'이란 뜻으로, 또는 ④ 옳은 것 또는 좋은 것의 뜻으로,[63] 또는 ⑤ '도덕의 범주에 속한 것'이란 뜻으로,[64] 또는 ⑥ "삶의 도덕적 제도"(the moral institution of life)의 의미로 쓰이고 있다는 것이다.[65] 이 중에서 ②, ③, ④는 다 같이 도덕규범을 의미하는 것으로 하나로 묶을 수 있다고 생각되며, ⑤는 인간의 삶의 문제 또는 과제로서 도덕과 관련된 것을 의미하고, ⑥은 사회규범 중 법 또는 관습 등 다른 규범과 구별한 것으로 좁은 의미의 윤리를 의미한다고 생각된다. 이렇게 보면 프랑케나가 말하는 윤리의 개념도 앞에서 본 윤리의 사전적 의미와 크게 차이가 없다고 여겨진다. 앞에서 본 바와 같이 윤리는 윤리학, 또는 도덕규범, 때로는 삶의 과제, 때로는 삶의 이치를 의미하기 때문이다.[66]

그는 "삶의 도덕적 제도"(the moral institution of life)로서의 윤리를 좀더 자세히 설명하여 윤리가 예술, 과학, 법, 관습, 혹은 종교 등과 같은 삶의 다른 분야들과 구분되는 의미로 사용되고 있다고 하며, 그는 그의 책에서

---

61) William K. Frankena, *Ethics,* 2nd ed. 1989, 황경식 역, 『윤리학』(서울: 철학과현실사, 2003), 20.
62) 이때 도덕이란 도덕규범과 같은 뜻이라고 여겨진다.
63) 이때 윤리는 '비윤리적인(immoral, unethical) 것'과 반대의 뜻이다. Ibid., 23.
64) 이때 윤리는 '도덕과 관련된 것'으로 '도덕과 무관한(nonmoral, nonethical) 것'과 반대의 뜻이다. Ibid.
65) Ibid., 23-4.
66) 네이버 국어사전, "윤리," http://krdic.naver.com/detail.nhn?docid=29893300 (2018. 8. 3) 참조.

윤리란 말을 이런 의미로 사용하고자 한다고 한다.[67]

그는 "삶의 도덕적 제도"(the moral institution of life)로서의 윤리는 사회적 성격을 가지고 있으며, 그것은 개인이 자신의 지침으로서 발견해 낸 것이거나 고안해 낸 것이 아니라 그 기원이나 구속력 그리고 그 기능에 있어서도 대체로 사회적인 것이라고 한다. 이리하여 윤리 또는 도덕은 개인이 처음으로 마주치는 것으로서 개인이나 소규모 집단을 규제하기 위한 전체 사회의 수단이라는 것이다.[68] 그러나 그는 또한 개인이나 소집단도 그들의 행위에 대한 특유한 지침으로서의 윤리 또는 가치체계를 가질 수 있으며, 다만 이 경우에도 그 윤리는 그 개인 또는 소집단이 속한 전체 사회가 그것을 채택하거나 혹은 적어도 그것의 보다 더 기본적인 원칙이나 이념을 채택해야 한다는 생각을 할 수 있어야 한다고 한다.[69] 이것은 윤리가 사회적 보편성을 가져야 할 것을 말하는 것이다.

그는 또 말하기를, 도덕은 타산(打算, prudence)과 구분되어야 하는데, 그 이유는 도덕과 타산은 모두가 충동을 규제하기 위한 것이기는 하나 타산이 단순히 자아(ego)에 있어서 현실원리의 작용으로서 개인이 욕구하거나 그의 이득이 되는 바에 전적으로 의거하는 반면, 도덕은 초자아(super-ego)의 작용으로서 개인적인 충동이 욕구하는 바를 성취한다거나 욕구하는 바에 대한 최대의 만족만을 생각하는 것이 아니기 때문이라고 한다.[70] 이것이 의미하는 바는 도덕 또는 윤리는 개인의 이익을 위한 것이 아니라 사회 공동의 규범이라는 것이라고 할 것이다.

그는 또 도덕의 성격에 대해서 말하기를, 그것이 적어도 서양에서 발전

---

67) Ibid., 24.
68) Ibid., 24-25. 우리는 여기서 윤리의 목적 한 가지를 보게 된다. 그것은 곧 윤리는 전체 사회가 개인이나 소집단을 규제하기 위한 것이라는 것이다. 여기서 한 가지 더 질문을 한다면, 그러면 전체 사회는 왜 개인이나 소집단을 규제하고자 하는가? 이다. 이에 대한 답변에서 우리는 윤리의 좀 더 근본적인 목적을 찾을 수 있을 것이다.
69) Ibid., 25-26.
70) Ibid., 27-28.

되어 온 것에 있어서는 보다 더 개인주의적이고 자율적이라고 한다. 윤리 또는 도덕은 단지 외적인 규제를 맹목적으로 복종하는 것이 아니라, 각 개인이 스스로 이성을 사용하여 자신과 이웃 인간의 행위에 대해서 합리적인 이유를 제시할 것을 요구하며, 이는 곧 이성의 성찰을 통한 합리성과 자율성(autonomy)을 중시한다는 것이다.[71]

프랑케나는 도덕적 관점 곧 도덕이 되기 위한 기본 요건에 대해서 말하는데, 그것은 1) 행위, 욕구, 성향, 동기, 인격이나 성품 등에 대한 규범적 판단으로서 2) 보편성을 가지며, 3) 그 판단에 대한 이유가 지각적 존재의 삶에 대해서 도덕과 무관한 선 또는 악을 증가시키거나 감소시키는 것에 관한 것이어야 한다고 한다.[72] 도덕이란 인간 성품 또는 행위에 관한 것으로서, 그것이 지각적 존재로서의 자신 또는 이웃에게 도덕과 무관한 선 또는 악을 가져오는 것에 따라 규범적 판단을 내리는 것이며, 이것은 또한 모든 사람에게 똑같이 적용될 수 있어야 한다는 것이다.

결국 그는 윤리(ethics)란 말이 ① 도덕철학(moral philosophy)으로서의 윤리학 또는 ② 단순히 도덕(moral) 또는 도덕규범과 같은 의미로서 인간의 행위 또는 인격에 대한 의무 또는 가치 판단으로서의 규범 또는 ③ 도덕적 삶의 과제 또는 ④ 법이나 관습과는 다른 좁은 의미에서의 윤리 등의 뜻으로 쓰이고 있음을 말한다. 그리고 그 중에서 그는 윤리란 말을 ④ 법이나 관습과는 다른 좁은 의미에서의 윤리란 뜻으로 주로 사용하고 있음을 보게 된다.

4) 폴 테일러: 폴 테일러에 의하면, 윤리학(Ethics)은 "도덕의 본질과 근거에 대한 철학적 탐구"라고 정의된다.[73] 그리고 도덕(morality)이란 "행위에

---

71) Ibid., 28-31.
72) Ibid., 260-2.
73) 폴 테일러, 『윤리학의 기본원리』, 김영진 역(서울: 서광사, 1985), 11; Paul W. Taylor, *Principles of Ethics: An Introduction* (Encino, California: Dickenson Publishing Co., 1975), 1.

대한 도덕적 판단, 표준, 그리고 규칙을 가리키는 일반적 이름"으로 사용되며, 그리고 여기에는 "현존 사회의 도덕률 속에서 발견되는 현실적인 판단, 표준 그리고 규칙뿐 아니라 이상적인 판단, 표준 그리고 규칙까지도" 포함된다고 한다.[74] 그러므로 도덕은 "현실적이든 이상적이든 옳고 그른 행위뿐만 아니라 좋고 나쁜 성격과도 관련"되며, 도덕판단은 "사람의 행동뿐만 아니라 행동을 하게 되는 동기나 이유, 그리고 사람들이 가지고 있는 보다 일반적인 성품에 대해서도 내려진다"고 한다.[75] 그러므로 테일러에 의하면, 윤리는 도덕과 같은 의미로서 그것은 현실적이든 이상적이든 인간 행위의 옳고 그름에 대한 판단, 표준, 규칙이며, 또한 그러한 행위를 하는 인간 성품의 좋고 나쁨에 대한 판단, 표준, 규칙이라고 할 것이다. 그리고 윤리학은 이러한 윤리 또는 도덕의 본질과 근거에 대한 철학적 탐구라고 할 것이다. 따라서 이를 요약해서 보면, 윤리는 인간의 행위 또는 성품의 옳고 그름 또는 좋고 나쁨에 대한 판단, 표준, 규칙 곧 규범이라는 것이다.[76]

이렇게 볼 때 그가 말하는 윤리는 ① 인간 행위와 성품에 대한 도덕적 판단, 표준, 규칙으로서의 규범이며, 또한 ② 보다 이상적인 것으로서의 규범으로서 이것이 의미하는 것은 현실적인 규범의 근본이 되는 원리 또는 이치로서 곧 인간 삶의 원리 또는 이치를 말하는 것이라고 생각된다. 바로 그는 도덕규범을 윤리의 기본 개념으로 보고 있다고 할 것이다.

다. 한국의 학자들

여기서는 한국의 여러 윤리학자들 중 현대 한국에서 윤리학에 대해 중요한 책을 쓴 김태길과 기독교윤리학자로서 백석대학교의 김희수 교수의 견

---

74) 테일러, 『윤리학의 기본원리』, 11.
75) Ibid., 12.
76) 테일러는 도덕규범에 대해서 다음과 같이 말한다. "도덕규범이란 행위의 규칙이거나 평가의 표준이라 할 수 있다." Ibid.

해를 고찰해 보고자 한다.

1) 김태길: 김태길은 말하기를, "우리 사회에는 여러 가지의 도덕률이 있거니와, 여러 가지 도덕률을 하나로 묶어서 그 전체를 지칭할 때는 윤리(倫理) 또는 도덕(道德)이라는 말을 사용한다."고 한다.[77] 다시 말해서 윤리란 '여러 가지 도덕률'이라는 것이다. 그리고 도덕률은 관습, 법과 함께 사회규범의 일종이라고 한다.[78] 그리고 사회규범 중에서 가장 근본적이며 중요한 것은 윤리인데, 이 윤리는 관습 또는 법률을 평가하는 기준이 되기 때문이라고 한다.[79]

그는 말하기를, 윤리는 '인간사회의 결 또는 길'로서 인간사회의 규범을 말한다고 한다.[80] 그는 또한 윤리와 도덕에 대해서 말하기를, 엄밀하게 말해서 이 둘은 같은 뜻을 가진 것은 아니나 우리의 일상생활에서 이 두 말은 거의 같은 뜻으로 사용되고 있다고 말한다. 다만 일반적으로 말해서 인간사회의 **규범**을 의미할 때는 '윤리'란 말이 많이 쓰이고, 윤리를 존중하는 사람들의 **심성**(心性) 또는 **덕행**(德行)을 가리킬 때는 '도덕'이라는 말을 많이 사용하고 있다고 한다.[81]

그는 윤리의 기원에 대해서 말하기를, 이에는 크게 두 가지 학설이 있는데, 하나는 윤리의 근거가 인간 이전에 이미 주어졌다고 보는 견해이고, 또하나는 그것이 인간 역사의 경험적 산물이라고 보는 견해라고 한다. 전자는 또 두 가지가 있는데, 하나는 '신학적 윤리설'로서 신이 인간을 창조할 때 몇 가지 기본적 원칙들을 내려 주었고 이 기본적 원칙들로부터 구체적인 도덕률이 도출된다는 것이고, 또 하나는 '형이상학적 윤리설'로서 인격신(人格神)이 있어서 인간에게 도덕률을 내려 주었다기보다는 우주자연의 이

---

77) 김태길, 『윤리학』, 432-3.
78) Ibid., 432.
79) Ibid., 433. 이때에 그가 말하는 윤리는 좁은 의미의 윤리라고 할 것이다.
80) 여기서 결 또는 길은 원리, 원칙, 질서, 규칙 또는 규범이라고 할 수 있으므로 윤리란 인간 사회의 원리, 원칙, 질서, 규칙 또는 규범이라고 할 것이다. Ibid., 433-4.
81) Ibid., 433, 각주 1) 참조.

법(理法) 속에 도덕률의 근원이 있다고 보는 견해라고 한다.[82]

본 연구자가 보기에 이 둘('신학적 윤리설'과 '형이상학적 윤리설') 사이에는 우주와 인간 사회에 이미 주어진 객관적 질서가 있다고 보는 점에서 같다고 여겨진다. 다만 차이점은 그 질서의 근원이 어떤 인격적인 신이냐 아니면 우주 자체가 원래부터 그러한 질서를 가지고 있었느냐의 차이라고 본다. 신학적 윤리설에서는 그러한 질서 자체가 신이 만든 것이라고 보는 것이고, 형이상학적 윤리설에서는 우주 또는 인간 사회 자체에 그러한 질서가 이미 주어져 있다는 것이다. 그런데 신학적 윤리설과 형이상학적 윤리설은 둘 다 일종의 믿음에 기초하고 있는 것으로서 그 진위를 경험적으로 증명할 수 없으므로 경험적, 과학적 증거를 찾는 현대인들에게는 설득력을 가진 적절한 윤리설이 되지 못한다고 그는 말한다.[83]

그는 현대의 경험 과학적 사고방식을 따르는 사람들은 윤리를 인간의 사회생활의 과정에서 필요에 의해 만들어진 역사적 산물로 본다고 하면서 그 견해를 다음과 같이 설명한다. 즉 인간은 옛날부터 집단생활을 해 왔는데, 집단생활에서는 한 개인의 행위가 그 개인뿐만 아니라 집단의 공동이익에 영향을 끼치며, 그들의 행위가 집단 또는 타인에게 미치는 결과 여하에 따라서 '옳다' 또는 '그르다'는 평가를 내리게 되었고, 이것이 발전하여 고정관념(固定觀念)이 되고, 또 이 고정관념이 발전하여 사회규범이 되었다는 것이다. 그 대표적인 예가 관습이며, 관습은 그것이 오랜 전통을 가졌기 때문에 존중되는데 비해서 윤리는 그것이 합리적인 근거를 가졌기 때문에 권위를 인정받는다는 점에서 차이가 있다는 것이다.[84]

---

82) 여기에는 우주는 어떤 목적을 가지고 있고, 인간은 이 목적 실현에 이바지해야 한다고 하는 아리스토텔레스의 목적론적 세계관에 입각한 형이상학적 윤리설도 해당한다고 그는 말한다. Ibid., 434-5.

83) Ibid., 434-6.

84) Ibid., 436-9. 이것은 인간사회에 대한 선악의 관점에서 옳고 그름이 결정되고, 이것이 발전하여 규범 또는 윤리가 되었다는 것으로 선과 의의 관계에 대하여 중요한 의미를 가지고 있다고 여겨진다.

그는 윤리사상의 옳고 그름을 판별하기에 필요한 기준을 발견하여 여러 가지 윤리사상 가운데서 올바른 것 하나를 정립하는 것은 윤리학자들이 해야 할 일들 가운데서 가장 기본적인 것이라고 한다. 왜냐 하면, 같은 나라 또는 같은 사회에서 서로 다른 윤리사상이 대립하는 것은 사회적 갈등을 조장하는 것이기 때문이라고 한다. 그러므로 같은 나라 또는 같은 사회 안에서 서로 다른 윤리사상이 대립하는 경우에는 그 대립을 극복할 수 있도록 하나의 올바른 윤리사상 내지 윤리체계를 정립할 필요가 있는데, 이것을 위해서는 올바른 윤리사상과 그릇된 윤리사상을 판별할 수 있는 기준을 발견해야 한다는 것이다.[85]

그는 말하기를, 여러 국가나 사회의 윤리 또는 사회규범이 다른 것은 그 윤리사상이 형성된 배경을 이루는 경험적 조건들이 다르기 때문인데, 윤리학자들은 이러한 여러 나라의 경험적 특수성의 영향을 제거한 보편적 윤리의 원리를 찾아내고자 하였다고 한다.[86] 이것을 위하여 어떤 사람은 인간 삶의 보편적 목적이 있다고 생각하고, 이 목적에 의하여 윤리사상의 타당성을 평가하고자 한 윤리학자들이 있다. 예를 들면, 플라톤, 아리스토텔레스, 스피노자, 헤겔 또는 그린(T. H. Green) 같은 철학자들이 있다. 이들은 목적론자들이라고 할 것이다. 그러나 그들은 인간 삶의 보편적 목적이 무엇인지에 대해서 의견의 일치를 보지 못하고 있으며 또한 자신들이 제시하는 보편적 목적이 예를 들어 '인격의 완성' 또는 '자아의 실현' 등이 무엇을 의미하는지도 분명하게 밝히지 못하고 있다는 것이다.[87]

어떤 학자들은 사람인 이상 누구나 지켜야 하는 절대적 법칙이 있음을 주장한 학자들도 있었는데, 칸트, 프라이스, 프리차드 등을 들 수 있다. 그러나 그들도 선천적으로 주어진 절대적이며 보편적인 행위의 법칙을 증명

---

85) Ibid., 440-1.
86) Ibid., 441.
87) Ibid., 441-2.

하지 못하였다는 것이다. 그것은 선천적으로 주어진 윤리의 최고 원리를 연역 논리로써 논증하거나 경험적 사실로써 뒷받침하기는 원칙적으로 불가능하기 때문이라는 것이다.[88]

또 어떤 학자들은 명증론을 주장하였는데, 이 또한 그들이 주장하는 것들이 자명함을 증명하지 못하였던 것이다.[89] 그는 결론적으로 다음과 같이 말한다.

> 철학사를 빛낸 수많은 철학자들이 목적론 또는 법칙론을 전개하여 절대적 윤리의 원리를 제시했으나 논리적으로 만족스러운 것은 하나도 없었다. 2000년 이상의 오랜 세월을 두고 갖가지 윤리설이 속출했으나, "어떻게 사는 것이 가장 바람직한 삶의 길이냐?" 하는 문제에 대해서 아직도 반론의 여지가 없는 정론(正論)을 얻지 못했다는 것을 우리는 솔직하게 인정해야 할 형편이다.[90]

그는 더 나아가 말하기를, 20세기 초엽에 이르러 윤리학적 회의론의 기세가 과거 어느 때보다 강하게 일어났는데, 그 이유를 크게 다음과 같이 두 가지로 볼 수 있다고 한다. 하나는 두 차례의 세계대전을 통해 세계질서에 막대한 혼란이 일어났다는 것이며, 또 하나는 과학기술의 놀라운 발달로 사회의 양상과 생활조건이 급격하게 변화했다는 것이다.[91] 또한 자연과학의 발달과 함께 인간의 본성에 대한 이해가 달라졌다는 것이다. 고전적 인간관은 인간의 본성을 오로지 이성적 존재로 이해하고, 이성을 선천적이며 만인에게 동일한 것으로 보았으나, 이제는 인간의 이성과 양심까지도 경험을 따라 발달하는 것으로 보는 경향이 있게 되었으며, 만인이 공유하는 선

---

88) Ibid., 442-3.
89) Ibid., 443-4.
90) Ibid., 445.
91) Ibid., 445-6.

천적 도덕감 또는 선천적 양심이란 개념도 부인하게 되었다는 것이다. 따라서 이를 기초로 한 윤리적 절대설은 신빙성을 잃을 수밖에 없게 되었다는 것이다.[92]

그러나 그렇다고 하여 우리는 윤리적 회의에 머물러 있을 수만은 없다. 그런 경우에 우리는 윤리적 무정부상태에 빠질 수밖에 없기 때문이다. 그러면 어떻게 이러한 윤리적 회의에서 벗어날 수 있을까? 이러한 상황 속에서 김태길은 다음과 같이 자신의 윤리설을 제시한다.

첫째 종교적 신앙에 기초한 윤리를 생각할 수 있으나 이것을 현대의 모든 사람들 또는 대부분의 사람들이 받아들이기를 기대하기는 어렵다는 것이다. 그러므로 그는 말하기를, 특별한 신앙심이 없더라도 정상적인 지성을 가진 사람이라면 누구나 납득할 수 있는 이론으로써, 윤리가 단순한 자의적 규범이 아니라는 것을 밝힐 수 있는 길을 찾아보는 것이 오늘날 우리가 시도할 수 있는 가장 현실적 대안이라고 한다.[93] 이것은 다시 말해서 절대적 윤리가 아니라 현대의 대부분의 사람들이 공감할 수 있는 윤리체계를 제시하는 것이 필요하다는 것이다. 그는 다음과 같이 말한다.

> 단적으로 말해서, 비록 절대적 윤리의 원리가 선천적으로 주어진 바 없다 하더라도 윤리라는 것이 모든 사람들을 위해서 필요하고 도움이 되는 '삶의 지혜' 라는 사실을 밝히게 된다면, 현대를 윤리적 회의로부터 벗어나게 하는데 일단 성공하는 결과를 얻을 것이다.[94]

다시 말해서 그는 삶의 지혜로서의 윤리를 제시하고자 하는 것이다. 이런 의미에서 보면, 윤리란 삶의 지혜로서 사람들이 함께 잘 살기 위해 필요한 것이라고 할 것이다. 다시 말해서 윤리란 사람들이 함께 잘 살기 위해 필

---

92) Ibid., 446-7.
93) Ibid., 447-8.
94) Ibid., 448.

요한 삶의 방법 또는 길이라는 것이다.[95] 그러면 "선천적으로 주어진 윤리
의 원형이 존재하지 않을 경우에 우리는 무엇을 기준으로 삼고 현존하는 윤
리의 평가와 시정을 꾀할 수 있을 것인가?"[96] 이것이 그의 질문이다.

그는 윤리의 기능을 "원만한 사회생활"이라고 한다.[97] 바로 이것을 위하
여 윤리가 존재한다는 것이다. 그는 보다 구체적인 기능으로서 1) 인간 사
회에서 일어나는 근본적인 문제들을 원만하게 해결하기에 적합한 행위의
원칙을 제시하는 것이다. 그런데 인간 사회에서 일어나는 대부분의 문제는
욕구의 대립에서 오는 것이므로 이를 잘 해결해 줄 수 있는 윤리가 필요하
다는 것이다. 그리고 이를 위해서는 이성(理性)이 요구하는 공정성(公正性)
이 필요하다는 것이다. 곧 이성의 판단, 특히 공정성의 원리가 필요하다는
것이다.[98] 그는 말하기를, 이와 같은 견지에서 볼 때, 가장 바람직한 윤리
는 인간이 그들의 이성을 동원하여 구체적으로 정립할 앞으로의 과제이지,
이것이 어떤 발견되기를 기다리며 어디엔가 숨어있는 기성의 체계가 아니
라는 것이다.[99]

그러나 그는 여기서 이성을 원리로 삼는다고 할 때, 그것은 칸트가 말한
바와 같이 이성 그 자체 속에서 윤리 규범이 풀려나온다는 뜻이 아니라,
"다만 인간의 심리와 생활의 조건들을 비롯한 여러 가지 사실에 대한 지식
을 근거로 삼고, 이성적 숙고를 통하여 하나의 길을 선택함으로써 윤리의
원리를 세워야한다는 뜻을 말하는 것"이라고 한다.[100] 즉 이성을 윤리적 원

---

95) 그러면 무엇이 잘 사는 길인가? 사회 속에서 그 구체적인 내용은 사람들의 지혜를 모아 합
   의하는 것이 필요할 것이다. 물론 모든 사람이 다 하나로 일치할 수는 없을 것이므로, 최대
   한 많은 사람의 합의를 이루는 것이 최선의 길이 될 것이다. 이런 의미에서 현대의 민주정
   치제도가 그래도 윤리적 관점에서 볼 때 최선의 방법이라고 생각된다.
96) Ibid., 449.
97) Ibid.
98) Ibid., 451.
99) Ibid., 452. 이때 윤리는 인간사회에서의 실제 규범을 의미하는 것이다.
100) Ibid., 452-3.

리를 발견하는 하나의 수단으로 사용하는 것이다.

그는 이러한 삶의 지혜로서의 윤리는 경험적 인간 본성에 대한 이해에 기초하고 있는데, 그럼에도 불구하고 이러한 윤리가 권위를 가질 수 있는 것은, 각 사람은 각자 자신의 윤리체계를 선택하여 가질 수밖에 없고, 그가 주체적으로 하나의 윤리체계를 선택할 경우에 그 선택된 체계는 그것을 선택한 사람에게는 일종의 절대성을 갖기 때문이라고 한다.[101] 또한 동시에 인간은 스스로 숙고하고 참여하여 선택한 윤리에 스스로 따라야 할 책임이 있기 때문이라는 것이다.[102]

결국 김태길은 사회규범으로서의 윤리를 말하고 있으며, 그러한 사회적 규범들의 판단기준은 경험적 인간 본성에 기초하여 일반적인 사람들의 공동의 합의에 의해서 만들어 내야 한다는 것이다. 그것은 절대적 윤리설들을 받아들일 수 없는 현대인들에게는 어쩔 수 없는 것이라는 것이다. 그럼에도 불구하고 이러한 윤리를 무시할 수 없는 것은 그것이 정상적인 지성을 가진 사람들의 자발적인 합의에 의해 만들어진 것이기 때문이라는 것이다. 물론 그것이 절대적인 것은 아닐지라도 그것이 사람들이 이성을 도구로 하여 합의에 의하여 함께 잘살기 위해 만든 최선의 규범이기 때문이라는 것이다.

이것은 인간 사회의 실제 규범에 대한 기준으로서 어느 정도 타당성을 가지고 있다고 여겨진다. 물론 각 개인은 각자의 믿음에 따라 그 자신의 절대적 윤리를 가질 수 있지만, 다양한 사람들이 함께 사는 사회 속에서 사회적 규범의 기준은 어디까지나 사람들 공동의 합의에 의해서 만들어져야 하기 때문이다. 그렇지 않으면, 그것은 하나의 독재가 될 수밖에 없기 때문이다.

이상에서 김태길이 말하는 윤리는 사회규범의 일종으로서 법 또는 관습 등 다른 사회 규범들과는 다른 실제 사회의 도덕률로서 좁은 의미의 윤리와

---

101) Ibid., 453-4.
102) Ibid., 454.

그리고 다른 모든 사회 규범들의 기준으로서의 윤리적 삶의 원리를 구분해서 볼 수 있다.

2) 김희수: 백석대학교의 김희수 교수는 윤리학을 도덕철학이라고 하면서 윤리(倫理, moral principles)와 윤리학을 다음과 같이 정의한다. "윤리란 '인간이 마땅히 지켜야 할 도리' 또는 '도덕적으로 옳고 선한 삶과 행동을 위한 원칙들'이라고 정의할 수 있으며, 윤리학이란 '도덕적으로 옳고 선한 삶과 행동을 위한 원칙들에 대해서 연구하는 학문'이라고 정의할 수 있다."[103] 윤리(倫理, moral principles)는 '인간이 마땅히 지켜야 할 도리' 또는 '도덕적으로 옳고 선한 삶과 행동을 위한 원칙들'이라는 것이다. 이는 앞에서 본 윤리의 사전적 의미와 같은 것이라고 할 것이다.

그는 또한 도덕에 대해서 말하기를, 도(道)는 '시대의 변천이나 장소에 좌우되거나 제약받지 않는 궁극적인 진리, 우주의 이치, 참다운 생명의 길, 존재의 궁극적 이유와 의미' 등으로 정의내리며, 덕(德)은 '도를 깨달은 자(또는 도를 추구하는 자)가 삶을 통하여 성취하게 되는 성품 또는 도에 합당한 성품'이라고 정의한다. 따라서 도와 덕을 합한 도덕은 '도와 덕에 합당한 행동을 위한 원칙' 또는 '도와 덕을 개인적·사회적 삶 속에서 실천하기 위한 행동 원칙'이라고 한다.[104]

그는 여기서 도덕적 행위의 주체는 인간이지만, 인간에 의한 도덕적 행위의 대상의 범주는 더 넓어져야 하며, 그에 따라 윤리의 개념 정의도 새롭게 내려져야 한다고 한다.[105] 그는 인간의 도덕적 행위의 대상이 단지 인간만이 아니라 우주 전체의 구성물들로 확대되어야 한다고 하면서,[106] 윤리와 윤리학을 다음과 같이 다시 정의한다.

---

103) 김희수, 『기독교윤리학의 이론과 방법론』(서울: 동문선, 2004), 20.
104) Ibid., 19-20.
105) Ibid., 20-21.
106) Ibid., 21.

결과적으로 윤리는 "인간과 인간 사이, 그리고 인간과 우주의 모든 개체들과의 사이에 올바른 관계 형성을 가능케 해주는 행동 원칙들" 이라고 정의되어야 한다. 그리고 윤리학은 "인간과 인간 사이, 그리고 인간과 우주의 모든 개체들과의 사이에 올바른 관계 형성을 가능케 해주는 행동 원칙들에 대하여 연구하는 학문"이라고 정의내려야 할 것이다.[107]

이상의 내용으로 볼 때 그는 윤리를 "인간과 인간 사이, 그리고 인간과 우주의 모든 개체들과의 사이에 올바른 관계 형성을 가능케 해주는 행동 원칙들"이라고 하며, 윤리학은 이러한 윤리에 대해 연구하는 학문이라고 한다. 한 마디로 그는 윤리를 "인간의 행동 지침 또는 행동 원칙"이라고 보고 있는 것이다. 이것은 윤리를 규범 또는 삶의 원리로 보는 것이다.

3. 윤리에 대한 성서의 견해

성서에서 윤리란 말의 어원인 ethos란 말이 있으나 이는 주로 습관, 관습이란 뜻으로 쓰이고 있고,[108] 인간 삶의 원리 또는 도리란 뜻으로서의 윤리란 말은 별도로 찾기가 어렵다. 아마도 이것은 성서에서는 인간 삶의 원리가 따로 있는 것이 아니라 바로 하나님의 말씀이 곧 인간 삶의 기준이요, 원리라고 보기 때문이 아닌가 생각된다. 어쨌든 성서에 윤리(ethics)란 말은 따로 없으나 윤리가 삶의 방법, 행위의 규범, 삶의 이치 또는 원리라고 할 때 그러한 뜻에서의 윤리는 풍부하게 찾아볼 수 있다. 우선 윤리가 삶의 과제 또는 방법이라고 하면 성서는 인간의 삶의 방법 또는 과제에 대해서 많

---

107) Ibid.
108) 이상원, 『기독교윤리학: 개혁주의적 관점에서 본 이론과 실제』(서울: 총신대학교출판부, 2010), 15-6 참조.

은 것을 가르쳐 준다. 특히 인간이 바르게 사는 방법은 창조자요, 주권자요, 구원자이신 여호와 하나님을 알고 믿고 경외하고 섬기는 것이라고 한다. 예를 들어 잠언 9장 10절은 말하기를, "여호와를 경외하는 것이 지혜의 근본이요 거룩하신 자를 아는 것이 명철이니라"고 하여 하나님을 알고 경외하는 것 곧 사랑하고 섬기는 것이 지혜요 복된 삶의 길이라고 한다. 또한 전도서 12장 13절은 "일의 결국을 다 들었으니 하나님을 경외하고 그 명령을 지킬찌어다 이것이 사람의 본분이니라"고 하여 하나님을 경외하고 그 명령을 지키는 것이 사람의 본분 곧 사는 길이라고 한다. 그 외에도 이에 관한 말씀은 성서에서 풍부히 찾아 볼 수 있을 것이다.

또한 윤리가 행위의 규범이라고 할 때 성서에서 그에 대한 많은 예를 찾을 수 있다. 그 대표적인 예는 율법과 계명인데, 성서는 인간 행위의 규범으로서 십계명을 비롯한 수많은 율법과 계명을 말하고 있다. 그리고 신약에서도 예수님의 여러 교훈들과 사도들의 교훈에서 이러한 행위의 규범들을 발견할 수 있을 것이다.

그리고 인간 삶의 원리 또는 이치로서의 윤리는 보다 더 근본적인 규범으로서 하나님과 인간과의 관계, 그리고 인간 사이의 관계, 인간과 자연과의 관계 등에 관한 여러 가지 교훈들을 찾아볼 수 있을 것이다. 특히 잠언, 전도서 등 지혜서에서 이런 삶의 근본적인 원리들을 많이 찾아볼 수 있다.

4. 윤리의 기본 개념에 대한 종합 정리

이상에서 본 바에 따라 윤리의 개념에 대해서 정리해 본다면 다음과 같이 몇 가지 내용으로 구분해 볼 수 있을 것이다.

1) 먼저 우리가 고려할 것은 윤리란 말이 때로는 윤리학과 같은 뜻으로 쓰

이고 있다는 것이다. 윤리와 윤리학을 엄격히 구별할 때에 우리는 대개 윤리는 인간 삶의 기준이나 방법에 대한 말로 윤리학은 이러한 윤리에 대한 체계적인 연구 또는 학문이란 뜻으로 이해한다. 그러나 우리말에서 윤리란 말이 때로는 윤리학을 의미하는 것으로 사용되기도 하는데, 이것은 한자어로 윤리(倫理)가 '인간사이의 도리'란 뜻을 가짐으로 그 자체가 이치 또는 원리란 뜻을 가지고 있기 때문인 것이다. 이것은 영어에서도 비슷한 것을 볼 수 있는데, 영어에서 ethics는 윤리체계, 윤리 규정, 또는 윤리학 등의 뜻으로 다양하게 사용되고 있는 것이다. 이점은 윤리와 비슷한 말인 도덕(道德)이란 말에서도 같은 점을 보게 된다. 도덕이 때로는 단순히 어떤 윤리적 규범을 뜻하기도 하고, 때로는 윤리학과 같은 뜻으로 쓰이기도 한다.[109] 물론 윤리와 윤리학을 엄격히 구별하여 사용할 것을 주장하는 학자도 있으나[110] 실제 우리의 삶에 있어서 이 말들 곧 윤리와 윤리학, 그리고 도덕과 도덕학은 이와 같이 혼용되고 있는 것이다. 그러므로 우리는 그 말들이 쓰이는 맥락에 따라서 그 뜻을 바로 구별하여 이해하는 것이 필요하다.

윤리와 도덕의 한자어로서의 차이는 윤리(倫理)는 "사람 사이의 관계의 이치"란 뜻이고, 도덕(道德)은 도(道)와 덕(德) 곧 "인간의 삶의 이치와 그에 합당한 성품 또는 인격"을 말한다. 이로 볼 때 윤리와 도덕은 큰 차이가 없다. 그러나 일반적으로 사람들이 윤리와 도덕을 구별하여 사용할 때에 도덕은 어느 사회 속에서의 실제적인 도덕규칙(규범)을 말하는데 비해서 윤리는 좀 더 이론적인 것으로 이러한 도덕의 원리 또는 근본 이치를 말하는 것이다.

2) 윤리는 넓은 의미에서는 가치평가를 할 수 있는 인간의 삶의 과제 또는 삶의 문제를 뜻한다. 이것은 순수하게 이론적인 것 또는 학문적인 것과 구별하여 '어떻게 살 것인가?'와 같은 인간의 삶의 문제를 말하는 것이다.

---

109) 이때에는 윤리학을 도덕 철학(moral philosophy) 또는 도덕학(morals)이라고도 한다.
110) 사하키안의 예를 본다. 사하키안, 『윤리학: 그 이론과 문제에 대한 개론』, 22 참조.

곧 인간 삶의 실천적 과제를 의미하는 것이다. 윤리적인(ethical) 것과 무윤리적인((nonethical, amoral, nonmoral) 것을 구별할 때와 같이, 선악 또는 옳고 그름을 판단할 수 없는 그러한 것으로서의 단순한 사실 또는 동물의 활동 등과는 달리 선악 또는 옳고 그름을 판단할 수 있는 인간의 행위 또는 인간의 삶의 문제인 것이다.[111]

3) 윤리는 또한 인간 삶의 이치 또는 원리를 말한다. 즉 일반 도덕 또는 규범의 근본 원리 또는 근본 이치를 말하는 것이다. 사람들은 단순히 사람들이 만든 실제적인 규범만이 아니라 그 규범들의 근원이 되는 참된 규범의 원리 또는 이치가 있다고 생각하고, 그 원리 또는 이치를 찾는다. 그리고 그 원리 또는 이치에 따라 보다 이상적인 규범을 만들고자 하며 또한 이것에 따라 현실의 규범들을 판단하고 평가하고자 하는 것이다.

4) 윤리는 또한 인간 행위의 기준 또는 표준을 의미하는 규범의 의미를 가지고 있다. 이때에 윤리는 도덕 평가적인 의미(evaluative sense)에서 '옳은 것' 또는 '좋은 것'이란 뜻을 가지고 있는 것이다.[112] 규범으로서의 윤리는 객관적인 것도 있고, 주관적인 것도 있다. 객관적 의미에서의 윤리는 외적인 규범으로서 사회 규범을 말하며, 주관적 의미에서의 윤리는 개인적이고 내적인 것으로서 각 개인이 자신의 선 또는 행복을 위해 스스로 가지고 있는 규범이라고 할 것이다. 그리고 개인윤리와 사회윤리는 행위의 주체에 따른 구분이라고 할 것이다.[113]

5) 윤리는 또한 프랑케나가 말한 바와 같이 인간 삶의 다른 분야와 구별되는 "인간 삶의 도덕적 제도"(the moral institution of life)로서의 의미를

---

111) Frankena, 『윤리학』, 23; 사하키안, 『윤리학: 그 이론과 문제에 대한 개론』, 15 참조.

112) Ibid., 23-24 역주 참조.

113) 이상원, 『기독교윤리학: 개혁주의적 관점에서 본 이론과 실제』, 45-55 참조. 정원규는 개인윤리와 사회윤리를 구별함으로써 현대의 많은 윤리적 문제들이 해결될 수 있음을 말한다. 정원규, "현대사회와 윤리개념의 분화: 사회윤리와 개인윤리," 『철학연구』(제59권, 2002), 253-72 참조.

가지고 있다. 이때에 윤리는 예술, 과학, 법, 관습, 혹은 종교 등과 동등한 차원에서 그것들과 관련을 가지면서도 그것들과는 구별되는 어떤 것을 의미하는 것이다.[114] 이때에 있어서 윤리는 인간 행위의 옳고 그름에 대한 평가를 하면서도 법과는 달리 그 시행에 있어서 제도적 강제성을 갖지 않으며, 또한 관습과는 달리 그 판단 또는 평가에 있어서 어떤 전통에 의존하기보다는 인간 이성의 합리적 판단에 의존하는 것으로 [115] 이것은 좁은 의미에서의 윤리라고 할 것이다.

이상으로 윤리 또는 도덕의 개념으로서 다섯 가지 중요한 개념을 구별하였다. 이 중에서 가장 기본적인 개념은 윤리를 삶의 과제 또는 인간 삶의 문제로 보는 것이라고 생각된다. 왜냐 하면 윤리의 다른 모든 개념들이 여기서부터 나오기 때문이다. 규범은 인간이 잘살기 위해 만든 삶의 규칙이고, 좁은 의미의 윤리는 그런 사회규범 중 법과 관습과 같은 다른 규범과 구별한 것이며, 인간 삶의 원리 또는 이치로서의 윤리는 보다 더 근본적인 삶의 규범을 찾는 과정에서 나온 것이기 때문이다. 그리고 윤리학으로서의 윤리는 이러한 윤리에 대한 학문적 연구이기 때문이다.

5. 윤리의 목적

그러면 윤리의 목적은 무엇인가? 아리스토텔레스는 윤리학 내지 정치학은 "사람은 어떻게 행위해야 하느냐"에 대답할 것을 궁극의 목표로 삼는다고 하면서[116] 또 말하기를, 인간의 행위의 목적은 선(善) 곧 행복(eudaimonia)이며, 이 행복을 이루기 위해서는 중용(mesotês)의 덕(arete)

---

114) Frankena, 『윤리학』, 24.
115) Ibid., 27-31.
116) 김태길, 『윤리학』, 19.

을 가져야 한다고 했다.[117] 이로써 아리스토텔레스는 윤리 또는 윤리학을 인간의 행위의 방법에 관한 문제로 보았으며, 이것은 인간의 선 곧 행복의 실현을 위한 것으로 본 것을 알 수 있다. 물론 여기서 무엇이 행복이며, 어떻게 그 행복을 얻을 수 있느냐 하는 것은 사람마다 그 의견이 다를 수 있겠으나 아리스토텔레스가 윤리를 인간의 행복을 위한 것으로 본 것은 분명히 알 수 있다.

의무론자의 대표자라고 할 수 있는 칸트는 윤리 또는 도덕을 인간 의지의 법칙, 당위의 법칙으로서 곧 도덕법칙으로 보고, 이러한 도덕법칙을 이성 자체의 법칙에서 찾고자 하였다. 그리고 그는 이러한 도덕법칙은 그 자체가 이성의 법칙이기 때문에 이성적 존재인 인간이 지켜야 하는 것이지 그 외에 다른 목적을 가지고 있지 않다고 하였다.[118] 그러나 그가 제시한 도덕법칙의 내용을 보면, 제삼 정언명령이 "너의 인격 안에 그리고 모든 사람의 인격 안에 있는 인간의 본성을 항상 목적으로 사용하고 결코 수단으로 사용하지 말라"로서 인간의 본성을 최고의 목적으로 삼고 있음을 보게 된다.[119] 따라서 실질적으로 칸트도 윤리 또는 도덕법칙의 목적은 인간의 본성 곧 인간의 복지에 있음을 시인하고 있다고 여겨진다.

프랑케나는 '우리가 왜 도덕적이어야 하는가?' '우리는 왜 도덕적 제도에 참여해야 하는가?' '우리는 왜 도덕적 관점을 가져야 하는가?'와 같은 질문에 대해서 다음과 같이 자신의 견해를 말한다. 첫째로 사회가 도덕과 같은 제도를 채택하는 이유는 집단을 이루어 사는 사람들에게 있어 "만족할 만한 인간적인 삶의 조건들"이 다른 방식으로는 달성될 수가 없기 때문이라고 한다.[120] 다음에 개인이 도덕적으로 생각하고 생활하는 방

---

117) Ibid., 21-29 참조.
118) 칸트, 『도덕 형이상학을 위한 기초 놓기』, 28-32.
119) 이상원, 『기독교윤리학: 개혁주의적 관점에서 본 이론과 실제』, 39 각주 24 참조.
120) Frankena, 『윤리학』, 262-4.

식을 채택해야 할 이유는 여러 가지를 생각할 수 있는데, 첫째는 사회가 도덕을 요구하고, 나아가서 다른 사람들이 도덕적 생활양식을 채택하는 것이 나에게 이롭기 때문이며,[121] 또한 "도덕적으로 좋거나 옳은 행위는 일종의 훌륭한(excellent) 활동이며 따라서 어떤 좋은 삶의 일부로 선택될 가장 유력한 후보인데 그 특별한 이유는 그것이 정상적인 인간이 모두 할 수 있는 탁월한 활동의 일종이기 때문이다."고 한다.[122] 그리고 그는 또 말하기를, 내가 "합리적으로 혹은 달리 말해서 자유롭고 공평하게 그리고 도덕적인 삶의 방식을 포함해서 여러 가지 대안적인 삶의 방식에 따라서 산다는 것이 어떤 것인지를 충분히 알고서 선택하게 된다면" 나는 도덕적인 생활 방식을 선호하게 될 것이라고 한다.[123] 그리고 그는 또 말하기를, 한 개인은 사회의 요구에 따라야 하지만, 또한 사회는 개인의 자율성과 자유를 존중하고 일반적으로 개인들을 공정하게 대우해야 하는데, 그 이유는 인간이 도덕을 위해 만들어진 것이 아니라 도덕이 인간 곧 인간의 좋은 삶에 기여하기 위해서 만들어진 것이기 때문이라고 한다.[124] 이로써 그는 결국 도덕의 궁극적인 목적은 인간의 좋은 삶을 이루는 것임을 말하고 있는 것이다.

김태길은 말하기를, 윤리가 필요한 것은 "인간 집단이 원만한 사회생활을 영위하고 그 집단의 성원 각자가 만족스러운 삶을 누리기 위해서"라고 한다.[125] 그는 또한 말하기를, 우리가 윤리 또는 도덕을 존중히 여기는 이유는 그렇게 함이 "값진 삶"을 위한 길이라고 믿기 때문이라고 하여 윤리 또는 도덕의 목적이 결국은 값진 삶 곧 가치 있는 삶을 위한 것임을 분명히 한다.[126]

---

121) Ibid., 264.
122) Ibid., 264-5.
123) Ibid., 265-6.
124) Ibid., 267-8.
125) 김태길, 『윤리학』, 434.

김태길은 심리학적 가치설의 입장을 취하면서 개인을 생활의 기본적 주체로 본다.[127] 그럴 경우 여러 개인이나 집단들은 자기네의 욕구 충족의 극대화를 위해서 노력할 것이고, 이때 각 개인과 집단들 사이에 충돌이 생기며, 그것을 그대로 두면, 약육강식의 불공정과 공멸의 불행을 초래하게 된다는 것이다. 그래서 이러한 불행을 방지하고 함께 잘사는 사회를 만들기 위해서 필요한 것이 윤리라고 한다.[128] 그는 다음과 같이 말한다.

> 욕구의 충돌에서 오는 갈등을 방지하고 이미 나타난 갈등을 해소함으로써 약육강식의 불공정을 막고 피차가 함께 파멸하는 불행을 방지할 규범을 정립하는 일은 인간사회가 존립하기 위한 필수조건이다. 그리고 이 절실한 요청에 의해서 형성되거나 발견되는 사회규범이 다름 아닌 '삶의 지혜로서의 윤리'에 해당한다.[129]

따라서 윤리의 목적은 1) 사람들의 욕구의 충족 곧 행복을 위한 것이요, 2) 사람들 사이에 공정함을 유지하여 사회적 갈등을 방지 또는 해결하여 함께 잘사는 길을 찾는 것이라는 것이다. 이러한 입장에서 그는 윤리의 근본원리로서 두 가지를 제안한다. 그것은 첫째 "가능한 범위 안에서 최대의 가치가 실현되도록 꾀해야 한다."이고, 둘째는 "욕구의 충족이 극대화되도록 최선을 다하되 모든 사람의 욕구가 공정하게 충족되도록 꾀해야 한다."라고 한다.[130] 그리고 실제 "삶의 현장에서 부딪치는 윤리적 문제들에 대한 구체적 처방을 얻기 위해서는 그 나라의 전통문화와 그 시대의 문제 상황에 대한 정확한 파악이 요구된다."고 한다.[131]

---

127) Ibid., 463-72.
128) Ibid., 473.
129) Ibid.
130) Ibid., 474.
131) Ibid.

김희수 교수는 윤리의 목적은 "인간의 행복한 삶, 의미 있는 삶, 올바른 삶"을 위한 것이라고 한다.[132] 그는 윤리 또는 윤리학이 적용과 실천을 전제로 하는 것이라고 하면서 "어떻게 하면 윤리학이 인간의 개인적 · 사회적 삶에 긍정적인 성숙과 변화를 이루어내는 데 도움을 주며 궁극적으로 '함께 더불어 사는 삶의 환희가 넘쳐나도록 만드는 데' 기여하도록 할 것인가를 모색하는 것 역시 중요하다."[133]고 한다. 그는 이어서 이것이 스크라테스, 플라톤, 아리스토텔레스 등 고대 그리스 철학자들이 윤리학을 연구했던 목적이라고 하며, 또한 사하키언이 윤리학의 주된 관심사가 도덕적인 가치판단과 가치판단의 근거를 탐구하는데 있다고 한 것과 같은 뜻이라고 한다.[134] 이로써 그도 윤리의 궁극적인 목적은 인간의 복된 삶을 이루는 것임을 분명히 하는 것이다.

그러면 윤리의 목적은 무엇인가? 최영태는 그의 박사학위 논문에서 "윤리(倫理, Ethic) 또는 윤리학(倫理學, Ethics)은 인간의 삶이 어떠해야 하는가에 관심을 갖는다."고 했는데, 사람이 이런 문제를 가지고 숙고하는 이유는 결국은 "잘 살기 위해서" 또는 "행복한 삶을 위해서"라고 해야 할 것이다.[135] 물론 무엇이 잘 사는 것이냐 하는 것은 많은 논의의 대상이고, 그 자체가 윤리의 과제이지만, 사람들이 잘 살기 위해 삶의 방법을 숙고한다는 것은 부인할 수 없을 것이다. 따라서 윤리의 목적은 "인간이 잘사는 것"이라고 할 것이다. 잘살되 인간은 혼자 살 수 없으므로 "인간이 함께 잘사는 것"이라고 해야 할 것이다. 따라서 윤리는 인간이 함께 잘살기 위해 그 길을 찾는 것이며, 바로 그 길 곧 "인간이 함께 잘 사는 길"이 윤리라고 할 것이다. 그리고 이 길이 인간의 삶의 방법이 되고, 삶의 원리가 되고, 또 삶의 규

---

132) 김희수, 『기독교윤리학의 이론과 방법론』, 21.
133) Ibid., 22.
134) Ibid., 23.
135) 최영태, "그리스도인의 윤리적 삶의 방법에 대한 통전적, 구조적 이해에 대한 연구: 바울 윤리의 구조적 분석을 중심으로," 박사학위 논문, 20-1.

범이 되는 것이다. 이때 그 길은 우주와 인간의 질서 속에 이미 주어져 있다고 보는 견해도 있고, 이런 규범은 단지 인간이 함께 숙고하여 만들어낸 것이라고 보는 견해가 있다. 그러나 어떻게 보든지 이러한 규범의 존재 이유는 인간이 잘 살기 위한 것이라는 점은 부인할 수 없을 것이다.[136] 그리고 우리는 윤리의 목적인 "잘 사는 것"을 선(善)[137] 또는 행복(幸福)[138]이라고 하고, 이러한 선 또는 행복에 이바지하는 것을 가치(價値)[139]라고 하는 것이다.

성서는 삶의 방법, 원리, 규범으로서의 윤리의 목적에 대해서 말하기를, 그것은 결국 인간이 참으로 복된 삶 곧 잘사는 삶을 위해서 필요하다고 한다. 예를 들어 신명기 30장 15-18절에서 모세는 다음과 같이 말한다.

> 15. 보라 내가 오늘날 생명과 복과 사망과 화를 네 앞에 두었나니 16.
> 곧 내가 오늘날 너를 명하여 네 하나님 여호와를 사랑하고 그 모든
> 길로 행하며 그 명령과 규례와 법도를 지키라 하는 것이라 그리하면

---

136) 우주와 인간의 본성 속에 이미 인간의 삶의 질서 또는 규범이 주어져 있다고 생각할지라도 인간은 그 질서를 발견하는 것이 필요하고, 그 발견한 질서에 따라 실제 사회생활 속에서의 규범을 만들어 살아야 할 것이다. 따라서 인간이 개인적으로는 스스로 만든 규범 또는 자신이 우주의 질서 속에서 발견한 규범에 따라서 살지만, 사회생활 속에서는 사람들이 함께 합의해서 만든 사회규범에 따라서 살 수밖에 없는 것이다.

137) 네이버 두산 백과사전은 선(善)을 "넓은 의미로는 긍정적 평가의 대상이 되는 가치를 갖는 모든 것을 가리키는 말"이라고 한다. 네이버 지식백과 두산백과, "선," http://100.naver.com/100.nhn?docid=90484 (2018. 8. 3).

138) 네이버 지식백과 교회용어사전에서는 "행복"을 다음과 같이 설명한다. "마음에 차지 않거나 부족함이 없이 기쁘고 넉넉하고 푸근한 상태. 성경에서는 의에 대한 보상이나 하나님의 은혜로 주어지는 즐겁고 복된 상태를 말한다(신10:13). 건강, 성공, 생명, 많은 자손, 풍성함 등은 하나님의 선물로 주어지는 행복의 내용들이다(신33:29; 시1:1-3; 128:2; 잠8:34-36; 사32:20). 신약에서는 하나님 나라에 참여함으로써 오는 특별한 즐거움을 행복이라 가르친다(마5:3-12)." 네이버 지식백과 교회용어사전, "행복," https://terms.naver.com/entry.nhn?docId=2377059&cid=50762&categoryId=51365 (2018. 8. 11).

139) 네이버의 두산백과사전은 가치(價値, value)를 "주관 및 자기의 욕구, 감정이나 의지의 욕구를 충족시키는 것"이라고 한다. 네이버 지식백과 두산백과, "가치," http://100.naver.com/100.nhn?docid=249621 (2018. 8. 3).

네가 생존하며 번성할 것이요 또 네 하나님 여호와께서 네가 가서 얻을 땅에서 네게 복을 주실 것임이니라 17. 그러나 네가 만일 마음을 돌이켜 듣지 아니하고 유혹을 받아서 다른 신들에게 절하고 그를 섬기면 18. 내가 오늘날 너희에게 선언하노니 너희가 반드시 망할 것이라 너희가 요단을 건너가서 얻을 땅에서 너희의 날이 장구치 못할 것이니라.[140]

하나님께서 인간에게 규범 또는 윤리로서의 율법을 주신 것은 인간으로 하여금 이 율법을 지킴으로 사망과 저주를 피하고 생명과 복을 받게 하기 위한 것이라는 것이다.[141] 이러한 점에서 볼 때에 윤리의 목적은 결국 '인간이 잘 살기 위한 것'이라고 해야 할 것이다.

결론

이상에서 윤리의 기본 개념과 그 목적을 고찰하여 보았다. 먼저 윤리란 말은 여러 가지 개념을 가지고 있음을 보았다. 윤리는 1) 때로는 윤리학과 같은 뜻으로 쓰임을 보았다. 2) 넓은 의미에서는 윤리는 삶의 방법 또는 삶의 과제라고 할 것이다. 곧 윤리는 '어떻게 살 것인가?'의 문제인 것이다. 3) 다음에 이러한 삶의 문제에 대한 숙고에서 찾게 된 '인간 삶의 원리 또는 이치'로서의 윤리의 개념이 있다. 이것은 테일러가 말한 이상적인 규범으로서의 윤리라고 할 것이다.[142] 이 사회 속에 많은 규범들이 있지만 인간이 만든 규범은 항상 불완전하여 문제가 있는 것이다. 그러므로 사람들은 보

---

140) 개역 한글 성경 신명기 30:15-20.
141) 이상원 교수도 같은 뜻의 말을 한다. 이상원, 『기독교윤리학: 개혁주의적 관점에서 본 이론과 실제』, 44-5 참조.
142) 테일러, 『윤리학의 기본원리』, 11 참조.

다 완전하고 절대적인 규범을 찾고, 이러한 과정에서 발견한 것이 삶의 원리 또는 이치로서의 윤리인 것이다. 4) 인간의 실제 생활 속에서의 규칙 또는 규범으로서의 윤리가 있다. 이것은 인간이 그의 삶 속에서 실제 필요에 의해서 만든 것이라고 할 것이다. 여기에는 한 개인이 자신의 삶을 위해 만든 규범으로서의 개인윤리가 있고, 또한 한 집단 또는 사회가 집단적 또는 사회적 삶을 위해 만든 규범으로서의 사회윤리가 있다.[143] 5) 보다 더 좁은 의미에서는 그런 규범 중에서 법과 관습 등 다른 규범과 구별되는 의미에서의 윤리가 있음을 보았다.

다음에 윤리의 목적에는 크게 두 가지 견해가 있음을 보았다. 1) 하나는 윤리에 다른 목적은 없고, 오직 이성의 법칙이기 때문에 지켜야 한다고 하는 의무론적 이론이 있고, 2) 또 하나는 윤리의 목적은 선 곧 가치의 추구라고 하는 것으로 목적론적 이론이 있다. 그 중에서 본 연구자는 궁극적으로 볼 때 목적론적 입장이 옳다고 생각한다. 그 이유는 결국 의무론에서 주장하는 법칙도 어떤 목적이 있는 것이고, 그리고 그 목적은 인간의 행복이라고 보기 때문이다. 그리고 의 또는 규범도 결국은 이러한 선 또는 가치의 추구에서 나온 것이라고 보기 때문이다. 물론 기독교 신앙의 관점에서 인간 삶의 원리로서의 윤리는 하나님이 이미 정하신 것으로 그 목적은 궁극적으로 하나님의 뜻을 이루고 하나님께 영광을 돌리기 위한 것이라고 할 것이다. 그런데 하나님의 뜻은 결국 하나님의 나라를 이루는 것이고, 하나님의 나라는 하나님의 뜻 안에서 인간이 함께 잘 사는 나라라고 할 수도 있으므로 인간 삶의 원리로서의 윤리는 결국 기독교적인 의미에서도 '인간이 함께 잘 사는 길'이라고 할 수 있는 것이다. 김태길 교수는 윤리를 '삶의 지혜'라고 하였는데,[144] 지혜는 결국 잘사는 길을 찾는 것이라고 할 때 그도

---

143) 이러한 사회 규범에는 사회의 구성원들의 합의에 의해서 만들어진 것으로 도덕, 관습, 법, 규칙 등 실제 사회 속에서의 여러 규칙들을 찾아볼 수 있을 것이다.

144) 김태길, 『윤리학』, 447-454.

같은 취지의 말을 하고 있다고 여겨진다.[145]

윤리는 넓은 의미에서는 인간의 삶의 과제 또는 삶의 문제를 뜻한다. 그리고 일반적으로는 도덕규범을 뜻한다. 그리고 좀 더 근원적으로는 인간 삶의 원리 또는 이치이다. 우리말에서 윤리는 때로는 윤리학을 의미하기도 하고, 때로는 도덕과 다른 뜻으로 사용되기도 하지만 대개 도덕과 거의 같은 뜻으로 쓰이고 있다. 이와 같이 윤리가 여러 가지 의미로 쓰이고 있지만, 그 중에서 가장 기본적인 뜻은 '삶의 길' 또는 '삶의 방법'으로서의 윤리라고 해야 할 것이다. 그리고 이러한 윤리의 목적은 인간의 행복(幸福) 또는 선(善) 곧 '잘사는 것'이요, 또는 '함께 잘 사는 것'이라고 해야 할 것이다. 그러므로 윤리는 '참으로 잘 사는 길'(the true way of well-living)또는 인간이 지켜야 할 삶의 도리 곧 이치로서 개인과 공동체 안에서의 삶의 방식(way) 또는 삶의 기준(norm)과 방법(method)이라고 할 것이다.

우리가 이와 같이 윤리의 의미와 그 목적을 이해하면, 우리가 윤리적 판단의 기준이 무엇인가의 문제를 결정하는데 도움이 될 것이다. 왜냐하면 윤리적 판단의 기준은 결국 윤리의 목적에서 찾아야 하기 때문이다. 따라서 그 기준은 '잘 사는 것이 무엇인가?', '무엇이 우리를 잘살게 하는 것인가?' 또는 '무엇이 우리를 함께 잘 살게 하는 것인가?'와 같은 질문에 의해서 결정되어야 할 것이다. 물론 이것은 또 다른 연구 과제이다. 지금까지 윤리의 기본 개념과 그 목적에 대해서 고찰해 보았으나, 차후에 좀 더 심층적이고 포괄적이며 체계적인 연구가 이루어지기 바란다.

---

145) 네이버 두산백과는 지혜(智慧, wisdom)를 "사물의 도리나 선악을 분별하는 마음의 작용"이라고 한다. 네이버 지식백과 두산백과, "지혜," http://100.naver.com/100.nhn?docid=143110 (2018. 8. 3). 성서는 지혜에 대해서 다음과 같이 말한다. "여호와를 경외하는 것이 지혜의 근본이요 거룩하신 자를 아는 것이 명철이니라." (잠언 9장 10절)

[참고문헌]

가이슬러, 노르만 L. 『기독교윤리학』. 위거찬 역. 서울: 기독교문서선교회, 1999.

고범서 외 편. 『기독교윤리학 개론』. 서울: 대한기독교출판사, 1987.

그렌츠, 스탠리. 『기독교윤리학의 토대와 흐름』. 신원하 역. 서울: IVP, 2001.

김중기. 『참 가치의 발견』. 서울: 도서출판 예능, 1995.

김태길. 『윤리학』. 서울: 박영사, 1998(개정 증보판).

김희수. 『기독교윤리학의 이론과 방법론』. 서울: 동문선, 2004.

네이버 국어사전. "이치."
  https://ko.dict.naver.com/search.nhn?kind=all&query=%EC%9D%B4%EC%B9%98
    (2018.8.14).

_____. "행복."
  https://ko.dict.naver.com/search.nhn?dic_where=krdic&query=%ED%96%89%EB
    %B3%B5 (2018. 8. 3).

네이버 지식백과 교회용어사전. "행복." https://terms.naver.com/entry.nhn?
    docId=2377059&cid=50762&categoryId=51365 (2018. 8. 11).

네이버 지식백과 두산백과. "가치." http://100.naver.com/100.nhn?docid=249621
    (2018. 8. 3).

_____. "도덕." http://100.naver.com/100.nhn?docid=47588 (2018. 8. 3).

_____. "선." http://100.naver.com/100.nhn?docid=90484 (2018. 8. 3).

_____. "예기." http://100.naver.com/100.nhn?docid=114380 (2018. 8. 3).

_____. "윤리." http://krdic.naver.com/detail.nhn?docid=29893300 (2018. 8. 3).

_____. "윤리학." http://100.naver.com/100.nhn?docid=123564 (2018. 8. 3).

_____. "조문도석사가의."
  https://terms.naver.com/entry.nhn?docId=1168863&cid=40942&categoryId=32972
    (2018. 8. 3).

_____. "지혜." http://100.naver.com/100.nhn?docid=143110 (2018. 8. 3).

네이버 한자사전. "倫理."
  http://hanja.naver.com/search?query=%EC%9C%A4%EB%A6%AC (2018. 8. 3).

민중서림 편집국 편. 『에센스 실용 영한사전』. 서울: 민중서림, 1997.

박봉배. "그리스도인과 윤리," 『기독교윤리학 개론』. 서울: 대한 기독교출판사, 1996.

『브리태니커 세계대백과사전』, V. 17. 서울: 한국브리태니커 회사, 1993.

사하키안, W. S. 『윤리학: 그 이론과 문제에 대한 개론』. 박종대 역. 개정판 3쇄. 서울: 서강대학교출판부, 2005.

서정기. 『새 시대를 위한 서경(상)』. 서울: 살림터, 2003.

아리스토텔레스. 『니코마코스 윤리학』. 최명관 역. 서울: 서광사, 1984.

이대희. 『현대 윤리학』. 부산광역시: 세종출판사, 2004.

이상원. 『기독교윤리학: 개혁주의적 관점에서 본 이론과 실제』. 서울: 총신대학교 출판부, 2010.

이서행. 『한국윤리문화사』. 경기도 성남시: 한국학중앙연구원 출판부, 2011.

이희승 편저. 『국어사전』. 제3판. 서울: 민중서림, 1994.

정원규. "현대사회와 윤리개념의 분화: 사회윤리와 개인윤리." 『철학연구』. 제59권, 2002.

최영태. "윤리의 기본 개념과 목적에 대한 연구". 「복음과 윤리」 9(2012): 157-203.

_____. "그리스도인의 윤리적 삶의 방법에 대한 통전적, 구조적 이해에 대한 연구: 바울윤리의 구조적 분석을 중심으로". 박사학위 논문. 연세대학교 대학원, 2007.

칸트, 이마누엘. 『도덕 형이상학을 위한 기초 놓기』. 이원봉 역. 서울: 책세상, 2002.

테일러, 폴. 『윤리학의 기본원리』. 김영진 역. 서울: 서광사, 1985.

한글과컴퓨터 한글2007 한자자전. "侖".

한글과컴퓨터 한글2007 한자자전. "倫".

훈민학당 블로그. 예기 악기편.
http://blog.naver.com/spdlqjrl?Redirect=Log&logNo=100014570622 (2018.8.3).

Birch, Bruce C. & Rasmussen, Larry L. *Bible & Ethics in The Christian Life*. Revised & Expanded Edition. Minneapolis: Augsburg, 1989.

Frankena, William K. *Ethics*. 2nd ed. 1989. 황경식 역. 『윤리학』. 서울: 철학과현실사, 2003.

Guralnik, David B. Ed., *Webster's New World Dictionary of the American Language*. 2nd College Edition. New York: Simon & Shuster, 1982.

Kammer, Charles L. III. *Ethics And Liberation: An Introduction*. Maryknoll, New York: Orbis Books, 1988.

Taylor, Paul W. *Principles of Ethics: An Introduction*. Encino, California: Dickenson Publishing Co., 1975.

The Westminster Dictionary of Christian Ethics. 1986 ed.

[영문요약]

A Study on the Basic Concept and the Purpose of Ethics

Ethics in a broad sense is a task of human living. In the general sense it is a moral norm. And in the more original sense it is a principle of human life. Sometimes in Korean language it means a study of ethics, and sometimes it has the same meaning as "moral", even though sometimes it is used as a different meaning than "moral". As that shows ethics has many different meanings. However, the basic meaning of ethics will be "the way of human living," because it always concerns the ways of human living. And the purpose of ethics will be "the well living of a person or persons," or "the well living together of humans," because it always pursues "the welfare of a person or persons," or "the well living together of humans." So ethics can be called as "the true way of well-living of humans."

When we understand ethics this way, that kind of understanding will help us in determining what will be the ultimate criterion of ethical judgments, because the ultimate criterion of ethical judgments should be found in the purpose of ethics.

This was a small effort to understand more the basic concept and the purpose of ethics, and now much more and broader research on this subject is needed.

Key Words: Ethics, Basic Concept, Purpose, Norm, Moral, Way of Living, Value, Duty, Good.

윤리적 삶의 방법

A Basic Understanding of Christian Ethics

제3장

윤리적 삶의 방법

위에서 윤리적 삶의 목적(윤리적 이상)은 잘사는 것(또는 함께 잘 사는 것)이라고 하였다. 그러면, 잘사는 것은 무엇이며, 이것이 어떻게 가능한가? 잘 사는 것 곧 윤리적 이상은 개인적으로는 복된 삶을 누리는 것, 진정한 행복을 누리는 것이라고 할 것이다. 그리고 그것은 우리 인간의 필요가 채워지고, 인간의 삶의 목적이 이루어지는 것이라고 할 수도 있을 것이다.

그러면, 이런 것들이 어떻게 가능한가? 이런 것들이 이루어지기 위해서는 인간의 윤리적 삶의 과정을 잘 아는 것이 필요하다. 그리고 그 윤리적 삶의 과정에 있어서의 각 요소들이 무엇인지를 알고 그 각 요소들을 잘 이루어야 할 것이다.

1. 윤리적 삶의 과정과 방법

우리는 인간의 윤리적 삶의 과정을 앎으로 윤리에 있어서 고려해야 할 사항들(요소들)이 무엇인가를 알게 된다. 인간의 윤리적 삶의 과정은 다음과 같이 여행의 과정과 비교해 볼 수도 있을 것이다. 인간의 윤리적 삶을 인생의 전체 과정에서 보면, 그것은 하나의 여정 또는 성장의 과정으로 볼 수도 있기 때문이다. 인간의 윤리적 삶의 과정은 작은 영역에서 보면, 의사결정 곧 선택이라고 할 수도 있다. 이 때 우리는 운전자로서 우리의 선택(윤리적 행위)에 대해서 책임을 져야 한다. 그리고 운전자는 자신의 위치와 한계와 능력 곧 자격을 분별해야 한다. 그리고 우리는 인간으로서 하나님의 도우심 곧 기도가 필요하다. 인간에게는 한계가 있기 때문이다. 인간의 윤리적 삶의 과정은 다음과 같이 두 가지로 나누어 볼 수 있다. 곧 인격 형성과 실천적 삶이다. 예수님은 마태복음 7:15-20에서 다음과 같이 말씀하셨다.

> 15. 거짓 선지자들을 삼가라 양의 옷을 입고 너희에게 나아오나 속에는 노략질하는 이리라 16. 그들의 열매로 그들을 알지니 가시나무에서 포도를, 또는 엉겅퀴에서 무화과를 따겠느냐 17. **이와 같이 좋은 나무마다 아름다운 열매를 맺고 못된 나무가 나쁜 열매를 맺나니 18. 좋은 나무가 나쁜 열매를 맺을 수 없고 못된 나무가 아름다운 열매를 맺을 수 없느니라** 19. 아름다운 열매를 맺지 아니하는 나무마다 찍혀 불에 던져지느니라 20. 이러므로 그들의 열매로 그들을 알리라.

예수님은 이 말씀에서 인간의 삶을 속과 겉으로 나누셨는데, 이는 인간의 인격과 그의 행위를 가리킨다고 할 것이다. 그러면 윤리적 관점에서 볼 때 인격 형성과 실천적 삶에는 어떤 요소들이 있는가? 인격 형성에는 세계관, 가치관, 삶의 목적, 삶의 기준, 삶의 자원, 삶의 방법, 성품 등이 있다. 그리고 실천적 삶에는 현실분별, 목표 설정, 구체적 계획, 실천, 반성 및 새로운 시도 등이 있다. 버취와 라스무센은 그들의 책 *Bible & Ethics in*

---

1) Bruce C. Birch & Larry L. Rasmussen, *Bible & Ethics in The Christian Life*. Revised & Expanded Edition(Minneapolis: Augsburg, 1989), 39.

*The Christian Life*에서 인간의 도덕적 기능을 인격 형성과 의사결정 또는 행동으로 구분하여 다음과 같이 말한다.[1]

Moral Agency(도덕적 기능)

Character Formation	Decision making and Action
the good person and the good society	right choice and action
moral virtue	moral value and moral obligation
the ethics of being	the ethics of doing

Moral Vision(도덕적 이상)

2. 윤리적 삶의 구조: 윤리적 삶의 내용 및 제 요소들

우리가 윤리적 삶의 과정을 잘 알려면, 통전적(Holistic), 구조적(Structural) 방법이 필요하다. 여기서 통전적 방법이란 전체적인 시각으로 보는 것을 말한다. 곧 그리스도인의 윤리적 삶에 있어서 중요한 요소들을 고찰하되, 어느 한 요소에 대해서만 집중적으로 보는 것이 아니라 그리스도인의 윤리적 삶의 전체적인 구조를 먼저 보고자 하는 것이다. 그리고 여기서 구조적 방법이란 인간의 윤리적 삶의 방법에 있어서 필요한 제 요소들과 그들 사이의 관계를 고찰하는 것을 말한다. 따라서 그리스도인의 윤리적 삶의 방법에 대한 통전적, 구조적 이해란 그리스도인의 윤리적 삶의 방법의 전체적인 구조와 그 안에 있는 제 요소들과 그 요소들 사이의 관계에 대해서 고찰해 보고자 하는 것이다.[2] 이제 우리는 인간의 윤리적 삶의 과정을 개인적인

---

2) "물론 여기서 그리스도인의 윤리적 삶의 방법의 제 요소들이라고 하지만, 거기에 관련된 모든 요소들을 다 볼 수는 없고, 그들 가운데 중요한 요소들로서 빠뜨릴 수 없이 꼭 필요한

차원에서 다음과 같이 정리해 볼 수 있을 것이다.

가. 인격형성(됨, being)

윤리에 있어서 인격형성에 관심을 두는 것이 **덕 윤리, 성품 윤리**이다. 이것은 인간의 됨(곧 being)에 관심을 두고, 성품, 덕, 양심, 도덕의식, 도덕교육, 도덕발달(개인, 사회), 정체성 형성 등에 대해서 연구한다. 인격에는 세계관(인간관, 역사관 등), 가치관, 삶의 목적, 삶의 기준, 삶의 자원(기술, 실력 등), 삶의 방법(지혜 등), 성품, 관계 형성 등의 요소가 있고, 이는 경험(지식, 교육, 훈련 등)에 의해서 이루어진다.

1) 세계관 형성 — 신관, 자연관, 인간관, 역사관 등.

2) 가치관 형성

3) 삶의 목적 인식

4) 삶의 기준 인식

5) 삶의 자원 및 방법에 대한 이해: 은사, 기술, 실력, 이웃과의 관계, 재산, 지혜 등

6) 성품 형성

나. 행위 곧 실천적 삶(함, doing)

윤리에 있어서 행위에 관심을 두는 것이 **행위윤리, 규범윤리**이다. 이는 윤리적 의사결정에 관한 것이며, 여기에는 자신의 정체성 확인, 현실분별, 목표설정(과제 선정 및 우선순위 결정), 구체적인 계획, 실천, 반성 및 수정, 새로운 시도의 과정이 있다.

요소들을 보고자 하는 것이다. 그리스도인의 윤리적 삶의 방법에 대해서 이와 같이 보고자 하는 것은, 인간의 윤리적 삶의 제 요소들을 인간의 삶의 전체적인 구조 속에서 봄으로써 윤리적 삶의 각 요소들이 제 위치를 찾고, 또 제 역할을 바로 할 수 있게 된다고 보기 때문이다." 최영태, "그리스도인의 윤리적 삶의 방법에 대한 사도 바울의 교훈 연구," 176-178.

1) 자신의 정체성 확인

   ① 세계 속에서의 자신의 위치 확인

   ② 삶의 목적(가치관, 세계관) 확인,

   ③ 삶의 기준 확인

   ④ 삶의 자원 확인

   ⑤ 삶의 방법 확인

   ⑥ 자신의 성품 확인

2) 현실에 대한 이해

   ① 삶의 환경에 대한 이해

   ② 이웃에 대한 이해

   ③ 문제의 발견 및 원인 분석

3) 구체적 목표 설정: 과제 선정 및 우선순위 결정

4) 구체적 삶의 계획

5) 실천

6) 반성, 수정 및 새로운 삶

그리스도인의 윤리적 삶의 방법에 대한 사도 바울의 교훈 연구:

인간의 윤리적 삶의 방법에 대한 통전적, 구조적 이해를 중심으로

1. 서론

한 사람이 그리스도인이 되었을 때, 그에게는 그리스도인으로서 무엇을 위하여 어떻게 살아야 할 것인가 하는 과제가 주어진다. 이것은 그리스도인의 윤리적 삶의 과제라 할 것이다. 한 사람의 그리스도인이 그에게 주어진 윤리적 삶의 과제를 바로 수행하기 위해서는, 그리스도인으로서의 자신의 삶의 목적을 바로 알아야 할 것이고, 그러한 삶의 이유와 방법을 잘 알아야 할 것이다. 그런데, 이러한 그의 삶의 목적과 이유와 방법을 잘 알려면, 그는 이 세상과 이 세상 속에서의 자신의 위치와 능력과 한계와 같은 자신의 정체성과 또한 이 세상의 현실에 대한 이해가 필요하다. 그리고 무엇보다도 하나님과의 관계 속에서 이러한 모든 것들을 잘 알아야 한다. 한마디로 인간의 윤리적 삶은 간단하지가 않다는 것이다. 더욱이 하나님과의 관계 속에서 이 모든 것을 생각해야 하는 그리스도인의 삶은 더욱 복잡하

*이 자료는 본인의 이전 논문 "그리스도인의 윤리적 삶의 방법에 대한 사도 바울의 교훈 연구: 인간의 윤리적 삶의 방법에 대한 통전적, 구조적 이해를 중심으로," 『신학과 실천』 6(2008): 175-200의 내용을 일부 수정 보완한 것이다.

다고 할 것이다. 그러나 그럴수록 그리스도인은 그의 삶의 전체 과정과 그 구조, 곧 그의 삶의 전체 과정에 있어서의 중요한 요소들과 그들 사이의 관계를 더 잘 알고 있어야 한다. 그러지 아니하면, 인간 삶, 아니 그리스도인의 삶의 복잡한 과정 속에서 길을 잃고 헤맬 수가 있기 때문이다. 그런데, 그동안 특히 20세기 이후 기독교윤리학자들의 연구내용을 볼 때, 대부분 현대 세계의 실제적 문제들에 대한 해결책의 제시나 의사결정 방법 또는 인격형성에 대한 단편적인 내용은 많으나,[1] 그리스도인의 윤리적 삶의 과정 전체 속에서 그리스도인의 윤리적 삶의 제 요소들과 이들 사이의 관계를 고려한, 그리스도인의 윤리적 삶의 방법에 대한 통전적, 구조적인 이해에 있어서는 부족하였다고 보인다. 또한 1970년대 이후 활발해진 성서윤리의 경우, 대부분 성서가 가르치는 윤리적 삶의 내용을 주로 설명하는데 치중하였지, 이러한 성서윤리의 내용을 인간 삶의 통전적 구조와 관련시켜 분석해보고, 이를 현대세계의 삶 속에 적용하는 방법의 연구에 대해서는 소홀한 경향이 있다.[2]

따라서 이 논문은 그리스도인의 윤리적 삶의 전체 과정과 그 속에서의 중요한 요소들, 그리고 그 요소들 사이의 관계에 대해서 개괄적으로 고찰해 보고자 하는 것이다. 물론 그리스도인의 윤리적 삶의 전체 과정 속에서의 중요한 요소들과 그들 사이의 관계를 자세히 다 고찰한다는 것은 이 작은 논문으로는 감당할 수 없는 것이므로, 이 논문에서는 그리스도인의 윤리적 삶의 과정에 있어서 필요한 가장 중요한 요소들과 그들 사이의 관계에 대해서 기본적인 내용들을 봄으로써 그 전체적인 구조를 확인하고자 하는 것이다. 그리고 본 연구자는 이것을 그리스도인의 윤리적 삶의 방법에 대

---

1) 물론 이러한 연구들이 필요 없다는 것은 아니다. 이것들은 그 나름대로 꼭 필요한 것들이다.
2) 김중기, 『참 가치의 발견』(서울: 예능, 1995), 13-16. 보다 자세한 것은 최영태의 학위 논문, "그리스도인의 윤리적 삶의 방법에 대한 통전적, 구조적 이해에 대한 연구: 바울윤리의 구조적 분석을 중심으로," 제1장 4. 선행연구 및 제3장을 참조하라.

한 통전적[3](通全的, holistic 또는 integral), 구조적(構造的, structural) 이해라고 부르고자 한다. 여기서 통전적이란 전체적인 시각을 말한다. 곧 그리스도인의 윤리적 삶에 있어서 중요한 요소들을 고찰하되, 어느 한 요소에 대해서만 집중적으로 보는 것이 아니라 그리스도인의 윤리적 삶의 전체적인 구조를 먼저 보고자 하는 것이다. 그리고 여기서 구조적이란 말은 인간의 윤리적 삶의 방법에 있어서 필요한 제 요소들과 그들 사이의 관계를 고찰하는 것을 말한다. 따라서 그리스도인의 윤리적 삶의 방법에 대한 통전적, 구조적 이해란 그리스도인의 윤리적 삶의 방법의 전체적인 구조와 그 안에 있는 제 요소들과 그 요소들 사이의 관계에 대해서 고찰해 보고자 하는 것이다. 물론 여기서 그리스도인의 윤리적 삶의 방법의 제 요소들이라고 하지만, 거기에 관련된 모든 요소들을 다 볼 수는 없고, 그들 가운데 중요한 요소들로서 빠뜨릴 수 없이 꼭 필요한 요소들을 보고자 하는 것이다. 그리스도인의 윤리적 삶의 방법에 대해서 이와 같이 보고자 하는 것은, 인간의 윤리적 삶의 제 요소들을 인간의 삶의 전체적인 구조 속에서 봄으로써 윤리적 삶의 각 요소들이 제 위치를 찾고, 또 제 역할을 바로 할 수 있게 된다고 보기 때문이다. 이 논문은 이러한 문제에 대한 하나의 시도로서, 그리스도인들이 그리스도인의 윤리적 삶의 방법을 통전적, 구조적으로 이해하게 되면, 그리스도인의 윤리적 삶의 방법에 있어서 필요한 제 요소들과 그들 사이의 관계를 이해할 수 있어서, 윤리적 삶을 고려할 때 삶의 방향을 바로 잡고, 삶의 구체적인 방법을 계획하고 실천하는데 도움이 되리라고 생각한다.

이러한 목적을 위하여 본 논문은 먼저 그리스도인의 윤리적 삶의 방법에 대하여 찰스 카머가 말한 것을 고찰해 보고, 이것을 기초로[4] 인간의 윤리적 삶의

---

3) 여기서 통전적이란 전체를 꿰뚫어 본다는 뜻으로, 이는 김중기의 구조적 분석방법(Delta Method)에서 차용한 말이다. 김중기, 『참 가치의 발견』, 207-213 참조.
4) 여기서, 그리스도인의 윤리적 삶에 대한 기독교윤리학자들의 이해의 내용이 어떻게 인간의

전체적인 과정에 대한 개괄적 고찰을 한 후, 이러한 인간의 윤리적 삶의 방법에 대하여 성서 특히 사도 바울은 무엇을 말하는가를 보고자 하는 것이다.

2. 찰스 카머(Charles L. Kammer Ⅲ)의 도덕전경(道德全景, Moralscape)에 대한 고찰

여기서는 그리스도인의 윤리적 삶의 방법에 대해서 고찰한 최근의 기독교윤리학자들 중 찰스 카머가 그리스도인의 윤리적 삶의 방법에 대해서, 특히 그리스도인의 윤리적 삶의 전체적인 구조에 대해서 말한 것을 고찰하고자 한다. 그것은 그가 여러 기독교윤리학자들 중 비교적 그리스도인의 윤리적 삶의 전체적인 과정에 대해서 균형 있게 말하고 있다고 보이기 때문이다.[5]

찰스 카머(Charles L. Kammer Ⅲ)는 그의 책 *Ethics and Liberation: An Introduction*에서 그리스도인의 윤리적 삶의 전체 과정을 도덕전경(道德全景, Moralscape)이라고 하면서 그 안에 다음과 같은 요소들을 포함시키고 있다: 세계관(Worldview), 충성(Loyalties), 규범과 가치(Norms and Values), 경험적 요소들(Experiential and Empirical Elements), 의사결정 방식(Mode of Decision-Making).[6] 여기서 세계관이란 우리의 삶에

윤리적 삶의 전체적인 과정을 밝혀주는 기초가 될 수 있겠느냐 하는 문제가 제기될 수 있다. 그러나 그것이 가능한 것은, 비록 그리스도인의 윤리적 삶의 방법에 대한 기독교윤리학자들의 이해라 할지라도, 그 내용은 인간의 윤리적 삶의 전체적인 과정에 대한 기본적인 이해를 포함하고 있기 때문이다.

5) 찰스 카머와 그리스도인의 윤리적 삶의 방법에 대해서 고찰한 최근의 기독교윤리학자들에 대한 보다 더 자세한 논의는 최영태의 박사학위 논문, "그리스도인의 윤리적 삶의 방법에 대한 통전적, 구조적 이해에 대한 연구: 바울윤리의 구조적 분석을 중심으로," 제1장 4. 선행연구와 제3장을 참고하기 바란다.

6) Charles L. Kammer Ⅲ, *Ethics And Liberation: An Introduction*(Maryknoll, New York: Orbis Books, 1988), 17-32.

통일성을 주는 가장 포괄적인 해석의 틀(a comprehensive framework of interpretation)을 말하며,[7] 충성은 정서적이며 의지적인 것으로, 사랑하는 것, 욕구하는 것, 바라는 것을 말한다.[8] 결국 카머가 말하는 충성이란 인간이 정서적으로 가장 중요하게 여기는 것으로 이것은 실제로 가치관을 말하는 것이라고 해야 할 것이다. 카머는 가치(values)를 우리가 "욕구하는 것들"이라고 정의한다.[9] 다시 말해서 인간이 구체적으로 욕구하는 것들 곧 구체적인 가치들을 말하는 것이다. 그리고 규범(norms)은 행위의 규칙과 지침들이라고 한다.[10] 이들 곧 가치들과 규범들은 다 인간의 도덕적 삶을 지도하는 역할을 하는데, 이들 사이의 차이는, 가치들은 인간이 잘 살기 위해 중요하게 여기는 것들이라고 한다면, 규범은 그러한 가치들을 실현하기 위해 규정한 행위의 지침들이라는 것이다. 따라서 가치들은 주로 행위의 목적으로서의 역할을 한다면, 규범은 행위의 목적과 함께 의무로서의 역할도 한다는 것이다.[11] 그리고 이러한 가치들과 규범들은 우리의 세계관과 충성(곧 가치관)의 의미를 실현하기 위해 필요한 것이라고 한다.[12]

경험적 요소들은 우리가 그 안에서 우리의 인격을 형성하는 맥락을 제공하는, 외적인 세계, 관계들, 그리고 환경과 또 우리가 그 안에서 사는 사회를 말한다.[13] 카머는 이 외적인 요소들이 두 가지 방법으로 도덕적 삶에 영향을 준다고 한다. 하나는 우리의 세계관, 충성들, 규범들과 가치들을 개발하고, 시험하고, 도전하는 경험들을 제공하는 것이고,[14] 또 하나는 우리가

---

7) *ibid.*, 19-20.

8) *ibid.*, 67.

9) *ibid.*, 27. 그는 말한다. "Values refer to things we desire."

10) *ibid.* 그는 다음과 같이 말한다. "Norms, on the other hand, are rules and guidelines used to inform our behavior."

11) *ibid.*, 72-8.

12) *ibid.*, 27.

13) *ibid.*, 28. 이는 인간이 사는 삶의 현실을 말한다고 할 것이다.

14) 본 연구자는 이것을 삶의 경험이라고 하며, 인간 또는 그리스도인은 이를 통해 자신의 인격을 형성하게 된다고 본다.

반응해야 하는 도덕적 상황들을 제공하고, 또한 우리가 해결해야 하는 도덕적 문제들을 제공하는 것이라고 한다.[15]

　카머는 의사결정에 있어서 전통적인 목적론적 방법과 의무론적 방법의 불완전함을 지적하고, 대신 리차드 니버(H. Richard Niebuhr)의 책임윤리 (Ethic of Responsibility)의 방법과 이를 좀더 발전시킨 제임스 넬슨(James B. Nelson)의 방법의 도움을 받아 자신의 의사결정 방법을 설명한다.[16] 그는 도덕적 행위란 대화에 참여하는 것과 같다고 보면서, 책임적인 행위를 위해서는 먼저 우리가 행동하는 맥락(the context)을 결정해야 하는데, 이 맥락을 크게 둘로 구분해 본다면, 하나는 우리의 상황을 세계관에까지 연결시켜 보는 것이며, 다른 하나는 우리가 응답하는 직접적인 맥락 곧 경험적인 맥락에 연결시켜 보는 것이라고 한다.[17] 따라서 우리는 먼저 창조자의 우주적이며, 영원한 활동을 이해해야 하며, 또한 우리가 직면한 상황에 직접적으로 관련된 사람들과 이웃들의 형편을 정확히 파악하려는 노력이 필요하다는 것이다. 그리고 다음에 행위자의 성격을 고려해야 하는데, 곧 이러한 상황 속에서 어떠한 동기(motives)와 의도(intentions, 곧 가치와 목표들)를 가지고, 또 규범들(norms)과, 선택 가능한 행위들과 그 행위의 결과들(the consequences of the actions)을 고려하는 것이 필요하다는 것이다.[18] 그리고 이 모든 것은 기독교적 사랑에 의해서 이루어져야 하며,[19] 마

---

15) ibid., 28-9. 본 연구자는 이것을 그리스도인 또는 인간이 삶을 살아야하는 삶의 현실이라고 한다.

16) ibid., 82-9. 그는 다음과 같이 말한다: "내가 제안한 대로, 어느 방법(목적론적 방법과 의무론적 방법)도 완전치 못하다, 왜냐면, 우리들은 대개 우리의 행동을 생각할 때 규범과 가치들, 그리고 규칙들과 결과들을 다 고려하기 때문이다. 더욱이, 두 방법들은 다 각 행위를 고립된, 통일성을 가진 사건으로 보는 경향이 있기 때문에 흠이 있는 것이다."[()안은 본 연구자의 추가임] 본 연구자는 이러한 의시결정을 실천적 삶의 일부로 본다.

17) ibid., 84-5. 여기서 "맥락"은 "삶의 현실에 대한 이해"를 의미하는 것이라고 할 수 있을 것이다.

18) 이러한 것들은 본 연구자가 말하는 삶의 목적과 규범 그리고 삶의 현실에 해당하는 것들이라고 할 것이다.

19) 기독교적인 사랑은 그리스도인의 새로운 인격으로부터 나오는 새로운 성품이라고 할 것이다.

지막으로 이러한 모든 것을 통한 행위 후에 다시 반성하는 것이 필요하다고 한다.[20]

이상으로 카머의 도덕전경을 간략하게 고찰하여 보았는데, 그는 윤리적 삶의 제 요소들을 비교적 전체적으로 그리고 균형있게 설명하고 있다고 본다. 그는 인격의 요소로서 세계관, 가치관(충성), 그리고 규범과 삶의 목적과 방법을 골고루 고려하고 있다. 그리고 실천에 있어서는 비록 의사결정이라는 한 가지 항목만 말하고 있지만, 이 항목 안에서 삶의 현실에 대한 분별과 이 현실 속에서 의사결정 곧 삶의 구체적인 목표를 결정하는 방법과 반성의 요소까지 비교적 자세히 설명하고 있다. 그러나 한 가지 문제가 있다면, 실천에 있어서 의사결정 외에 이를 구체적으로 실행하기 위한 좀 더 구체적인 방법과 과정에 대한 고려가 부족하다는 것이다. 곧 의사결정만 잘하면, 실천이 저절로 이루어지는 것 같은 인상을 주는데, 계획과 실천 등 실행의 측면을 좀더 구별해서 구체적으로 고려하는 것이 필요하다고 본다.[21]

3. 인간의 윤리적 삶의 방법에 대한 통전적, 구조적 이해

그리스도인의 윤리적 삶을 제대로 이해하려면, 그리스도인의 윤리적 삶의 방법에 대하여 통전적, 구조적 이해가 필요하다. 그리고 이를 위해서는 먼저 인간의 윤리적 삶의 전체적인 과정이 무엇인지를 알아야 한다. 왜냐하면, 그리스도인의 윤리적 삶도 인간 삶의 전 과정 속에 있기 때문이며, 인간 삶의 전 과정 속에서 볼 때에 그리스도인의 윤리적 삶의 특수성도 볼 수 있기 때문이다. 그러므로 여기서는 위에서 찰스 카머의 도덕전경에 대해서

---

20) *ibid.*, 85-9. 이것은 본 연구자가 말하는 반성과 새로운 삶의 시도에 포함될 수 있을 것이다.
21) 카머의 방법에 대한 보다 더 자세한 논의와 비판은 최영태의 박사학위 논문, "그리스도인의 윤리적 삶의 방법에 대한 통전적, 구조적 이해에 대한 연구: 바울윤리의 구조적 분석을 중심으로," 52-56을 보라.

고찰한 것을 기초로 하여 인간의 윤리적 삶의 전체적인 과정을 개괄적으로 고찰해 보고자 한다.

인간의 윤리적 삶의 과정은 크게 인격형성과 실천적 삶으로 나누어 생각해 볼 수 있다. 예수님은 일찍이 인간의 삶을 인격과 행위로 구분하여 다음과 같이 비유로 말씀하신 바가 있다.

> 나무도 좋고 실과도 좋다 하든지 나무도 좋지 않고 실과도 좋지 않다 하든지 하라 그 실과로 그 나무를 아느니라 독사의 자식들아 너희는 악하니 어떻게 선한 말을 할 수 있느냐 이는 마음에 가득한 것을 입으로 말함이라 선한 사람은 그 쌓은 선에서 선한 것을 내고 악한 사람은 그 쌓은 악에서 악한 것을 내느니라[22]

곧 인간의 삶은 나무로 비유되는 마음 곧 그 인격(personality)과, 실과로 비유되는 행위 곧 언행을 포함한 실천적 삶(practical life)으로 구분해 볼 수 있다는 것이다. 그리고 이 둘 사이에는 나무와 실과와 같이 서로 긴밀한 관계가 있음을 말하고 있는 것이다. 또한 스탠리 그렌츠는 그의 책 『기독교윤리학의 토대와 흐름』에서 규범윤리학은 크게 존재를 위한 규범윤리학과 행동을 위한 규범윤리학으로 구분할 수 있음을 말하는데, 이것은 곧 인간의 윤리적 삶을 존재 곧 인격형성과, 행동 곧 실천적 행위로 구분해 볼 수 있음을 전제하고 있는 것이다.[23]

그러므로 인간의 삶의 과정은 자신의 인격적 성장, 성숙을 위한 과정 곧 인격형성의 과정과, 이 인격을 기초로 세상 속에서 그의 삶의 목적 곧 꿈과 이상을 실현해가는 실천적 삶의 과정으로 구분해 볼 수 있는데, 전자는 인

---

22) 마태복음 12:33-35. 또한 마태복음 7:15-20 등 참조.
23) Stanley J. Grenz, *The Moral Quest: Foundations of Christian Ethics*(Downers Grove: InterVarsity Press, 1997), 『기독교윤리학의 토대와 흐름』 신원하 역(서울: 한국기독학생회출판부, 2001), 31-51.

격형성의 과정으로, 그리고 후자는 삶의 실천 곧 실천적 삶의 과정으로 구분해서 고찰해 보고자 한다. 사람은 먼저 자신의 인격을 형성하고 그 인격에 따라서 행동한다고 보기 때문이다.[24]

가. 인격형성

이는 어떻게 살 것인가(doing)의 문제와 구별하여 어떠한 사람이 될 것인가 하는 됨(being)의 문제이다. 여기서 말하는 됨은 인격(personality)[25]의 형성을 말하며, 이러한 인격형성(personality formation)에는 다음과 같은 요소들이 포함된다고 본다. 1) 세계관의 형성, 2) 가치관의 형성, 3) 삶의 목적 인식, 4) 규범의 인식, 5) 삶의 방법에 대한 이해, 6) 성품 형성(character formation) 등이다. 이 각 각의 내용에 대해서 좀더 고찰해 본다.

1) 세계관의 형성: 세계관(world-view)은 이 세계에 대한 종합적이며 근원적인 인식이다.[26] 이 세계 곧 자연과 인간과 역사에 대한 이해, 그리고 이

---

24) 물론 사람은 실천적 삶의 과정에서 새로운 깨달음을 통해 그의 인격을 계속하여 재형성하기도 한다.

25) 인격은 한 사람의 정체성(identity)에 있어서 가장 중요한 요소라고 할 것이다.

26) 찰스 카머는 그의 책 *Ethics and Liberation: An Introduction*에서 세계관이란 우리의 삶에 통일성을 주는 가장 포괄적인 해석의 틀(a comprehensive framework of interpretation)이라고 하며, 그리고 이에는 1) 하나님의 본성(the nature of God), 2) 악의 본성과 역할(the nature and role of evil), 3) 인간성(human nature), 4) 자연세계(the natural world), 5) 사회의 성격(the nature of society)이 포함된다고 한다. Charles L. Kammer III. *Ethics And Liberation: An Introduction*, 54-66. 기독교세계관에 대한 중요한 책 중의 하나를 쓴 제임스 사이어(James W. Sire)는 세계관을 다음과 같이 정의한다: "간단히 정의하여 세계관이란 이 세계의 근본적 구성에 대해 우리가(의식적으로든 무의식적으로든, 일관적이든 비일관적이든) 견지하고 있는 일련의 전제(전체적으로 혹은 부분적으로 옳거나, 아니면 전적으로 틀릴 수 있는 가정)들이다." James W. Sire, *The Universe Next Door*. 2nd ed.(Inter Vasity Press, 1988), 『기독교세계관과 현대 사상』 김헌수 역(개정판, 서울: 한국기독학생회출판부, 1995), 20. 『동아 프라임 국어사전』에서는 세계관을 "세계 전체의 의의 · 가치 따위에 대해서 갖는 철학적 견해(見解)"라고 한다. 동아출판사 편집국 편, 『동아 프라임 국어사전』 증보 개정판(서울: 동아출판사, 1988), 1077.

모든 것의 근원 곧 궁극적 실재 또는 신(神)에 대한 인식으로서 나 자신과 이웃과 사회에 대한 근원적 이해를 포함한다. 세계관은 또한 이 세계의 존재 이유와 목적에 대한 이해이기도 하다. 한 인간에게 있어서 또는 한 공동체에 있어서 세계관은 만남 곧 삶의 경험을 통해 형성된다고 보아야 할 것이다. 사람은 태어나면서부터 만남 곧 경험을 통해 이 세상에 대한 지식을 갖게 되며, 사람들이 이러한 경험 속에서 이 세상에 대한 근본적인 진리라고 인식하는 것이 그의 세계관이 되기 때문이다.

최근 한국에서 기독교세계관에 대해서 쓴 신국원은 그의 책 『니고데모의 안경』에서 세계관을 정의하기를, 세계관은 "세상에 대한 종합적 이해"이며, "세상과 인생에 대한 이해와 앎의 통합적 기초"라고 하면서,[27] 이 세계관에는 두 가지 요소가 있는데, 하나는 세상과 삶에 대한 조망(view of the world and life)이며, 또 하나는 세상과 삶을 위한 조망(view for the world and life)이라고 한다. 그리고 전자는 '세상과 삶에 대한 이해'라고 한다면, 후자는 '비전'이라고 하는데,[28] 이는 적절한 이해라고 본다. 그런데 때로는 세계관이 잘못된 사실, 또는 사실에 대한 잘못된 인식에 기초할 수도 있으므로, 사람들의 세계관도 기본적 사실과 진실에 기초하고 있는지를 끊임없이 비판적으로 고찰해 볼 필요가 있다고 본다. 그러나 세계관이 근본적 신념의 문제로서 삶을 인도하는 기능을 갖고 있다는 것은 분명한 사실이라고 보아야 할 것이다.

2) 가치관 형성: 가치(價値, value)는 사람이 삶에 있어서 귀하게 여기는 것을 말하고, 가치관(價値觀, view of value)이란 사람이 그의 삶에서 무엇을 귀하게 여기고 중요한 것으로 보느냐 하는 생각 곧 견해를 말한다.[29] 사

---

27) 신국원, 『니고데모의 안경』(서울: 한국기독학생회출판부, 2005), 25.
28) *ibid.*, 27.
29) 카머는 가치관을 충성(loyalties)이라고 하면서 세계관과 충성이 서로 연관되어 있으며, 세

람은 대개 그의 삶에 도움이 되는 것, 유익한 것, 곧 그의 삶에 필요한 것을 가치가 있는 것으로 여긴다. 사람의 삶에 필요한 것은 무수하다. 그 가운데 서 어느 것이 더 중요한가를 구별하여 그 중요성의 차이에 따라 체계화한 것이 가치체계(價値體系, value system)이고, 이러한 가치체계에 대한 견해 또는 생각이 곧 가치관이다. 사람은 자기 삶의 실현 곧 행복에 기여하는 것을 가치 있는 것으로 여기는데, 무엇이 행복이고, 또 무엇이 이 행복에 기여한다고 보느냐 하는 것은 그의 세계관에 의해 결정된다고 보아야 할 것이다. 그리고 가치들은 그의 삶의 목적이 되는데, 가치들 중에서 가장 큰 것이 그의 삶의 궁극적 목적(ultimate end)이 되고, 이 최고의 가치에 도움이 되는 중간적인 가치들이 근사치적 목표들(proximate goals)이 되며, 이러한 궁극적 목적과 근사치적 목표를 이루기 위해 매일의 삶에서 구체적으로 성취하고자 하는 것들이 구체적 표적들(concrete targets)이 된다고 할 것이다.[30] 이러한 가치들은 또한 삶의 이유와 동기가 된다. 사람들은 이 가치를 실현하려고 살기 때문이다.

3) 삶의 목적 인식: 사람이 이 세상에서 제대로 살려면, 삶의 목적이 분명

계관은 무엇이 적절한 충성인지를 알게 해주는 역할을 한다고 한다. Charles L. Kammer III. *Ethics And Liberation: An Introduction*, 54. 『동아 프라임 국어사전』에서는 가치 (價値)를 "① 어떤 사물이, 인간의 욕구나 관심의 대상으로서, 또는 목적 실현에 얼마만큼 쓸모가 있고 중요한가의 정도. ② 〈철〉 인간의 정신적 노력의 목표로 간주되는 객관적 당위(當爲). 진·선·미 따위. [value] ③ 〈경〉 인간의 욕망을 충족시키는 재화의 중요도." 라고 한다. 또한 가치관(價値觀)에 대해서는 "그 사물에 얼마만큼의 가치나 의의를 부여하는 가에 대한 각자의 견해. [one's view of value]" 라고 한다. 동아출판사 편집국 편, 『동아 프라임 국어사전』, 34.

30) 김중기, 『신앙과 윤리』(서울: 종로서적, 1986), 347-354. 김중기는 ultimate end를 궁극적 목표, proximate goals를 근사치적 목적, concrete targets를 구체적 표적이라고 부르는데, 본 연구자는 ultimate end를 궁극적 목적, proximate goals를 근사치적 목표들, concrete targets를 구체적 표적들이라고 부르고자 한다. 일반적으로 국어에 있어서 "목표"(objectives)보다 "목적"(purposes)이 더 근원적인 것으로 여겨지기 때문이다. 김중기, 『참 가치의 발견』, 218-226; 265-269.

해야 한다. 사람은 자기가 해야 할 일 곧 삶의 목적이 분명해야만 책임 있고 가치 있는 삶을 살 수 있기 때문이다. 여기서 말하는 삶의 목적이란 사람이 그의 삶의 최고의 목표로 삼는 것 곧 삶의 최고의 지향점을 말한다. 사람들은 대개 그의 삶에 있어서 가장 중요하다고 생각하는 것 곧 최고의 가치를 그의 삶의 목적으로 삼는다. 그런데 무엇이 최고의 가치냐 하는 것은 그의 세계관에 의해 결정되므로 결국 삶의 목적도 그의 세계관에 의해서 결정된 다고 할 것이다.

그런데 삶의 목적에 대한 인식에는 크게 두 가지를 생각해 볼 수 있다. 하나는 객관적 목적이고, 하나는 각 사람이 자기의 삶의 목적으로 생각하는 주관적 목적이다. 하나는 이 세상에는 인간 삶에 대한 객관적 목적이 있어서 사람들은 다 이 목적에 따라야 한다는 것이고, 다른 하나는 이 세상에 객관적 목적이란 없고 오직 사람들이 정한 목적밖에 없다는 것이다. 전자의 대표적인 예는 아리스토텔레스의 경우와 같은 형이상학적 윤리와, 기독교와 같이 신 중심적 윤리의 경우이고, 후자의 예로서는 현대의 대부분의 사람들이 가지고 있는 삶의 목적에 대한 생각이라 할 것이다.[31] 이와 같은 차이는 그의 세계관의 차이에 기인한다고 보아야 할 것이다. 즉 전자와 같이 인간 삶에 객관적인 목적이 있다고 보는 것은 이 세계가 창조자에 의해 지어졌다고 보거나 그 자체의 객관적 목적을 가지고 있다고 보는 경우이고, 후자와 같이 객관적인 목적이 없다고 보는 것은 이 세상을 지은 자나 또는 이 세상 자체의 목적이 없다고 보는 경우이다. 그런데, 여기서 한 가지 중요한 것은 사람은 결국 자기가 정한 목적에 따라 행동한다는 것이다. 어쨌든 사람은 자신의 세계관에 따라 가치의 체계를 형성하고, 이 가치 체계에 따라 그의 삶의 목적을 정하는 것이다. 그리고 이와 같은 삶의 목적은 윤리적 삶의 근거 곧 이유와 동기가 된다.

---

31) 김태길, 『윤리학』 개정 증보판(서울: 박영사, 1998), 145-156 참조.

4) 규범의 인식: 사람이 이 세상을 살아갈 때 이 세상에는 삶의 법칙(法則) 또는 이치(理致)가 있음을 발견한다. 그리고 이 법칙을 따라야만 삶의 목적을 실현할 수 있음을 알게 된다. 이러한 삶의 법칙에는 하나님이 만드신 신의 법,[32] 자연 질서로서의 법칙, 그리고 사람들이 필요에 의해서 만든 인간의 규범이 있다. 규범은 삶의 규칙과 지침으로서 사람들의 행위를 안내하는 역할을 하는 것이다. 그리고 규범에는 각 개인이 자신의 삶을 위하여 스스로 만든 것이 있는가 하면, 사회의 공동생활을 위하여 사람들이 만든 것이 있다. 대개의 경우 개인적 규범은 각 사람의 세계관과 가치관에 기초해서 그의 삶의 목적을 이루기 위해 만들어진다. 그리고 사회적인 규범은 대개 공동생활의 질서와 복지를 위하여 사회구성원들의 합의에 의해서 만들어진다. 그러므로 규범은 삶 또는 행위의 기준으로서 복된 삶을 위한 지침이라고 할 것이다.

5) 삶의 방법에 대한 이해: 이는 삶의 목적을 실현하기 위해서 무엇이 필요한가를 알고, 또 그가 가진 자원들을 활용하는 방법을 아는 것을 말한다. 사람들은 자신의 삶의 목적을 이루기 위해서 자신의 지식과 재능과 능력과 기타 자원을 최대한 효율적으로 활용하고자 할 것이다. 그리고 이웃과 협력하려고 할 것이다. 그러나 그리스도인의 경우에는 인간 자신의 능력과 자원만 의지하지 않고, 하나님의 도우심을 받고자 한다. 인간의 한계와 하나님의 도우심을 알기 때문이다.

6) 성품 형성: 성품은 곧 삶에 대한 태도 또는 자세인데, 각 사람의 성품은 그의 세계관, 가치관에 따라 결정된다고 보아야 할 것이다. 브루스 버취와 래리 라스무센은 성품(character)의 요소들로서 신앙과 지각(faith and

---

32) 물론 이것은 신을 믿는 경우에 해당된다.

perception), 그리고 성향과 의도(dispositions and intentions)를 말하며, 성품 형성(character formation)에 있어서 공동체 또는 사회의 역할을 강조한다.[33] 성품은 전통적으로 덕(virtue)의 문제로 취급되어 왔는데, 아리스토텔레스는 성품의 형성을 위해 훈련과 습관을 강조하였고, 열두 가지 주된 덕들에 대하여 말하였다.[34] 그러나 사도 바울은 믿음, 소망, 사랑을 강조하였고(고전 13:13 등), 또한 이와 같은 덕들이 하나님의 은혜로 형성됨과 성령의 아홉 가지 열매를 강조한 것을 본다(갈 5:22,23).[35]

7) 인격형성의 방법: 이미 본 바와 같이 사람의 인격은 삶의 경험[36]을 통해서 이루어진다고 볼 것이다. 곧 삶의 경험을 통해 이 세상과 자신과 이웃과 자연과 역사에 대해서 깨닫는 것을 통해 세계관을 형성하고, 이러한 세계관을 통해서 가치관을 형성하고, 또 이러한 가치관을 통해서 그의 삶의 목적을 인식하고, 또 삶의 기준인 규범을 갖게 되기 때문이다. 그리고 이러한 것들이 종합되어 그의 성품을 형성한다고 할 것이다.

나. 실천적 삶

사람이 현실 사회 속에서 그의 삶의 목적을 이루기 위해서 살아가는 것(doing)은 그의 인격을 형성하는 것(being)과는 다른 또 하나의 차원이라고 해야 할 것이다. 이는 어떻게 윤리적 삶을 살 것인가 하는 실천적 삶

---

33) Bruce C. Birch & Larry L. Rasmussen, *Bible & Ethics in The Christian Life,* revised & expanded edition, 66-99.

34) 아리스토텔레스가 말한 열두 가지 덕들은 용기, 절제, 관용, 당당함, 고매함, 부드러움, 진실함, 재치, 우정, 정숙함, 의분, 정의이다. 김희수, 『기독교윤리학의 이론과 방법론』(서울: 동문선, 2004), 156-161; Aristoteles, *Nicomachean Ethics,* 『니코마코스 윤리학』 최명관 역(서울: 서광사, 1984).

35) Robin W. Lovin, *Christian Ethics: An Essential Guide,* 61-79 참조.

36) 여기서 말하는 경험이란 직접 경험과 간접 경험을 다 포함한다.

(practical life)의 문제이다. 아무리 좋은 삶의 목적을 가지고 있을지라도 이것을 삶의 현실 속에서 실현하지 못한다면, 그것은 아무 소용이 없을 것이다. 그러므로 사람은 어떻게 현실 속에서 윤리적 삶을 살 것인가를 구체적으로 고려해야 한다. 사람이 윤리적 삶을 살고자 할 때에는 다음과 같은 요소들을 고려해야 할 것이다.

1) 자신의 정체성의 확인: 이는 자신의 세계관, 가치관, 삶의 목적과 기준과 방법, 그리고 성품을 확인하는 것이다. 사람이 이 세상에서 살아갈 때 먼저 자신이 누구인가를 분명히 알고, 특히 자신의 삶의 목적이 무엇인가를 분명히 알고 사는 것이 중요하기 때문이다. 이것을 확인하지 못하면, 그는 현실의 삶 속에서 방향을 잃고 방황하게 되기 때문이다.

2) 삶의 현실에 대한 이해: 사람이 자신의 삶의 목적을 실현하면서 제대로 살려면, 자신이 처해 있는 삶의 현실을 바로 알아야 한다. 자신이 처해 있는 삶의 현실을 바로 알지 못하고는 자신에게 부딪치는 문제들에 적절히 대응할 수가 없기 때문이다. 먼저는 자신의 위치와 형편과 사정을 알아야 할 것이며, 다음에는 이웃의 형편과 사정을 알아야 한다. 그리고 이를 통해 삶의 현실 속에서 자신과 이웃이 가지고 있는 문제들을 확인하고, 그 원인을 분석해보아야 할 것이다.[37)]

가) 자신에 대해서: 먼저 자신의 위치와 능력과 한계를 알아야 한다. 이에

---

37) 그리고 이것을 위해서는 김중기 교수가 제안하는 C · A · S · E 방법이 하나의 좋은 방법이 될 수 있을 것이다. 김중기는 그의 책『참가치의 발견』에서 C · A · S · E의 방법을 소개하는데, C는 case의 약자로서 "사례"를 말하고, A는 analysis로서 "분석"을 말하고, S는 selectives로서 "선택들"을 말한다. 그리고 E는 ethical reflection으로서 "윤리적 성찰"을 말한다. 이는 본 연구자가 말하는 현실분별과(case와 analysis), 구체적 목표설정과 구체적 계획과 실천(selectives), 그리고 반성(ethical reflection)을 말하는 것으로 볼 수 있을 것이다. 김중기,『참가치의 발견』, 227-247 참조.

는 다음과 같은 것들이 포함된다.

(1) 이 세상에서 자신의 위치와 책임과 의무와 역할을 알아야 할 것이다. 자신의 위치를 알아야만 그에게 주어진 책임과 의무와 역할을 알 수 있기 때문이다. 그리고 자신의 위치를 알려면, 먼저 이웃과의 관계를 알아야 한다. 이웃과의 관계 속에서 자신의 위치가 결정되기 때문이다. 여기서 고려해야 할 관계의 대상으로는 하나님, 가정, 교회, 직장, 사회 등 그가 관련된 모든 관계를 고려해야 할 것이며, 그는 이러한 여러 관계들 속에서의 자신의 위치를 확인하고, 그러한 관계들 속에서 자신이 해야 할 역할과 의무와 책임이 무엇인지를 확인해야 할 것이다.

(2) 자신의 필요와 능력과 한계를 알아야 할 것이다. 여기서 말하는 능력이란 그가 가진 재능, 지식, 재산, 이웃과의 관계 등 그가 활용할 수 있는 모든 자원을 말한다. 그가 가진 능력은 그의 목적 실현과 또 그의 의무수행에 가능성을 부여할 것이다. 그러나 아무리 좋은 목적을 가지고 있고, 또 그가 해야 할 중요한 일이 있더라도 그가 그것을 행할 수 있는 능력이 없다면, 그에게는 아무 소용이 없는 것이다. 그러므로 사람이 가지고 있는 능력은 그의 목적 실현과 의무수행에 있어서 중요한 요소이다. 또한 그 자신의 필요도 잘 알아야 할 것이다. 자신의 문제를 먼저 해결하지 않고는, 자신의 목적을 실현할 수도 없고, 또 이웃을 도울 수도 없기 때문이다.

나) 이 세상과 이웃에 대해서: 사람이 이 세상의 현실 속에서 자신이 해야 할 일은 대개 이웃과의 관계 속에서 결정된다. 그러므로 그는 그가 관계하는 이웃의 형편과 사정을 잘 알아야 한다. 그는 그의 삶의 목적과 그가 해야 할 의무 속에서 그가 상대하는 구체적인 이웃의 형편과 사정을 알아야만, 그에게 꼭 필요한 대응을 할 수 있기 때문이다. 그리고 그는 그의 이상(삶의 목적과 기준 등)과 의무에 비추어 자신과 이웃과 세상이 처한 현실과 문제들을 파악하게 될 것이며, 이를 위해서는 현대 과학과 학문의 도움도 필요할 것이다.

3) **구체적 목표 설정 및 계획:** 삶의 현실에 대한 이해를 통해서 자신과 이웃의 문제점들을 발견할 뿐만 아니라, 이러한 문제들을 해결하고 삶의 목적을 실현하기 위해서 구체적인 삶의 목표들을 정하고, 이를 이루기 위한 구체적인 계획을 세워야 할 것이다.

가) **구체적 목표 설정:** 사람은 자신이 처한 삶의 현실에 대한 이해를 통해서 여러 문제들을 발견했을 때에, 그의 삶의 목적과 가치관에 의해 각 문제들의 중요성에 따라 우선순위를 정하고, 이 문제들을 해결하는 것을 구체적인 삶의 목표로 정해야 할 것이다.

나) **실행 계획:** 자기의 구체적인 삶의 목표를 정했으면, 이를 실현하기 위한 구체적인 실행계획을 세워야 한다. 목표 실현을 위한 구체적인 계획을 위해서는 삶의 규범을 지키면서도 이를 효과적으로 실현할 수 있는 지혜가 필요하다. 그리스도인은 이를 위해 하나님의 지혜를 구하는 기도가 필요할 것이다.

4) **실천:** 계획을 세웠으면, 이를 이루기 위해서 구체적으로 힘과 능력과 자원을 동원하고 이웃과 협력하여 실천해야 한다. 아무리 좋은 계획을 세웠어도 실천하지 않으면, 아무 소용이 없기 때문이다.

5) **반성 및 새로운 시도:**

실천 후에 또는 실천하면서도 자신의 삶에 대한 반성과 새로운 시도를 해야 할 것이다. 인간의 삶은 한 가지 계획의 실천으로 다 끝나는 것이 아니기 때문이다. 그리고 그의 삶은 완전하지 못하기 때문이다. 그러므로 그는 그의 삶의 궁극적 목적을 이루기까지 계속하여 그 자신의 삶의 결과와 내용에 대해서 반성하고, 또 이를 기초로 새로운 목표와 계획을 세우고, 계속하여 이를 실천해야 할 것이다. 그리고 사람은 이러한 실천의 과정 속에서 새로운 경험과 깨달음을 얻게 되어 그의 세계관, 가치관 등 그의 인격 자체가 변화된다고 보아야 할 것이다.

4. 그리스도인의 윤리적 삶의 방법에 대한 바울의 교훈에 대한 이해

그러면, 위에서 본 바와 같이 통전적, 구조적으로 이해한 인간의 윤리적 삶의 방법의 제 요소들에 대해서 사도 바울은 무엇을 말하는가? 여기서는 로마서를 중심으로 사도 바울이 그리스도인의 윤리적 삶의 방법에 대하여 말한 것을 인간의 윤리적 삶의 통전적, 구조적인 이해의 방법에 의하여 고찰해 보고자 한다.[38]

가. 그리스도인의 인격형성

한 사람이 그리스도인으로서 윤리적 삶을 살려면, 먼저 그리스도인이 되어 그리스도인으로서의 인격을 형성해야 한다. 여기서 말하는 그리스도인의 인격 형성은 한 마디로 그리스도를 닮는 것이라고 할 수 있다(롬 8:29 참조).[39] 바울은 그리스도인으로서의 인격형성을 위해서는 먼저 그리스도인이 되어야 함을 말한다.[40] 그리고 그리스도인이 되기 위해서는 먼저 예수

---

38) 그리스도인의 윤리적 삶의 방법에 대한 사도 바울의 견해에 대한 보다 자세한 논의는 최영태의 학위 논문, "그리스도인의 윤리적 삶의 방법에 대한 통전적, 구조적 이해에 대한 연구: 바울윤리의 구조적 분석을 중심으로," 제4,5장을 참조하라.

39) 엡 4:13, 23,24 참조.

40) 바울은 롬 2:28,29에서 참 하나님의 자녀는 마음에 할례를 받아야 함을 말하는데, 이는 그 마음이 변화되어 새사람이 되는 것을 말한다고 보아야 할 것이다. Leon Morris. *The Epistle to The Romans*(1988. Reprint, Grand Rapids: Eerdmans, 1994), 141-143.

그리스도의 복음을 들어야 하며(롬 10:17), 이 복음을 듣고 깨달을 뿐만 아니라, 이 복음을 믿음으로 받아들여야 함을 말한다(롬 10:9,10). 그리고 사람이 복음의 내용인 하나님의 아들 예수 그리스도를[41] 믿을 때, 그는 죄사함을 받아 하나님 앞에 의인으로 인정받을 뿐만 아니라(롬 1-5장), 그는 새사람이 되어 하나님의 뜻 곧 의를 행할 수 있는 사람이 된다는 것을 말한다(롬 6-8장). 우리는 여기서 새 사람이 되는 것을 그리스도인으로서의 새로운 인격을 형성하는 것으로 보아야 할 것이다.[42] 그러면, 새 사람으로서의 그리스도인은 어떠한 인격을 가지고 있는가? 그 내용을 세계관, 가치관, 삶의 목적, 삶의 기준, 삶의 방법 인식과 성품의 측면으로 구분해서 본다.

1) 그리스도인의 세계관 형성: 위에서 세계관이란, 이 세상에 대한 기본적 인식을 말하는데, 그 내용을 하나님, 인간, 자연, 역사에 대한 인식으로 구분해 볼 수 있다고 하였다. 바울에 의하면, 예수를 믿어 그리스도인이 된 사람은 이제 하나님이 계신 것뿐만 아니라, 그 하나님이 거룩하시고, 의로우시며, 사랑이시며, 삼위의 하나님이신 것을 알고, 믿는다. 한 마디로 기독교적 세계관 곧 신앙을 갖게 되는 것이다. 무엇보다도 그는 하나님이 사랑으로써 우리 인간을 구원하시기 위해 그 아들을 이 세상에 보내시고, 우리를 위해 그 아들을 대신 죽게 하신 것을 알고 믿는다(롬 5:8 등). 그리고 성령께서 그리스도인의 구원과 승리를 위해서 일하고 계심을 믿는다(롬 8장 등). 그리고 인간은 하나님의 피조자로서 모두가 죄로 말미암아 죽게 되었으나(롬 1:18-3:20), 이제 예수 그리스도를 믿음으로 구원을 얻게 된 것을 안다(롬 3:21-8:39). 그리고 자연도 하나님의 피조물로서 현재 고난 가운데

---

41) 바울은 롬 1:2-4에서 복음은 곧 하나님의 아들 예수 그리스도임을 말한다.
42) 물론 그리스도인의 인격형성은 일생 동안 계속되는 것으로 그리스도의 장성한 분량이 충만한 데까지 이르도록 계속 성장 성숙해야 할 것이다(롬 8:29; 엡 4:13 등 참조). 그러므로 사람이 그리스도인이 될 때 그가 새 사람이 되는 것은 그리스도인의 인격형성의 시작이라고 해야 할 것이다.

서 하나님의 자녀들의 영광의 자유에 이르기를 고대하고 있는 것을 안다(롬 8:19-22). 그리고 그는 하나님이 역사를 주관하시며, 그의 뜻을 이루기 위해서 곧 영원한 하나님의 나라를 이루기 위해서 일하고 계심을 믿는다(롬 2:1-16; 5장, 6-8장; 9-11장; 13장 등). 한 마디로 그리스도인의 세계관은 기독교 신앙의 내용인데, 그가 이러한 세계관을 갖게 되는 것은 하나님의 계시의 말씀인 복음을 듣고 깨달음으로써이다(롬 10:17). 따라서 그는 이러한 세계관에 있어서 더욱 완전하고 충만한 지식에 이르도록 계속하여 말씀을 듣고, 배우며, 성령의 도우심을 받아야 할 것이다. 성령이 이 모든 것을 또한 가르쳐 주시기 때문이다(롬 8장; 고전 2장 참조). 그리고 그리스도인은 이러한 신앙적 지식 곧 기독교적 세계관에 있어서 성장해 감에 따라, 그의 인격이 성장하여 하나님의 아들이신 예수 그리스도의 형상을 더욱 닮아가는 존재가 되는 것이다(롬 8:28-30; 엡 4:13 참조).

2) 새로운 가치관의 형성: 가치관은 무엇을 가장 귀하게 여기는가의 문제이다. 이것은 곧 충성의 문제이기도 하다. 바울은 그리스도인들이 새로운 가치관을 가져야 함을 말한다(롬 12:1,2 등 참조). 전에는 이 세상만 바라보고 이 세상에 있는 것들을 최고의 가치로 알고 살았으나, 이제는 변화되어 새로운 세계관 곧 하나님과 자연과 역사와 이웃과 자신에 대한 새로운 인식을 기초로 새로운 가치관을 가져야 한다는 것이다. 곧 영원한 하나님의 나라를 바라보고(골 3:1), 하나님의 나라에 속한 것들(롬 14:17 등)을 귀하게 여기며, 이것을 위하여 살아야 한다는 것이다. 하나님의 나라에 속한 것들 곧 영생, 하나님의 의와 자유와 평화와 사랑이 더 귀한 것임을 알기 때문이다(롬 5장 등 참조). 하나님은 모든 것의 근원이 되시기 때문이다(롬 11:36 등). 그러므로 그는 하나님과 그의 말씀, 그리고 하나님의 나라에 속한 것들을 가장 귀한 가치로 여기고 살아야 한다는 것이다(롬 1:16,17; 2:6-10; 롬 5장; 6-8장 등 참조).

3) 새로운 삶의 목적의 인식: 바울은 그리스도인의 삶의 목적은 하나님께 예배드리는 것 곧 하나님께 영광을 돌리는 것이며, 하나님의 뜻을 수행하는 것이라고 한다(롬 12:1,2 참조). 전에는 이 세상에서 잘 사는 것이 삶의 최대의 목적이었으나, 이제는 새로운 삶의 가치체계를 갖게 되었으므로 삶의 궁극적인 목적이 하나님의 영광과 뜻을 이루는 것임을 인식해야 한다는 것이다. 이것이 하나님이 인간을 지으시고, 예수 그리스도를 통해 구원하신 목적이고, 또한 이것이 최고의 가치인 줄 알기 때문이다(롬 6:1-23 참조). 그것은 좀더 구체적으로 그리스도를 닮는 것과 하나님의 나라를 위해서 사는 것이다(롬 8:1-39 등). 바울은 그리스도인에게 있어서 이제 삶의 목적은 이 세상에서의 행복이 아니라, 하나님의 나라와 의를 위하여 사는 것이며(롬 8:17-25; 14:7,8; 14:17), 그리고 부활과 영생이라는 것이다(롬 5장; 8장 등).

4) 새로운 삶의 기준 인식: 바울은 그리스도인에게 있어서 삶의 기준은 진리요, 곧 율법이라고 한다(롬 2장). 유대인에게는 성문 율법이 주어졌고, 이방인에게도 양심에 새겨진 율법이 있음을 말한다. 그리고 모든 사람은 이 하나님의 율법에 의해서 심판을 받음을 말한다(롬 2:6-16). 그리고 그 율법의 내용은 사랑이며(롬 13:8-10), 의이다(롬 6장; 13:11-14 등). 전에는 이 세상에서 잘 살기 위해서 세상의 가치와 기준에 따라서 살았으나, 이제는 하나님이 세우신 질서 곧 삶에 대한 하나님의 기준을 발견하고 이에 따라 살아야 한다는 것이다.

5) 새로운 삶의 방법 인식: 바울은 그리스도인들에게 말하기를, 전에는 자신의 힘과 노력 그리고 자신의 지혜만 의지하여 살았으나, 이제는 인간의 죄와 한계를 깨닫고, 하나님의 도우심을 받아 하나님과 함께 살아야 한다고 한다(롬 6-8장 참조). 이제는 하나님을 앞으로 자신의 부족과 함께 하

나님이 함께 하심과 도우심을 알기 때문이다. 그리스도인에게 있어서 이제 삶의 방법은 자기 자신이 아니라, 하나님의 은혜와 능력이다(롬 8장). 인간은 자기 자신의 능력으로 죄를 이기고 선을 행할 수가 없기 때문이다(롬 7장). 이제 그리스도인은 자기 자신을 의지하지 않고, 믿음으로 성령을 좇아 행해야 한다(롬 8:1-14). 이것이 바로 그리스도인이 하나님의 뜻을 이루며, 승리하는 삶의 방법이라는 것이다.

6) 새로운 성품 형성: 그리스도인이 새로운 세계관, 가치관, 삶의 목적과 기준과 방법을 갖게 될 때에 그의 성품도 변하여 그리스도를 닮은 성품을 갖게 된다. 바울은 이러한 성품은 회개와 성령의 역사로 이루어지게 된다고 한다(롬 8:28-30; 갈 5:22,23 참조). 그리스도인은 이제 예수님의 성품을 닮는 삶을 살아야 한다(롬 8:29 참조). 이러한 성품은 그의 신앙이 성장함으로써 이루어지는데, 하나님은 이를 이루기 위해서 모든 것이 합력하여 선을 이루게 하신다(롬 8:28-30 참조). 신앙이 성장한다는 것은 위에서 본 바와 같이 기독교적인 지식이 성장하여, 그의 세계관이 풍부해지고, 그의 가치관, 삶의 목적, 기준, 방법에 대한 인식이 확고해지는 것이라고 할 것이다(엡 3:14-19; 골 2:6-7 등 참조). 바울은 이러한 그리스도인의 인격의 형성과 성장이 믿음과 순종 가운데 하나님의 도우심과 성령의 역사로 이루어짐을 말한다(갈 5:22-23 등).

나. 그리스도인의 실천적 삶

위에서 그리스도인의 실천적 삶에는 정체성 확인과 현실 분별, 구체적 목표의 설정, 실행 계획과 실천, 반성과 새로운 시도의 요소가 있음을 보았다. 그러면, 이러한 제 요소들에 대해서 바울은 무엇을 말하는가?

1) 그리스도인의 정체성 확인: 이것은 그리스도인이 자기 자신을 살펴 자신의 위치와 능력과 한계를 확인하는 것이다. 바울은 거듭하여 그리스도인들에게 자신이 누구인가를 알 것을 촉구한다. 특히 하나님과의 관계에서(롬 5-8장), 그리고 이웃과의 관계에서(롬 12-15장 등) 자신이 어떠한 위치에 있으며, 어떠한 존재인가를 알 것을 말한다. 자신의 세계관, 가치관 삶의 목적, 기준, 방법에 대한 인식과 성품이 그리스도인으로서 합당한가를 점검할 것을 말한다(롬 8장 등). 그리스도인은 이 세상에서 살아갈 때 자신이 누구인가를 분명히 알고, 특히 하나님과의 관계에서 자신의 삶의 목적이 무엇인가를 분명히 알고 사는 것이 매우 중요하기 때문이다. 그는 자신이 하나님의 자녀이며, 또한 새 사람이 되어 죄와 죽음의 세력에서 해방되어 하나님의 뜻을 행하며 살 수 있고, 또 그와 같이 살아야 하는 하나님의 일군임을 확인해야 하는 것이다(롬 6장 참조). 많은 사람들이 예수를 믿어 하나님의 자녀임에도 불구하고 이 세상에서 자신이 누구인지 자신의 삶의 목적이 무엇인지를 인식하지 못하여 그리스도인으로서의 삶을 제대로 살지 못함을 볼 때, 이러한 그리스도인으로서의 정체성의 확인은 참으로 중요하다고 본다.

2) 삶의 현실 분별: 바울은 그리스도인들이 자신과 이웃이 처한 삶의 현실을 바로 알고, 이에 대해서 신앙에 입각해서 적절하게 대처해야 함을 말한다(롬 12-15장 등). 이를 위해서 그리스도인은 가) 먼저 자신이 처한 위치와 능력과 한계를 분별하는 것이 필요한데(롬 12:3-13 등 참조), 이에는 하나님과 자신과 이웃(가정, 교회, 직장, 사회, 국가, 세계 등)과의 관계 속에서 자신의 위치와 의무와 책임과 역할을 분별하는 것과 자신의 능력 곧 자신의 은사, 재능, 자원과 한계를 바로 분별하는 것이 필요하다. 그리고 이것을 잘 활용해야 한다고 한다(롬 12:3-13 등). 나) 다음에는 자신이 속한 이웃의 현실에 대한 이해가 필요하다(롬 12-15장 참조). 이웃을 위하여 섬

기는 삶을 살려면, 구체적으로 그들이 처한 현실과 그들이 가지고 있는 문제들을 바로 알아야 한다는 것이다. 바울은 로마서는 14장에서 그리스도인들 사이에 특히 믿음이 강한 자와 약한 자들 사이의 문제의 원인을 분석하고 이에 대한 대책을 그리스도에 대한 신앙적 차원에서 제시하고 있다.

3) 삶의 구체적 목표 설정: 사람이 자신의 위치와 책임과 의무를 발견하고, 또 이웃의 상황을 바로 이해하고, 문제들을 발견하고 그 원인을 발견하게 되면, 이러한 문제들을 해결하고 또 자신의 삶의 목적을 실현하기 위하여 자기 삶의 구체적인 목표를 설정해야 한다. 현실에 대한 이해에서 파악된 문제들에 대해서 삶의 규범들을 참고하고 그의 삶의 목적과 가치관에 따라 구체적으로 해결해야 할 과제들의 우선순위를 정하고, 이의 해결을 위한 구체적인 계획을 세우되, 이때 그리스도인은 또한 하나님의 지혜와 도우심을 구해야 할 것이다(엡 5:15-17 등 참조). 그리고 이와 같이 설정된 목표들은 자기 삶의 구체적인 사명 또는 과제가 될 것이다. 바울은 그리스도인들이 그들의 삶의 구체적인 목표를 세우고 이를 위해 일할 것을 가르친다(롬 12:1-13 등).

4) 삶의 계획 수립: 사람이 자기 삶의 구체적인 목표를 세웠으면, 그는 그 목표를 이루기 위한 구체적인 계획을 세워야 한다. 이러한 계획에 있어서는 여러 문제들의 중요성과 절차에 따라 순서를 결정하는 것이 필요하며, 이러한 목표들의 수행을 위해 어떤 자원들과 어떤 사람들의 협력이 필요한지를 고려하고, 이러한 문제들의 해결을 위한 구체적인 행동 계획들을 결정해야 할 것이다. 바울은 그리스도인들이 삶의 구체적인 계획을 세우고 일할 것을 말한다(롬 12-15장 참조). 그리고 이러한 계획을 세우는 데는 지혜가 필요한데, 바울은 또한 그리스도인들이 지혜를 얻기 위하여 하나님께 구할 것을 말한다(엡 6:10-20 등).

5) 실천: 삶의 구체적인 목표를 세우고 이의 실현을 위한 계획을 세웠으면, 이를 실천하는 것이 필요하다. 실천에는 구체적인 시간과 힘과 자원을 투자하는 헌신이 필요하다. 그리고 다른 사람들의 도움과 협력이 필요하다. 그리고 상황의 변화에 신속하고도 민감하게 잘 대처하는 것이 필요하다. 그리고 이러한 일들이 다 잘 이루어질 수 있도록 계속하여 하나님의 도우심을 구하는 기도가 필요할 것이다. 그리스도인은 "사람이 마음으로 자기의 길을 계획할지라도 그 걸음을 인도하시는 자는 여호와"이신 것을 잘 알고 있기 때문이다(잠 16:9 참조). 바울은 거듭하여 그리스도인들이 예수 그리스도를 본받아 헌신하여 하나님께 순종함으로 실천적 삶을 살 것을 강조한다(롬 6장; 빌 2:5-11 등).

6) 반성 및 새로운 시도: 실천 후에 또는 실천의 과정에서 계속 삶의 목적과 기준 그리고 현실에 대한 이해와 목표 설정과 계획, 실천에 있어서의 문제점을 점검하고, 이에 따라 필요한 것들을 수정하여 새롭게 시도하는 것이 필요하다. 바울은 그때그때의 상황에 따라 그의 삶과 계획에 대한 반성과 수정과 새로운 시도를 계속할 것을 말한다(롬 12-15장 등). 경우에 따라서는 현실에 대한 이해와 구체적인 목표와 계획과 실천의 내용뿐만 아니라, 세계관, 가치관, 목적, 기준, 방법까지도 수정할 필요가 있을 것이다. 다시 말해서 이런 실천과 반성의 과정을 통해서 그의 인격도 계속 변화되어 성장 성숙하여야 한다는 것이다(롬 8:28-30 등).

5. 결론

이 논문은 그리스도인의 윤리적 삶의 방법에 대한 통전적, 구조적 이해를 도모하였다. 이를 위하여 이 문제에 대하여 연구한 최근의 기독교윤리학자들 중 특히 찰스 카머의 도덕전경에 대해서 고찰하여 보았고, 이를 통하여 먼저 인간의 윤리적 삶의 전체적인 과정과 그 과정 속에서의 중요한 요소들을 찾아보았다. 그리고 이러한 요소들에 대하여 간략하나마 사도 바울이 무엇을 말하는지를 로마서에 나타난 윤리적 교훈을 중심으로 고찰하였다. 그 결과 발견한 것은, 1) 그리스도인의 윤리적 삶은 인격형성과 실천적 삶으로 구분해 볼 수 있는데, 2) 인격형성에는 세계관, 가치관의 형성과 삶의 목적, 기준, 방법의 이해와 성품 형성의 요소들이 있으며, 3) 실천적 삶을 위해서는 자신의 정체성의 확인 곧 자신의 삶의 목적의 확인과, 현실 분별, 그리고 삶의 구체적인 목표의 설정과 계획, 그리고 실천과 반성 및 새로운 삶의 시도 등이 있음을 보았다. 그런데, 이러한 기본적인 삶의 틀은 그리스도인이나 일반인이나 동일하게 적용될 수 있으나, 그 내용에 있어서 그리스도인과 일반인 사이에 차이가 있음을 보게 된다. 그리고 그 주된 차이는 바로 세계관의 차이 곧 살아계신 하나님에 대한 신앙의 차이에 있음을 보았다. 곧 살아계신 하나님에 대한 신앙의 차이가 세계관의 차이를 가져오고, 또 세계관의 차이가 가치관의 차이를 가져오고, 또 이러한 가치관의 차이가, 삶의 목적과 기준과 방법에 차이를 가져오며, 또한 성품의 차이를 가져온다. 한 마디로 신앙의 차이가 인격의 차이를 가져오는 것이다. 그리고 실제 삶 곧 실천적 삶에 있어서도, 이러한 신앙의 차이가 결국은 현실의 이해에 대한 차이를 가져오고, 또 구체적 삶의 목표와 계획, 그리고 실천 등 모든 면에 있어서 차이를 가져오는 것을 본다. 따라서 그리스도인들이 참으로 자신과 이웃을 변화시켜 이 세상에서 하나님의 뜻을 이루고자 한다면, 그는 먼저 자신의 신앙을 새롭게 해야 할 것이고, 그리고 이 신앙이 구체적으로 인격의 제요소들과 나아가서 실천적 삶의 제 요소들까지 변화시키도록 해야 할 것이다. 그리고 참된 신앙은 복음에 대한 체험을 통해 주어짐을 생각할 때 체험적 신앙교육의 중요성을 보게 되며, 또한 그리스도인의 신앙이 삶의 실천에까지 이르기 위해서는 그리스도인의 윤리적 삶의 전체적인 과정과 방법에 대한 통전적, 구조적 이해가 얼마나 중요한가를 보게 된다.

다만, 이 논문은 주로 문헌연구로서 기독교윤리학자들과 성서의 내용을 비교 검토하는데 집중하였으나, 이 문제의 보다 더 현실적이고 심층적인 이해를 위해서는 이 문제와 관련된 현대 과학과 기타 학문의 최근의 연구결과들을 더 고찰해야 할 것이다. 이 논문은 하나의 시도인 바, 앞으로 이 문제에 대한 보다 더 다양하고 심층적인 연구가 필요하다.

[참고문헌]

김중기. 『생동하는 신앙』 서울: 참가치, 2001.

_____. 『참 가치의 발견』 서울: 도서출판 예능, 1995.

_____. 『신앙과 윤리』 서울: 종로서적, 1986.

김태길. 『윤리학』 개정 증보판. 서울: 박영사, 1998.

김호용 편. 『성경전서 개역개정판』 서울: 대한성서공회, 1998.

김희수. 『기독교윤리학의 이론과 방법론』 서울: 동문선, 2004.

동아출판사 편집국 편. 『동아 프라임 국어사전』 증보 개정판. 서울: 동아출판사, 1988.

신국원. 『니고데모의 안경』 서울: 한국기독학생회출판부, 2005.

최영태. "그리스도인의 윤리적 삶의 방법에 대한 통전적, 구조적 이해에 대한 연구: 바울윤리의 구조적 분석을 중심으로." 박사학위 논문. 연세대학교 대학원, 2007.

_____. "그리스도인의 윤리적 삶의 방법에 대한 사도 바울의 교훈 연구." 「신학과 실천」. 6(2008): 175-200.

Aristoteles. *Nicomachean Ethics.* 『니코마코스 윤리학』 최명관 역. 서울: 서광사, 1984.

Birch, Bruce C. & Rasmussen, Larry L. *Bible & Ethics in The Christian Life.* Revised & Expanded Edition. Minneapolis: Augsburg, 1989.

Grenz, Stanley J. *The Moral Quest: Foundations of Christian Ethics.* Downers Grove: InterVarsity Press, 1997. 『기독교윤리학의 토대와 흐름』 신원하 역. 서울: 한국기독학생회출판부, 2001.

Hays, Richard B. *The Moral Vision of The New Testament: Community, Cross, New Creation: A Contemporary Introduction to New Testament Ethics.* New York: HarperSanFransisco, 1996. 『신약의 윤리적 비전』 유승원 역. 서울: 한국기독학생회 출판부, 2002.

Kammer, Charles L., III. *Ethics And Liberation: An Introduction.* Maryknoll, New York: Orbis Books, 1988.

Lovin, Robin W. *Christian Ethics: An Essential Guide.* Nashville: Abingdon Press, 2000.

Morris, Leon. *The Epistle to The Romans.* 1988. Reprint, Grand Rapids: Eerdmans, 1994.

Sire, James W. *The Universe Next Door.* 2nd Ed. Inter Vasity Press, 1988. 『기독교 세계관과 현대 사상』. 개정판. 김헌수 역. 서울: 한국기독학생회 출판부, 1995.

윤리적 삶의
판단 기준

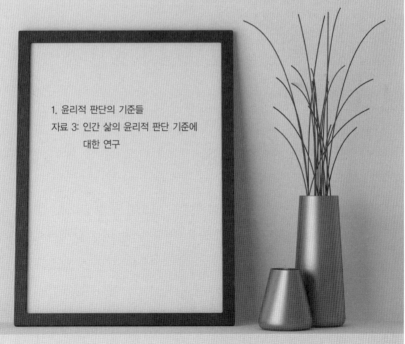

A Basic Understanding of
Christian Ethics

제4장

윤리적 판단의 기준

인간의 삶에 있어서 무엇이 옳고 무엇이 그른가에 대해서는 그 판단의 기준이 있어야 한다. 그런데 그 기준이 무엇인가에 대해서는 많은 주장이 있어왔다. 그러므로 먼저 그 기준으로 제시된 내용들에 대해서 간략히 고찰해 본다.

1. 윤리적 판단의 기준들

가. 진리: 진리는 삶의 이치이며, 세계관을 형성하고, 신앙을 갖게 한다.[1] 성경은 진리에 대해서 말하기를, 진리는 곧 하나님이시요, 예수님이

---

[1] 네이버 두산 백과사전은 진리(眞理)에 대해서 "허위(虛僞)와 함께 그 어느 것인가가 명제 또는 판단에 부착하는 성질"이라고 하면서 다음과 같이 말한다. "일반적으로 'S는 P이다'라고 표기되는 명제 또는 판단, 예컨대 '인간은 식물이다' '이 꽃은 흰색이다' 등은 반드시 참[眞]이든지 거짓이든지 둘 중의 하나이다. 참인 명제의 파악 또는 참인 판단이 지식이고, 지식은 참이기 때문에 지식이 되는 것이므로, 진리는 인식에 관한 초월적인 가치이며, 지성(知性)이 노리는 목적으로서의 초월적인 대상이다." 네이버 지식백과 두산백과, "진리," http://100.naver.com/100.nhn?docid=143495 (2018. 8. 6).

시요(요 14:6), 성령이시요, 하나님의 말씀이라고 한다. 이러한 진리를 알 때 기독교적 세계관 곧 신앙이 생기고, 또 신앙이 자라는 것이다.

나. 가치, 선: 윤리의 목적이 선을 위한 것이라면, 윤리의 궁극적 판단 기준은 선(가치)이 되어야 한다는 것이다. 네이버 두산 백과사전은 선(善)을 "넓은 의미로는 긍정적 평가의 대상이 되는 가치를 갖는 모든 것을 가리키는 말."[2]이라고 하면서 다음과 같이 말한다. "그러나 좁은 뜻으로는 행위 및 의지의 규정근거이다. 이 두 가지 뜻은 때로 혼동되어, 사람들은 많은 것을 '좋다'고 한다. 이를테면 모든 '가치 있는 것'은 좋은 것이라고 하지만, 이러한 의미에서는 '보기에 좋은 것'이나 '사용하기에 좋은 것'도 선이라고 할 수 있다."

다. 의: 의(義, justice, righteousness)는 무엇인가? 네이버 두산 백과사전은 의(義)를 "사회통념상 옳은 일, 또는 인간으로서 정도(正道)를 걷는 일"이라고 하면서 다음과 같이 말한다.

> 한문 '의(義)'자는 '양(羊)'과 '아(我)'의 합의문자(合意文字)로, '羊'은 훌륭한 가죽옷을 의미하며, 그것으로 나의 몸을 단정히 한 모습이다. 즉 위의(威儀) 바른 모양을 말하며, 위의를 갖추면 나쁜 짓을 하지 않고 바른 길을 걷게 된다. '의'는 '인(仁)'과 함께 거론될 때가 많다. '인'은 사랑의 마음이라서 부드러운 느낌이나, '의'는 이에 비해 다소 딱딱한 느낌을 준다. **공자**(孔子)는 인을 매우 강조하였으나 맹자(孟子)는 인의를 함께 다루었다. **맹자**가 살았던 **전국시대**(戰國時代)는 사회적으로 매우 혼란한 시대여서, 온정주의인 인(仁)만으로써는

---

2) 네이버 지식백과 두산백과, "선," https://terms.naver.com/entry.nhn?docId=1111726&cid=40942&categoryId=31433 (2018.8.6).

모범을 보일 수가 없었기 때문에, 인애(仁愛)와 함께 의로써 절도 있고 올바른 행위를 시키는 것이 사회적으로도 필요했을 것이다. 의는 인간이 당연히 행하여야 할 덕(德)으로서, 《논어(論語)》에는 "의를 보고 행하지 않는 것은 용기가 없기 때문이다"라는 말이 있다. 또한 의는 일종의 형식이기도 하여, 그 형식에 맞추어지면 의(義)의 모습이 된다. 의부(義父)·의치(義齒)·의족(義足) 따위가 그와 같은 예이다. 따라서 의는 인(仁)·예(禮)·지(智)·신(信)과 함께 오상(五常)의 하나이다.

유대교와 **그리스도교**에서는 '신(神)의 의(Justitia Dei)'라는 뜻으로 사용된다. 이 때에는 보통의 윤리적 의미에서의 정의와는 달리, 유일신(唯一神)의 속성이며, 이를 좇는 일이야말로 인간의 의로운 생활규범으로 생각되었다. **구약성서**에서는 신의 의(義)는 **이스라엘** 민족의 신 야훼의 동적(動的)인 계시적 행위로서 나타나, 학대받은 유대민족은 그 의를 준수할 때 백성이 구제된다고 보았다(이사 45:8, 51:5-6 등). **신약성서**에서의 의(義)의 관념도 유대교의 율법적 의(義)의 연장선에서 벗어나지 않았으나, 사도 바울로에 의하여 철저히 심화되고 그리스도를 믿음으로써 주어지는 은사라고 보았다(**로마** 4:11, 13 등). 이 신앙에 입각한 의(義)란, 인간의 생(生)은 '의(義)의 그릇으로서 신에게 바쳐진(로마 6:13)' 것으로 보고 있다. 이와 같이 신앙에 의해 의(義)로 보는 것을 의인(義認: justificatio)이라고 말한다. 즉 신으로부터 의롭다고 인정을 받는 것을 뜻한다. 한편 불교에서는 **산스크리트**의 artha의 역어로서 도리(道理)라는 뜻으로, 정·사(正邪)를 말할 때 정의 의미로 사용하고, 또 의의(意義)라는 뜻으로, 또 여러 가지 차별(구분)의 상태를 나타내는 등으로도 사용하고 있다.[3]

라. 의무 또는 당위: 의무는 어디서 오는가? 의무는 관계의 위치에서 온다고 할 수 있다. 우리의 위치는 이미 결정된 것도 있고, 스스로 택해서 갖

---

3) 네이버 지식백과 두산백과, "의," http://100.naver.com/100.nhn?docid=124676 (2018.8.6).

게 되는 것도 있다. 어느 것이든 그 위치에 있기 때문에 갖게 되는 의무가 있다. 당위(當爲, sollen) 또는 의무(義務, duty)는 무엇인가? 네이버 두산 백과사전은 당위(當爲)를 "'있어야 하는 것'을 뜻하는 윤리학·철학 용어"라고 하면서 다음과 같이 말한다.

> 존재(Sein)와 필연(Müssen)에 대응하는 말이다. 사실 그것이 일어날
> 지 안 일어날지를 불문하고 반드시 생겨나야 한다고 요구되는 것, 또
> 는 그러한 요구 의식을 의미한다. 따라서 그것은 인간의 자유스러운
> 행위(行爲)의 세계에 관계하는 것이고, 인과필연적(因果必然的)인
> **자연법칙**과의 대비에서 도덕규범이나 법률규범의 요구적 성격을 지
> 시하기 위하여 쓰이는 경우도 많이 있다.
> I. **칸트**는 당위를 가언적(假言的: hypothetisch)과 정언적(定言的:
> kategorisch)의 2종류로 구별하였다. 가언적 당위는 다른 어떤 것의
> 목적이나 결과를 위한 수단이 되는 것이고, 정언적 당위는 그 자신의
> 목적을 위한 것, 즉 무제약적·절대적인 것이라 하였는데, 이 정언적
> 당위야말로 **실천이성**의 요구와 일치하는 것이라고 보았다.[4]

네이버 두산 백과사전은 의무(義務, duty)를 "사회생활상, 사회적 질서를 유지하고 조정하기 위한 사회적·물리적·정신적인 강제 및 구속을 일컫는 말"이라고 하면서 다음과 같이 말한다.

> 인간의 사회생활에는 일정한 규범이 요구된다. 이 규범은 개인을 구
> 속함과 동시에 욕구·기대·실현을 위해 지나야 할 통로도 된다. 이
> 통로를 지나는 것을 서로 지킴으로써 비로소 **사회질서**가 유지된다.
> 이 규범은 타인과의 관계에 있어서의 규제인 동시에 자기 자신에 대
> 한 규제이기도 하다. 이 경우에 어떤 의미에서는 강제당하고 있는 것

---

[4] 네이버 지식백과 두산백과, "당위," http://100.naver.com/100.nhn?docid=43720 (2018.8.6).

이 되지만 규범이 내재화(內在化)해 있을 때는 그 규범은 사회생활상
의 일정한 의무로서 내면화(內面化)한 것이 된다.

이것을 윤리학적으로는 '…해야 한다'라는 당위(當爲)의 형태로,
도덕적 필연성으로 규정한다. 고대 **그리스 철학** 이래로, 의무의 관
념은 극히 중요시되어 왔다. 그리고 **칸트**에 이르러 도덕적으로 필연
성을 가지는 요구로서 인간의 의지 및 행위에 부과되는 구속·강제
로서 규정되었다. 칸트는 자기자신에 대한 의무와, 타인에 대한 의
무를 구별하여 절대적·자기목적적(自己目的的)인 **도덕률**의 지상
명령에 따라 최고선(最高善)에 도달하는 것이 의무의 본질이라고
하였다.

법률학상의 의무는 권리의 **반대개념**으로서 법률상의 인격에 부과되
는 구속이라고 본다. 여기서는 적극적으로 무엇을 하지 않으면 안 된
다는 작위(作爲)의 의무와 소극적으로 무엇을 해서는 안 된다는 부작
위(不作爲)의 의무로 크게 구별된다. 이를 도덕상의 의무와 구별하기
위하여 법적 의무 또는 법률상의 의무라고 한다.[5]

마. 규범: 네이버 두산 백과사전은 규범(規範, norm)을 "인간이 사회생
활을 하는데 있어, 구속(拘束)되고 준거(準據)하도록 강요되는 일정한 행동
양식"이라고 하면서 다음과 같이 말한다.

> 규범은 단순히 강제적인 구속만을 지니는 것은 아니다. 이를 따름으
> 로써 사회생활이 순탄하게 이루어지는 측면도 있다. 일반적으로 규
> 범은 **사회적 규범**으로서 존재하며 그 강제의 강도(强度)에 따라서 3
> 가지 단계로 나눈다.
> 첫째 단계는 관습 등에서 볼 수 있는 것처럼 그 때까지의 사회생활의
> 관행에 입각해서 사람들의 생활·행동을 규제하는 것으로, 이를 위

---

5) 네이버 지식백과 두산백과, "의무," http://100.naver.com/100.nhn?docid=124804 (2018.8.6).

반한 경우에는 비웃음 · 따돌림 등의 제재를 받는다.

둘째 단계는 도덕적 관습으로, 이를 위배한 때는 공동절교 등 물리적인 제재를 받는다. 사람들의 행동을 본래적으로 규제하는 것은 이 단계의 규범인데, 이것은 비록 성문화(成文化)되어 있지 않지만 일상적인 행동에서 강력한 규제력을 가지고 있다.

셋째 단계는 제재의 주체가 어떤 형태이든 공적인 성격을 띠어서 권력을 가지는 경우이다. 규범은 전형적으로는 법이라는 형식을 취하며 재판 등을 통하여 공적으로 제재가 이루어진다.

이러한 강제력의 측면과는 다른 측면, 즉 규범의 형태를 보면, 전통 · 도덕 · 제도 등이 있으며, 이들은 규범이 개개인의 내부에 **내재화**(內在化)되어 가는 경우의 매개체이기도 하다. 규범이 일정한 **구속력**을 가지는 것이라고 자각하기보다는 여기에 따름으로써 사회생활의 통로가 열리는 일정한 형식으로서의 기능을 하고 있다.

이들 여러 가지 규범의 형태를 규정하는 것으로 각 사회의 문화 · 종교 · 이념 등의 존재형태가 문제가 된다. 예를 들면, 유럽 사회에서는 **그리스도교** 교의(敎義)에 입각한 가치의식이나 체계가 기본적으로 규범의 질(質)을 규정하고, 윤리 · 도덕의 근간을 이룬다. 한국에서는 유교에 입각한 **가치체계**가 사회 구조상의 특질과 결부되어 규범의 주축(主軸)을 이루고 있다.

이러한 차이가 문화의 차이로 나타나서 특정한 민족적 성격이나 **사회적 성격**의 형성과 관련된다. 이런 경우 **계급사회**에서는 권력에 의한 일정한 이데올로기, 가치관의 주입이 제도 또는 교육에 의하여 이루어져서 일상적 규범의 내용을 구성하게 된다. 이로써 규범의 사회통제적 기능이 확대되어 생활상의 욕구 충족과 모순 · 대립을 보게 된다. 그 모순을 해결하려는 노력이나 새로운 이념, **가치의식**의 도입과 성립에 따라 규범의 질적인 내용이 변화하게 된다.[6]

---

6) 네이버 지식백과 두산백과, "규범," http://100.naver.com/100.nhn?docid=24838 (2018.8.6).

바. 이성과 계시: 여기서 이성(理性, reason)과 계시(啓示, revelation)의 차이와 관계는 무엇인가? 이성은 **인간의 논리적 사고 능력**이라 할 것이다.[7] 그리고 계시는 보통 인간이 그 이성의 능력으로 알 수 없는 것을 **하나님이 친히 열어서 알려주는 것**을 말한다(마 11:25-30 등 참조).[8] 그러면, 우리 인간은 이 둘 중의 하나만 있으면 되는가? 아니다. 둘 다 필요하다. 인간의 이성만으로는 하나님의 비밀을 알 수 없다. 그러나 또한 이성이 없으면, 인간은 하나님의 계시를 바로 이해할 수 없는 것이다. 그러므로 우리에게는 계시에 기초한 이성이 필요한 것이다.

사. 양심: 네이버 백과사전은 양심(良心, conscience)을 "도덕적 행위 또는 지조(志操)의 선악에 관계되는 범위 내에서의 전인격적(全人格的) 의식 또는 심정"이라고 하면서 다음과 같이 설명한다.

중세철학에서는 선(善)에 대한 긍정적 태도와 악에 대한 부정적 태도

---

7) 네이버 백과사전은 이성(理性, reason)을 "사물을 옳게 판단하고 진위(眞僞)·선악(善惡), 또는 미추(美醜)를 식별하는 능력"이라고 하면서 다음과 같이 설명한다. "이성은 인간을 인간답게 하고 동물과 구분되게 하는 것이며, 여기에서 '인간은 이성적 동물이다'라는 정의가 성립한다. R.데카르트는, 만인에게 태어날 때부터 평등하게 갖추어진 이성능력을 '양식(良識)' 혹은 '자연의 빛'이라는 말로 표현하였다. 그뿐 아니라, 예로부터 이성은 어둠을 비추어주는 밝은 빛으로서 표상되어 왔다." 네이버 지식백과 두산백과, "이성," http://100.naver.com/100.nhn?docid=126601 (2018. 8. 6).

8) 네이버 두산백과는 계시를 "신이 인간에게 무엇인가를 드러내보이는 것."이라고 하면서 다음과 같이 말한다. "계시란 말은 원래 '자기를 현시하다(apokalypsis)'라는 의미의 그리스어에서 유래하였다. 어떤 종교도 각기 제나름의 형태로 계시가 있다. 그것은 특이한 환상적 영상(映像)에 의하여 나타낼 수도 있고, 또한 지적·윤리적으로, 정신적 내면의 소리로 나타낼 수도 있다. 그러나 그리스도교 신학에서 말하는 계시는 역사적인 객관적 사건으로 일어난 것이다. 물론 구약성서의 예언자들이 야훼신의 소리를 들었다든지, 훗날 교회의 성자(聖者)가 하느님(또는 예수)을 보았다고 하는 사실도 넓은 의미의 계시라고 할 수는 있다. 그러나 엄밀한 의미에서 그리스도교의 계시란 천지창조에 의한 계시와, 하느님의 아들로서 육신을 받아 이 지상에 태어난 예수 그리스도의 계시의 둘로 한정된다." 네이버 지식백과 두산백과, "계시," https://terms.naver.com/entry.nhn?docId=1060924&ref=y&cid=40942&categoryId=31576 (2018.8.6).

를 직접적으로 나타내는 인간의 생득적(生得的) 능력의 총괄개념을 말한다. 이 생득설은 프로테스탄티즘이나 17세기의 R.카드워스, 18세기의 J.버틀러 등으로 계승되었고, 근대에 와서 I.칸트에 의해 종래의 설이 비판적으로 집대성되었다. 동양에서의 양심은 우선 《맹자(孟子)》의 〈고자편(告子篇)〉에서 발견할 수 있다. 그리고 현대에 와서는 M.하이데거나 K.야스퍼스에 의해 실존주의적 양심론이 전개되었다. 원래 서구(西歐) 근대어(近代語)에서 양심을 의미하는 말(영어·프랑스어의 conscience, 독일어의 Gewissen)은 '함께-알다'를 의미하는 동사에서 파생된 명사인 라틴어의 conscientia, 그리스어의 syneidēsis에서 유래하며, 우리말의 '양심'보다는 넓은 '의식(意識)'에 통하는 의미를 가진다. 이와 같은 사실은 인간의 양심이라는 것이 원래 사회적 규범과 개인적 욕망 사이에서 양자를 '함께-아는' 데서 성립되는 것이라는 것, 또한 인간의 '의식'은 많은 부분에서 양심과 중첩되는 것으로서, 사회적 성격을 갖는다는 것, 따라서 사회적 동물로서의 인간존재의 근본구조를 형성한다는 것을 나타낸다고 볼 수 있다.[9]

이상으로 인간의 행위에 대한 판단의 기준이 될 수 있는 것들에 대해서 몇 가지 고찰해보았다. 그러나 그 구체적인 내용은 세계관, 가치관에 따라 달라진다. 물론 한 세계관 내에서는 도덕적 기준의 절대성을 얘기할 수 있을 것이다. 그러나 여러 가지 다른 세계관들이 섞여 있는 곳에서는 어떤 도덕적 기준의 절대를 말하기가 어려울 것이다. 다만 여러 세계관들이 있을지라도 그들 가운데 공통점을 찾을 수 있다면, 그 공통점에 근거한 절대적 도덕 기준을 말할 수 있을 것이다. 다음 내용은 본 저자가 나름대로 인간 사람의 윤리적 판단 기준에 대해서 연구한 결과이다.

---

9) 네이버 지식백과 두산백과, "양심," http://100.naver.com/100.nhn?docid=109391 (2018.8.6).

인간 삶의 윤리적 판단 기준에 대한 연구

국문 요약

인간의 삶에 대한 윤리적 판단의 기준은 인간 행위 또는 인격의 옳고 그름 또는 선악에 대한 판단의 기준으로서 우리가 어떤 행동을 하고자 할 때에 그 행동 선택의 기준이 된다. 그러므로 윤리학에 있어서 무엇이 진정한 윤리적 판단의 기준이 될 수 있는가에 대해서 많은 논의가 있어 왔고, 그 대표적인 것으로는 목적론적 윤리방법론, 의무론적 윤리방법론, 상황윤리적 방법론, 응답론적 윤리방법론 등이 있다. 그러나 그 어느 것도 만족스러운 기준을 제시하지는 못하고 있는 것 같다. 따라서 이 논문은 위에 말한 네 가지 윤리 방법론들과 현대 윤리학자들(프랑케나, 김태길, 가이슬러, 롤즈)이 제시하는 몇 가지 윤리이론들과 성서가 말하는 윤리적 판단의 기준을 비교 검토해보고, 이들 각 이론들의 장점들을 살리고 단점들을 보완하면서도 보다 더 많은 사람들이 수용할 수 있는 바람직하고 타당한 윤리적 판단의 기준을 찾아본다.

이러한 논의를 통하여 이 논문은 인간 삶의 윤리적 판단의 기준으로 꼭 필요한 요소는 ① 사물의 이치와 사실에 대한 바른 이해로서의 진리성, ② 인간에게 유익한 것으로서의 선, 그리고 ③ 사람들 사이의 비례적 평등으로서의 공평성이 있어야 함을 보았다. 어떤 행위 또는 규범이 윤리적으로 옳은 것이 되려면, 그것이 최소한 이 세 가지의 요소들을 가지고 있어야 한다는 것이다. 한 개인에게 있어서 그 기준은 그의 세계관, 가치

*이 자료는 본 저자의 이전 논문 "인간 삶의 윤리적 판단 기준에 대한 연구,"「복음과 윤리」 10(2012): 164-205의 일부를 수정 보완한 것이다.

관에 의해서 결정될 것이고, 그리고 한 사회 또는 공동체에 있어서 그 기준은 그 공동체의 구성원들의 합의에 의해서 결정되어야 할 것이다. 각 구성원들마다 그들이 가진 세계관, 가치관이 다르므로 그들 사이에 끊임없는 대화와 설득을 통하여 세계관, 가치관의 일치를 꾀하고, 거기서 이루어지는 공통의 세계관, 가치관에 따라 윤리적 판단의 기준을 결정해야 하기 때문이다. 그리고 어떤 행위에 있어서 규범들이 서로 충돌할 때는 가이슬러가 제시한 바와 같이 차등적 절대주의의 방법을 따라 각 규범이 추구하는 선의 내용을 비교해 보고 더 중요한 선을 추구하는 규범을 따라야 할 것이다.

주제어: 윤리적 판단 기준, 진리, 선, 공평성, 윤리이론, 세계관, 가치관.

서론

사람들이 이 세상을 살아갈 때 무엇이 옳은 것이고 무엇이 그른 것인가를 생각한다. 그것은 나의 행위가 나에게뿐만 아니라 내 이웃의 삶에 중요한 영향을 미치고, 그 결과로 우리는 행복하게도 되고 불행하게도 되기 때문이다. 그러므로 우리는 항상 우리의 삶 또는 행위의 옳고 그름을 생각하고, 옳은 행동을 하고자 하며, 또한 내 이웃의 행동이 옳은 것인가 그른 것인가를 판단하여 칭찬하기도 하고 비판하기도 한다. 그런데 여기서 문제가 되는 것은 무엇이 옳고 무엇이 그른 것인가인데, 이것을 알기 위해서는 옳고 그름의 판단 기준이 있어야 한다는 것이다. 왜냐 하면, 옳고 그름은 어떤 기준을 근거로 하여 그 기준에 맞는 것을 옳은 것이라 하고, 그 기준에 어긋나는 것을 그른 것이라고 하기 때문이다.[1] 그러므로 우리 행위의 옳고 그름

---

1) 이상원, 『기독교윤리학: 개혁주의 관점에서 본 이론과 실제』(서울: 총신대학교출판부, 2010), 17-8 참조.

을 판단하는 윤리적 판단 기준을 분명히 하는 것은 참으로 중요한 것이다.

프랑케나는 그의 책 『윤리학』에서 규범 판단[2])을 크게 도덕 판단(또는 윤리 판단)[3])과 도덕과 무관한 규범 판단으로 나누고, 도덕 판단(또는 윤리 판단)은 크게 도덕적 책임 판단(또는 의무 판단)과 도덕적 가치 판단(또는 덕성 판단)으로 구분하는데,[4]) 여기서 도덕적 책임 판단(judgments of moral obligation)이란 인간 행위의 옳고 그름에 대한 판단이고, 도덕적 가치 판단(judgments of moral value)은 인간의 인격(동기, 의사, 또는 성품 등)에 대한 선악의 판단이라고 한다.[5]) 그러므로 인간의 삶에 대한 윤리적 판단이란 인간의 삶 즉 인간의 인격 또는 행위에 대해 선악 또는 옳고 그름을 판단하는 것을 말하는 것이다. 그리고 윤리적 판단의 기준이란 인간의 인격 또는 행위에 대해 선악 또는 옳고 그름을 판단하는 기준을 말한다.

인간의 윤리적 삶[6])에 있어서 윤리적 평가와 판단의 기준을 분명히 한다는 것은 참으로 중요하다. 윤리적 판단의 기준은 인간 행위(또는 인격)의

---

2) 여기서 규범 판단이란 가치 판단 또는 평가 판단을 말한다. 프랑케나는 규범 판단에 대해서 학자들에 따라 다른 용어를 사용하기도 함을 말하는데, 규범 판단을 "'가치' 판단 또는 '평가' 판단, 혹은 단지 '윤리' 판단이나 심지어 '도덕' 판단"이라고 부르기도 한다고 한다. 윌리암 K. 프랑케나, 『윤리학』, 황경식 역(서울: 철학과현실사, 2003), 35.

3) 우리의 일상 용어에서 '윤리'와 '도덕'은 때로 구분하여 사용하기도 하나 이하 이 논문에서는 '윤리'와 '도덕'을 같은 뜻으로 사용한다.

4) 프랑케나는 또한 도덕과 무관한 규범 판단은 도덕과 무관한 가치판단과 도덕과 무관한 의무 판단으로 구분됨을 말한다. 그리고 이 중에서 도덕과 무관한 의무 판단은 도덕 철학에서 별로 중요한 것이 아니며, 다만 도덕과 무관한 가치 판단은 도덕적으로 옳거나 그른 것을 결정하는데 관련되어 있기 때문에 그의 책에서 어느 정도 논의함을 말한다. Ibid., 32-5.

5) 프랑케나는 때로는 행위에 대해서도 '좋은'이란 말을 사용하기도 하지만 이것은 행위가 좋은 동기 또는 좋은 결과를 갖는다는 것을 뜻하는 것이지 올바른 용어 사용이 아니라고 한다. Ibid., 32-5 참조. 그러나 김태길은 도덕적으로 선하다는 말이 오늘날 보다 더 넓게 행위뿐만 아니라 사회에 대해서도 사용되고 있음을 말한다. 김태길, 『윤리학』, 개정 증보판(서울: 박영사, 1998), 410.

6) 인간의 윤리적 삶이란 선악, 의 불의를 구별할 수 있는 삶으로서 윤리와 무관한 삶과는 구별되는 삶을 말한다. 그러므로 인간의 윤리적 삶은 인간이 의식을 가지고 선악, 의 불의를 구별하면서 사는 삶을 가리킨다고 할 것이다. 프랑케나, 『윤리학』, 23-31; 이상원, 『기독교윤리학: 개혁주의 관점에서 본 이론과 실제』, 15-26 등 참조.

옳고 그름 또는 선악에 대한 판단의 기준이 될 뿐만 아니라 우리가 어떤 행동을 하고자 할 때에 그 행동 선택의 기준이 되기 때문이다.[7] 그러므로 윤리학에 있어서 무엇이 진정한 윤리적 판단의 기준이 될 수 있는가에 대해서 많은 논의가 있어 왔다.[8] 그 대표적인 것으로는 목적론적 윤리방법론, 의무론적 윤리 방법론, 상황윤리적 방법론, 응답론적 윤리방법론 등이 있다.[9] 그러나 그 어느 것도 만족스러운 기준을 제시하지는 못하고 있는 것 같다.

따라서 이 논문은 위에 말한 네 가지 윤리 방법론들이 말하는 윤리적 판단의 기준들을 비교 검토하고 그 장단점을 고찰해보며, 또한 이 윤리 이론들 외에 현대 윤리이론가들이 제시하는 몇 가지 윤리이론들과 성서가 말하는 윤리적 판단의 기준을 비교 검토해보고자 한다. 그리고 이를 통해 각 이론들의 장점들을 살리고 단점들을 보완하면서도 보다 더 많은 사람들이 수용할 수 있는 바람직하고 타당성 있는 윤리적 판단의 기준을 찾아보고자 한다.

인간의 삶에 있어서 윤리적 판단의 기준이 필요함에 대해서 김희수 교수는 다음과 같이 말한다.

> 인간은 개인적 · 사회적으로 매 순간마다 윤리 도덕적 결정을 내리고, 그 결정에 의거하여 개인적으로 행동하거나 사회적인 정책을 수립하고 실행한다. 윤리 도덕적 결정은 선과 악, 옳고 그름을 판단해서

---

7) 인간 삶에 대한 윤리적 판단(또는 도덕 판단)은 사람의 인격과 행위에 대한 선악 또는 옳고 그름을 판단하는 것이나, 사람의 인격에 대한 덕성 판단은 대개 인간의 행위에 대한 의무 판단(옳고 그름의 판단)의 내용을 인격화 또는 내면화한 것이므로 이 논문에서는 주로 인간의 행위에 대한 옳고 그름의 판단에 대해서 논의한다. 프랑케나, 『윤리학』, 147–83 참조.
8) 윤리적 삶의 판단 기준이 필요한 또 하나의 이유는 일반 사회에서 사람들이 저마다 자기 행위의 옳음을 주장하나 그 주장들이 서로 일치하지 않으므로 많은 갈등과 다툼이 발생하고 있기 때문이다. 문제는 그 많은 주장들 중 어느 것이 참으로 옳은 것인가 하는 것인데, 이런 것을 판단하기 위해서는 모든 사람들이 인정할 수 있는 판단의 기준이 있어야 할 것이다. 혹 모든 사람은 아닐지라도 이성과 양식을 가진 사람이라면 수용할 수 있는 타당한 판단의 기준이 있어야 할 것이다.
9) 백석대학교의 김희수 교수는 그의 책에서 이 윤리방법론들에 대해서 비교적 자세히 논의하고 있다. 김희수, 『기독교윤리학』(서울: 동문선, 2011) 참조.

내리는 결정이다. 그렇다면 이러한 윤리도덕적 판단을 하는데 사용
되는 근거는 무엇인가? 무엇인가를 선하고 옳은 것이라고 판단한다
면, 우리는 어떠한 근거를 바탕으로 그러한 결정을 내리는가?[10]

그리고 이러한 윤리도덕적 판단을 위한 근거를 제시하는 대표적인 이론
으로서 목적론적 윤리방법론, 의무론적 윤리 방법론, 상황윤리적 방법론,
응답론적 윤리방법론의 네 가지를 제시하고 그 장단점을 비교 검토한다.
이 논문에서는 먼저 김희수 교수가 제시하는 이 네 가지의 윤리방법론을 검
토하고, 기타 현대의 몇 가지 중요한 윤리이론과 성경이 제시하는 윤리적
판단의 기준을 고찰해 볼 것이다. 그리고 이 중 가장 적절한 윤리적 판단의
기준 또는 판단의 근거는 무엇인가를 검토할 것이다.

1. 목적론적 윤리 방법론

목적론적 윤리방법론은 인간 삶의 최종 목적에 근거해서 인간의 행위 또
는 규범의 옳고 그름을 판단하는 윤리방법론이라고 할 것이다. 김희수 교
수는 다음과 같이 말한다.

> 목적론적 방법은 최종 목적과 결과에 의거해서 옳고 그름의 판단을
> 내리는 윤리방법론이다. 이 방법론에 의거하면 어떤 행동이나 규범
> 이 최종 목적을 성취하는데 기여하며, 최대 결과를 낳는데 기여하면
> 그것은 도덕적으로 옳은 행동이나 규범이 되고 그 반대일 때는 비도
> 덕적이요 비윤리적인 것이 된다.[11]

---

10) Ibid., 149.
11) Ibid., 150-1.

김희수 교수는 여기서 윤리적 판단의 대상으로 행동과 규범을 말하는데, 인간의 행동(곧 행위)에는 개인적인 행동뿐만 아니라 사회 정책도 포함될 수 있을 것이다. 그리고 윤리적 삶의 궁극적 기준으로서 최종 목적과 결과를 말하는데, 인간 행위의 결과는 윤리적 판단의 기준이라기보다는 윤리적 판단의 대상이라고 할 것이다. 그리고 인간 행위의 결과는 다만 예측할 수 있을 뿐 그 완전한 내용을 다 알 수는 없을 것이다. 따라서 목적론적 윤리방법에 있어서 윤리적 판단의 기준은 인간행위의 최종 목적인 선(善)으로 보는 것이 적절하다고 본다.

프랑케나는 목적론적 이론을 다음과 같이 정의하는데, 그 내용은 결국 김희수 교수의 견해와 크게 다르지 않은 것이다.

> 목적론적 이론들에 의하면, 무엇이 도덕적으로 옳고 그르며 의무가 되는가에 대한 기본적이고 궁극적인 기준이나 척도는 산출될, 도덕과 무관한 가치라는 것이다. 직접적인든 간접적이든 간에 최종적인 근거는 산출될 선의 상대적 분량이거나 아니면 산출될 악을 뺀 선의 상대적인 양이어야 한다.[12]

여기서 도덕과 무관한 가치란 인간의 삶에 유익을 가져오는 것 곧 선을 말하며,[13] 결국 윤리적 판단의 기준은 행위의 목적으로서의 선 또는 가치의 양이라는 것이다.

김희수 교수는 목적론적 윤리방법론의 대표적인 예로서 아리스토텔레스의 행복론과 윤리적 이기주의, 그리고 공리주의를 들고 있다.[14] 공리주의는 최대다수의 최대행복을 추구하는 것으로, 그는 여러 목적론적 윤리방법

---

12) 프랑케나, 『윤리학』, 42.
13) Ibid., 43, 148-150 참조.
14) 김희수, 『기독교윤리학』, 153-69.

론들 중에서 그래도 공리주의가 가장 타당한 윤리이론이라고 할 수 있다고 한다.[15]

목적론적 윤리방법론은 인간 행위의 궁극적인 목적에 의해 인간의 행위의 옳고 그름을 판단한다는 점에서 적절한 윤리방법이라고 할 것이다. 인간의 행위는 어떤 목적을 추구하는 것이고, 추구하는 목적에 어긋나는 행위는 옳다고 할 수 없기 때문이다.[16]

일반적으로 행위의 목적은 선(善) 또는 행복(幸福)이라고 한다.[17] 그러므로 인간 삶의 윤리적 판단의 기준 중 하나는 선 또는 행복이라고 할 것이다. 여기서 선(또는 행복)의 내용이 무엇이냐에 대해서는 여러 가지 견해가 있지만,[18] 일반적으로 선이란 "인간의 삶에 유익이 되는 것", 또는 "인간의 삶에 도움이 되는 것"이라고 할 것이다.[19] 선이란 인간 행위의 목적이 되는 것이고, 인간 행위의 목적은 곧 인간의 삶이 잘 되는 것이라고 할 수 있기 때문이다.[20]

그런데 문제는 인간 행위의 목적으로서의 선 또는 행복의 내용이 무엇이냐에 대해서 사람마다 생각이 다르다는 것이다. 선 또는 행복의 내용이 다

---

15) Ibid., 161. 그는 다음과 같이 말한다. "윤리적 이기주의에 대비하여 공리주의는 최대의 일반적 선(선의 양이 악의 양보다 큰)의 성취를 최종 목표로 설정하며, 그것을 보장하는 행위나 도덕률만이 도덕적으로 옳은 행동이라고 본다."

16) 최영태, "윤리의 기본 개념과 목적에 대한 연구," 「복음과 윤리」제9권(2012), 190-6 참조.

17) 김희수, 『기독교윤리학』, 149-57 참조.

18) 선 또는 행복의 내용으로는 사람에 따라 쾌락, 평화, 권력, 지식, 자아실현 등 다양한 가치들이 제시된다. Ibid., 150 참조.

19) 최영태, "그리스도인의 윤리적 삶의 방법에 대한 통전적, 구조적 이해에 대한 연구: 바울윤리의 구조적 분석을 중심으로,"(박사학위 논문. 연세대학교 대학원, 2007), 21-23 참조. 프랑케나는 이것을 "도덕과 무관한 가치"라고 한다. 윌리암 K. 프랑케나, 『윤리학』, 43.

20) 여기서 인간의 삶이 잘 되는 것이란 인간의 삶이 그 가능성을 최대한 실현하는 것으로서 영적, 정신적, 육체적으로 만족한 상태 곧 인간의 복지가 실현되는 것을 말한다. 인간 행위의 목적에 대해서 여러 가지 견해들이 있으나 그 내용들은 결국 인간의 복지를 실현하고자 하는 것이다. 최영태, "그리스도인의 윤리적 삶의 방법에 대한 통전적, 구조적 이해에 대한 연구: 바울윤리의 구조적 분석을 중심으로," 21-3; 윌리암 K. 프랑케나, 『윤리학』, 43, 211-7 참조.

른 것은 각 사람이 가지고 있는 세계관에 차이가 있기 때문이다. 선 또는 행복의 내용에 대한 생각 곧 가치관은 각 사람의 세계관에 의해 결정되기 때문이다.[21] 따라서 각 사람이 가지고 있는 세계관에 따라 그의 가치관 곧 그의 선 또는 행복의 내용이 달라지고, 따라서 그의 윤리적 판단 기준도 달라지는 것이다.

그러면 인간은 모든 사람에게 적용되는 공동의 기준을 가질 수는 없는가? 각 사람은 각자의 세계관, 가치관에 따라 각자의 윤리적 기준에 따라서 살겠지만, 인류 공동 사회에서는 공동의 기준이 필요하다. 이러한 기준이 없으면, 사람들 사이의 다툼을 해결할 길이 없기 때문이다. 결국 인간 사회에서는 공통의 세계관에 따라서 공통의 가치관에 합의함으로 공통의 윤리적 판단의 기준을 가질 수 있을 것이다. 그렇지 않고 어느 일방의 강제에 의한 공통의 기준은 이성적인 인간에게는 불합리한 것으로 여겨지기 때문이다.

목적론적 윤리 방법론 특히 공리주의의 또 하나의 문제는 목적론적 방법만으로는 사람들 사이에 공평한 분배를 할 수 없다는 것이다.[22] 목적론적 방법론은 행위의 목적은 알려주지만, 사람들 사이의 공평성에 대해서는 말해주지 못하기 때문이다. 결국 김희수 교수는 목적론적 윤리방법론 특히 공리주의의 문제점을 다음과 같이 말한다.

> 목적론적 방법론이 분명히 인간의 행동 양태를 설명할 수 있으며, 또한 어떻게 행동할 때에 올바른 행동이 될 수 있는가를 판단할 수 있게 해주는 유익한 윤리원칙임에는 반론의 여지가 없을 것이다. 그러나 목적론적인 방법론은 완전한 윤리방법론이 아니며 여러 가지 약점을 안고 있다.[23]

---

21) 최영태, "그리스도인의 윤리적 삶의 방법에 대한 통전적, 구조적 이해에 대한 연구: 바울윤리의 구조적 분석을 중심으로," 34-46 참조.
22) 김희수, 『기독교윤리학』, 167-8.
23) Ibid., 169.

결국 목적론적 방법만으로는 적절한 윤리적 판단의 기준을 제시하지 못한다는 것이다.

2. 의무론적 윤리방법론

의무론적 윤리방법론은 인간 행위의 윤리적 판단의 기준을 보편적 규범(또는 규칙) 또는 의무로 보는 윤리 이론이라고 할 것이다.[24] 김희수 교수는 의무론적 윤리방법론에 대하여 말하기를, "의무론적 방법론은 무엇이 윤리적인지를 결정하기 위하여 규범준수와 행위자의 의무 이행에 주목한다"[25]고 하면서 의무론적 윤리방법론을 다음과 같이 설명한다. "의무론적 윤리방법론에서 도덕적으로 옳은 행동은 인간이 마땅히 지켜야 할 특정한 또는 보편적 규범을 준수하기 위하여 하는 행동, 즉 의무를 수행하는 행동이라고 보며, 목적을 전제하지 않을 뿐 아니라 궁극적인 결과도 고려하지 않는다."[26] 따라서 이 경우에 인간 행위에 대한 윤리적 판단의 기준은 보편적 규범 또는 의무인 것이다. 그리고 이러한 의무론적 윤리방법론으로서 행동의무론과 규범의무론을 들고 있으며, 규범의무론의 대표적인 예로서 칸트의 정언명법을 들고 있다.[27] 프랑케나도 같은 취지의 말을 하고 있다. 그는 의무론적 이론에는 행위의무론적 이론들(act-deontological theories)과 규칙의무론들(rule-deontological theories)이 있는데, 행위의무론들은 "기본적인 의무판단들은 '이러한 상황에 있어서 나는 마땅히 어떠어떠하게 행위해야 한다'와 같이 순수한 개별판단들이라고 주장"하며,[28]

---

24) 여기서 규범은 규칙을 말한다. Ibid., 171 참조.
25) Ibid.
26) Ibid.
27) Ibid., 172-82.
28) 프랑케나, 『윤리학』, 46.

규칙의무론자들은 "옳고 그름의 기준은 하나 이상의 규칙들로 구성된다고 주장"하는데, 여기서 규칙들은 특별한 이유가 없는 한 사람들을 차별하지 않고 똑같이 대우하는 보편성을 갖는다고 한다.[29]

의무론적 윤리방법론 특히 칸트의 정언명법은 인간 행위의 옳고 그름을 보편적 규범이나 의무를 기준으로 판단한다는 점에서 타당성이 있다고 할 것이다. 인간 행위의 윤리적 기준은 보편성을 가져야 하기 때문이다. 보편성을 갖지 못한 기준은 타당성을 갖지 못하기 때문이다. 그리고 규칙이나 의무가 보편성을 가지려면, 이것이 또한 사람들 사이에 공평성(fairness)을 가져야 할 것이다. 프랑케나는 이것을 "대우의 평등"(equality of treatment)이라고 한다.[30]

그러나 의무론적 윤리방법론은 인간 행위의 목적을 소홀히 한다는 점이 특히 문제이다.[31] 김희수 교수는 의무론적 윤리방법론 특히 칸트의 정언명법의 문제점들을 다음과 같이 지적한다. ① 이 이론은 목적이나 결과를 극단적으로 무시한다. ② 두 가지 이상의 규범들이 충돌할 때에는 어떤 것을 지킬 것인가에 대한 지침을 제시하지 못한다. ③ 철저한 의무수행의 동기가 아닌 내적 경향성에 의해서 동기화된 행위는 도덕적인 가치가 없다고 주장하나, 오히려 내적으로 습득되어진 덕스러운 성품을 표현하는 행동이 더 도덕적으로 훌륭한 행동이라고 할 수도 있다. ④ 정언 명법 자체에 대한 비판으로서 칸트는 이성적인 인간이라면 누구나 마땅히 따라야 할 본질적이고 절대적인 도덕법칙들이 존재한다고 생각하였으나, 정언명법도 사실은 인간의 경험에 의해서 도출된 것이라고 볼 수 있다는 것이다. ⑤ 칸트가 말한 도덕원칙의 보편성(정언명법)은 가역성(reversibility)에 기초해서 확립되는 것으로서 때로는 예외를 용납할 수밖에 없고 때로는 비도덕적인 명령

---

29) Ibid., 48.
30) Ibid., 121-8 참조.
31) 김희수, 『기독교윤리학』, 171-5, 182 등.

으로부터도 생겨날 수 있다는 것이다.[32] 이 중에서 의무론적 윤리방법론의
가장 중요한 문제는 의무 또는 규범과 목적과의 관계를 바로 보지 못하고
있는 점이라 할 것이다. 우리가 규범을 분석해 보면, 규범에는 분명히 삶의
목적의 요소가 있는 것이다. 그런데 의무론적 윤리방법론은 이 점을 간과
하고 있는 것이다. 김태길은 윤리적 판단에는 사실판단과 가치판단의 요소
가 있음을 말함으로써 윤리적 판단 곧 규범(또는 규칙)에 목적(또는 가치)
의 요소가 있음을 잘 말해 주고 있다.[33]

김희수 교수는 결론적으로 다음과 같이 말한다.

이상에서 살펴본 바와 같이 칸트의 정언명법과 규범의무론 역시 완
벽한 윤리이론이 되기에는 부족한·여러 가지 문제들을 안고 있다. 결
국 전체적으로 볼 때 의무론적 윤리방법론 역시 목적론적 윤리방법
처럼 그것 자체만으로 옳고 그름을 판단하기에는 완벽하지 못하다는
것을 알 수 있다.[34]

그리고 그는 다음과 같이 제안한다.

오랜 인류 역사를 통하여 수많은 지성인들이 인간의 행동 양태와 도
덕적으로 옳은 행동을 판단하는 기준이 무엇인지에 대해여 연구하였
다. 목적론적 윤리방법론과 의무론적 윤리방법론은 그러한 노력 중
에서 가장 광범위한 동의를 얻었으며, 나름대로 논리적 타당성을 갖
고 있는 이론들이었다. 그러나 앞에서 살펴본 바와 같이 이들 중 어느
것도 그것 자체만으로 완벽한 논리가 되지 못함을 알 수 있다. 그러므
로 어떤 행동이나 정책의 옳고 그름을 판단할 때에는 이 두 방법론과

---

32) Ibid., 182-8.
33) 김태길, 『윤리학』, 320-30 등 참조.
34) 김희수, 『기독교윤리학』, 188.

더불어 앞으로 소개될 다른 윤리방법론들을 상호 보완적으로 사용할 때 오히려 더 적절한 판단을 내릴 수 있게 될 것이다. 도덕적 판단을 내릴 때에는 어느 한 가지 방방법론에만 집착하여서 모순에 빠지거나 비합리적이며 편중된 결정을 내릴 것이 아니라 다양한 방법론을 융통성 있게, 그리고 상호 보완적으로 사용할 수 있어야 할 것이다.[35]

어떤 행동이나 정책의 옳고 그름을 판단할 때에는 목적론적 윤리방법론과 의무론적 윤리방법론, 그리고 앞으로 소개될 다른 윤리방법론들을 융통성 있게 상호 보완적으로 사용하는 것이 필요하다는 것이다. 그러나 문제는 어떻게 하는 것이 융통성 있게 하는 것이며, 또 "어떻게 상호보완적으로 이 이론들을 사용할 수 있는가?"인 것이다.

3. 상황윤리적 방법론

상황윤리적 방법론은 목적론적 윤리방법론과 의무론적 윤리방법론의 문제점을 시정하고 실제적인 상황에 적합한 윤리적 판단을 위해서 상황과 행위자의 창의적인 반응을 중요시하는 윤리방법론이다. 김희수 교수는 이 방법론에 대해서 다음과 같이 말한다.

> 상황윤리는 의무론적 방법론이 안고 있는 이러한 문제점에 대한 비판과 아울러 하나의 새로운 대안으로서 일단의 기독교 신학자들에 의해서 제시된 윤리방법론이다. 상황윤리학자들은 일반적으로 각각의 상황이 가지고 있는 특이성을 중시하고, 그러한 상황 속에 처한 행

---

35) Ibid., 188-9.

위자가 규범에 얽매이지 않고 창의적으로 반응할 것을 강조하며, 매 상황 속에서 "아가페적인 사랑이 명하는 대로 행동하는 것"이 도덕적으로 가장 올바른 행동이며 각각의 상황에 가장 적절하게 행동하는 것이라고 주장한다.[36]

따라서 상황윤리적 방법론에서는 윤리적 판단의 기준이 "아가페적인 사랑"이라고 할 것이다. 그리고 윤리적 판단에 있어서는 각각의 상황을 잘 파악하여 그 상황에서 아가페적 사랑에 가장 적합한 행동을 하는 것이 필요하다는 것이다.

이 상황윤리적 방법의 장점은 윤리적 기준의 적용에 있어서 삶의 현실 곧 상황의 중요성을 인식하고 있는 점이라 할 것이다. 그리고 아가페라는 최고의 기준에 의해 상황에 융통성 있게 대응한다는 점이라고 할 것이다.

김희수 교수는 이 상황윤리적 방법론을 주장한 학자들로 존 로빈슨, 조셉 플레처, 폴 레만, 그리고 폴 램지를 들어 그들의 특징을 설명하고 있는데, 특히 조셉 플레처의 방법론을 그의 책 『기독교윤리학』에서 자세히 설명하고 있다.[37]

그러나 이 상황윤리적 방법론도 많은 문제점을 가지고 있음을 보게 된다. 김희수 교수는 제임스 차일드레스의 평가를 빌어서 상황윤리적 방법론의 문제점을 다음과 같이 말하고 있다. ① 상황윤리학자들은 계율주의에 대한 반발이 지나쳐서 도덕적 규범들의 긍정적 기능을 너무 일방적으로 무시한다. ② 원칙이나 규범들을 단순히 계몽적(illuminative)으로만 보고 규정적 또는 처방적(prescriptive)으로 보지 않기 때문에 도덕률 폐기론에 떨어지게 된다. ③ 상황윤리 중 어떤 것은 인간에게 존재하지 않거나 또는 완벽하지 못할 수도 있는 직관적 능력이나, 결과에 대한 합리적인 계산력 또

---

36) Ibid., 191-2.
37) Ibid., 195-215.

는 통찰력을 전제로 하는데, 인간은 또한 상황을 자기 자신의 관점에서 해석하고 이기적으로 이익을 추구하는 경향이 있으므로 객관적인 원칙과 규범들이 필요하다. ④ 상황 자체가 해석을 필요로 한다는 사실을 기억해야 한다. ⑤ 행동들과 상황은 몇몇 상황윤리학자들이 주장하듯이 그렇게 독립적이거나 특이하지 않을 수도 있으며, 따라서 유사한 상황과 행동들에는 그에 상응하는 규범을 만들어 적용하는 것이 필요하다. ⑥ 기독교 전통은 계율적인 것만은 아니며, 상황을 해석하고 상황에 원칙과 규범들을 적용하기 위한 자료들을 가지고 있다. 그러므로 너무 계율만 의지하는 것은 문제가 있지만 그렇다고 해서 계율 또는 규범을 너무 무시하는 것도 문제가 있다는 것이다.[38] 이에 더하여 김희수 교수는 다음과 같은 문제들을 지적한다. ① 광범위한 사회적 상황과 완전히 분리된 극한적 상황에서의 예외적인 행동에 너무 치중할 경우 행위자가 감당하여야 할 일반적인 사회적 책임을 도외시하는 오류를 범할 수 있다. ② 상황을 너무 강조한 나머지 행위자가 아니라 마치 상황이 결정을 내리는 것처럼 오도할 위험이 있다는 것이다. 로저 쉰의 말처럼 윤리란 "상황이 결정을 좌우하는 것이 아니라 상황 속에 처해 있는 행위자가 결정을 내리는 것"[39]이라는 것을 기억해야 한다는 것이다.[40] 김희수 교수는 결론적으로 다음과 같이 말한다.

> 결론적으로 말해서, 절대주의적인 계율주의에 대한 반발로서 제기된 상황윤리 이론은 상황의 특이성을 고려하고 창의적인 행동을 할 수 있는 가능성을 제공했다는 점에 있어서는 큰 기여를 하였다. 그러나 이 이론 역시 너무 극단적인 방향으로 나아가게 됨에 따라서 필요 이상으로 규범을 무시하는 오류를 범하게 되었고, 결국 그 자체만으로

---

38) Ibid., 215-7.
39) Roger L. Shin, "The New Wave in Christian Thought" in *Encounter*, 28, No. 3(Summer, 1967), 253, 김희수, 『기독교윤리학』, 217에서 재인용.
40) Ibid., 217.

는 옳고 그름에 대한 도덕적 판단을 내리는 데 완벽한 방법론이 되지 못하게 되었다. 그러므로 우리는 옳고 그름을 판단함에 있어서 여러 가지 방법론들을 상호 보완적으로 사용할 필요가 있음을 명심하여야 한다.[41)

이와 같이 상황윤리적 방법론도 완전한 윤리 이론이라고 할 수 없으며, 특히 여러 규범들의 중요성을 소홀히 하는 문제점이 있는 것이다. 그리고 아가페적인 사랑이 최고의 유일한 기준이라고 하나 무엇이 진정한 아가페적인 사랑인지를 구체적으로 밝히지 못하는 문제점을 가지고 있는 것이다. 그리고 김희수 교수가 말한 대안으로서 우리가 옳고 그름을 판단함에 있어서 여러 가지 방법론들을 상호 보완적으로 사용할 필요가 있다고 하는 것도 그 구체적인 방법(어떻게 상호보완적으로 사용할 것인지?)을 제시하지 못한 문제가 있는 것이다.

4. 응답론적 윤리 방법론

김희수 교수는 네 번째의 윤리방법론으로서 리처드 니버의 응답론적 윤리방법론을 소개하고 이것을 여러 윤리 방법론들 중에서 가장 적절한 것으로 제시한다. 김희수 교수에 의하면, 니버에게 있어서 윤리적으로 옳은 행동은 유일하시며 무한하신 하나님의 사랑의 부르심에 응답하여 사람뿐만 아니라 자연 만물까지를 포함한 이웃의 행복 또는 복지를 위해 그들의 필요에 사랑으로 응답하는 행위이다.[42) 니버는 인간을 이웃에게 응답하는 존재로 보며, 따라서 적절한 윤리는 항상 이웃에게 적절하게 응답하는 것이

---

41) Ibid., 218.
42) Ibid., 265-7 참조. 여기서 응답이란 책임(responsibility)의 의미를 포함한다. Ibid., 221.

다.[43] 그런데 그 이웃은 크게 신과 인간과 자연으로 구분해 볼 수 있는데, 그 중에서 신에 대한 응답이 가장 중요하다. 그 이유는 신에 대한 응답이 다른 이웃들에 대한 응답의 내용을 결정하기 때문이다.[44] 그런데 여기서 어떤 신을 믿느냐가 중요한데, 그 이유는 인간은 그가 믿는 신에 대한 신앙에 따라서 행동하기 때문이다. 여기서 유한한 신을 믿고 섬기는 다신론적(polytheistic) 신앙과 단일신론적(henotheistic) 신앙은 인간을 분열과 파괴와 죽음으로 인도한다.[45] 그러나 무한하시며 유일신이신 예수 그리스도의 하나님을 믿는 유일신론적(monotheistic) 전적인 신앙(radical faith)은 인간을 화해와 회복과 생명으로 인도한다.[46] 그러므로 인간은 인간과 만물을 생명으로 인도하는 유일신 하나님에 대한 신앙을 가지고 하나님이 오늘 이 순간에 이곳에서 하시는 일인, 만물의 구원과 생명을 위한 일 곧 사랑의 부르심에 응답하여 이웃 곧 만물의 구원과 생명을 위하여 이웃의 필요에 사랑으로 응답하는 행동을 해야 한다는 것이다. 이렇게 할 때에 윤리는 살아 있는 윤리 곧 생명을 살리는 윤리가 된다는 것이다.[47]

이상에서 본 바와 같이 니버의 응답론적 윤리는 유일신 하나님에 대한 전적인 신앙에 기초한, 화해와 회복과 생명을 살리는 윤리로서 기독교적인 윤리에 적합하다고 할 것이다. 그러나 여기서도 남아 있는 문제는 ① 전적인 신앙을 갖지 못한 자들을 어떻게 전적인 신앙과 그 윤리에로 인도할 수 있느냐의 문제가 있다. ② 우리가 이 전적인 신앙을 가지고 있다고 해도 지금 여기서 활동하시는 하나님의 일을 어떻게 알 수 있느냐의 문제가 있다.

---

43) Ibid., 239-46. 니버는 응답에는 응답성(response), 해석(interpretation), 책임(accountability), 사회적 연대성(social solidarity)의 요소들이 있음을 말한다. 자세한 내용은 Ibid., 246-50 참조.
44) 니버에게 있어서 윤리는 항상 종교에 기초하고 있는데, 그 이유는 모든 사람은 다 나름대로의 신을 믿고 있고, 그 신이 그의 윤리적 행동의 기초가 되기 때문이다. Ibid., 221-2.
45) Ibid., 223-5, 266.
46) Ibid., 225-6, 250-2, 266-7 참조.
47) Ibid., 266-7 참조.

다시 말해서 지금 여기서 일하시는 하나님의 뜻을 어떻게 구체적으로 분별할 수 있느냐의 문제인 것이다. ③ 이 응답론적 윤리 방법론은 앞에서 말한 목적론적 윤리방법론과 의무론적 윤리방법론, 그리고 상황윤리적 방법론과는 어떻게 다르며, 어떤 관계에 있느냐 하는 것이다.

이상에서 김희수 교수는 그의 책 『기독교윤리학의 이론과 방법론』에서 전통적인 윤리방법론들이 말하는 윤리적 판단의 기준들을 잘 제시하고, 그 장단점들을 잘 비교 검토하고 있음을 보았다. 그러나 각 이론들의 검토에서 보았듯이 어느 이론도 그 자체만으로는 완전하지 못함을 보았다.

5. 기타 현대의 여러 윤리이론들

여기서는 위에서 본 이론들 외에 현대의 몇 대표적인 윤리학자들의 견해를 검토해 보고자 한다. 현대의 많은 윤리학자들 중 프랑케나, 김태길, 노르만 가이슬러, 그리고 롤스의 견해를 고찰해보고자 한다. 프랑케나는 현대의 대표적인 규범윤리학자 중의 하나이며, 김태길은 현대 한국의 대표적인 윤리학자 중의 하나이고, 노르만 가이슬러는 현대의 대표적인 기독교윤리학자 중의 하나이며, 롤스는 20세기 대표적인 정의론자 중의 하나이다.

가. 프랑케나: 프랑케나는 그의 책 『윤리학』[48]에서 윤리적 판단의 기준에 대해서 의무론적 이론들과 목적론적 이론들을 검토한 후 도덕적 의무판단의 원칙으로서 "선행의 원칙"과 "정의의 원칙"이 최고의 원칙이라고 자신의 견해를 제시한다.[49] 그리고 다른 모든 윤리적 규칙들은 이 중 어느 하나

---

48) 윌리암 K. 프랑케나, 『윤리학』, 황경식 역(서울: 철학과현실사, 2003).
49) Ibid., 37-146.

또는 이 둘의 결합에 의해서 만들어진다고 한다.[50]

여기서 선행(beneficence)의 원칙이란 선을 행하고 악을 방지해야 한다는 것이다.[51] 그리고 그 구체적인 내용을 그는 다음과 같이 말한다.

(1) 우리는 해나 악(나쁜 것)을 가해서는 안 된다.
(2) 우리는 해나 악을 방지해야 한다.
(3) 우리는 악을 제거해야 한다.
(4) 우리는 선을 행하고 증진해야 한다.[52]

다음에 정의(justice)의 원칙은 개인들 간의 상대적 처우(comparative treatment)의 문제로서 "대우의 평등"(equality of treatment)을 말한다고 한다.[53] 다시 말하여 그가 말하는 정의의 원칙이란 평등의 원칙으로서 여기서 평등은 단순한 산술적 평등을 말하는 것이 아니라 비례적 평등이다. 그러므로 그의 이 정의의 원칙은 평등의 원칙 또는 공평의 원칙이라고 할 것이다. 결국 그가 말하는 인간의 의무에 대한 최종적인 판단 기준은 선행과 평등 또는 공평이라는 것이다.

그는 나아가서 이 두 가지 기준이 인간의 덕성 판단에도 적용되어 덕성 판단의 최고의 기준은 선의(benevolence)와 정의(justice)라고 한다.[54] 덕성판단은 사람의 인격에 대한 판단이므로 선행 대신 선의가 기준이 되며, 또한 평등으로서의 정의(justice)는 영어에 인격에 관하여 이에 대응하는 다른 용어가 없으므로 같은 말 곧 정의(justice)란 말을 쓴다는 것이다.[55]

---

50) Ibid., 129.
51) Ibid., 112-21.
52) Ibid., 119.
53) Ibid., 121-28.
54) Ibid., 147-217.
55) 우리말로서는 이때의 정의는 정의감을 의미하는 것으로 여겨진다. Ibid.

이상에서 볼 때 프랑케나는 인간 행위에 대한 윤리적 판단의 최종적인 기준은 선과 평등(또는 공평)이라고 보는 것이다.

그런데 그는 이 의무의 두 원칙(선행과 정의)이 서로 충돌할 때는 어떻게 해야 할 것인가에 대해서는 해결책이 없으며, 다만 우리가 명료한 사고를 하고 적절한 모든 것을 알게 될 경우 이러한 문제가 만족스럽게 해결될 것이라고 한다.[56] 다시 말해 로스가 말한 '식견'(perception)이 필요하다는 것이다.[57]

그는 또 이 두 원칙의 적용에 있어서는 이 두 원칙 외에 관습과 법의 도움을 받을 필요가 있음을 말한다.[58] 예를 들어 내가 다른 모든 아이들의 학비가 아니라 먼저 내 아이의 학비를 부담해야 하는 것은 내 가족을 먼저 돌보아야 한다는 가족제도 때문이라는 것이다. 그러나 프랑케나는 이러한 관습과 법은 이 두 의무의 원칙과 별개의 또 다른 원칙이 아니라 단지 이 두 원칙들에 부수적이고 보조적인 것에 불과한 것이라고 한다.[59] 그러나 본 연구자가 보기에 이러한 관습 또는 제도는 그 자체가 의무의 두 원칙에서 나오는 또 하나의 규칙인 것이다. 특히 이 경우에 관습 또는 제도는 사물의 이치에 근거해서 공평의 원칙이 적용된 것이라고 해야 할 것이다. 따라서 본 연구자는 윤리적 판단의 기준으로서 선행과 공평의 원칙 외에 사물의 이치 곧 진리의 원칙을 하나 더 추가해야 한다고 생각한다.

나. 김태길: 현대 한국에 있어서 윤리학 연구의 선구자라고 할 수 있는 김태길 교수는 그의 책 『윤리학』[60]에서 고대로부터 현대에 이르기까지의 중요한 윤리이론들을 소개하고, 그 각 이론들의 장단점을 고찰한 후, 윤리적

---

56) Ibid., 129-31.
57) Ibid., 131.
58) Ibid., 131-3.
59) Ibid., 133.
60) 김태길, 『윤리학』, 개정 증보판(서울: 박영사, 1998).

판단 기준에 대한 자신의 견해를 제시하고 있다.

그는 말하기를, 윤리적 판단의 용어로는 "좋다", "옳다", "해야 한다" 등이 있는데, 이들의 공통점은 가치판단이라는 것이다. 그리고 이들에는 서술적 의미와 규정적 의미가 있음을 말한다.[61] 그는 윤리적 판단의 정당화 가능성에 대해서 말하기를, 윤리적 판단의 서술적 의미는 경험적, 과학적 방법에 의해서 증명이 가능하나, 규정적 의미는 이것은 일종의 말하는 사람의 태도 표명이므로 증명은 불가능하고, 다만 정당화는 가능한데, 정당화는 "반성적인 지성인이 사실상 거부할 수 없는 윤리의 기본 원리를 제시" 함으로써 가능하다고 한다.[62]

그러면 정당성을 가진 객관적 윤리적 판단 기준이 어떻게 가능한가? 윤리적 판단 기준은 각 개인에게 있어서는 각 개인의 개성과 환경 곧 각 개인의 가치관에 따라서 결정될 것이다. 그러나 공동의 사회에서는 공동의 인간성에 기초하여 합의에 의해서 만들어질 것이며, 여기에는 몇 가지 조건이 있는데, 사실에 대한 소견이 일치해야 하고, 각 개인의 개성과 사회 문화적 환경에 있어서의 차이를 제거하고 공통점을 찾는 것이 필요하며, 논리의 일관성이 있어야 한다는 것이다. 이렇게 해서 비교평가의 기준을 제시할 수 있는데, 이에는 최고선을 제시하는 법, 최고 규범을 제시하는 법, 또는 논리의 일관성을 통해서 그 기준을 제시할 수 있다는 것이다. 그러나 그 구체적인 내용에 있어서는 다시 견해의 차이가 있을 것이라고 한다.[63]

김태길은 "윤리판단의 근본 원리"란 논문에서 윤리판단 또는 도덕판단의 기준을 제시하고자 한다. 그는 다음과 같이 말한다.

> 도덕판단은 욕망의 대립 내지 갈등을 바탕으로 삼고 수시로 일어나는 바 "어떻게 해야 옳을 것인가?"라는 물음에 대해서 내려지는 판단

---

61) Ibid., 311-25.
62) Ibid., 325-30.
63) Ibid., 330-9.

이다. 그리고 그것은 판단자가 당면한 그 문제적 상황에 있어서만 적절한 판단으로서 주어지는 것이 아니라, 문제의 성질이 근본적으로 같은 모든 경우에 적용되어야 할 보편적 타당성을 가진 판단으로서 주어진다. 그런데 주어진 도덕적 문제에 대해서 사람들이 내리는 판단은 서로 엇갈리는 경우가 많은 까닭에, 여기 어떠한 도덕 판단이 가장 옳은 판단이냐 하는 물음이 윤리학의 기본문제의 하나로서 제기되어 왔던 것이다.[64]

그는 도덕판단은 근본적으로 "어떻게 해야 옳을 것인가?"라는 물음에 대해서 내려지는 판단이라고 한다. 다시 말해서 행위의 옳고 그름에 대한 판단이라는 것이다. 그리고 이러한 판단을 위해서는 그러한 판단을 위한 기준이 있어야 한다는 것이다.

그런데 옳고 그름의 기준(곧 옳고 그름의 이유)에는 두 가지 요소가 있는데, 하나는 사실 판단에 속한 것이요, 또 하나는 가치판단의 범주에 속하는 것이라고 한다.[65] 이 중에서 사실 판단에 속한 것은 경험적, 과학적 방법에 의해서 그 진위가 밝혀질 수 있지만, 가치판단에 속한 것은 이러한 방법으로 그 진위가 밝혀질 수 없는데, 그 이유는 가치판단은 결국 어떤 사람의 삶에 대한 태도의 표명이기 때문이라고 한다.[66] 그러면 이러한 궁극적 가치판단이 어떻게 정당성을 가진 기준이 될 수 있는가? 이러한 가치판단이 정당성을 가지려면, 첫째는 그것이 논리의 일관성과 보편성을 가져야 한다는 것이다. 논리의 일관성이 필요한 것은 논리의 일관성은 모든 학문적 논의의 기본 요청이기 때문이고, 보편성이 필요한 것은 도덕 판단 자체가 보편성을 주장하는 것이기 때문이라는 것이다.[67] 그리고 보편성을 가지려면,

---

64) Ibid., 412.
65) Ibid., 413.
66) Ibid., 413-20.
67) Ibid., 421-2.

모든 사람 또는 거의 모든 사람의 동의를 얻는 것이 필요한데, 이것은 쉽지 않다. 김태길은 사람들의 동의를 얻는 것이 어려운 이유를 세 가지를 들고 있는데, 그것은 "① 평가를 받은 대상에 관련된 **사실**들에 대한 인식의 차이, ② 평가자의 이해관계 및 불공정한 배려, ③ 바람직한 인간상 또는 사회상에 대한 **이상**의 차이" 때문이라고 한다.[68] 이 중에서 사실에 대한 인식의 차이는 과학적 방법을 통해서 무한히 좁힐 수 있고, 불공정한 배려는 그것을 배제하면 되는 것이고, 문제는 결국 인간 또는 인간 사회에 대한 이상의 대립을 어떻게 극복할 수 있느냐라는 것이다.[69] 인간 또는 인간 사회에 대한 이상의 차이는 곧 가치관의 차이라고 할 것인데, 결국 거의 모든 사람들이 동의할 수 있는 가치관이 무엇이냐가 문제인 것이다. 이에 대해서 김태길은 다음과 같이 말한다.

> 그러므로 어떤 원리가 올바른 인류의 이상으로서 타당성을 가지려면 모든 사람들의 행복을 공평하게 존중하는 내용을 담아야 한다. 그런데 인간도 일종의 동물인 까닭에 기본생활의 유지를 떠나서 행복할 수 없으며, 또 지성이 높은 동물인 까닭에 문화적 가치 내지 정신적 가치의 실현을 떠나서도 행복할 수가 없다. 결국 모든 사람들의 기본생활이 보장되고 그 기본생활의 토대 위에서 각자의 소질을 개발하여 모든 사람이 문화적 가치 내지 정신적 가치의 창조에 고루 참여할 수 있는 사회를 건설함이 인류의 이상이 아닐 수 없다는 결론으로 접근하게 된다.[70]

결국 그는 "모든 사람들의 기본생활이 보장되고 그 기본생활의 토대 위에서 각자의 소질을 개발하여 모든 사람이 문화적 가치 내지 정신적 가치의

---

68) Ibid., 422-3.
69) Ibid., 423.
70) Ibid., 427-8.

창조에 고루 참여할 수 있는 사회를 건설함"이 모든 사람이 동의할 수 있는 인간사회에 대한 이상 또는 가치관이라는 것이다. 이 내용을 분석하면, 결국 모든 사람이 동의할 수 있는 이상은 곧 공평한 행복 곧 공평성과 선이라고 할 것이다.

그런데 그는 이러한 이상에 대해서 우리가 동의한다고 할지라도 이러한 이상의 구체적인 내용에 대해서는 또 의견의 대립이 있을 수 있다는 것을 인정한다. 다만 이러한 의견의 대립에도 불구하고 이러한 의견의 대립은 과학의 발전과 문화의 교류 등으로 점차 해소될 가능성이 있으므로 기본생활의 개념과 문화적 가치의 바람직한 체계에 대한 의견이 하나의 일치된 신념을 향해서 꾸준히 성장할 수 있다는 희망을 갖는다고 한다.[71] 그는 다음과 같이 말한다.

> 우리가 기대할 수 있는 것은 지성적 대화와 반성 그리고 상호 설득을 통하여 서로의 견해 사이의 거리를 점점 좁히는 일일 따름이며, 그 거리를 완전히 없애 버릴 수 있다는 이론적 보장은 없다.[72]

이와 같이 김태길은 최종적 윤리적 판단의 기준으로서 "모든 사람들의 기본생활이 보장되고 그 기본생활의 토대 위에서 각자의 소질을 개발하여 모든 사람이 문화적 가치 내지 정신적 가치의 창조에 고루 참여할 수 있는 사회를 건설함"을 제시하고 있는데, 그 기본 내용은 곧 사람들 사이의 공평한 행복 곧 공평성과 선이라고 할 것이다. 그리고 그 구체적인 내용은 사람마다 다를 수가 있는바, 그러한 차이는 "지성적 대화와 반성 그리고 상호 설득을 통하여" 그 거리를 좁혀갈 수 있을 것이라는 것이다.

결국 김태길은 윤리적 판단의 기준으로서 사실 판단과 가치 판단의 두

---

71) Ibid., 428-9.
72) Ibid., 429.

가지를 제시하고 있는데, 사실 판단은 경험적, 과학적 방법에 의하여 그 진위를 판단할 수 있는 진리의 문제이고, 가치 판단은 곧 인류의 이상에 대한 태도 표명으로서 선의 문제라고 할 것이다. 그리고 이 선이 공동체의 구성원들에 의해 공감을 얻기 위해서는 보편성 또는 공평성을 가져야 한다는 것이다. 그러므로 김태길은 윤리적 판단의 기준으로서 진리성, 선, 공평성을 다 말하고 있다. 그러나 그는 이 세 가지를 잘 정리해서 확실하게 말하지 못하였다.

　다. 노르만 가이슬러: 가이슬러는 그의 책 『기독교윤리학』[73]에서 여섯 가지의 윤리적 판단의 기준들을 제시하고 그것들을 비교 검토하고 있다. 가이슬러는 윤리적 기준에 대한 이론으로서 도덕률폐기론(Antinomianism), 일반주의(Generalism), 상황주의(Situationism), 무조건적 절대주의(Unqualified Absolutism), 상충적 절대주의(Conflicting Absolutism), 차등적 절대주의(Graded Absolutism)가 있음을 말하고, 그 중에서 기독교적인 입장에서 가장 적절한 이론은 차등적 절대주의라고 한다. 도덕률폐기론은 아무런 도덕법도 없다는 것이고,[74] 일반주의는 "몇 가지 일반적인 법이 존재하지만 절대적인 법은 존재하지 않는다."[75]는 것이다. 상황주의는 단 하나의 절대불변의 기준이 있는데, 그것은 사랑이라는 것이다.[76] 무조건적 절대주의는 "절대로 서로 충돌하지 않는 절대불변의 기준들이 많다."[77]는 것이다. 상충적 절대주의는 "때때로 절대불변의 기준들은 서로 충돌한다. 그리고 그 절대불변의 기준 가운데 어느 하나라도 불순종하는 것은 잘못이

---

73) 노르만 L. 가이슬러, 『기독교윤리학』, 위거찬 역(서울: 기독교문서선교회, 1999), 9-167.
74) 노르만 L. 가이슬러와 라이언 스너퍼, 『기독교윤리로 세상을 읽다』, 박주성 역(서울: 사랑플러스, 2009), 34.
75) Ibid.
76) Ibid., 39.
77) Ibid.

다."[78]고 한다. 그리고 차등적 절대주의는 "때때로 절대불변의 기준들은 서로 충돌한다. 이 경우에는 더 높은 법을 따라야 한다."[79]고 한다. 가이슬러는 그의 책에서 각 이론들의 장단점을 비교하고, 결국 차등적 절대주의가 가장 적절한 기독교윤리 이론이라고 하는데, 그 이유는, 이 차등적 절대주의는 하나님의 본성에 기초한 다수의 절대적인 도덕법이 있음을 인정하면서도, 이 세상에서는 그들 사이에 충돌하는 경우가 있는데, 이 경우에는 비록 절대적인 도덕법들이라도 그들 사이에 차등이 있으므로 더 높은 수준의 기준에 따르면 아무런 잘못이 없다는 것이다. 왜냐 하면, 하나님은 우리에게 불가능한 것을 요구하지 않으시기 때문에 더 높은 수준의 도덕법을 따르기 위해 보다 덜 중요한 도덕법을 어긴 것은 어쩔 수 없는 것으로 잘못이라고 할 수 없기 때문이라는 것이다. 그러나 상충적 절대주의에서는 절대적 도덕법들이 서로 충돌할 때, 덜 중요한 법을 어겨야 하며, 그럴지라도 그것은 법을 어긴 죄이므로 하나님 앞에 회개하여 용서받아야 한다는 것이다. 이와 같이 상충적 절대주의와 차등적 절대주의는 절대적 법칙들이 서로 충돌할 경우 결과적으로 동일한 행위를 선택하게 되지만, 두 개의 도덕법 중 하나를 지키지 못한 것에 대해서 상충적 절대주의는 죄로 보고 이를 회개해야 한다는 것이고, 차등적 절대주의는 이는 어차피 지킬 수 없는 것이기 때문에 이에 대해서 죄책감을 가질 필요가 없다는 것이다. 이 경우 지키는 것이 불가능한 것에 대해서는 하나님은 책임을 묻지 않으신다고 보아야 할 것이므로 가이슬러와 같이 차등적 절대주의가 적절한 이론이라고 보아야 할 것이다.

어쨌든 여기서 우리가 보는 것은 도덕법들 사이에도 차등이 있다는 것이며, 그들이 서로 충돌할 경우에는 보다 더 중요한 도덕법을 따라야 한다는 것이다. 이것이 타당한 것은 도덕은 선을 추구하는 것이기 때문이고, 덜 중

---

78) Ibid.
79) Ibid.

요한 선보다 더 중요한 선을 추구하는 것은 당연하기 때문이다. 다시 말해서 도덕법들 사이에 차등이 있는 것은 그들이 추구하는 선들 사이에 차등이 있기 때문인 것이다.

라. 존 롤스: 존 롤스는 20세기에 가장 위대한 정의론자 중의 하나이다. 그는 다음과 같은 정의의 원칙을 제시했다.

> 제1원칙: 각 개인은 평등한 기본적 자유의 온전한 체계에 대해 양보할 수 없는 동등한 권리를 갖는다. 그 체계는 모든 사람을 위한 자유의 동일한 체계와 양립 가능해야 한다.
> 제2원칙: 사회적 · 경제적 불평등은 두 가지 조건을 충족시켜야 한다. 첫 번째는 불평등이 공정한 기회균등의 조건하에서 모든 사람에게 개방되어 있는 직무와 직위에 관계되어 있을 것, 두 번째는 불평등이 사회에서 가장 불우한 처지에 있는 사람들의 최대의 혜택과 연계되어 있을 것.[80]

롤스는 정의의 제1원칙에서 평등한 기본적 자유의 우선성을 말하는데, 여기서 자유는 선 또는 행복을 추구할 자유로서 곧 선의 요소를 말한다. 그리고 이것을 각 사람에게 평등하게 보장하는 것은 평등 또는 공평의 원리라고 할 것이다. 그리고 제2원칙은 사회적, 경제적 불평등의 조건을 말하는데, 첫째는 공정한 기회균등의 조건 하에서 직무와 직위에 개방되어 있는 경우이고, 두 번째는 사회에서 가장 불우한 처지에 있는 사람들에게 최대의 혜택이 돌아갈 경우임을 말한다. 이 제2원칙은 둘 다 공평의 원칙을 말

---

80) 임의영, 『형평과 정의: 조화로운 사회적 삶의 원리를 찾아서』(서울: 도서출판 한울, 2011), 71; John Rawls, *A Theory of Justic*. Revised Edition(Harvard University Press, 1999), 53; 『정의론』, 황경식 역(서울: 이학사, 2003), 105 참조.

하는 것으로 여겨진다. 각 사람에게 자기의 노력에 대한 대가를 얻을 수 있는 기회를 주되, 그것은 어디까지나 공정한 기회균등의 조건 하에서이며, 또한 타인에게 특히 사회적으로 불우한 사람들에게 부당한 해를 끼치지 않는 범위 내에서 가능하다는 것이다. 따라서 이는 공평의 내용을 좀 더 구체화한 것이라고 여겨진다. 이러한 의미에서 롤스도 선의 요소와 공평의 요소를 정의의 가장 중요한 기본 요소로 보았다고 할 것이다.

6. 성서가 말하는 윤리적 판단의 기준

성서가 말하는 윤리적 판단의 기준은 여러 가지로 말해지고 있다. 때로는 거룩(벧전 1:14-16[81] 등), 의(마 5:6,10[82] 등), 선(롬 2:6-7[83]; 엡 5:8-9[84] 등 참조) 등으로 말해지고 있고, 때로는 하나님의 말씀(마 4:4[85] 등), 율법(롬 2:12[86] 등), 계명(마 19:17[87] 등), 진리(요 8:31-32[88] 등), 하나님의

---

81) "14. 너희가 순종하는 자식처럼 이전 알지 못할 때에 좇던 너희 사욕을 본 삼지 말고 15. 오직 너희를 부르신 거룩한 자처럼 너희도 모든 행실에 거룩한 자가 되라 16. 기록하였으되 내가 거룩하니 너희도 거룩할찌어다 하셨느니라." 개역한글 벧전 1:14-16.

82) "6. 의에 주리고 목마른 자는 복이 있나니 저희가 배부를 것임이요. 10. 의를 위하여 핍박을 받은 자는 복이 있나니 천국이 저희 것임이라." 개역한글 마 5:6,10.

83) "6. 하나님께서 각 사람에게 그 행한 대로 보응하시되 7. 참고 선을 행하여 영광과 존귀와 썩지 아니함을 구하는 자에게는 영생으로 하시고" 개역한글 롬 2:6-7.

84) "8. 너희가 전에는 어두움이더니 이제는 주 안에서 빛이라 빛의 자녀들처럼 행하라 9. 빛의 열매는 모든 착함과 의로움과 진실함에 있느니라." 개역한글 엡 5:8-9.

85) "4. 예수께서 대답하여 가라사대 기록되었으되 사람이 떡으로만 살 것이 아니요 하나님의 입으로 나오는 모든 말씀으로 살 것이라 하였느니라 하시니" 개역한글 마 4:4.

86) "12. 무릇 율법 없이 범죄한 자는 또한 율법 없이 망하고 무릇 율법이 있고 범죄한 자는 율법으로 말미암아 심판을 받으리라" 개역한글 롬 2:12.

87) "17. 예수께서 가라사대 어찌하여 선한 일을 내게 묻느냐 선한 이는 오직 한 분이시니라 네가 생명에 들어가려면 계명들을 지키라." 개역한글 마 19:17.

88) "31. 그러므로 예수께서 자기를 믿은 유대인들에게 이르시되 너희가 내 말에 거하면 참 내 제자가 되고 32. 진리를 알지니 진리가 너희를 자유케 하리라." 개역한글 요 8:31-32.

뜻(롬 12:1-2[89]); 엡 5:17[90] 등 참조), 사랑(요 13:34-35[91] 등) 등으로 말해지고 있다. 그러나 그 핵심은 하나님 사랑과 이웃 사랑이라고 요약할 수 있을 것이다. 성서가 말하는 윤리적 삶의 기준은 하나님의 말씀, 그 중에서도 율법에 표현되어 있고, 율법의 핵심 내용은 하나님 사랑과 이웃 사랑이라고 할 수 있기 때문이다. 성서는 율법의 핵심 내용을 다음과 같이 표현하고 있다.

> 34. 예수께서 사두개인들로 대답할 수 없게 하셨다 함을 바리새인들이 듣고 모였는데 35. 그 중에 한 율법사가 예수를 시험하여 묻되 36. 선생님이여 율법 중에 어느 계명이 크니이까 37. 예수께서 가라사대 네 마음을 다하고 목숨을 다하고 뜻을 다하여 주 너의 하나님을 사랑하라 하셨으니 38. 이것이 크고 첫째 되는 계명이요 39. 둘째는 그와 같으니 네 이웃을 네 몸과 같이 사랑하라 하셨으니 40. 이 두 계명이 온 율법과 선지자의 강령이니라.[92]

마태는 예수님의 입을 통하여 하나님 사랑과 이웃 사랑이 온 율법과 선지자의 강령임을 말하고 있는 것이다. 이는 마가복음과 누가복음에서도 마찬가지이다(막 12:28-31; 눅 10:25-28 참조). 사도 바울도 그의 서신들에서 같은 취지의 말을 한다. 그는 로마서 13:8-10에서 다음과 같이 말한다.

---

89) "1. 그러므로 형제들아 내가 하나님의 모든 자비하심으로 너희를 권하노니 너희 몸을 하나님이 기뻐하시는 거룩한 산 제사로 드리라 이는 너희의 드릴 영적 예배니라 2. 너희는 이 세대를 본받지 말고 오직 마음을 새롭게 함으로 변화를 받아 하나님의 선하시고 기뻐하시고 온전하신 뜻이 무엇인지 분별하도록 하라." 개역한글 롬 12:1-2.

90) "17. 그러므로 어리석은 자가 되지 말고 오직 주의 뜻이 무엇인가 이해하라." 개역한글 엡 5:17.

91) "34. 새 계명을 너희에게 주노니 서로 사랑하라 내가 너희를 사랑한 것 같이 너희도 서로 사랑하라 35. 너희가 서로 사랑하면 이로써 모든 사람이 너희가 내 제자인줄 알리라." 개역한글 요 13:34-35.

92) 개역한글판 마태복음 22:34-40.

8. 피차 사랑의 빚 외에는 아무에게든지 아무 빚도 지지 말라 남을 사랑하는 자는 율법을 다 이루었느니라 9. 간음하지 말라 살인하지 말라 도적질하지 말라 탐내지 말라 한 것과 그 외에 다른 계명이 있을지라도 네 이웃을 네 자신과 같이 사랑하라 하신 그 말씀 가운데 다 들었느니라 10. 사랑은 이웃에게 악을 행치 아니하나니 그러므로 사랑은 율법의 완성이니라.[93]

그는 또한 갈 5:13-15에서도 같은 취지의 말을 한다.

13. 형제들아 너희가 자유를 위하여 부르심을 입었으나 그러나 그 자유로 육체의 기회를 삼지 말고 오직 사랑으로 서로 종노릇하라 14. 온 율법은 네 이웃 사랑하기를 네 몸같이 하라 하신 한 말씀에 이루었나니 15. 만일 서로 물고 먹으면 피차 멸망할까 조심하라.[94]

이와 같이 성경은 인간의 윤리적 삶의 기준을 여러 가지로 말하고 있으나 그 핵심적인 내용은 하나님 사랑과 이웃 사랑으로 요약할 수 있다는 것이다. 그러나 문제는 하나님 사랑과 이웃 사랑의 구체적인 내용을 우리의 현실의 삶에서 어떻게 분별할 것인가이다.

그러면 이 사랑의 계명의 구체적인 내용은 무엇인가? 먼저 하나님 사랑에 대해서 생각해 보자. 성서에서 사랑한다(아가파오)는 것은 상대방을 귀중히 여기고 섬기는 것이요(마 6:24[95]; 갈 5:13-15 등 참조), 상대방의 유익

---

93) 개역한글판 로마서 13:8-10.
94) 개역한글판 갈라디아서 5:13-15.
95) "한 사람이 두 주인을 섬기지 못할 것이니 혹 이를 미워하며 저를 사랑하거나 혹 이를 중히 여기며 저를 경히 여김이라 너희가 하나님과 재물을 겸하여 섬기지 못하느니라" 여기서 예수님은 사랑을 중히 여기는 것 그리고 섬기는 것으로 미워함을 경히 여기는 것 그리고 섬기지 않는 것으로 바꿔 말하는 것을 보게 된다.

(선)을 추구하는 것이다(고전 13:5[96]); 로마서 13:8-10 등 참조). 그러므로 이 계명에서 하나님을 사랑하는 것은 하나님을 존귀히 여기고 하나님을 섬기는 것이요, 하나님의 유익을 구하는 것이다. 여기서 하나님을 존귀히 여기기 위해서는 먼저 하나님이 누구신가를 바로 알고 믿는 것이 필요할 것이다.

그러면 인간이 어떻게 하나님의 유익(선)을 구하겠는가? 하나님은 아무것도 부족하지 않으시다. 그러나 하나님은 인간에게서 영광 받으시기를 원하시고 기뻐하신다(마 6:9-10[97] 등 참조). 그러므로 인간은 하나님의 뜻을 행함으로 하나님을 기쁘시게 하고 또 하나님께 영광을 돌리는 것이다. 하나님을 기쁘시게 하는 것 이것이 인간이 하나님의 유익(선)을 구하는 것이요, 하나님을 사랑하는 것이라고 할 것이다. 그리고 하나님의 뜻은 인간이 하나님의 뜻을 따라 하나님의 자녀들로서 서로 사랑하는 것이다(요 13:34-35; 요일 3:23[98]); 요일 4:11[99] 등). 그러므로 하나님 사랑의 계명은 이웃사랑으로 이루어질 수 있는 것이다(요일 4:20-21[100] 등 참조). 다만 그 사랑은 하나님이 인간을 사랑한 것과 같은 사랑으로서 이웃의 구원과 행복을 위하여 자신을 희생하기까지 선을 행하는 것이다(요일 4:10[101] 등 참조). 이

---

96) "(사랑은) … 무례히 행치 아니하며 자기의 유익을 구치 아니하며 성내지 아니하며 악한 것을 생각지 아니하며" 자기의 유익을 구치 않는 것은 반대로 상대방의 유익을 구하는 것을 말한다고 할 것이다.

97) "9. 그러므로 너희는 이렇게 기도하라 하늘에 계신 우리 아버지여 이름이 거룩히 여김을 받으시오며 10. 나라이 임하옵시며 뜻이 하늘에서 이룬 것 같이 땅에서도 이루어지이다"

98) "그의 계명은 이것이니 곧 그 아들 예수 그리스도의 이름을 믿고 그가 우리에게 주신 계명대로 서로 사랑할 것이니라"

99) "사랑하는 자들아 하나님이 이같이 우리를 사랑하셨은즉 우리도 서로 사랑하는 것이 마땅하도다"

100) "20. 누구든지 하나님을 사랑하노라 하고 그 형제를 미워하면 이는 거짓말하는 자니 보는 바 그 형제를 사랑치 아니하는 자가 보지 못하는 바 하나님을 사랑할 수 없느니라 21. 우리가 이 계명을 주께 받았나니 하나님을 사랑하는 자는 또한 그 형제를 사랑할찌니라"

101) "사랑은 여기 있으니 우리가 하나님을 사랑한 것이 아니요 오직 하나님이 우리를 사랑하사 우리 죄를 위하여 화목제로 그 아들을 보내셨음이니라"

것을 통하여 우리는 성서가 말하는 사랑의 구체적인 내용을 알게 된다. 그 것은 한 마디로 이웃의 유익 곧 선을 추구하되 때로는 자신을 희생하기까지 하여 이웃의 행복 곧 선을 추구하는 것이다. 그리고 그 선이란 그의 필요를 채워주는 것이다. 때로는 물질적인 것, 또는 정신적인 것, 영적인 필요를 채 워주는 것이다. 문제는 내가 먼저 상대방의 필요를 채워줄 수 있는 것을 갖 고 있지 않고는 상대방의 필요를 채워줄 수 없으므로 내 자신이 먼저 필요 한 것들을 가지고 있어야 하는데, 이러한 것들은 내가 먼저 하나님을 믿고 의지함으로 가질 수 있는 것이다. 하나님은 믿고 구하는 자에게 모든 것을 주시기 때문이다(마 6:33[102]; 7:7-8[103] 등 참조). 물론 하나님의 뜻에 따라 각 사람에게 주어진 분량대로 각자에게 주어진 것으로 최선을 다하면 될 것 이다(마 25:14-30 등 참조). 그러므로 성경이 가르치는 윤리적 기준인 사랑 은 결국 인간은 이웃에게 선을 행하되, 자기가 가진 것으로 최선을 다하면 되는 것이다. 그리고 여기서 이웃이란 가까이 있는 자를 말하는 것으로 우 선 자기에게 가까이 있는 자에게로부터 선을 행해야 한다는 것이다. 물론 여기서 가깝다는 것은 여러 가지 측면을 고려해야 하겠지만 특히 자기에게 가까이 있는 자 중 필요가 큰 자로부터 고려해야 할 것이다. 그런데 사람들 은 자기를 가장 사랑하므로 서로 사랑하는 것은 또한 이웃을 자기 자신같이 사랑하는 것으로 표현할 수도 있는 것이다.

그러므로 여기서 발견하는 윤리적 판단의 기준은 첫째는 사랑으로서의 선이요, 다음엔 "이웃을 내 자신과 같이" 곧 공평의 원리라고 할 것이다. 그 런데 선은 진리에 기초해야 하므로 윤리적 판단의 기준은 첫째 진리요, 다 음에 선이요, 그리고 공평성이라고 할 것이다. 그리고 선 중에도 차등이 있

---

102) "너희는 먼저 그의 나라와 그의 의를 구하라 그리하면 이 모든 것을 너희에게 더하시리라"
103) "7. 구하라 그러면 너희에게 주실 것이요 찾으라 그러면 찾을 것이요 문을 두드리라 그러 면 너희에게 열릴 것이니 8. 구하는 이마다 얻을 것이요 찾는 이가 찾을 것이요 두드리는 이에게 열릴 것이니라"

으므로 더 큰 선을 먼저 구해야 할 것이며, 같은 선일 경우에는 여러 사람의 선을 공평하게 고려해야 할 것이다. 그리고 여러 사람들 사이에 있어서 선들에 차등이 있는 경우에는 더 중요한 선을 우선시해야 할 것이다. 그리고 인간에게 있어서 최고의 선은 생명이라고 할 것이다. 생명을 잃으면 모든 것을 다 잃기 때문이다(마 16:26[104] 등 참조). 물론 그리스도인은 이 세상에서의 육신의 생명보다는 하나님의 나라에서의 생명 곧 영생을 더 귀한 것으로 여길 것이다(요 3:16[105]; 롬 6:23[106] 등).

7. 종합평가 및 대안

이상으로 대표적인 네 가지 윤리이론들과 현대의 윤리이론들 그리고 성서가 말하는 윤리적 판단의 기준에 대해서 살펴보았다. 그러나 어느 윤리이론도 그 이론만으로는 완전한 윤리이론이라고 하기가 어려운 것을 보았다. 그러면 인간의 행위에 대한 윤리적 판단의 기준은 무엇이라고 해야 하는가? 여기서는 앞에서 논의한 것들을 기초로 윤리적 판단의 기준이 무엇이어야 하는가를 고찰해 보고자 한다.

1. 목적론적 윤리방법론에서 우리가 배우는 것은, 인간 삶의 윤리적 판단의 기준은 먼저 인간 삶의 목적에서 그 기준을 찾아야 한다는 것이다. 인간 삶의 목적에 어긋난 행위는 결코 옳은 행동이 될 수 없기 때문이다. 그러면 인간 행위의 궁극적 목적은 무엇인가? 일반적으로 인간 행위의 궁극적 목적은 선(善) 또는 행복(幸福)이라고 할 것이다. 그러면 무엇이 선이고 무

---

104) "사람이 만일 온 천하를 얻고도 제 목숨을 잃으면 무엇이 유익하리요 사람이 무엇을 주고 제 목숨을 바꾸겠느냐"
105) "하나님이 세상을 이처럼 사랑하사 독생자를 주셨으니 이는 저를 믿는 자마다 멸망치 않고 영생을 얻게 하려 하심이니라"
106) "죄의 삯은 사망이요 하나님의 은사는 그리스도 예수 우리 주 안에 있는 영생이니라"

엇이 행복인가? 무엇이 선이고 무엇이 행복인가는 각 사람의 세계관에 따라서 결정될 것이다. 그러나 일반적으로 선 또는 행복은 결국 인간의 삶에 도움이 되는 것 또는 유익한 것을 말한다. 그리고 선 또는 행복은 다른 말로 가치라고 할 수 있으며, 이러한 선 또는 행복에 대한 견해를 가치관이라고 한다. 따라서 윤리적 판단의 일차적 기준은 선 또는 가치라고 할 것이다.

그런데 가치관은 세계관에 따라 결정되는데, 세계관은 이 세계에 대한 이해 또는 견해로서, 이 세계를 어떻게 보느냐의 문제이다. 그리고 이러한 세계관은 각 개인의 경험과 지식에 의해 형성되는 것으로, 이것은 다른 말로 진리의 문제라고도 할 것이다. 따라서 윤리적 삶의 또 하나의 기준은 사물의 이치 또는 참된 이치로서의 진리라고 해야 할 것이다. 물론 사람마다 세계관이 다르듯이 진리에 대한 견해가 사람에 따라 다르므로 윤리적 판단의 기준도 달라질 수 있으나, 사람들 사이에 많은 대화와 설득을 통해서 세계관 또는 진리에 대한 견해의 일치를 꾀함으로 윤리적 판단의 기준에 대한 일치도 최대한 이룰 수 있을 것이다. 그러나 목적론적 윤리 방법론의 문제는 이 방법론만 가지고는 사람들 사이에 공평한 분배를 할 수 없다는 것은 앞에서 본 바와 같다.

2. 의무론적 윤리방법에서 우리가 배우는 것은 윤리적 기준은 보편성 또는 공평성을 가져야 한다는 것이다. 윤리는 사람과 사람들 사이의 관계에 관한 것으로서 윤리적 기준은 사람들 사이에 보편성을 가져야 하며, 또한 공평성이 있어야 하는 것이다. 의무론적 윤리방법론은 이 점을 제시하고 있어서 장점을 가지고 있다고 할 것이다. 물론 여기서 말하는 공평성은 프랑케나가 말한 것과 같은 비례적 평등을 말하는 것이다.[107] 그러나 의무론적 윤리방법론의 문제는 인간 삶의 목적을 소홀히 하고 있는 점은 앞에서 본 바와 같다.

---

107) 프랑케나, 『윤리학』, 121-8 참조.

3. 상황윤리적 방법론에서 배워야 할 것은 윤리적 삶의 현실 또는 상황의 중요성을 잘 말해주고 있는 점이라 할 것이다. 이것은 어떤 행동이 옳은 것이 되기 위해서는 현실을 정확하게 이해하고 그 현실에 적합한 행동을 해야 한다는 것이다. 따라서 이것도 하나의 중요한 윤리적 판단의 기준이 되어야 할 것이다. 그런데 이것은 진리성의 기준에 포함시킬 수 있을 것이다. 왜냐 하면, 진리성에는 참된 이치로서의 진리와 사실에 대한 바른 이해로서의 진리가 있기 때문이다. 그러나 현실에 대한 이해만으로 어떤 행위의 옳고 그름을 판단할 수는 없을 것이다.

4. 응답론적 윤리방법에서 배워야 할 것은 기독교신앙의 차원에서 유일신이신 하나님의 뜻을 발견하고 이에 응답하고자 하는 점이라고 할 것이다. 그러나 문제는 구체적인 상황에서 하나님의 뜻을 발견하는 법을 적절히 말해주지 못하는 문제가 있는 것이다. 결국 구체적인 상황에서의 하나님의 뜻은 행위자가 처한 상황에 대한 바른 이해와 하나님의 말씀의 진리, 그리고 하나님이 원하시는 선과 사람들 사이의 공평성 등에 기초하여 발견해야 할 것이다.

5. 프랑케나에게서 배우는 것은 그가 선행과 공평의 원칙을 의무판단의 최종적 기준으로 제시했다는 점이다. 곧 선과 공평성이 윤리적 판단의 두 기준이라는 것이다. 그러나 그는 이 둘 사이의 관계를 적절히 설명하지 못하고 있다. 그리고 그는 사물의 이치 곧 진리에 대한 이해가 필요함을 암시하나 이를 분명히 말하지 못한 점이 있다.

6. 김태길은 앞에서 본 바와 같이 윤리적 판단에는 사실판단과 가치판단의 요소가 있으며, 특히 가치판단이 정당성을 갖기 위해서는 곧 많은 사람들의 인정을 받기 위해서는 보편성 또는 공평성을 가져야 함을 제시함으로써 진리성과 선의 요소와 공평성을 다 언급했다. 그러나 그는 이 세 가지가 윤리적 판단 기준으로서 핵심적인 요소들이라는 것을 분명하고 적절하게 제시하지 못하였다.

7. 가이슬러에게서 배우는 것은 여러 도덕법들이 충돌할 경우 이것을 해결할 수 있는 방법을 제시하고 있는 점이다. 다시 말해서 도덕법칙들도 차등이 있는 것이며, 그 차등에 의해 더 중요한 도덕법을 따라야 한다는 것이다. 그런데 여기서 도덕법들에 차등이 있다는 것은 결국 각 도덕법들이 추구하는 선의 내용들 사이의 차등이다. 이것은 결국 도덕법들의 주요 목적은 선을 도모하는데 있으며, 그 추구하는 선들 사이의 차등에 의해서 도덕법들의 우선순위가 결정된다는 것이다.

8. 롤스의 정의의 원칙에서 배우는 것은 결국 윤리적 판단의 기준은 선과 공평성을 기초로 한다는 것이다.

9. 성서의 교훈에서도 우리는 앞에서 제시된 여러 윤리적 판단의 원리들을 찾을 수 있었다. 무엇보다도 성서가 가르치는 최고의 기준은 사랑의 두 계명이라고 할 수 있는데, 우리는 여기서 선과 공평성의 원리를 보았고, 또한 이러한 선은 진리에 기초해야 하며, 곧 진리로서의 하나님의 말씀에 기초해야 하며, 또 그 선의 구체적인 내용은 예수 그리스도를 통해서 나타난 하나님의 사랑임을 보았다.

이상의 논의에서 볼 때 인간 삶의 윤리적 판단의 기준으로 꼭 필요한 요소는 ① 첫째 서술적 측면에 있어서의 진리성이요, ② 다음에 인간의 이상으로서의 선이 있어야 함이요, 그리고 ③ 사람들 사이에 공평성이 있어야 한다는 것이다. 다시 말해서 윤리적 판단의 기준은 진리성, 선, 그리고 공평성이라고 할 것이다. 곧 어떤 행위 또는 규범이 윤리적으로 옳은 것이 되려면, 최소한 이 세 가지 요소가 있어야 그 행위(또는 규범)는 옳다고 할 수 있다는 것이다. 여기서 진리성 또는 진리됨에는 두 가지 요소가 있다. 하나는 참된 이치로서의 진리성으로서 어떤 행위 또는 규범이 참된 이치에 어긋나지 않아야 한다는 것이며, 또 하나는 사실로서의 진리성으로서 어떤 행위 또는 규범이 사실 또는 현실에 대한 바른 이해에 기초해야 한다는 것이다. 그리고 선이란 어떤 행위의 목적으로서 그것이 인간에게 선 또는 유익을 가져오는 것이어야 한다는 것이다. 그리고 공평성은 어떤 행위가 여러 사람에게 관련될 경우에 그 행위는 관련된 사람들 사이에 선을 공평하게 분배하는 것이어야 한다는 것이다. 물론 여기서 말하는 공평성은 프랑케나가 말한 바와 같이 비례적 평등으로서의 공평성이다.[108] 이와 같이 어떤 행위 또는 규범이 옳은 것이 되려면, 첫째는 참된 이치 또는 사실에 대한 바른 이해로서의 진리에 어긋나지 않아야 하며, 다음에 사람들에게 유익 또는 선을 가져오는 것이어야 하고, 또한 관련된 사람들에게 선을 공평하게 분배하는 것이어야 한다는 것이다.

이러한 기준을 제시함에 있어서 한 개인에게 있어서는 그 기준은 그의 세계관, 가치관에 의해서 결정될 것이다. 왜냐 하면, 진리, 선, 또는 공평성에 대한 이해는 각 사람의 세계관 가치관에 따라 결정되기 때문이다. 그리고 한 사회 또는 공동체에 있어서는 그 기준은 그 공동체의 구성원들의 합의에 의해서 결정되어야 할 것이다. 각 구성원들마다 그들이 가진 세계관, 가치관이 다르므로 모든 구성원들이 일치되는 기준을 만들기는 어려울 것이나, 대신 구성원들 서로간의 많은 대화와 설득을 통하여 공통의 세계관, 가치관을 만들고, 거기서 이루어지는 공통의 세계관, 가치관에 따라 윤리적 판단의 기준을 만들어야 하기 때문이다.

그러면, 어떤 행위에 있어서 적용되어야 할 규범들이 서로 충돌할 때는 어느 규범을 따라야 할 것인가? 이 때는 가이슬러가 제시하는 바와 같이 차등적 절대주의의 방법을 따라 각 규범이 추구하는 선의 내용을 비교해 보고 더 중요한 선을 추구하는 규범을 따라야 할 것이다.

한 사람 또는 한 공동체에게 있어서 선과 의무 중 어느 것이 더 중요한가? 이것은 일률적으로 말할 수 없을 것이다. 왜냐 하면, 의무는 그 자체가 어떤 선을 위한 것이기 때문이다. 따라서 선 또는 목적이 더 중요하냐? 의

---

108) 여기서 공평하다는 것은 각 사람에게 합당한 대우를 하는 것으로 각 사람의 자격, 공로, 또는 필요에 비례하여 그에 합당하게 대우하는 것을 말한다. Ibid. 참조.

무가 더 중요하냐가 아니라 의무는 무엇을 위한 의무인가를 분별하여 그 의무가 추구하는 선과, 한 개인 또는 한 공동체가 추구하는 목적 또는 선을 비교하여 그 중 더 중요한 것을 우선적으로 선택해야 할 것이다.

다음에 고려할 것은 개인의 선과 집단의 선 중에서 어느 것이 더 중요하냐 할 때에 이것도 일률적으로 말할 수는 없고, 일반적으로는 집단의 선이 더 중요하겠지만 항상 그렇지는 않다고 해야 할 것이다. 왜냐 하면, 때에 따라서는 한 개인의 선이 어느 집단의 선보다 더 중요할 수도 있기 때문이다. 예를 들어 한 개인의 생명은 어느 집단의 많은 재산보다 더 중요한 것이다. 이와 같이 어떤 문제에 대한 윤리적 판단에 있어서는 일률적으로 판단할 수 없고 매 사례마다 어느 것이 더 중요한 선 또는 가치인가를 분별하여 더 중요한 선 또는 가치를 선택하도록 해야 할 것이다.

그러면 여러 선들 사이에 어느 것이 더 중요한 것인가는 어떻게 알 수 있는가? 그것은 각 사람의 가치관에 따라 그 내용이 달라질 것이다. 따라서 개인적으로는 각 사람의 가치관에 따라 그것이 결정될 것이다. 그러나 한 집단 또는 한 사회 속에서는 그것은 공동의 가치관에 따라 결정될 것이다. 다시 말해서 그 사회 또는 집단 구성원들 사이의 많은 대화와 설득을 통하여 합의된 공동의 가치관에 따라 가치의 서열을 결정할 수밖에 없다는 것이다.

다음에 가치의 서열과 공평성과의 관계는 어떠해야 할 것인가? 한 개인에게 있어서나 한 사회에서나 선이 우선이라고 할 것이다. 행위의 목적이 선이기 때문이다. 그러나 공평성 또한 동시에 충족되어야 할 것이다. 선과 공평성은 우열의 관계에 있는 것이 아니라 동시에 이루어져야 할 것이기 때문이다. 따라서 두 가지 이상의 선 중에서 선택해야 할 경우에는 보다 더 큰 선을 선택해야 할 것이며, 여러 사람의 선이 관련된 경우에는 여러 사람의 선이 공평하게 분배되도록 해야 할 것이다. 물론 여기서 공평하다는 것은 단순히 산술적인 평등을 의미하는 것이 아니라 각 사람에게 합당하게 곧 각 사람의 자격에 비례해서 선을 분배하는 것을 말한다.

결론

이상의 논의를 통하여 인간 삶의 윤리적 판단의 기준으로 꼭 필요한 요소는 ① 진리성, ② 가치 또는 인간의 이상으로서의 선, 그리고 ③ 공평성이 있어야 함을 보았다. 어떤 행위 또는 규범이 윤리적으로 옳은 것이 되려면, 그것이 최소한 이 세 가지의 요소들을 가지고 있어야 한다는 것이다. 여기서 진리성 또는 진리됨에는 두 가지 요소가 있다. 하나는 참된 이치로서의 진리성으로서 어떤 행위 또는 규범이 참된 이치에 맞아야 한다는 것이며, 또 하나는 사실로서의 진리성으로서 어떤 행위 또는 규범이 사실 또는 현실에 대한 바른 이해에 기초해야 한다는 것이다. 그리고 선이란 어떤 행위 또는 규범의 목적으로서 그것이 인간에게 선 또는 유익을 가져오는 것이어야 한다는 것이다. 그리고 공평성은 어떤 행위가 여러 사람에게 관련될 경우에 그 행위는 관련된 사람들 사이에 선을 공평하게 분배하는 것이어야 한다는 것이다.[109] 이와 같이 어떤 행위 또는 규범이 옳은 것이 되려면, 첫째는 진리에 어긋나지 않아야 하며, 다음에 사람들에게 선을 가져오는 것이어야 하고, 또한 관련된 사람들에게 선을 공평하게 분배하는 것이어야 한다는 것이다. 이러한 기준을 제시함에 있어서 한 개인에게 있어서 그 기준은 그의 세계관, 가치관에 의해서 결정될 것이다. 그리고 한 사회 또는 공동체에 있어서 그 기준은 그 공동체의 구성원들의 합의에 의해서 결정되어야 할 것이다. 각 구성원들마다 그들이 가진 세계관, 가치관이 다르므로 그들 사이에 끊임없는 대화와 설득을 통하여 세계관 가치관의 일치를 꾀하고, 거기서 이루어지는 공통의 세계관, 가치관에 따라 윤리적 판단의 기준을 결정해야 하기 때문이다.

---

109) 물론 여기서 공평성은 프랑케나가 말한 것과 같이 비례적 평등을 말한다. Ibid.

그리고 어떤 행위에 있어서 규범들이 서로 충돌할 때는 가이슬러가 제시한 바와 같이 차등적 절대주의의 방법을 따라 각 규범이 추구하는 선의 내용을 비교해 보고, 그 중 더 중요한 선을 추구하는 규범을 따라야 할 것이다.

선과 의무 중 어느 것이 우선인가는 일률적으로 말할 수 없다. 왜냐 하면, 의무는 그 자체가 또 하나의 선을 위한 것이기 때문이다. 따라서 선 또는 목적과 의무 중 어느 것이 더 중요한가를 결정하고자 할 때는, 그 의무가 추구하는 선과, 한 개인 또는 집단이 추구하는 목적 또는 선을 비교하여 그 중 더 중요한 것을 우선적으로 선택해야 할 것이다.

다음에 개인의 선과 집단의 선 중에서 어느 것이 더 중요하냐 할 때에 이 것도 일률적으로 말할 수는 없고, 일반적으로는 집단의 선이 더 중요하겠지만 항상 그렇지는 않다. 왜냐 하면, 때에 따라서는 개인의 선이 집단의 선보다 더 중요할 수도 있기 때문이다. 예를 들어 한 개인의 생명은 집단의 많은 재산보다 더 중요한 것이다. 이와 같이 어떤 행위 또는 문제에 대한 윤리적 판단은 일률적으로 말할 수 없고 매 사례마다 어느 것이 더 중요한 선 또는 가치인가를 분별하여 그 중 더 중요한 선 또는 가치를 선택해야 할 것이다.

그리고 여러 선들 사이에 있어서의 우선순위는 각 개인에게 있어서는 각 사람의 가치관에 따라 결정된다. 그러나 한 사회 또는 공동체에 있어서는 사람마다 가치관이 다르므로 구성원들 사이에 많은 대화와 설득을 통하여 공동의 합의를 이루고 그 합의에 의해 선 또는 가치의 서열을 정해야 할 것이다.

그리고 가치와 공평성의 관계는 어떠해야 할 것인가? 개인적인 측면에서나 사회적인 측면에서나 가치가 우선이겠으나, 공평성 또한 동시에 충족되어야 할 것이다. 가치와 공평성은 우열의 관계에 있는 것이 아니라 동시에 이루어져야 할 것이기 때문이다. 이 경우에 여러 사람의 선이 공평하게 분배되도록 해야 할 것인데, 여기서 공평하다는 것은 단순히 산술적인 평등을 말하는 것이 아니라 각 사람에게 합당하게 곧 각 사람의 자격에 비례해서 선을 분배하는 것을 말한다.

여기에 제시된 진리성, 선, 공평성의 기준들은 윤리적 판단에 있어서 어떤 행위 또는 규범이 윤리적으로 옳은 것이 되기 위해 갖춰야 할 기본적인 요건들로서, 이 기준들을 구체적인 현실에 적용함에 있어서는 각 사례마다 무엇이 그 상황에 대한 바른 이해이고, 무엇이 참된 이치에 맞는 것이며, 무엇이 인간에게 더 큰 선 또는 유익을 가져오는 것이며, 또 무엇이 관련된 사람들 사이에 공평한 것인지를 끊임없이 탐구하고 논의해야 할 것이다.

이 논문은 인간 삶의 윤리적 판단 기준에 대한 하나의 시험적 연구로서 윤리적 판단의 기준으로 최소한 진리성, 선, 공평성이 필요함을 보았다. 여기에 제시된 기준들을 기초로 인간 삶의 윤리적 판단 기준에 대한 보다 더 심층적인 연구가 계속되기 바란다.

[참고문헌]

가이슬러, 노르만 L.『기독교윤리학』. 위거찬 역. 서울: 기독교문서선교회, 1999.

가이슬러, 노르만 L.와 스너퍼, 라이언.『기독교윤리로 세상을 읽다』. 박주성 역. 서울: 사랑플러스, 2009.

김태길.『윤리학』. 서울: 박영사, 1998(개정 증보판).

김희수.『기독교윤리학의 이론과 방법론』. 서울: 동문선, 2004.

_____.『기독교윤리학』. 서울: 동문선, 2011.

네이버 지식백과 두산백과. "계시."
https://terms.naver.com/entry.nhn?docId=1060924&ref=y&cid=40942&categoryId=31576 (2018.8.6).

_____. "규범." http://100.naver.com/100.nhn?docid=24838 (2018.8.6).

_____. "당위." http://100.naver.com/100.nhn?docid=43720 (2018.8.6).

_____. "선."
https://terms.naver.com/entry.nhn?docId=1111726&cid=40942&categoryId=31433 (2018.8.6).

_____. "양심." http://100.naver.com/100.nhn?docid=109391 (2018.8.6).

_____. "의." http://100.naver.com/100.nhn?docid=124676 (2018.8.6).

_____. "의무." http://100.naver.com/100.nhn?docid=124804 (2018.8.6).

_____. "이성." http://100.naver.com/100.nhn?docid=126601 (2018. 8. 6).

_____. "진리." http://100.naver.com/100.nhn?docid=143495 (2018.8.6).

도성달 외 3인.『거시윤리학』. 서울: 한국학중앙연구원, 2006.

사하키안, W. S.『윤리학: 그 이론과 문제에 대한 개론』. 박종대 역. 개정판. 서울: 서강대학교출판부, 2005.

샌델, 마이클.『정의란 무엇인가』. 이창신 역. 서울: 김영사, 2010.

_____.『왜 도덕인가?』. 안진환, 이수경 역. 서울: 한국경제신문, 2010.

_____.『정의의 한계』. 이양수 역. 서울: 도서출판 멜론, 2012.

아리스토텔레스.『니코마코스 윤리학』. 최명관 역. 서울: 서광사, 1984.

이대희.『현대 윤리학』. 부산: 세종문화사, 2004.

이상원.『기독교윤리학: 개혁주의 관점에서 본 이론과 실제』. 서울: 총신대학교출판부, 2010.

이종은. 『평등, 자유, 권리: 사회정의의 기초를 묻다』. 서울: 책세상, 2011.

임의영. 『형평과 정의: 조화로운 사회적 삶의 원리를 찾아서』. 서울: 도서출판 한울, 2011.

장보웅, 고영민 편저. 「분해 대조 로고스 성경」 서울: 도서출판 로고스, 1990.

존스턴, 데이비드. 『정의의 역사』. 정명진 역. 서울: 부글북스, 2011.

최영태. "그리스도인의 윤리적 삶의 방법에 대한 통전적, 구조적 이해에 대한 연구: 바울윤리의 구조적 분석을 중심으로." 박사학위 논문. 연세대학교 대학원, 2007.

_____. "인간 삶의 윤리적 판단 기준에 대한 연구," 「복음과 윤리」 10(2013): 164-205.

_____. "윤리의 기본 개념과 목적에 대한 연구." 「복음과 윤리」 9(2012): 157-203.

칸트, 임마누엘. 『실천이성비판』. 최재희 역. 중판. 서울: 박영사, 2003.

테일러, 폴. 『윤리학의 기본원리』. 김영진 역. 서울: 서광사, 1985.

판넨베르크, 볼프하르트. 『기독교 윤리의 기초』. 오성현 역. 서울: 한들출판사, 2007.

프랑케나, 윌리암 K. 『윤리학』. 황경식 역. 서울: 철학과현실사, 2003.

헤이스, 리처드. 『신약의 윤리적 비전』. 유승원 역. 서울: IVP, 2002.

황경식 외. 『윤리학의 쟁점들 1: 윤리학과 그 응용』. 서울: 철학과현실사, 2012.

Birch, Bruce C. & Rasmussen, Larry L. *Bible & Ethics in The Christian Life*. Revised & Expanded Edition. Minneapolis: Augsburg, 1989.

Kammer, Charles L. III. *Ethics And Liberation: An Introduction*. Maryknoll, New York: Orbis Books, 1988.

Long, E. L. Jr. *A Survey of Christian Ethics*. New York: Oxford University Press, 1967.

Lovin, Robin W. *Christian Ethics: An Essential Guide*. Nashville: Abingdon Press, 2000.

Rawls, John. *A Theory of Justice*. Revised Edition. Harvard University Press, 1999.

_____. *A Theory of Justice*. Revised Edition. Harvard University Press, 1999. 『정의론』. 황경식 역. 서울: 이학사, 2003.

Shin, Roger L. "The New Wave in Christian Thought" in *Encounter*, 28, No. 3(Summer, 1967).

A Study on the Criteria of Ethical Judgments of Human Life

The criteria of ethical judgments of human life are the criteria of judgments on the right and wrong or the goodness and badness of human behavior or personality, and they become the criteria of choice of an action utilized when we try to do an action. Therefore there have been many discussions on what will be the true criteria of ethical judgments of human life, and the representative theories about them are the Teleological Ethical Method, the Deontological Ethical Method, the Situational Ethical Method, and the Responsible Ethical Method. However, none of those methods are satisfactory enough to give absolute criteria for ethical judgments. Therefore, this thesis investigates those four ethical theories and the ethical theories of contemporary distinctive ethicists (Frankena, Kim Taegil, Geisler, and Rawls) along with the ethical criteria of the Bible, and tries to find a better criterion, which is desirable and adequate for more people.

From this investigation this thesis found that there are three essential criteria of ethical judgments of human life: ① truth as principles of things or right understanding of affairs, ② 'good' as the ideal of a human being or as the one beneficial to human beings, and ③ fairness as proportionate equality. This means that if an action or a rule would become a 'right' action or rule, it should have at least these three elements in it. In a person his or her ethical criteria will be made by his or her worldview and view of value, and in a society or a community the ethical criteria will be made by the mutual agreement of its members through dialogue and persuasion among themselves. When the rules contradict each other in doing an action, the more important rules should be observed through comparing the goods(outcomes) which are pursued by the rules as in the Graded Absolutism of Norman Geisler. However, not all the problems will be solved by these three ethical criteria (truth, goodness, fairness), which are presented in this thesis, because even if these three elements are presented, there should be continual inquiries and discussions about what is truth, what is good, and what is fairness in a more concrete sense in each case.

Key Words: Criterion of Ethical Judgment, Truth, Goodness, Fairness, Ethical Theory, Worldview, View of Value.

그리스도인의
윤리적 이상과
실현 방법

자료 4: 바울의 윤리적 이상과 그 실현 방법
에 대한 연구: 로마서의 윤리적 교훈
을 중심으로

A Basic Understanding of
Christian Ethics

제5장

그리스도인의
윤리적 이상과 실현 방법

윤리적 이상이란 바람직한 인간 삶의 모습을 말한다. 어떤 사람들은 그리스도인은 하나님의 뜻을 따라 순종할 뿐이지, 자신의 이상을 추구하는 것이 아니라고 한다. 그러면, 그리스도인은 꿈도 이상도 없이 그저 수동적인 삶을 사는 것인가? 그렇지 않다. 성경은 하나님의 백성들에게는 꿈이 있고, 이상이 있음을 말한다. 다만 그 꿈이 이 세상 사람들의 꿈과 다르다는 것이다. 창세기 1:26-27에서 하나님은 인간을 창조하시고 다음과 같이 말씀하신다.

> 27. 하나님이 자기 형상 곧 하나님의 형상대로 사람을 창조하시되 남자와 여자를 창조하시고 28. 하나님이 그들에게 복을 주시며 하나님이 그들에게 이르시되 생육하고 번성하여 땅에 충만하라, 땅을 정복하라, 바다의 물고기와 하늘의 새와 땅에 움직이는 모든 생물을 다스리라 하시니라.

물론 이 내용은 하나님의 명령이기도 하지만, 또한 인간이 추구해야 할 이상이라고 할 수도 있을 것이다. 하나님은 또한 아브라함을 택하시고, 그에게 여러 번 언약을 맺으셨는데, 하나님은 창세기 12:1-3에서 다음과 같이 말씀하신다.

> 1. 여호와께서 아브람에게 이르시되 너는 너의 고향과 친척과 아버지의 집을 떠나 내가 네게 보여 줄 땅으로 가라 2. 내가 너로 큰 민족을 이루고 네게 복을 주어 네 이름을 창대하게 하리니 너는 복이 될지라 3. 너를 축복하는 자에게는 내가 복을 내리고 너를 저주하는 자에게는 내가 저주하리니 땅의 모든 족속이 너로 말미암아 복을 얻을 것이라 하신지라.

여기서도 하나님은 그에게 큰 복을 주실 것을 약속하셨다. 그리고 아브라함은 그 꿈을 향하여 나아갔던 것이다. 성경에는 이러한 언약이 수없이 자주 나오는데, 그 내용은 하나님이 하나님의 백성들에게 복을 주신다는 것이다. 그리고 이러한 하나님의 약속은 또한 하나님의 백성들이 추구해야 할 이상이라고 할 것이다. 특히 요엘 선지자는 장차 말세에 하나님의 성령이 하나님의 백성들에게 임할 때 있을 일들을 다음과 같이 말한다. "그 후에 내가 내 영을 만민에게 부어 주리니 너희 자녀들이 장래 일을 말할 것이며 너희 늙은이는 꿈을 꾸며 너희 젊은이는 이상을 볼 것이며."[1] 이와 같이 요엘 선지자는 장래 일을 말하는 것, 꿈을 꾸는 것, 이상을 보는 것을 성령을 받은 자들의 특징들 중의 하나로 말한다. 그러므로 하나님의 백성은 이상을 추구하는 것이 아니라, 단지 하나님의 말씀을 따라 수동적으로 순종하는 것뿐이라고 하는 것은 적절하지 않다고 본다. 성경에는 그리스도인들의 적극적인 행동을 강조하는 내용들도 많기 때문이다(마 7:7-8;[2]

---

1) 욜 2:28.
2) "7. 구하라 그리하면 너희에게 주실 것이요 찾으라 그리하면 찾아낼 것이요 문을 두드리라 그리하면 너희에게 열릴 것이니 8. 구하는 이마다 받을 것이요 찾는 이는 찾아낼 것이요 두

11:12[3] 등). 오히려 하나님께 받은 은혜로 더욱 적극적으로 선을 행할 것을 강조하기도 한다(마 25:14-30; 롬 12:11-12[4] 등). 물론 하나님의 백성은 자신의 생각 곧 자신의 인간적인 꿈을 추구하는 것이 아니라, 하나님이 원하시고 기뻐하시는 꿈을 추구해야 한다. 곧 하나님의 나라와 하나님의 의를 추구해야하는 것이다(마 6:33; 골 3:1-3 등). 그러면, 우리 그리스도인들은 어떤 이상 또는 꿈을 가지고 살아야 하는가? 다음 내용은 로마서의 윤리적 교훈을 중심으로 사도 바울이 말하는 그리스도인의 윤리적 이상과 그 실현 방법에 대해서 생각해 보고자 한다.

드리는 이에게는 열릴 것이니라." 예수님은 여기서 하나님의 자녀들의 적극적인 자세를 요구하신다.

3) "세례 요한의 때부터 지금까지 천국은 침노를 당하나니 침노하는 자는 빼앗느니라."

4) "10. 형제를 사랑하여 서로 우애하고 존경하기를 서로 먼저 하며 11. 부지런하여 게으르지 말고 열심을 품고 주를 섬기라."

바울의 윤리적 이상과 그 실현 방법에 대한 연구:

로마서의 윤리적 교훈을 중심으로

국문 요약

윤리적 이상이란 바람직한 인간 삶의 모습으로서 바울의 윤리적 이상은 바울이 생각하는 바람직한 인간 삶의 모습을 말한다. 로마서를 중심으로 바울의 서신들을 고찰한 결과 바울의 윤리적 이상은 1) 하나님의 아들 예수 그리스도를 믿음으로 구원 곧 영생을 얻는 것이다(롬 1:16,17; 6:23 등). 인간에게 있어서 가장 귀중한 것은 무엇보다도 생명이기 때문이다. 이 생명은 하나님이 인간에게 원래부터 준비하신 영생 곧 영원한 하나님 나라에서의 복된 삶이다. 이것이 인간에게 있어서 최고의 가치이다. 2) 예수를 믿어서 구원받은 신자는 하나님의 뜻을 따라 거룩, 의, 선 곧 사랑의 삶을 살아야 한다(롬 6-8장; 13:8-10 등). 이것이 하나님이 인간을 지으신 목적이고, 또한 인간을 구원하신 목적이기 때문이다. 그리고 구원받은 신자는 하나님의 은혜로 새 사람이 되어 선을 행할 수 있게 되었고, 또한 이렇게 살 때 그의 구원이 완성되기 때문이다(롬 6-8장 등). 3) 그리스도인은 또한 하나님이 주신 은혜로 서로 봉사함으로 그리스도의 몸인 교회를 세워야 한다(롬 12:1-13; 엡 4:1-16 등). 교회는 그리스도의 몸이요, 또한 이 세상에서 하나님의 충만이기 때문이다(엡 1:23 등). 4) 그리스도인은 하나님이 주신 은혜로 이웃을 사랑하고 섬김으로 이 세상에

＊이 자료는 본 저자의 이전 논문 "바울의 윤리적 이상과 그 실현 방법에 대한 연구: 로마서의 윤리적 교훈을 중심으로", 「복음과 윤리」 11(2014): 217-259를 일부 수정한 것이다.

서 하나님의 뜻을 이루고, 하나님의 나라를 이루어야 한다(롬 12:14-21 등). 하나님은 모든 사람들이 구원받고 복을 받기를 원하시기 때문이다(딤전 2:4 등). 그리스도인들이 이와 같이 살 때 그의 구원은 완성되고, 하나님의 나라는 이루어진다(롬 8장 등). 이것이 사도 바울이 생각한, 인간이 추구해야 할 가장 바람직한 삶 곧 바울의 윤리적 이상이다.

사람이 이러한 삶을 사는 방법 곧 윤리적 이상을 실현하는 방법은 하나님을 믿고 의지하여 순종하는 것이다. 1) 먼저 인간은 죄와 죽음에서 벗어나 구원을 받아야 하는데, 그것은 오직 하나님의 아들 예수 그리스도를 믿음으로 가능한 것이다. 죄 가운데 있는 인간은 스스로를 구원하지 못하고 오직 하나님의 은혜로만 가능하기 때문이다(롬 1-5장; 엡 2:8-9 등). 2) 그리고 신자가 거룩하고 의롭고 선한 삶을 살며 교회와 이웃을 위하여 살기 위해서도 하나님의 은혜와 능력이 필요한데, 이를 위해서 신자가 할 일은 계속하여 하나님을 믿고 의지하며 순종하는 것이다(롬 6-8장 등). 구원받은 신자라도 자신의 힘만으로는 하나님의 뜻을 행할 수 없고(롬 7장 등), 오직 삼위 하나님의 도우심이 필요하기 때문이다(롬 8장 등).

키워드: 사도 바울, 바울서신, 로마서, 윤리적 이상, 바람직한 삶, 삶의 목적, 기준, 이상 실현 방법.

서론

윤리적 이상((倫理的 理想)이란 '인간 삶의 가장 바람직한 모습(또는 상태)에 대한 생각'을 말한다. 이상(理想)이란 여기서 어떤 "사물의 가장 바람직한 상태" 또는 "가장 완전하다고 여겨지는 상태" 곧 '최상의 상태'를 말하고,[1] '윤리적'이란 말에 있어서 '윤리'는 '인간의 삶에 관한 문제' 또는 '인

---

1) 동아출판사 편집국 편, 『동아프라임 국어사전』(서울: 동아출판사, 1988), 1531; 네이버 국어사전, "이상," http://krdic.naver.com/detail.nhn?docid=30509800&directAnchor=s307 214p196518 (2018.8.7) 참조.

간 삶의 문제'를 의미하기 때문이다.[2] 그러므로 윤리적 이상이란 인간의 삶에 있어서 가장 바람직한 상태에 대한 생각을 말하는 것이고, 따라서 이 것은 다른 말로 '가장 가치 있는 삶' 또는 '복된 삶'에 대한 생각이라고 할 수도 있다. 그리고 이것은 인간 삶의 목적과 기준에 관한 문제라고도 할 수 있다. 왜냐 하면, 우리는 우리 삶에 있어서 가장 바람직하고 가치있는 삶을 우리 삶의 목적 또는 목표로 삼고, 또 그와 같은 목적을 이루기 위한 방법을 삶의 기준으로 삼고 살기 때문이다.[3] 그러므로 '바울의 윤리적 이상과 실현 방법'이란, 사도 바울은 인간 삶의 가장 바람직한 상태를 무엇이라고 보았으며, 그 이상의 실현방법을 무엇으로 보았느냐 하는 것이다.

이 세상에서 인간이 그의 삶의 이상 곧 삶의 목적과 기준을 바로 알고 산다는 것은 참으로 중요하다. 특히 윤리적으로 중요하다. 윤리는 인간이 복된 삶을 살기 위해 그 길을 찾는 것이기 때문이다.[4] 그리고 복된 삶은 분명한 삶의 목적과 기준이 없이는 불가능하기 때문이다. 삶의 목적과 기준이 없는 자는 목적지 없이 길을 가는 자와 같아서 방황하거나 아무것도 성취하지 못하기 때문이다. 또한 바른 삶의 목적과 기준을 가지고 사는 것이 중요한데, 잘못된 목적을 가진 자는 잘못된 결과를 갖게 되고, 잘못된 기준을 가진 자는 원래의 목적을 성취하지 못하기 때문이다.[5] 예수님도 사람이 바른 삶의 목표와 기준을 가지고 사는 것이 중요함을 다음과 같이 말하였다.

> 좁은 문으로 들어가라 멸망으로 인도하는 문은 크고 그 길이 넓어 그
> 리로 들어가는 자가 많고 생명으로 인도하는 문은 좁고 길이 협착하

---

2) 최영태, "윤리의 기본 개념과 목적에 대한 연구," 「복음과 윤리」 제9권(2012): 187-190 참조.
3) 최영태, "그리스도인의 윤리적 삶의 방법에 대한 통전적, 구조적 이해에 대한 연구: 바울윤리의 구조적 분석을 중심으로," 박사학위 논문(연세대학교 대학원, 2007), 41-43 참조.
4) 최영태, "윤리의 기본 개념과 목적에 대한 연구," 190-196 참조.
5) 최영태, "그리스도인의 윤리적 삶의 방법에 대한 통전적, 구조적 이해에 대한 연구: 바울윤리의 구조적 분석을 중심으로," 41-43 참조.

여 찾는 이가 적음이니라[6]

사람이 가는 길에는 크게 두 가지가 있는데, 하나는 생명으로 인도하고, 하나는 멸망으로 인도한다는 것이다. 그러므로 우리는 우리가 가는 길 곧 우리가 사는 삶이 생명으로 인도하는 것인지 아니면 멸망으로 인도하는 것인지 바로 알고 행해야 한다는 것이다. 다시 말해서 우리의 삶의 목표(목적지)와 기준(길)이 생명으로 인도하는 바른 것인지를 바로 알고 행해야 한다는 것이다. 곧 우리의 삶의 이상과 그 실현 방법을 바로 하고 살아야 한다는 것이다.

그럼 왜 '바울'의 윤리적 이상과 그 실현 방법에 대해서 연구하고자 하는가? 바울은 기독교의 신앙과 함께 그리스도인이 어떻게 살아야 하는가를 잘 가르쳐주고 있다고 보기 때문이다. 물론 그리스도인들은 삶의 이상과 그 실현 방법을 알기 위해서 성경을 찾아봐야 할 것이다. 성경은 신앙과 행위의 표준으로 인정되고 있기 때문이다. 그러나 성경을 본다고 해서 이것이 그렇게 쉽게 해결되는 것은 아니다. 왜냐 하면, 성경은 또한 해석되어야 하고, 또 현실에 적용되어야 하기 때문이다. 그래도 성경을 적절히 이해하면, 인간의 삶이 어떠해야 하며, 어떻게 그것이 가능한지에 대한 기본 원리는 알려줄 것이다. 따라서 우리는 먼저 이를 위해 성경의 내용을 살펴보고자 하는 것이며, 성경 중에서도 계시의 점진성에 비추어 신약의 내용을 살펴볼 필요가 있고, 신약의 내용 중에서도 예수 그리스도의 복음을 가장 잘 설명해 주고 있다고 여겨지는 사도 바울의 견해를 고찰해 보고자 하는 것이다.[7]

---

6) 개역 한글 성경 마태복음 7:13-14. 참고로 영어로는 다음과 같다. ""Enter through the narrow gate; for the gate is wide and the way is broad that leads to destruction, and there are many who enter through it. "For the gate is small and the way is narrow that leads to life, and there are few who find it." 한성천 편, 『NASB 한영해설성경』(서울: 도서출판 진흥, 1998), (신약전서) 10.

7) 장종현과 최갑종, 『사도 바울: 그의 삶, 편지, 그리고 신학』, 개정증보판(서울: 기독교연합신문사, 2001), 355 등 참조.

그리고 사도 바울의 견해를 알기 위해서는 일차적으로 그가 쓴 서신들을 고찰해 보아야 할 것이다.[8] 그리고 이 논문에서는 그 서신들 중에서도 바울의 신학을 가장 잘 표현하고 있다고 여겨지는 로마서의 내용을 중심으로 그의 견해를 고찰해 보고자 한다.[9] 그래서 이 논문에서는 로마서에 나타난 사도 바울의 교훈을 중심으로 사도 바울이 말하는 인간의 윤리적 삶의 이상과 그 실현 방법에 대해서 연구해 보고자 한다.[10] 다시 말해서 로마서를 중심으로 이 편지들에 나타난 바울의 윤리적 이상과 그 실현 방법에 대해서 고찰해보고자 하는 것이다. 우리가 이와 같이 바울의 윤리적 이상과 그 실현 방법을 연구하여 아는 것은 오늘날 윤리적 혼란 가운데 있는 한국사회의 그리스도인들에게 삶의 방향과 방법을 제시하여 하나님의 뜻에 합당한 삶을 살게 하는데 도움이 될 것이라고 생각된다.

1. 윤리적 이상이란?

이상(理想)은 국어사전에 의하면, "실제로는 실현될 수 없다 하더라도, 이념으로써[서]는 추구해나갈 수 있는, 사물의 가장 바람직한 상태.

---

8) 우리가 사도 바울에 대해 알 수 있는 자료로는 사도행전과 바울의 서신들이 있지만, 바울 자신의 생각을 잘 알 수 있는 자료로는 바울이 직접 쓴 것으로 여겨지는 바울의 서신들을 보아야 할 것이다. 그리고 바울의 서신들에 대해 여러 견해들이 있지만, 일반적으로는 바울의 서신들은 신약성경에 있는 바울의 의 13 서신들을 말하며, 그것은 보통 로마서, 고린도전서, 고린도후서, 갈라디아서, 에베소서, 빌립보서, 골로새서, 데살로니가전서, 데살로니가후서, 디모데전서, 디모데후서, 디도서, 빌레몬서를 말한다.

9) 논문의 주제 및 분량 상 바울의 서신 전체를 자세히 고찰한다는 것은 너무 과중한 일이다. 로마서가 바울 복음의 핵심을 전해준다는 것은 John Stott, *The Message of Romans: God's Good News for the World*(Downers Grove: InterVasity Press, 1994), 정옥배 역, 『로마서 강해: 온 세상을 향한 하나님의 복음』(서울: 한국기독학생회출판부, 2006), 14 등 참조.

10) 바울의 윤리적 이상과 그 실현 방법은 실제에 있어서 사도 바울이 말하는 그리스도인의 윤리적 삶의 이상과 그 실천 방법이라고 할 수도 있다. 바울은 자기가 생각하고 행하는 바를 따라 그리스도인들도 그대로 행해야 한다고 생각하기 때문이다(고전 11:1 등 참조).

[ideal]"[11]이다. 그리고 여기서 이념(理念)은 "무엇을 최고의 것으로 하는가에 대한, 그 사람의 근본적인 생각. 이성 개념(理性概念). [ideal]"[12]을 말한다. 또한 네이버 국어사전은 이상을 "생각할 수 있는 범위 안에서 가장 완전하다고 여겨지는 상태."[13]라고 한다. 따라서 이상은 '최고의 것으로서 추구해갈 수 있는, 사물의 가장 바람직한 상태'라고 할 것이다. 이상은 또한 영어로는 ideal로서[14] "아주 좋고 성취하기 위해 노력할 가치가 있는 것으로 보이는 원리, 생각, 또는 표준"[15]이다. 그런데 윤리(倫理)는 넓은 의미에서는 '잘 살기 위한 인간 삶의 과제'이므로,[16] 윤리적 이상은 '인간이 잘 살기 위해 이념으로서 추구해나갈 수 있는, 인간 삶의 가장 바람직한 상태'라고 할 수 있을 것이다. 이것을 좀 더 간략히 정리하면, '윤리적 이상'이란 '인간이 잘 살기 위해 추구해나갈 수 있는, 가장 바람직한 삶의 모습 또는 상태'라 할 것이다. 그러므로 이 논문이 탐구하고자 하는 바울의 윤리적 이상이란, '바울이 생각한, 인간 삶의 가장 바람직한 모습'을 말한다고 할 것이다. 그리고 이것은 인간 삶의 목적과 기준에 관한 문제라고 할 수도 있을 것이다. 왜냐 하면, 우리는 우리 삶에 있어서 가장 바람직하고 가치 있는 삶을 우리 삶의 목적 또는 목표로 삼고, 또 그와 같은 목적을 이루기 위한 방법을 삶의 기준으로 삼기 때문이다.[17]

---

11) 동아출판사 편집국 편, 『동아프라임 국어사전』, 1531.

12) 동아출판사 편집국 편, 『동아프라임 국어사전』, 1524.

13) 네이버 국어사전, "이상," http://krdic.naver.com/detail.nhn?docid=30509800&directAnchor=s307214p196518 (2018.8.7).

14) 네이버 영어사전, "이상," http://endic.naver.com/search.nhn?sLn=kr&query=%EC%9D%B4%EC%83%81&searchOption=mean (2018. 8. 7).

15) "An ideal is a principle, idea, or standard that seems very good and worth trying to achieve." 네이버 영어사전, "ideal," http://endic.naver.com/enkrEntry.nhn?sLn=kr&entryId=9256b9b2436b4dcdab37796b6803527b (2018. 8. 7).

16) 최영태, "윤리의 기본 개념과 목적에 대한 연구," 196-199. 최영태는 여기서 윤리는 넓은 의미에서는 "삶의 과제" 또는 "삶의 문제"라고 한다.

17) 최영태, "그리스도인의 윤리적 삶의 방법에 대한 통전적, 구조적 이해에 대한 연구: 바울윤리의 구조적 분석을 중심으로," 41-43 참조.

윤리적 이상은 또 다른 말로 윤리적 비전이라고 할 수도 있다. 네이버 국어사전은 비전을 "내다보이는 장래의 상황. '이상', '전망'으로 순화."[18]라고 한다. 헤이스(Richard B. Hays)는 그의 책 『신약의 윤리적 비전』에서 신약 성경이 말하는 윤리적 이상(내용)과 기초(이유)와 방법(어떻게)에 대해서 말하는데, 이는 곧 신약의 윤리적 과제 곧 윤리적 이상과 그 실현 방법에 대해서 말하고 있는 것이라 할 것이다.[19] 퍼니쉬(Victor Paul Furnish)도 그의 책 『바울의 신학과 윤리』에서 "하나님의 뜻을 분별함"과 "하나님의 뜻을 행함"에 대해서 말하는데, 이것도 바울의 윤리적 이상과 그 실현 방법에 대한 것이라 할 것이다.[20] 또한 김중기는 그의 논문 "바울 윤리의 바탕: 서신의 표현 양식을 이야기 신학으로 수용하면서"에서 바울 윤리의 바탕을 "예수 그리스도로 말미암아", "그리스도를 본받아", "주 안에서"로 정리하였는데,[21] 이 또한 바울의 윤리적 비전과 그 실현방법에 대해서 연구한 것이라고 할 것이다.

2. 로마서의 기록 목적과 구조

우리는 바울의 윤리적 이상과 그 실현 방법을 고찰하기 위해 먼저 로마서

---

18) 네이버 국어사전, "비전," http://krdic.naver.com/detail.nhn?docid=18553600 (2018.8.7).

19) Richard B. Hays, *The Moral Vision of The New Testament: Community, Cross, New Creation: A Contemporary Introduction to New Testament Ethics*(New York: HarperSanFransisco, 1996), 유승원 역, 『신약의 윤리적 비전』(서울: 한국기독학생회 출판부, 2002), 73-87 등 참조.

20) Victor Paul Furnish, *Theology and Ethics in Paul*(Nashville: Abingdon, 1968), 김용옥 역, 『바울의 신학과 윤리』(서울: 대한기독교출판사, 1996), 249-264.

21) 김중기, "바울 윤리의 바탕: 서신의 표현 양식을 이야기 신학으로 수용하면서,"「신학논단」제27집(서울: 연세대학교출판부, 1999); 김중기, 『바울의 윤리적 비전』(서울: 연세대학교출판부, 2003), 35-61.

의 내용 특히 로마서의 윤리적 교훈을 살펴보고자 한다. 로마서는 바울신학의 정수로서 바울은 로마서에서 인간의 구원문제뿐만 아니라 인간의 삶의 문제 곧 윤리문제에 대해서도 잘 가르쳐주고 있다고 보기 때문이다.[22] 따라서 먼저 로마서의 내용을 통해서 바울은 인간 삶의 윤리적 이상과 그 실현방법을 무엇이라고 하였는지를 고찰하고자 하는데, 이를 위해서는 먼저 로마서의 목적과 그 구조에 대해서 고찰해보는 것이 필요하고, 또 도움이 될 것이다.

2.1. 로마서의 기록 목적

로마서는 사도 바울이 제3차 전도여행 시 주후 55-57년경 고린도에서 로마교회 신자들에게 쓴 편지로 여겨진다.[23] 바울은 당시에 소아시아와 그리스 지방에서의 전도활동을 마치고, 당시 전 세계의 중심이라고 할 수 있는 로마를 방문하기를 원하였고, 로마를 방문한 후 당시에 세상의 끝이라고 할 수 있는 스페인까지 가서 복음을 전할 계획을 가지고 있었다. 그러나 그는 그 전에 먼저 예루살렘 교회를 방문하여 그가 개척한 교회들에서 모금한 헌금을 전달하고, 그 후에 로마를 방문하고자 하였던 것이다.[24] 바울이 이 편지를 쓴 목적은 그가 그때까지 한 번도 방문한 적이 없는 로마교회 신자들에게 자신을 바르게 소개하기 위한 목적이 하나의 큰 목적이었다고 생각된다. 물론 로마교회에 이미 바울을 아는 사람들이 여럿 있었지만(롬 16장 참조) 로마 교회 전체 신자들에 비해 소수에 불과했을 것이다. 당시에 로마에는 이미 적지 않은 신자들이 있었기 때문이다.[25] 그러므로 바울은 이

---

22) John Stott, *The Message of Romans: God's Good News for the World*, 정옥배 역, 『로마서 강해: 온 세상을 향한 하나님의 복음』, 14 등 참조.
23) 최영태, "로마서에 나타난 바울윤리의 구조론적 분석: 구원과 규범과의 관계를 중심으로," 석사학위 논문(연세대학교, 2000), 15-16; Leon Morris, *The Epistle to The Romans*(Grand Rapids: Eerdmans, 1994), 5-7 참조.
24) 로마서 15:14-28 등 참조.

교회에 자신을 바르게 소개하기를 원하였고, 이것을 통해서 바울은 로마교회와 좋은 관계를 가짐으로 바울이 이 교회를 방문했을 때에 서로 간에 유익을 얻을 뿐만 아니라(롬 1:9-12 등 참조), 더 나아가서 그가 스페인에 갈 때에 그들의 도움을 받기까지 원했던 것이다(롬 15:22-24 참조).[26] 이를 위해서는 바울은 자신을 그들에게 잘 이해시킬 필요가 있었고, 그 가장 좋은 방법은 그가 지금까지 전하였고, 또 전하고 있는, 그의 사역의 핵심인 그의 복음을 소개하는 것이 필요했을 것이다. 더욱이 바울은 가는 곳마다 유대인들의 반대를 많이 받았으므로[27] 이러한 유대인들의 반대로 말미암은 오해를 불식시키기 위해서도 바울은 자기가 전하는 복음의 중심 내용을 바르게 이해시킴으로 바울이 전하는 복음의 내용이 잘못된 것이 아니며, 오히려 유대인과 이방인의 구원을 위한 하나님의 계획이 실현된 것임을 밝히 증거할 필요가 있었을 것이다.[28] 따라서 이 로마서의 중심 내용은 바울의 복음 곧 바울이 전하는 복음의 핵심이라고 할 것이고, 이는 또한 바울의 사역과 신학의 핵심이라고 할 수도 있을 것이다.[29]

2.2. 로마서의 구조[30]

로마서의 주제는 한 마디로 바울의 복음으로서 그 내용은 "예수 그리스

---

25) 롬 1:7-8에 보면, 바울이 이 편지를 쓸 당시에 이미 로마교회 신자들의 신앙은 온 세상에 전파되고 있었다. 그리고 주후 49년경 로마의 클라우디스 황제 때에는 이 신앙으로 말미암아 로마에서 소요가 있어 유대인들이 로마에서 추방되는 일까지 있었다. Morris, *The Epistle to The Romans*, 4-5 참조.

26) Morris, *The Epistle to The Romans*, 518 참조.

27) 장종현과 최갑종, 『사도 바울: 그의 삶, 편지, 그리고 신학』, 229.

28) 장종현과 최갑종, 『사도 바울: 그의 삶, 편지, 그리고 신학』, 221-231; Morris, *The Epistle to The Romans*, 7-18 등 참조.

29) 최영태, "로마서에 나타난 바울윤리의 구조론적 분석: 구원과 규범과의 관계를 중심으로," 16-17 참조.

30) 이 내용은 최영태의 석사학위 논문 중 일부를 약간 수정 정리한 것이다. 최영태, "로마서에 나타난 바울윤리의 구조론적 분석: 구원과 규범과의 관계를 중심으로," 17-19 참조.

도를 믿음으로 말미암는 구원"이라고 할 것이다. 이는 롬 1:16,17에 잘 요약되어 있다.[31] 이러한 주제에 따라 로마서의 내용을 다음과 같이 구분해 볼 수 있을 것이다.

1) 서론(1:1-17)

1:1-17은 이 편지의 서론으로서 바울은 여기서 로마교회에 대한 인사와 함께 자신이 로마교회를 방문하고자 하는 이유를 밝힌다. 그 이유는 로마에서도 복음을 전하기를 원하기 때문이다. 그리고 16-17절에서 로마서의 주제인 믿음으로 말미암는 칭의와 구원을 말한다.

2) 믿음으로 말미암는 칭의와 구원(1:18-5:21)

다음에 바울은 구원을 위해서는 하나님의 의가 필요함을 전제로 하여, 1:18-3:20까지 인간이 왜 율법의 행위로 구원받을 수 없는가를 말한다. 율법의 행위로는 하나님 앞에 의롭다함을 받을 자가 없기 때문이다(3:20 등). 3:21-5:21에서는 믿음으로 말미암는 의와 그 결과 곧 구원을 말한다. 먼저 3:21-31에서 믿음으로 말미암는 의를 소개하고, 4:1-25에서 믿음으로 말미암아 의롭게 된 예로서 구약의 대표적 인물인 아브라함과 다윗의 예를 들어 설명한다. 그리고 5:1-21에서 믿음으로 말미암아 의롭게 된 결과 곧 구원을 말한다. 그 결과는 생명의 은혜이다.

3) 구원받은 신자의 삶(6:1-8:39)

바울은 롬 6장-8장에서 구원받은 신자의 삶이 어떠해야 하는가? 그리고 그것이 어떻게 가능한가에 대해서 말한다. 신자는 예수 그리스도를 믿을 때 의롭다함을 받을 뿐만 아니라 그리스도와 연합되어 죄에서 해방되고(6

---

31) 이것은 바울의 복음의 핵심으로서 아마도 그는 이것을 다메섹 사건을 통하여 깨달은 것 같다(행 9장 참조). 장종현과 최갑종, 『사도 바울: 그의 삶, 편지, 그리고 신학』, 231-252.

장), 율법의 정죄에서 해방되며(7:1-6), 성령에 의하여 육신의 연약함을 극복하고(7:7-8:14), 궁극적인 구원에 이르게 됨(8:15-39)을 말한다. 이는 예수를 믿는 믿음의 결과인 동시에 예수를 믿는 신자의 삶이 어떠해야 하는가를 가르쳐 주는 것이다.

4) 이스라엘 민족의 구원 문제(9:1-11:36)

바울은 로마서 9-11장에서 이스라엘 민족의 구원 문제를 다룬다. 왜 하나님의 선민인 이스라엘 민족이 버림을 받고, 이방인들이 구원을 얻게 되었는가? 여기서도 바울은 믿음에 의한 구원을 말한다. 이스라엘 민족이 버림받은 것은(물론 다 버림받은 것이 아니다) 그들이 믿음에 의하지 않고, 자기 의를 세우려고 하였기 때문이다(9-10장). 그러나 하나님은 이스라엘 민족을 다 버린 것이 아니다. 이방인들의 구원을 위하여 믿지 않는 일부가 버림을 받았으나, 때가 되면 그들이 다 돌아올 것이라고 한다. 그러므로 지금 구원받은 이방인들도 자고(自高)하지 말라는 것이다. 하나님이 이스라엘 민족이든 이방인이든 다 같이 믿음으로 말미암아 구원을 받게 한 이유는, 아무도 자랑치 못하게 하기 위함이며, 오직 하나님께만 영광을 돌리게 하기 위해서라고 한다(11장).

5) 신자의 실제적 삶(12:1-15:13)

바울은 12장부터 15장 13절까지 구원받은 신자들의 실제적이며 공동체적인 삶에 대해서 말한다. 먼저 신자의 삶의 원리를 말하고(12:1,2), 교회와(3-13), 사회 속에서의 삶(12:14-13:14)을 말하고, 14:1-15:13에서 교회 안에서 믿음이 강한 자와 약한 자 사이의 관계에 대해서 말한다.

6) 결론(15:14-16:23)

다음에 바울은 자기의 사역과 선교계획을 말한 후(15:14-33), 문안 인사로서 편지를 마친다(16장).

이상에서 본 바와 같이 로마서의 내용은 크게 보면, 서론과 결론을 뺀 나머지 본론 부분은 크게 인간의 구원과 삶(생활)에 대한 것으로 다음과 같이 구분해 볼 수 있을 것이다. 1) 인간 구원의 방법(1:18-5:21). 2) 그리스도인의 삶: 삶의 이상과 그 실현 방법(6:1-8:39). 3) 이스라엘 민족의 구원 문제(9:1-11:36). 4) 그리스도인의 실제적 삶(12:1-15:13)이다.

3. 바울의 윤리적 이상

종교개혁 이후 보통 바울신학의 중심은 이신칭의라고 한다. 즉 이신칭의에 의한 인간의 구원이 바울신학의 중심이라는 것이다.[32] 그러면 바울은 이신칭의를 강조한 나머지 인간의 삶의 문제 곧 인간의 윤리는 소홀히 하고 있는가? 그렇지 않다고 말해야 할 것이다. 앞에서 본 바와 같이 바울은 인간의 구원과 함께 신자가 어떻게 살아야 할 것인가도 그만큼 중요하게 강조하고 있기 때문이다. 그러면 바울은 인간이 어떻게 살아야 한다고 하는가?

인간의 삶의 문제를 생각할 때 우리는 먼저 삶의 이상 곧 윤리적 이상을 생각해야 한다. 이러한 이상은 앞에서 본 바와 같이 우리 삶의 목표와 기준이 되기 때문이다. 여기서는 먼저 로마서의 각 단락에 나타난 바울의 윤리적 이상 곧 바람직한 삶에 대한 바울의 생각을 살펴보고, 다음에 이것을 요약 정리해 보고자 한다.

3.1. 로마서의 각 단락에 나타난 바울의 윤리적 이상

윤리적 이상이란 인간 삶의 바람직한 모습을 말하는데, 이는 인간이 가

---

32) 장종현과 최갑종, 『사도 바울: 그의 삶, 편지, 그리고 신학』, 355-380, 499-518 등.

치 있게 여기는 삶의 모습을 말한다. 결국 인간이 추구하는 가치 있는 삶을 말한다. 그리고 가치 있는 삶이란 인간을 행복하게 하는 삶을 말한다. 그러면 바울은 어떠한 삶을 가치 있는 것으로 보았는가? 여기서는 먼저 로마서의 각 단락별로 그 내용을 고찰해 본다.

1) 로마서 서론(1:1-1:17)에서 보는 바람직한 인간의 삶: 여기서 바울은 복음전도자로서의 자신을 소개하고(1-5), 로마교회 신자들에 대한 인사와 감사, 그리고 자신이 로마교회를 방문하고자 하는 이유를 밝힌다(6-17). 이 과정에서 바울은 바람직한 인간 삶의 모습을 여러 가지로 표현하는데, 그 중 대표적인 것 몇 가지를 보면, 1) 바울과 같이 복음을 위해 택정함을 입어 그리스도의 일군이 된 자(1:1-5), 2) 예수 그리스도의 것, 하나님의 사랑하심을 입고 성도로 부르심을 받은 자(1:6-7), 3) 하나님과 예수 그리스도로부터 은혜와 평강을 받는 자(1:7), 4) 그 믿음이 온 세상에 전파되는 자(1:8), 5) 신령한 은사를 받아 견고케 되는 자(1:11), 6) 서로의 신앙을 인하여 피차 안위함을 받는 자(1:12), 7) 전도의 열매를 맺는 자(1:13), 8) 믿음으로 말미암아 칭의와 구원을 받아 사는 자(1:16-17) 등이다. 그 내용을 몇 가지로 요약 정리하면, 1) 예수 그리스도를 믿음으로 의롭다 함과 구원을 얻는 자(1:16-17), 2) 하나님의 자녀가 되어 하나님의 사랑과 은혜를 받는 자(1:6-7), 3) 성도들이 서로 교제함으로 믿음이 견고해지고 성장하는 자(1:8,11-12), 4) 바울과 같이 하나님의 복음을 위한 일군이 되어 복음을 위해 일하는 자(1:1-5, 13) 등으로 구분해 볼 수 있을 것이다.

2) 인간에게 믿음에 의한 칭의와 구원이 필요한 이유(1:18-3:20)에서 보는 바람직한 인간의 삶: 바울은 이 단락에서 인간에게 왜 믿음으로 말미암는 칭의와 구원이 필요한가에 대해서 말한다. 그것은 한 마디로 인간이 죄 가운

데 있기 때문이다(1:18; 3:9 등).[33] 그리고 그 죄로 말미암아 하나님의 진노의 심판의 대상이 되고 있기 때문이다(1:18, 32; 2:1-16 등). 바울은 이와 같이 인간의 죄와 심판을 말하는 과정에서 역설적으로 인간의 바람직한 삶의 모습을 우리에게 증거한다. 즉 죄와 심판의 반대의 모습이 바람직한 삶의 모습이기 때문이다. 그 내용을 몇 가지 보면, 1) 하나님의 진노에서 벗어난 삶(1:18), 2) 하나님을 알고 감사하며, 영화롭게 하는 삶(1:21), 3) 순리 곧 하나님의 창조의 질서를 따르는 삶(1:24-27), 4) 이웃에게 악 대신에 선을 행하는 삶(1:28-32),[34] 5) 죄를 회개함으로 하나님의 진노에서 벗어나는 삶(2:1-5), 6) 참고 선을 행하여 영광과 존귀와 썩지 아니함을 구함으로 영생을 얻는 삶(2:7), 7) 선을 행함으로 영광, 존귀, 평강이 있는 삶(2:10), 5) 율법을 행함으로 하나님의 참 자녀인 자, 곧 성령에 의해 마음에 할례를 받은 자(2:17-29),[35] 6) 하나님을 믿는 자(3:3), 7) 하나님을 알고, 찾으며, 악을

---

33) 바울은 로마서에서 인간의 죄를 여러 가지로 표현한다. 경건치 않음과 불의(1:18), 우상숭배(1:23), 부끄러운 일(1:27), 합당치 못한 일(1:28) 등 하나님의 뜻에 어긋난 인간의 모든 행위를 가리킨다. 우리는 그 자세한 내용을 롬 1:18-3:20에서 보게 된다.

34) 바울은 롬 1:18에서 모든 경건치 않음과 불의에 대해서 하나님의 진노가 있음을 말한다. 이는 역으로 경건함과 의가 인간에게 바람직한 삶으로 필요함을 말하는 것이다. 여기서 경건이란 하나님을 사랑하고 예배함이다. 인간이 하나님께 감사하고, 예배해야 하는 이유는 만물에 하나님의 능력과 신성이 계시되고 있기 때문이다. 그러므로 인간은 이런 하나님께 합당한 예우로서 하나님께 예배로 영광을 돌려야 한다. 이것이 창조주 하나님께 대한 피조자의 합당한 대우이다. 그리고 의는 하나님과 이웃에 대한 바른 자세와 행동이다. 하나님께 대한 바른 자세는 하나님을 바로 알고 믿고 예배드리는 것이다(19-23). 그리고 사람들에게 대한 바른 자세는 사람들을 존중하고 그들에게 합당하게 대하는 것 곧 사랑이라고 할 것이다(24-31). 그것은 성적(性的)으로 순리(順理)를 따라 사는 것이며(24-27), 이웃에게 악을 행치 않고 반대로 선을 행하는 것이다(28-31). 그렇지 않는 것은 자신과 이웃을 해친다. 이런 불의에 대해서 하나님의 심판이 있다(1:18,32). 그러므로 인간에게 의가 필요한 것이다.

35) 바울은 롬 2장에서 하나님의 심판의 원리를 말하는데, 그 심판의 기준은 첫째 진리요(2), 율법이며(12), 양심(14-15)이다. 그리고 그 내용은 "참고 선을 행하여 영광과 존귀와 썩지 아니함을 구하는 자에게는 영생으로 하시고, 오직 당을 지어 진리를 좇지 아니하고 불의를 좇는 자에게는 노와 분으로" 하신다고 한다(7-8). 따라서 윤리적 이상은 참고 선을 행하는 것, 영광과 존귀와 썩지 아니함을 구하는 것이다. 그리고 그 결과는 영생이다. 반면에 당을 짓지 말고, 진리를 좇으며, 의를 행할 것을 요구한다. 또한 17절 이하에서 율법은 아는 것

버리고, 선을 행하는 자(3:10-18)[36] 등이다. 이 내용을 몇 가지로 요약 정리하면, 1) 하나님을 알고, 믿으며, 예배하는 삶(1:21; 3:10-18), 2) 죄를 회개하여 하나님의 진노의 심판에서 벗어나는 삶(1:18; 2:1-5), 3) 성령에 의해 거듭나 하나님의 참 자녀로서 율법 곧 하나님의 진리의 말씀을 행하는 자(1:24-32; 2:17-29), 4) 선을 행함으로 영생을 얻는 삶(2:7, 10) 등이다. 이 내용을 다시 더 정리하면, 바람직한 인간 삶의 모습은 1) 죄를 회개하고 하나님을 믿음으로 성령으로 거듭나서 죄용서 받고, 구원을 받는 자요, 또한 2) 하나님의 진리의 말씀을 따라 하나님을 예배하고 선을 행함으로 영생을 얻는 자이다.

3) 믿음으로 말미암는 칭의와 구원(3:21-5:21)에서 보는 바람직한 인간의 삶: 바울은 이 단락에서 인간이 하나님 앞에 의롭함을 얻는 방법 곧 이신칭의(以信稱義)의 방법에 대해서 말하고(3:21-31), 그리고 그 대표적인 예로서 아브라함의 예를 든다(4:1-25). 그리고 5장에서는 이신칭의의 결과 곧 인간의 구원에 대해서 말한다. 바울은 이 과정에서 바람직한 인간 삶의 모습을 말하는데, 그것은 한 마디로 구원받는 것이라고 할 것이다. 그 내용을 좀 더 자세히 보면, 1) 믿음으로 의롭다함을 받는 자(3:21-31), 곧 하나님의 영광에 이르는 삶(3:23), 2) 죄 용서함을 받는 자(4:6-8), 3) 세상의 후사가 되는 자(4:13-16), 곧 하나님 나라의 백성이 되는 것, 4) 하나님과 화평한 삶(5:1), 5) 하나님의 은혜 안에 있는 삶(5:2), 6) 하나님의 영광을 바라고 즐

보다 행하는 것이 중요함을 말하며, 율법을 행하기 위해서는 성령에 의해 마음에 할례를 받아야 할 것을 말한다(28-29). 즉 하나님을 바로 알고 믿음으로 그 마음이 진정한 변화가 있어야 한다는 것이다. Morris, *The Epistle to The Romans*, 141-143 참조.

36) 바울은 롬 3장에서 특히 10-18에서 인간의 죄악상을 구약의 여러 말씀들을 인용하여 여러 측면에서 말하고 있다. 그러므로 바람직한 인간의 모습은 죄의 반대로서 의인이 됨(10), 진리를 깨닫고 하나님을 찾음(11), 치우치지 않고, 유익하고 선을 행함(12), 입으로 진실을 말하고 사람들을 해치지 않음(13), 저주와 악독 대신 축복과 선한 말을 함(14), 피를 흘리지 않고(15), 평화의 길을 가며(17), 하나님을 두려워할 줄 아는 것(18)이라고 할 것이다.

거워하는 삶(5:2), 7) 환난 중에도 즐거워하는 삶(5:3-4), 8) 미래의 하나님의 진노에서 구원을 얻는 삶(5:9-10), 9) 현재 하나님 안에서 즐거워하는 삶(5:11), 10) 의와 하나님의 은혜로 말미암아 생명 안에서 왕노릇하는 삶(17-21) 등이다. 이 내용을 한 마디로 요약하면, 예수 그리스도를 믿음으로 하나님 앞에 의롭다함을 받고, 구원을 얻는 삶이라고 할 것이다.

4) 구원받은 신자의 삶(6:1-8:39)에서 보는 바람직한 인간의 삶: 바울은 이 단락에서 예수 그리스도를 믿음으로 칭의와 구원을 얻은 신자들의 삶이 어떠해야 하는가를 말한다. 그것은 한 마디로 죄에서 떠나 거룩하고 의로운 삶을 살아야 하는 것이며(6장), 또한 그렇게 살기 위해서 성령을 따라 행하며, 삼위 하나님의 은혜와 사랑 안에서 살아야한다는 것이다(롬 7-8장). 이 과정에서 바울은 바람직한 인간 삶의 모습을 다음과 같이 말한다. 1) 죄에서 떠난 삶(6:1-2). 2) 그리스도와 연합하여 새 생명 가운데서 행하는 삶(6:4-5). 3) 죄에 대하여 죽고 그리스도 예수 안에서 하나님을 대하여 사는 삶(6:6-11). 4) 하나님의 은혜 아래 있어 죄에서 벗어난 삶(6:14). 5) 의와 하나님의 종이 되어 거룩함과 영생을 얻는 삶(6:17-23). 6) 하나님을 위하여 열매를 맺는 삶(7:4). 7) 영의 새로운 것으로 섬기는 삶(7:6). 8) 그리스도 예수 안에서 결코 정죄함이 없는 삶(8:1), 곧 생명의 성령의 법에 의해 죄와 사망의 법에서 해방된 삶(8:2). 9) 성령을 좇아 행함으로 율법의 요구를 이루는 삶(8:4). 10) 성령을 좇음으로 생명과 평안을 누리는 삶(8:5-6). 11) 하나님을 기쁘시게 하는 삶(8:8). 12) 하나님의 영이 거함으로 육신에 있지 않고 성령 안에 있는 삶(8:9), 곧 성령의 지배 아래 있는 삶. 13) 몸은 죄로 인하여 죽었으나 영은 의를 인하여 산 삶(8:10). 14) 성령으로 말미암아 몸의 부활에 이를 자(8:11). 15) 영으로써 몸의 행실을 죽임으로 사는 자(8:13). 16) 하나님의 영으로 인도함을 받는 자, 곧 하나님의 아들(8:14). 17) 하나님의 아들로서 하나님의 후사인 자(8:15-17). 18) 그리스도와 함께 영광을

받기 위해 고난도 함께 받는 자(17). 19) 몸의 구속 곧 부활의 소망을 가진 자(8:23). 20) 성령의 도우심을 받는 자(26-27). 21) 하나님을 사랑하며 하나님의 뜻대로 부르심을 받아 모든 것이 합력하여 선을 이루는 자(8:28). 22) 하나님의 아들의 형상을 본받도록 미리 정해진 자(8:29). 23) 하나님의 부르심에 의해 의롭다함을 받고, 영화롭게 된 자(8:29-30). 24) 하나님과 예수 그리스도의 사랑과 도우심으로 모든 것을 넉넉히 이기는 자(8:31-39). 이 모든 내용을 요약하면, 참으로 복된 인간의 삶은 1) 삼위 하나님을 믿고 의지하고 순종함으로 죄에서 떠나 거룩하고 의로운 삶을 사는 자로서 2) 그는 구원의 완성 곧 부활의 영광에 참여한다는 것이다. 그리고 바로 이것이 신자의 바람직한 삶이라는 것이다.

5) 이스라엘의 구원(9:1-11:36)에서 보는 바람직한 인간의 삶: 바울은 이 단락에서 이스라엘의 불신과 이방인의 구원(9-10장), 그리고 장래 이스라엘의 구원(11장)에 대해서 말한다. 바울은 이 과정에서 바람직한 인간 삶의 모습을 다음과 같이 말한다. 1) 이스라엘의 복, 곧 양자됨, 영광, 언약들, 율법, 예배, 약속들, 조상들, 그리고 그리스도를 가진 자(9:4-5). 곧 하나님의 사랑과 은혜를 받는 자를 말한다. 2) 하나님의 사랑을 받는 자(9:13). 3) 하나님의 긍휼을 받는 자(9:15-18). 4) 믿음으로 하나님의 의를 얻는 자(9:30-32). 5) 그리스도를 믿음으로 부끄러움을 당하지 않는 자(10:11). 6) 은혜로 택하심을 따라 남은 자(11:5). 이상은 다 하나님을 바로 알고 믿음으로 구원받는 자를 가리킨다. 7) 세상의 부요함(11:12). 8) 죽은 자 가운데서 사는 것(11:15) 곧 부활. 9) 하나님을 믿음으로 하나님의 인자(仁慈) 안에 있는 자(11:22). 10) 하나님의 긍휼을 받는 자(11:31-32). 이 내용을 요약하면, 바람직한 인간 삶의 모습은 1) 하나님을 바로 알고 믿음으로 하나님의 긍휼과 사랑과 구원을 얻는 자이며, 또한 2) 끝까지 신앙을 지킴으로 구원의 완성에 이르는 자이다.

6) 신자의 실제 삶(12:1−15:13)에서 보는 바람직한 인간의 삶: 바울은 이 단락에서 그리스도인의 실제 삶이 어떠해야 하는가를 말하는데, 먼저 그리스도인의 삶의 원리를 말 한 후(12:1-2), 교회 안에서(12:3-13), 이웃에 대해서(12:14-21), 그리고 국가에 대해서(13:1-7) 어떻게 행할 것인가를 말한다. 그리고 이웃에 대한 신자의 삶의 자세(13:8-14)를 말하고, 14:1−15:13에서 그리스도인들 사이의 관계에 대해서 말한다. 바울은 이 과정에서 바람직한 인간의 삶의 모습을 다음과 같이 말한다. 1) 자신을 하나님께 드림으로 영적 예배를 드리는 자(12:1). 2) 교회 안에서 받은 은사를 가지고 사랑으로 섬기는 삶(12:3-13). 3) 이웃과 평화를 이루며(12:14-21), 선으로 악을 이기는 자(12:21). 4) 국가에 대한 의무를 행하며(13:1-7), 이웃을 사랑하는 자(13:1-10). 5) 세상 속에서 낮에와 같이 단정히 행하는 자(13:11-14). 6) 신자들 사이에 서로 용납하고, 하나님의 나라 곧 성령 안에서 의와 평강과 희락을 누리는 자(14:1-23). 7) 이웃을 기쁘게 하고 선을 이루어 덕을 세우는 자(15:1-7), 곧 그리스도를 본받아 신자들이 하나가 되어 하나님 아버지께 영광을 돌리는 자. 8) 소망의 하나님이 모든 기쁨과 평강을 믿음 안에서 충만케 하여 성령의 능력으로 소망이 넘치는 자(15:13). 이 내용을 요약하면, 그것은 한 마디로 신자가 교회와 이웃을 사랑하고 섬김으로 평화를 이루고 하나님께 영광을 돌리는 삶이라고 할 것이다.

7) 바울의 사역과 끝인사(15:14−16:27)에서 보는 바람직한 인간의 삶: 바울은 이 단락에서 먼저 자신의 앞으로의 사역의 계획을 말하고(15:14-33), 로마교회 성도들에 대한 문안인사와 끝인사(16:1-27)로 이 편지를 마무리한다. 이 과정에서 바울은 바람직한 인간 삶의 모습을 다음과 같이 말한다. 1) 스스로 선함이 가득하고 모든 지식이 차서 능히 서로 권하는 자(15:14). 2) 성령의 능력으로 역사하는 자(15:16-18). 3) 그리스도의 복음을 편만히 전하는 자(15:19). 4) 성도를 섬기는 자(15:25-27). 5) 그리스도의 충만한 축

복을 가진 자(15:29). 6) 기쁨 가운데 편히 쉬는 자(15:32). 7) 바울의 동역자로서 복음을 위하여 협력하여 일하는 자(16:1-16). 8) 선한 데 지혜롭고 악한 데 미련한 자(16:19). 9) 평강의 하나님에 의해 사단을 이긴 자(16:20). 10) 주 예수의 은혜가 있는 자(16:20). 11) 복음으로 견고케 된 자(16:26) 등이다. 이 내용을 요약하면, 바람직한 인간의 삶의 모습은 1) 하나님의 은혜를 힘입어 복음을 전하는 것이며, 또한 2) 성도들이 서로 교제하고 협력하는 것이다.

3.2. 로마서에 나타난 바울의 윤리적 이상 정리

앞에서 로마서의 각 단락별로 사도 바울이 생각하는 바람직한 인간 삶의 모습을 살펴보았는데, 그 핵심적인 내용을 정리해 보면 다음과 같다.

1. 서론(1:1-17)에서 보는 바람직한 인간 삶의 모습은 1) 예수를 믿어서 칭의와 구원을 받는 자, 2) 복음을 위하여 일하는 자, 그리고 3) 복음 안에서 신자들이 서로 교제함으로 견고케 되는 자이다.

2. 인간에게 믿음에 의한 칭의와 구원이 필요한 이유(1:18-3:20)에서 보는 바람직한 인간의 삶은 1) 죄를 회개하고 하나님을 믿음으로 성령으로 거듭나서 죄용서 받고, 구원을 받는 자와 2) 하나님의 진리의 말씀을 따라 하나님을 예배하고 선을 행함으로 영생을 얻는 자이다.

3. 믿음으로 말미암는 칭의와 구원(3:21-5:21)에서 보는 바람직한 인간의 삶은 1) 예수 그리스도를 믿음으로 하나님 앞에 의롭다함을 받고, 구원을 얻는 삶이다.

4. 구원받은 신자의 삶(6:1-8:39)에서 보는 바람직한 인간의 삶은 1) 삼위 하나님을 믿고 의지하고 순종함으로 죄에서 떠나 거룩하고 의로운 삶을 사는 자로서 2) 구원의 완성 곧 부활의 영광에 참여하는 자이다.

5. 이스라엘의 구원(9:1-11:36)에서 보는 바람직한 인간의 삶은 1) 하나

님을 바로 알고 믿음으로 하나님의 긍휼과 사랑과 구원을 얻는 자이며, 또한 2) 끝까지 신앙을 지킴으로 구원의 완성에 이르는 자이다.

6. 신자의 실제 삶(12:1-15:13)에서 보는 바람직한 인간의 삶은 1) 신자가 교회와 이웃을 사랑하고 섬김으로 평화를 이루고, 하나님께 영광을 돌리는 삶이다.

7. 바울의 사역과 끝인사(15:14-16:27)에서 보는 바람직한 인간의 삶은 1) 하나님의 은혜를 힘입어 복음을 전하는 것이며, 또한 2) 성도들이 서로 교제하고 협력하는 것이다.

이 내용 중 같은 것은 하나로 묶어 다시 더 정리하면 다음과 같이 네 가지로 요약하여 정리해볼 수 있을 것이다.

1) 첫째는 하나님의 심판 곧 죄와 죽음에서 벗어나 구원 곧 영생을 얻는 것이다. 바울은 무엇보다도 인간은 믿음으로 하나님과의 관계를 바르게 함으로 구원 곧 영생을 얻는 것이 최고의 행복이요 가치라고 한다. 죽음은 인간에게 있어서 최고의 불행이요, 생명이 최고의 행복이기 때문이다.

2) 하나님과의 관계가 바르게 되어 구원 곧 영생을 얻은 신자는 계속하여 하나님을 믿음으로 그 바른 관계를 지켜야 하며,[37] 또한 그 가운데서 예수 그리스도를 본받아 죄를 떠나 의롭고 선한 삶으로 거룩의 열매를 맺어야 한다는 것이다. 이렇게 할 때 구원의 완성 곧 몸의 부활에까지 이르기 때문이다.[38] 바울은 이것이 신자들에 대한 하나님의 계획이고 뜻이라고 한다 (롬 8:28-30 등).

3) 신자들은 하나님이 주신 은사로 서로 협력하고 봉사함으로 교회를 세우고 견고케 하는 것이다. 교회는 그리스도의 몸이요, 만물을 충만케 하시는

---

37) 그 관계를 지키기 위해서는 하나님과 예수 그리스도에 대한 믿음을 지켜야 한다. 고후 13:5 등 참조.
38) 롬 8:28-30; 엡 1:3-6 등 참조.
39) 엡 1:23; 4:11-16; 롬 12:4-5 등 참조.

자의 충만이기 때문이다.[39] 이렇게 해서 하나님의 나라를 이루는 것이다.

4) 신자들은 하나님이 주신 은혜와 능력으로 세상의 악과 싸우며,[40] 이 세상에서 의를 행하고, 이웃을 사랑하고 섬김으로 이 땅에서 하나님의 나라와 평화를 이루는 것이다.[41]

이상의 내용 중 1)과 2)는 개인적인 측면에서 바람직한 삶이며, 3)과 4)는 이웃과의 관계에서 즉 사회적인 측면에서의 바람직한 삶이라고 할 것이다. 이 내용을 좀 더 자세히 본다.

1) 죄와 죽음에서 벗어나 구원 곧 영생을 얻는 삶(롬 1:18-5:21)

바울은 인간에게 있어서 가장 가치 있는 삶은 구원 곧 영생을 얻는 것이라고 한다.[42] 바울이 복음을 위해 헌신하는 이유는 복음은 모든 믿는 자에게 구원을 주는 하나님의 능력이 되기 때문이다(롬 1:16).[43] 그러면 모든 사람에게 이와 같이 중요한 구원은 무엇인가? 그것은 한 마디로 "사는 것" 곧 영생이다. 바울은 이것을 로마서 1:17에서 다음과 같이 말한다. "복음에는 하나님의 의가 나타나서 믿음으로 믿음에 이르게 하나니 기록된 바 오직 의인은 믿음으로 말미암아 살리라 함과 같으니라."[44] 바울에게 있어서 구원은 "사는 것" 곧 영생이다. "살되 제대로 사는 것", 곧 "보람 있고 가치 있게

---

40) 롬 8:31-39; 엡 6:10-20 등 참조.

41) 롬 12:14-21 등 참조.

42) 마 16:26에 의하면, 예수님도 인간에게 있어서 가장 귀중한 것은 생명이라는 것을 다음과 같이 말한다. "사람이 만일 온 천하를 얻고도 제 목숨을 잃으면 무엇이 유익하리요 사람이 무엇을 주고 제 목숨을 바꾸겠느냐." 사람의 목숨은 온 천하를 주고도 바꿀 수 없을 만큼 귀중하다는 것이다.

43) "내가 복음을 부끄러워하지 아니하노니 이 복음은 모든 믿는 자에게 구원을 주시는 하나님의 능력이 됨이라." 개역한글 성경 롬 1:16.

44) 헬라원어로는 다음과 같다. "δικαιοσύνη γὰρ θεοῦ ἐν αὐτῷ ἀποκαλύπτεται ἐκ πίστεως εἰς πίστιν, καθὼς γέγραπται· ὁ δὲ δίκαιος ἐκ πίστεως ζήσεται."(Rom 1:17 BNT). 장보웅, 고영민 편저, 『분해 대조 로고스 성경』(서울: 도서출판 로고스, 1990), 644-645 참조.

사는 것"을 말하는 것이다.[45]

바울은 인간에게 이 구원이 필요한 이유는 인간이 죄로 말미암아 죽음의 지배 하에 있기 때문이라고 한다. 인간은 죄를 지었고, 그 결과 하나님의 진노의 심판의 대상이 되었다는 것이다(롬 1:18 등). 그는 인간이 죄 가운데 있음을 롬 1:18-3:20에서 자세히 말한다. 그리고 롬 3:23에서 그는 다음과 같이 요약해서 말한다. "모든 사람이 죄를 범하였으매 하나님의 영광에 이르지 못하더니."[46] 그러므로 인간은 이러한 죄와 심판에서 벗어나 생명 곧 영생을 얻기 위해서 하나님의 은혜를 필요로 하고, 인간이 그 은혜를 받아 하나님 앞에 의인이 되고 구원을 얻는 것은 오직 하나님의 아들 예수 그리스도를 믿는 것이라고 한다(롬 3:21-31, 4장 등). 예수님을 믿는 자가 의인이 되고(롬 3:21-31), 의인이 된 자가 영생 곧 구원을 얻는다는 것이다(롬 5:1-21 등).

이 구원 곧 영생을 얻은 자는 하나님과 평화를 이루며(5:1), 하나님의 은혜 가운데 있고, 장래 구원의 소망 가운데 즐거워하며, 현재의 환난 가운데서도 기뻐한다(롬 5:2-5 등). 이것이 영생 얻은 자의 모습이다. 이런 영생 얻은 자의 모습을 바울은 하나님의 나라를 소유한 자(롬 14:17), 성령의 열매를 맺는 자(갈 5:22-23) 등으로 표현한다. 그 내용을 좀 더 자세히 보면, 신자는 ① 죄사함을 받으며, 곧 하나님께 의롭다함을 받고, 하나님과 화목을 이루며, 하나님과 바른 관계를 갖게 된다(롬 5:1 등). 이렇게 해서 그는 죄에서 해방된다(롬 6:17-18 등 참조). ② 하나님의 자녀가 되어 하나님의 후사가 된다(롬 8:14-17; 갈 3:26; 4:5-6 등). ③ 새 사람이 된다. 곧 거듭나

---

45) Morris, *The Epistle to The Romans*, 71-72; F. F. Bruce, *The Letter of Paul to the Romans: An Introduction and Commentary,* 2nd ed.(Leicester: Inter-Varsity Press, 1985), 76-77; John Stott, *The Message of Romans: God's Good News for the World*, 정옥배 역, 『로마서 강해: 온 세상을 향한 하나님의 복음』, 74-75; 최영태, "그리스도인의 윤리적 삶의 방법에 대한 통전적, 구조적 이해에 대한 연구: 바울윤리의 구조적 분석을 중심으로," 136-138 참조.
46) 개역한글 성경.

서 새로운 의식 곧 새로운 세계관, 가치관을 갖고, 새로운 성품을 갖는다. 하나님의 마음 곧 사랑의 마음을 갖는다(고후 5:17; 딛 3:3-7; 고전 6:9-11. 등). ④ 영생을 얻으며(롬 5:21 등), ⑤ 성령을 모시고(갈 3:13-14; 갈 4:6; 롬 8:9 등), ⑥ 그리스도의 몸인 교회의 일원이 된다(고전 12:13 참조). 곧 하나님의 가정의 일원이 되고(딤전 3:15), 하나님 나라의 백성이 된다(벧전 2:9-10 참조).

2) 죄에서 떠나 거룩하고 의롭게 사는 삶(롬 6:1-8:39)

바울은 롬 1-5장에서 인간의 구원에 대해서 말한 후 롬 6-8장에서는 구원받은 그리스도인의 삶이 어떠해야 하는가를 말한다. 그리스도인은 무엇보다도 죄를 떠나 의를 행하고 거룩한 삶을 살아야한다는 것이다(롬 6:1-23 등). 그리스도인은 예수 그리스도와 연합하여 그리스도에게 속한 자가 되어 죄에 대해서 죽고 의에 대해서 산 자가 되었기 때문이다(롬 6:11 등). 그리고 이를 위해서 그는 자신을 하나님께 드리는 삶을 살아야 한다(롬 6:12-23). 그가 이렇게 살 때 그는 의와 거룩을 이루고 완전한 영생을 얻게 된다(롬 6:22-23; 롬 8:29-30[47]; 엡 4:11-16 등 참조).

바울은 그리스도인의 삶의 기준을 진리, 의(롬 2:8), 선, 거룩(롬 7:12) 등으로 말하는데, 이것은 하나님의 율법에 잘 나타나 있다고 한다(롬 2:12; 7:7-14). 그리고 그 율법의 핵심적 내용은 사랑으로서, 바울에게 있어서 사랑은 인간 삶의 최고의 기준이다(롬 13:8-10[48]; 갈 5:13-15[49] 등 참조).[50]

---

47) 바울은 이것을 하나님의 계획을 따라 하나님의 아들이신 예수 그리스도를 본받는 삶이라고도 한다.

48) "8. 피차 사랑의 빚 외에는 아무에게든지 아무 빚도 지지 말라 남을 사랑하는 자는 율법을 다 이루었느니라 9. 간음하지 말라 살인하지 말라 도적질하지 말라 탐내지 말라 한 것과 그 외에 다른 계명이 있을지라도 네 이웃을 네 자신과 같이 사랑하라 하신 그 말씀 가운데 다 들었느니라 10. 사랑은 이웃에게 악을 행치 아니하나니 그러므로 사랑은 율법의 완성이니라." 개역한글 성경.

49) "13. 형제들아 너희가 자유를 위하여 부르심을 입었으나 그러나 그 자유로 육체의 기회를

바울은 또한 신자들이 세상에서 영적으로 깨어 기도하며, 악의 세력과 싸우고 하나님의 뜻을 수행하는 삶을 살아야 할 것을 말한다(롬 13:11-14; 엡 6:10-20 등). 이 세상은 아직 하나님의 나라가 완전히 이루어지지 않았고, 이 세상에는 아직도 악의 세력이 강하게 일하고 있기 때문이다(롬 8:18-39; 엡 6:10-20 등 참조). 따라서 신자들은 이 세상에서 사는 동안 악의 세력을 이기고 하나님의 뜻을 이루기 위하여 하나님을 믿고 의지하며, 하나님의 말씀을 가지고, 깨어 기도하는 것이 필요하다는 것이다(엡 6:10-20; 롬 13:11-14). 그리고 신자들이 이렇게 살 때 그들은 모든 악의 세력을 이기고 완전한 구원에 이를 것이라고 한다(롬 8장 등). 곧 몸의 부활(고전 15장 등)과 영원한 하나님 나라의 영광(롬 5:1-11; 8장)에 참여하게 된다는 것이다.

그리스도인들이 이렇게 살아야하는 이유는 무엇인가? 바울은 이러한 삶이 필요한 것은 1) 이것이 하나님이 인간을 창조하신 목적이며(롬 1장 참조), 2) 이것은 또한 하나님이 인간을 구원하신 목적이기 때문이다(롬 8:28-30; 엡 1장; 2:10[51]; 딛 2:14 등 참조). 그리고 3) 그리스도인은 새사람이 되어 죄와 죽음에서 벗어났고(롬 6장 등), 또한 4) 그리스도인에게는 의를 행할 수 있도록 하나님의 성령이 함께 하시기 때문이다(롬 8장). 또한 5) 의는 삶이요, 죄는 죽음이기 때문이며(롬 6:23 등), 6) 이러한 삶을 통하여 하나님의 뜻 곧 우리의 구원이 완성되고, 하나님의 나라가 이루어지기 때문이다(롬 14:17; 고전 6:9-10; 빌 2:12-18; 3장 등 참조).

---

49) "13. 형제들아 너희가 자유를 위하여 부르심을 입었으나 그러나 그 자유로 육체의 기회를 삼지 말고 오직 사랑으로 서로 종노릇하라 14. 온 율법은 네 이웃 사랑하기를 네 몸같이 하라 하신 한 말씀에 이루었나니 15. 만일 서로 물고 먹으면 피차 멸망할까 조심하라." 개역한글 성경.

50) 최영태, "그리스도인의 윤리적 삶의 방법에 대한 통전적, 구조적 이해에 대한 연구: 바울윤리의 구조적 분석을 중심으로," 140-143 참조.

51) "우리는 그의 만드신 바라 그리스도 예수 안에서 선한 일을 위하여 지으심을 받은 자니 이 일은 하나님이 전에 예비하사 우리로 그 가운데서 행하게 하려 하심이니라." 개역한글 성경.

3) 교회를 위하여 섬기는 삶(롬 12:1-13 등)

바울은 교회를 아주 중요하게 여기며, 이 교회를 위해서 헌신한다. 그는 교회를 위해서 그리스도의 남은 고난을 자기 몸에 채운다고 한다(골 1:24-25). 그리고 하나님이 신자들에게 은사를 주신 것은 신자들이 받은 은사로 서로 협력하여 도움으로 교회를 세우기 위함이라고 한다(고전 12장; 엡 4:11-16 등). 교회는 그리스도의 몸이기 때문이다(롬 12장; 고전 12장; 엡 1장 등). 그는 자신의 사역이 교회를 세우고 견고케 하기 위한 것임을 말한다(롬 1:1-17; 롬 15:14-33). 그러므로 바울은 신자들도 그들이 받은 은사를 가지고 서로 섬김으로 교회를 세우는 삶을 살아야 할 것을 말한다(롬 12:1-13; 롬 16:1-27; 고전 3:5-15; 빌 2:6-11; 엡 4:11-16). 바울은 또한 신자들이 서로 용납하고 화목을 이루어 하나가 되는 삶을 살아야 할 것을 말한다(롬 14:1-15:13; 고전 13장 등 참조).

4) 이웃을 사랑하고 섬기는 삶(롬 12:14-13:14 등)

바울은 신자들이 이웃에게 선을 행하고 평화를 이루는 삶을 살아야 한다고 한다(롬 12:14-21). 그리스도인들은 하나님이 주신 은혜와 능력을 가지고 이웃을 위하여 곧 그들의 구원과 행복을 위하여 섬기는 삶을 살아야 한다는 것이다(롬 12:14-13:10; 엡 5:11-14; 골 4:5-6 등). 이를 위하여 신자들이 화목한 가정을 이루어야 하며(엡 5:21-6:9), 또한 세상 정부에 대해서도 의무를 다해야 하며(롬 13:1-8 등),[52] 세상에서 깨어 의를 행할 것을 말한다(롬 13:11-14 등).

---

52) 예수님도 하나님의 백성들이 이 세상에서 세상 정부에 대한 의무를 다할 것을 말씀하셨다. 마 22:15-22 등 참조.

4. 윤리적 이상 실현 방법에 대한 바울의 견해

그러면 이러한 인간의 윤리적 이상을 실현하기 위해서 무엇이 필요한가? 바울은 먼저 인간이 스스로의 능력으로 하나님이 원하시는 윤리적 이상을 실현할 수 없음을 인식한다. 그것은 인간이 육신에 속하여 죄 아래 팔려 있기 때문이라고 한다(롬 7:14 등 참조).

4.1. 이상 실현의 가능성

바울은 인간이 스스로의 힘으로 윤리적 이상 곧 거룩하고, 의롭고, 선한 삶을 사는 것이 불가능함을 다음과 같이 말한다. 첫째는 인간이 다 죄를 지어 죽음의 지배 아래 있기 때문이라고 한다.

> 9. 그러면 어떠하뇨 우리는 나으뇨 결코 아니라 유대인이나 헬라인이나 다 죄 아래 있다고 우리가 이미 선언하였느니라 10. 기록한바 의인은 없나니 하나도 없으며 11. 깨닫는 자도 없고 하나님을 찾는 자도 없고 12. 다 치우쳐 한가지로 무익하게 되고 선을 행하는 자는 없나니 하나도 없도다 13. 저희 목구멍은 열린 무덤이요 그 혀로는 속임을 베풀며 그 입술에는 독사의 독이 있고 14. 그 입에는 저주와 악독이 가득하고 15. 그 발은 피 흘리는데 빠른지라 16. 파멸과 고생이 그 길에 있어 17. 평강의 길을 알지 못하였고 18. 저희 눈 앞에 하나님을 두려워함이 없느니라 함과 같으니라 19. 우리가 알거니와 무릇 율법이 말하는 바는 율법 아래 있는 자들에게 말하는 것이니 이는 모든 입을 막고 온 세상으로 하나님의 심판 아래 있게 하려 함이니라 20. 그러므로 율법의 행위로 그의 앞에 의롭다 하심을 얻을 육체가 없나니 율법으로는 죄를 깨달음이니라.[53]

---

53) 로마서 3:9-20. 개역한글 성경.

인간은 유대인이나 이방인이나 다 죄 아래 있고, 이 죄의 결과로 하나님의 심판 곧 죽음의 지배 하에 있다는 것이다. 그러므로 인간은 선을 행하기는커녕 하나님의 심판의 대상이 되었고, 이 죄와 죽음에서 벗어나야 하나 스스로의 힘으로 구원할 수 없다는 것이다. 그래서 하나님의 은혜가 필요한 것이며, 하나님은 이러한 인간을 구원하기 위해서 그의 아들 예수 그리스도를 이 세상에 보내어 인간의 죄를 대신하여 죽게 하심으로 이제 이 예수를 믿는 자는 죄 용서 받고, 구원받아 죄와 죽음에서 해방된다는 것이다(롬 3:21-31; 5:8 등 참조). 바울은 이것을 롬 1-5장에서 자세히 설명하였다. 그러므로 인간은 먼저 하나님의 아들 예수 그리스도를 믿음으로 죄 용서받고, 죽음에서 벗어나야 한다는 것이다.

그러나 바울은 또한 인간이 예수 그리스도를 믿어 죄 용서 받고 구원받았다고 하여 그가 자동으로 선을 행하며, 의롭게 사는 것은 아니라고 한다. 그 이유는 인간은 비록 예수를 믿어 새사람이 되었다 할지라도(롬 6:1-11 등 참조), 그에게는 육신의 요소가 있으며(롬 7:14-25 등), 또 이 세상에는 악의 요소가 있기 때문이라고 한다(롬 8:18-39; 엡 6:10-20 등 참조). 그는 그것을 다음과 같이 말한다.

14. 우리가 율법은 신령한 줄 알거니와 나는 육신에 속하여 죄 아래 팔렸도다 15. 나의 행하는 것을 내가 알지 못하노니 곧 원하는 이것은 행하지 아니하고 도리어 미워하는 그것을 함이라 16. 만일 내가 원치 아니하는 그것을 하면 내가 이로 율법의 선한 것을 시인하노니 17. 이제는 이것을 행하는 자가 내가 아니요 내 속에 거하는 죄니라 18. 내 속 곧 내 육신에 선한 것이 거하지 아니하는 줄을 아노니 원함은 내게 있으나 선을 행하는 것은 없노라 19. 내가 원하는 바 선은 하지 아니하고 도리어 원치 아니하는 바 악은 행하는도다 20. 만일 내가 원치 아니하는 그것을 하면 이를 행하는 자가 내가 아니요 내 속에 거하는 죄니라 21. 그러므로 내가 한 법을 깨달았노니 곧 선을 행하기 원하는

나에게 악이 함께 있는 것이로다 22. 내 속 사람으로는 하나님의 법을 즐거워하되 23. 내 지체 속에서 한 다른 법이 내 마음의 법과 싸워 내 지체 속에 있는 죄의 법 아래로 나를 사로잡아 오는 것을 보는도다 24. 오호라 나는 곤고한 사람이로다 이 사망의 몸에서 누가 나를 건져 내랴.[54]

비록 그리스도인이 죄에서 벗어나 새사람이 되었다고 할지라도 인간 자신에게는 육신 곧 죄의 요소가 있어서 인간 자신의 능력으로는 이 육신 곧 죄의 요소를 이기지 못하여 선을 행하지 못한다는 것이다.[55] 그는 선을 알면서도 행하지 못하는데, 그 이유는 1) 첫째는 인간 자신이 약하여 곧 육신에 속하여 죄의 세력을 이기지 못하기 때문이다(롬 7장). 그리고 2) 이 세상에는 아직도 죄와 악의 세력이 강하게 활동하여 거듭난 신자라도 유혹하고 시험하기 때문이다(롬 8장, 엡 6:10-20 등). 그러므로 신자는 이 세상의 죄와 악의 세력을 이기고 하나님의 뜻인 선을 이루기 위해서 하나님의 도우심의 은혜와 능력이 필요하다는 것이다(롬 8장 등 참조).

---

54) 로마서 7:14-24. 개역한글 성경.
55) 롬 7:14-25의 사람이 예수 믿기 전의 사람이냐? 아니면 예수 믿는 신자를 가리키느냐에 대해서 많은 논의가 있다. 본 연구자는 이 단락의 사람이 원칙적으로 예수 믿기 전의 사람이라고 본다. 왜냐 하면 그는 육신에 속하여 죄 아래 팔렸고(14), 곧 죄의 지배 하에 있고(롬 8:9의 그리스도인과 대조됨), 항상 죄에게 져서 선을 행하지 못하고 악을 행하며(18-23), 사망의 몸 안에서 비참한 가운데 있기 때문이다(24). 이 사람은 롬 8:1 이하의 그리스도인과는 너무 다르다. 그러나 그리스도인도 성령의 은혜와 능력을 힘입지 않을 때는 이와 같은 상태에 있을 수 있다고 본다. 바울은 신자가 육신을 따라 살면 반드시 죽을 것이나, 성령으로써 몸의 행실을 죽이면 살 것이라고 하기 때문이다(13). 다시 말해서 신자는 성령을 따라 살므로 죄의 세력을 이기고 선을 행할 수 있으나, 또한 성령을 따르지 않고 육신을 따라 살므로 죄를 짓고 죽을 수도 있다고 보기 때문이다. 한 마디로 롬 7:14-25의 사람은 육신에 속한 자이다. 그는 원칙적으로 불신자이다. 그러나 신자로서 성령을 따르지 않는 자도 육신에 속하여 죄를 지을 수 있다는 것이다(고전 3:1-3; 갈 5:16-26 등 참조). 장해경, "변증법적 긴장 속에서 사는 크리스천의 삶?: 로마서 7:7-25를 재고하며," 「성경과 신학」, 한국복음주의신학회 논문집, Vol. 39(서울: 도서출판 영성, 2006), 52-86 참조.

4.2. 하나님의 대책 - 하나님의 은혜

바울은 이러한 인간의 문제를 해결하기 위해 하나님은 다음과 같은 것들을 준비하셨다고 한다. 첫째는 예수 그리스도의 십자가의 은혜요, 둘째는 하나님의 성령의 은혜와 능력이다.

4.2.1. 예수 그리스도의 십자가의 은혜

바울은 하나님은 인간을 죄와 죽음에서 해방시키기 위해서 그의 아들 예수 그리스도의 십자가의 죽으심을 준비하셨다고 한다(롬 3:23-25; 5:10,12-21 등). 예수 그리스도의 십자가의 죽으심은 인간의 죄를 대신하기 위함이요(롬 5:8 등), 이제 누구든지 이 예수를 믿는 자는 그 십자가의 은혜를 받아 죄 용서받고, 죽음에서 해방되는 것이다(롬 5:12-21 등 참조). 또한 예수 그리스도를 믿는 자는 이 예수님과 연합하여 하나가 됨으로 새 사람이 된다(롬 6:1-11 등 참조). 그러므로 이제 이 예수를 믿는 자는 하나님이 의롭다 하시므로 어느 누구도 정죄할 수 없는 것이다(롬 8:33-34). 이렇게 하여 인간은 인간의 최대의 적인 죄와 죽음에서 해방되는 것이다(롬 6:23; 고전 15:55-57 등).

4.2.2. 성령의 은혜와 능력

바울은 또한 말하기를, 하나님은 인간이 실제적으로 죄의 세력을 이기고 선을 행하게 하시려고 신자에게 성령을 주셨다고 한다(롬 8:1-17 등 참조). 인간이 비록 예수를 믿어 죄 용서받고, 새 사람이 된다 할지라도 인간 자신은 연약하여 죄의 세력을 이기고 선을 행할 수 없다는 것이다(롬 7장 참조). 하나님은 이러한 인간으로 하여금 죄의 세력을 이기고, 하나님의 뜻을 따라 선을 행하게 하시려고 신자에게 성령을 주셨다는 것이다(롬 8:9 등). 그래서 이제 예수 그리스도를 믿는 자는 이 성령의 은혜와 도우심을 받아 자신의 연약함을 이기고 선을 행하게 된다는 것이다(롬 8:1-13 등 참조). 이 성령은 예수 믿는 자를 실제적으로 자유케 하며(롬 8:1-2), 도우며(롬 8:26-27 등), 인도하며(롬 8:14 등), 가르치고(고전 2:13 등), 능력을 주어 하나님의 뜻대로 살 수 있게 하는 것이다(롬 8:3-4 등). 이렇게 해서 신자로 하여금 실제적으로 하나님의 뜻을 따라 살 수 있게 하는 것이다.

4.3. 인간의 책임

앞에서 본 바와 같이 바울은 인간이 영생을 누리며, 하나님이 기뻐하시는 거룩하고 의롭고 선한 삶을 사는 것은 오직 하나님의 은혜에 의해서 가능하다고 하였다. 그러나 바울은 또한 이러한 그리스도인의 윤리적 삶을 살기 위해서는 인간이 해야 할 일이 있음을 분명히 한다. 다시 말해서 인간에게도 책임이 있다는 것이다. 인간의 바람직한 윤리적 삶은 오직 하나님의 은혜에 의해서 가능하나 인간에게도 책임이 있다는 것이다. 다만 바울은 인간의 책임은 어디까지나 하나님의 주권적인 은혜에 대한 응답으로서의 책임을 말하는 것이지, 인간이 주도적인 역할을 하는 것은 아님을 또한 분명히 말한다.[56] 그러면, 인간의 책임은 무엇인가? 바울은 인간의 책임으로서 믿음과 순종을 말한다.

4.3.1. 믿음

바울은 인간은 무엇보다도 먼저 죄와 죽음에서 벗어나 생명 곧 구원을

---

56) 바울은 엡 2:8-9에서 다음과 같이 말한다. "8. 너희가 그 은혜를 인하여 믿음으로 말미암아 구원을 얻었나니 이것이 너희에게서 난 것이 아니요 하나님의 선물이라 9. 행위에서 난 것이 아니니 이는 누구든지 자랑치 못하게 함이니라." 신자의 구원은 어디까지나 하나님의 은혜에 의한 것이며, 인간은 오직 이 은혜를 믿음으로 구원을 얻는다는 것이다. 신자의 거룩한 삶에서도 바울은 롬 8:4에서 "육신을 좇지 않고 그 영을 좇아 행하는 우리에게 율법의 요구를 이루어지게 하려 하심이니라."고 하여 신자가 할 일은 성령의 주권적인 인도하심에 순종하는 것임을 말한다.

얻어야 하는데, 그것은 오직 하나님의 아들 예수 그리스도를 믿음으로 가능하다고 하였다(롬 1-5장; 롬 10:9-10 등). 죄인은 죽고 의인은 사는데(롬 2:6-16; 6:23 등), 인간은 스스로 자신을 의롭게 할 능력이 없기 때문이다(롬 1:18-3:20 등).

바울에게 있어서 믿음은 하나님을 신뢰하고 의지하는 것이다. 그리고 그 믿음은 예수 그리스도의 죽으심과 부활을 마음으로 믿고 입으로 시인하는 것이다(롬 10:9-10 등 참조). 바울은 그것을 로마서 4장에서 잘 말해주고 있다. 하나님으로부터 의롭다고 인정받은 아브라함의 믿음은 하나님의 전능하심을 믿고 의지하는 것이었다. 그리고 오늘 우리가 믿는 믿음은 예수를 죽은 자 가운데서 살리신 하나님을 믿는 것으로서 죽은 자를 살리시고, 없는 것을 있는 것 같이 부르시는 전능하신 하나님을 믿는다는 점에서 아브라함의 믿음과 같은 믿음이라는 것이다. 바울은 그것을 다음과 같이 말한다.

17. 기록된바 내가 너를 많은 민족의 조상으로 세웠다 하심과 같으니 그의 믿은바 하나님은 죽은 자를 살리시며 없는 것을 있는 것 같이 부르시는 이시니라 18. 아브라함이 바랄 수 없는 중에 바라고 믿었으니 이는 네 후손이 이같으리라 하신 말씀대로 많은 민족의 조상이 되게 하려 하심을 인함이라 19. 그가 백세나 되어 자기 몸의 죽은 것 같음과 사라의 태의 죽은 것 같음을 알고도 믿음이 약하여지지 아니하고 20. 믿음이 없어 하나님의 약속을 의심치 않고 믿음에 견고하여져서 하나님께 영광을 돌리며 21. 약속하신 그것을 또한 능히 이루실 줄을 확신하였으니 22. 그러므로 이것을 저에게 의로 여기셨느니라 23. 저에게 의로 여기셨다 기록된 것은 아브라함만 위한 것이 아니요 24. 의로 여기심을 받을 우리도 위함이니 곧 예수 우리 주를 죽은 자 가운데서 살리신 이를 믿는 자니라 25. 예수는 우리 범죄함을 위하여 내어줌이 되고 또한 우리를 의롭다하심을 위하여 살아나셨느니라.[57]

---

57) 개역 한글 성경, 로마서 4:17-25.

아브라함은 죽은 자를 살리시는 전능하신 하나님을 믿었으며, 이 믿음으로 인하여 그는 하나님 앞에 의로운 자라는 인정을 받았던 것이다. 그리고 오늘 우리 위해 죽으셨다가 다시 사신 예수를 믿는 우리는 바로 아브라함과 같이 죽은 자를 살리시는 전능하신 하나님을 믿는다는 점에서 아브라함과 같은 믿음을 가지고 있다는 것이다. 그러므로 오늘 우리의 믿음은 우리 위해 죽었다가 다시 사신 예수 그리스도와 그를 죽은 자들 가운데서 살리신 하나님을 믿는 것이다. 그래서 바울은 누구든지 이 예수의 부활을 마음에 믿고 입으로 예수를 주로 시인하는 자는 구원을 얻는다고 하였던 것이다 (롬 10:9-10).

바울은 인간이 죄와 죽음에서 벗어나 하나님 앞에 의와 생명을 얻기 위해서뿐만 아니라(롬 1-5장; 엡 2:8-9 등),[58] 또한 하나님 앞에 거룩하고 의로운 삶을 살기 위해서도 예수님을 믿어야 함을 거듭해서 말한다(롬 8:1-4 등). 바울은 롬 8:1-4에서 다음과 같이 말한다.

> 1. 그러므로 이제 그리스도 예수 안에 있는 자에게는 결코 정죄함이 없나니 2. 이는 그리스도 예수 안에 있는 생명의 성령의 법이 죄와 사망의 법에서 너를 해방하였음이라 3. 율법이 육신으로 말미암아 연약하여 할 수 없는 그것을 하나님은 하시나니 곧 죄를 인하여 자기 아들을 죄 있는 육신의 모양으로 보내어 육신에 죄를 정하사 4. 육신을 좇지 않고 그 영을 좇아 행하는 우리에게 율법의 요구를 이루어지게 하려 하심이니라.[59]

이제 그리스도 예수 안에 있는 자는 성령의 법에 의해 죄와 사망의 법에

---

58) 바울은 오직 믿음으로 말미암아 하나님 앞에 의롭다 함을 받고, 또한 구원을 얻는다고 한다(롬 10:9-13 등).
59) 개역 한글 성경 로마서 8:1-4.

서 해방되었으며,[60] 성령을 좇아 행함으로 율법의 요구 곧 하나님의 뜻을 이룬다는 것이다. 이 말은 그리스도인이 어떻게 죄에서 벗어나 의를 행하며 살 수 있는가를 가르쳐 준다. 그것은 그리스도 예수 안에서 성령을 따라 행함으로 가능하다는 것이다. 그런데, 여기서 그리스도 예수 안에 있다는 것은 예수를 믿음으로 그 은혜 안에 있는 것 곧 그 은혜를 힘입어 사는 것을 말한다.[61] 그러므로 그리스도인이 거룩하고 의로운 삶을 사는 것도 먼저 예수 그리스도를 믿음으로 그 안에 있을 때 가능하다는 것이다. 인간은 예수 그리스도를 떠나서는 아무것도 할 수 없기 때문이다(롬 7:24-8:1 등).[62]

4.3.2. 순종(충성, 헌신)

바울은 믿음으로 구원받은 자가 하나님이 기뻐하시는 거룩하고 의로운 삶을 살기 위해서는 믿음과 함께 또한 하나님의 인도하심에 따르는 순종이 필요함을 분명히 말한다. 바울은 롬 6:15-23에서 다음과 같이 말한다.

> 15. 그런즉 어찌하리요 우리가 법 아래 있지 아니하고 은혜 아래 있으니 죄를 지으리요 그럴 수 없느니라 16. 너희 자신을 종으로 드려 누구에게 순종하든지 그 순종함을 받는 자의 종이 되는 줄을 너희가 알지 못하느냐 혹은 죄의 종으로 사망에 이르고 혹은 순종의 종으로 의에 이르느니라 17. 하나님께 감사하리로다 너희가 본래 죄의 종이더니 너희에게 전하여 준바 교훈의 본을 마음으로 순종하여 18. 죄에게서 해방되어 의에게 종이 되었느니라 19. 너희 육신이 연약하므로 내

---

60) 여기서 "성령의 법"과 "죄와 사망의 법"의 "법"의 의미에 대해서 여러 견해가 있으나 모리스와 같이 "원리" 또는 "능력"으로 이해할 수 있을 것이다. Morris, *The Epistle to The Romans*, 300-301 참조.

61) Morris, *The Epistle to The Romans*, 300.

62) 바울은 빌 4:13에서 "내게 능력 주시는 자 안에서 내가 모든 것을 할 수 있느니라."고 한다. 이 말은 역으로 내게 능력 주시는 자 곧 하나님을 떠나서는 내가 아무 것도 할 수 없다는 것을 의미한다고 할 것이다. 개역한글 성경 참조.

가 사람의 예대로 말하노니 전에 너희가 너희 지체를 부정과 불법에 드려 불법에 이른 것 같이 이제는 너희 지체를 의에게 종으로 드려 거룩함에 이르라 20. 너희가 죄의 종이 되었을 때에는 의에 대하여 자유하였느니라 21. 너희가 그 때에 무슨 열매를 얻었느뇨 이제는 너희가 그 일을 부끄러워하나니 이는 그 마지막이 사망임이니라 22. 그러나 이제는 너희가 죄에게서 해방되고 하나님께 종이 되어 거룩함에 이르는 열매를 얻었으니 이 마지막은 영생이라 23. 죄의 삯은 사망이요 하나님의 은사는 그리스도 예수 우리 주 안에 있는 영생이니라.[63)]

바울은 여기서 예수를 믿어서 죄에서 해방된 신자라 할지라도(17-18) 자신을 죄에게 드려 죄에게 순종하면 죄의 종이 되어 결국 죽게 되고(16, 21), 자신을 의에게 드려 의에게 순종하면 의의 종 곧 하나님의 종이 되어 거룩과 영생을 얻게 된다고 한다(16, 22). 우리는 이 말을 통해서 그리스도인이 의와 거룩과 영생에 이르기 위해서 순종이 반드시 필요함을 보게 되는 것이다. 물론 여기서 순종이란 믿음을 전제로 하여 하나님께 순종하는 것이며(22), 하나님의 뜻인 의에 순종하는 것이다(18-19). 바울은 이것을 자신을 하나님께 드리는 것으로 표현하기도 하는데, 순종하기 위해서는 자신을 하나님께 굴복시키는 것 곧 헌신이 필요하기 때문이다. 그러므로 순종은 또한 헌신이라고 할 수 있으며, 또한 충성이라고 할 수도 있다.[64)] 그러므로 바울은 롬 12:1에서 이것을 하나님께 자신을 드리는 것 곧 헌신으로 표현하고, 2절에서는 그 방법으로 하나님의 뜻을 분별할 것을 말하는데, 이는 하나님의 뜻을 분별하고 그 뜻에 순종하는 것을 말하는 것이다.[65)] 그러므로 그리스도인이 순종하기 위해서는 먼저 하나님의 뜻을 분별하고, 그 하나님의 뜻에 자신을 굴복시켜 드리는 헌신이 필요한 것이다. 그리고 이러

---

63) 개역한글 성경 롬 6:15-23.
64) 충성은 하나님의 뜻에 복종하여 최선을 다하는 것이기 때문이다. 고전 4:2 등 참조.
65) Morris, *The Epistle to The Romans*, 436.

한 순종은 먼저 하나님을 바로 알고 믿는 믿음이 전제가 된 것이다. 참된 믿음이 없이는 순종 또는 헌신이 가능하지 않기 때문이다.

그리고 여기서 한 가지 유의할 것은 이러한 순종은 하나님을 믿는 믿음을 전제로 하여 하나님의 은혜와 도우심이 있을 때 가능하다는 것이다. 앞에서 이미 본 바와 같이 인간은 신자라 할지라도 인간 자신의 능력으로는 하나님의 뜻을 행할 수 있는 없기 때문이다(롬 7장 참조). 그러므로 인간은 예수 그리스도를 믿음으로 죄와 죽음에서 벗어나 구원 곧 생명을 얻을 뿐만 아니라, 계속적인 믿음으로 하나님의 은혜로 하나님의 뜻을 깨닫고, 또 삼위 하나님의 은혜와 도우심을 받아 순종함으로 하나님의 뜻인 거룩, 의, 선 곧 사랑을 실천할 수 있는 것이다(롬 8장 참조). 이와 같이 그리스도인의 순종은 어디까지나 예수 그리스도를 믿음을 전제로 하여 하나님의 은혜와 도우심에 의해 가능한 것이고, 인간은 이 하나님의 은혜와 인도하심에 자신을 부인하고 굴복시켜 드리는 것이 곧 바울이 말하는 순종인 것이다. 그리고 이와 같이 신자가 하나님의 은혜와 인도하심에 믿음 안에서 순종할 때 하나님의 뜻이 이루어지는 것이다. 곧 신자가 예수를 닮고(롬 8:29), 그의 구원이 이루어지며(롬 8:29-30 등), 하나님의 나라가 이루어지는 것이다(롬 14:17 등).

결론

윤리적 이상이란 바람직한 인간 삶의 모습으로서 바울의 윤리적 이상은 바울이 생각하는 바람직한 인간 삶의 모습을 말한다. 바울의 서신 특히 바울의 로마서를 통해서 고찰해 본 바울의 윤리적 이상은 1) 하나님의 아들 예수 그리스도를 믿음으로 구원 곧 영생을 얻는 것이다(롬 1:16,17; 6:23 등). 인간에게 있어서 가장 귀중한 것은 무엇보다도 생명이기 때문이다. 이 생명은 하나님이 인간에게 원래부터 준비하신 영생 곧 영원한 하나님 나라에서의 복된 삶이다. 이것이 인간에게 있어서 최고의 가치이다. 2) 예수를 믿어서 구원받은 신자는 하나님의 뜻을 따라 거룩, 의, 선 곧 사랑의 삶을 살아야 한다(롬 6-8장; 13:8-10 등). 이것이 하나님이 인간을 지으신 목적이고, 또한 인간을 구원하신 목적이기 때문이다. 그리고 구원받은 신자는 하나님의 은혜로 새 사람이 되어 선을 행할 수 있게 되었고, 또한 이렇게 살 때 그의 구원이 완성되기 때문이다(롬 6-8장 등). 3) 그리스도인은 또한 하나님이 주신 은혜로 서로 봉사함으로 그리스도의 몸인 교회를 세워야 한다(롬 12:1-13; 엡 4:1-16 등). 교회는 그리스도의 몸이요, 또한 이 세상에서 하나님의 충만이기 때문이다(엡 1:23 등). 4) 그리스도인은 하나님이 주신 은혜로 이웃을 사랑하고 섬김으로 이 세상에서 하나님의 뜻을 이루고, 하나님의 나라를 이루어야 한다(롬 12:14-21 등). 하나님은 모든 사람들이 구원받고 복을 받기를 원하시기 때문이다(딤전 2:4 등). 그리스도인들이 이와 같이 살 때 그의 구원은 완성되고, 하나님의 나라는 이루어진다(롬 8장 등). 이것이 사도 바울이 생각한, 인간이 추구해야 할 가장 바람직한 삶 곧 바울의 윤리적 이상이다.

사람이 이러한 삶을 사는 방법 곧 윤리적 이상을 실현하는 방법은 하나님을 믿고 의지하여 순종하는 것이다. 1) 먼저 인간은 죄와 죽음에서 벗어나 구원을 받아야 하는데, 그것은 오직 하나님의 아들 예수 그리스도를 믿음으로 가능한 것이다. 죄 가운데 있는 인간은 스스로를 구원하지 못하고 오직 하나님의 은혜로만 가능하기 때문이다(롬 1-5장; 엡 2:8-9 등). 2) 그리고 신자가 거룩하고 의롭고 선한 삶을 살며 교회와 이웃을 위하여 살기 위해서도 하나님의 은혜와 능력이 필요한데, 이를 위해서 신자가 할 일은 계속하여 하나님을 믿고 의지하며 순종하는 것이다(롬 6-8장 등). 구원받은 신자라도 자신의 힘만으로는 하나님의 뜻을 행할 수 없고(롬 7장 등), 오직 삼위 하나님의 도우심이 필요하기 때문이다(롬 8장 등). 이렇게 살 때 하나님의 뜻 곧 윤리적 이상이 이루어진다. 곧 신자의 구원이 완성되고, 하나님의 나라가 이루어진다.

이와 같이 바울은 인간의 삶의 이상 곧 인간 삶의 목표와 기준을 바로 제시한다. 곧 인간 삶의 궁극적 목적은 구원 곧 영생이라는 것이다. 그리고 그는 그 이상을 실현하는 방법을 바로 제시한다. 곧 하나님의 사랑과 은혜와 함께 인간의 책임으로서 믿음과 순종이 필요함을 바로 제시하는 것이다. 이렇게 함으로써 그리스도인으로 하여금 이 세상 속에서 어떻게 하나님의 뜻을 따라 보람있고 가치있는 삶을 살 수 있는가를 가르쳐 준다. 우리가 이와 같이 바울의 윤리적 이상과 그 실현 방법을 아는 것은 오늘날 윤리적 혼란 가운데 있는 한국사회의 그리스도인들에게 삶의 방향과 방법을 제시하여 하나님의 뜻에 합당한 삶을 살게 하는데 조금이나마 도움이 되리라고 생각된다. 이상과 같은 바울의 윤리적 이상과 그 실현 방법에 대한 연구를 기초로 그리스도인들이 현실의 삶 속에서 좀 더 구체적으로 그 이상을 실현하는 삶을 살 수 있도록 바울의 윤리에 대한 보다 더 다양하고 심층적인 연구가 계속되기 바란다.

[참고문헌]

김중기. "바울 윤리의 바탕: 서신의 표현 양식을 이야기 신학으로 수용하면서." 「신학 논단」제27집. 서울: 연세대학교출판부, 1999.

_____. 『바울의 윤리적 비전』. 서울: 연세대학교출판부, 2003.

네이버 국어사전. "비전." http://krdic.naver.com/detail.nhn?docid=18553600 (2018.8.7).

네이버 국어사전. "이상."
http://krdic.naver.com/detail.nhn?docid=30509800&directAnchor= s307214p196518 (2018.8.7).

네이버 영어사전. "이상."
http://endic.naver.com/search.nhn?sLn=kr&query=%EC%9D%B4%EC %83%81&searchOption=mean (2018.8.7).

네이버 영어사전. "ideal."
http://endic.naver.com/enkrEntry.nhn?sLn=kr&entryId=9256b9b2436b 4dcdab37796b6803527b (2018.8.7).

동아출판사 편집국 편. 『동아프라임 국어사전』. 서울: 동아출판사, 1988.

장보웅, 고영민 편저. 『분해 대조 로고스 성경』. 서울: 도서출판 로고스, 1990.

장종현과 최갑종. 『사도 바울: 그의 삶, 편지, 그리고 신학』. 개정증보판. 서울: 기독 교연합신문사, 2001.

장해경. "변증법적 긴장 속에서 사는 크리스천의 삶?: 로마서 7:7-25를 재고하며" 「성경과 신학」. 39(2006): 52-86.

최영태. "그리스도인의 윤리적 삶의 방법에 대한 통전적, 구조적 이해에 대한 연구: 바울윤리의 구조적 분석을 중심으로." 박사학위 논문. 연세대학교 대학원, 2007.

_____. "로마서에 나타난 바울윤리의 구조론적 분석: 구원과 규범과의 관계를 중심 으로." 석사학위 논문, 연세대학교, 2000.

_____. "바울의 윤리적 이상과 그 실현 방법에 대한 연구: 로마서의 윤리적 교훈을 중심으로," 「복음과 윤리」 11(2014): 217-259.

_____. "인간 삶의 윤리적 판단 기준에 대한 연구," 「복음과 윤리」 10(2013): 164- 205.

_____. "윤리의 기본 개념과 목적에 대한 연구." 「복음과 윤리」 9(2012): 157-203.

한성천 편. 『NASB 한영해설성경』. 서울: 도서출판 진흥, 1998.

BNT. BibleWorks 9 NT(NA 27).

Bruce, F. F. *The Letter of Paul to the Romans: An Introduction and Commentary.* 2nd ed. Leicester: Inter-Varsity Press, 1985.

Furnish, Victor Paul. *Theology and Ethics in Paul.* Nashville: Abingdon, 1968. 김용옥 역. 『바울의 신학과 윤리』. 서울: 대한기독교출판사, 1996.

Hays, Richard B. *The Moral Vision of The New Testament: Community, Cross, New Creation: A Contemporary Introduction to New Testament Ethics.* New York: HarperSanFransisco, 1996. 유승원 역. 『신약의 윤리적 비전』. 서울: 한국기독학생회 출판부, 2002.

Morris, Leon. *The Epistle to The Romans.* 1988. Reprint, Grand Rapids: Eerdmans, 1994.

Stott, John. *The Message of Romans: God's Good News for the World.* Downers Grove: InterVasity Press, 1994. 정옥배 역. 『로마서 강해: 온 세상을 향한 하나님의 복음』. 서울: 한국기독학생회출판부, 2006.

[영문요약]

A Study on the Apostle Paul's Ethical Vision and the Way of Its Realization:

Focusing on the Ethical Teaching of the Epistle to the Romans

An ethical vision is an idea of a desirable state of a human life, so that Paul's ethical vision is Paul's idea of the desirable state of a human life. As a result of surveying Pauline Epistles, especially the Epistle to the Romans, Paul's ethical vision is 1) first to have the salvation or the eternal life through believing in Jesus Christ the Son of God(cf. Romans 1:16,17; 6:23, etc.). The reason is that with a human the life is the most precious thing above all. This life is the eternal life, the blessed life in the eternal Kingdom of God, which was prepared by God from first for the human. This is the most precious value with the human. 2) The believer who was saved by faith in Jesus Christ should live the life of holiness, righteousness, and the good, which is the life of love according to the will of God(cf. Romans 6-8 chapters; 13:8-10, etc.). The reason is that this is the purpose of God, of creating the human, and also of saving the human, and that the saved believer became a new person to be able to do the good by the grace of God, and also that by living this way the person's salvation is completed(cf. Romans 6-8 chapters, etc.). 3) The Christians should also build the Church which is the Body of Christ through serving one another by the grace of God which was given to him or her(cf. Romans 12:1-13; Ephesians 4:1-16, etc.). The reason is that the Church is the Body of Christ, and the fullness of God in the world(cf.

Ephesians 1:23, etc.). 4) The Christians should accomplish the will of God and the Kingdom of God in the world through loving and serving their neighbors by the grace which was given to them by God(cf. Romans 12:14-21, etc.). The reason is that God wants everyone to be saved and be blessed(cf. 1 Timothy 2:4, etc.). When the Christians live this way their salvation will be completed and the Kingdom of God will be accomplished(cf. Romans chapter 8, etc.). This is the most desirable life which should be pursued by a human, that is the ethical vision which the apostle Paul had.

The way of living this life that is the ethical vision is to believe in God and to obey His will. 1) First, the human should be saved from sin and death, and this is only able by believing in Jesus Christ the Son of God. The reason is that the human who is in sin cannot save himself or herself by himself or herself, and it is only possible by God's grace(cf. Romans 1-5 chapters; Ephesians 2:8-9, etc.). 2) It is needed the grace and the power of God for the Christian to live a life of holiness, righteousness, and the good, and to live for his or her church and neighbors, and for this also the Christian should believe in God and obey His will continually(cf. Romans 6-8 chapters, etc.). The reason is that even the believer who is saved cannot do the will of God only by his or her own strength(cf. Romans chapter 7, etc.), but that he or she can do it only by the help of God the Trinity(cf. Romans chapter 8, etc.).

Key Words: Apostle Paul, the Epistle to the Romans, ethical vision, desirable life, purpose of life, standard of living, way of realizing ethical vision.

Chapter 6

구원과
윤리의 관계

자료5: 로마서에 나타난 바울의 윤리적 교훈
에 대한 연구: 구원과 윤리의 관계를
중심으로

A Basic Understanding of
Christian Ethics

제6장

구원과 윤리의 관계

오늘날 한국의 그리스도인들 중에는 인간의 구원을 중요시한 나머지 그리스도인의 윤리적 삶을 소홀히 함으로 사회의 비난을 받는 경우가 있는가 하면, 또 다른 그리스도인들은 인간의 윤리적 삶을 강조한 나머지 참된 신앙을 통한 구원의 확신을 갖지 못하고, 그의 윤리적 삶도 세상 사람들의 기준에서 크게 벗어나지 못하는 경우가 있다. 그러면, 기독교 신앙에 있어서 가장 중요한 구원과 그리스도인의 윤리적 삶은 어떤 관계에 있는 것인가?

구원은 인간이 죄와 죽음에서 벗어나 영생 곧 참으로 복된 삶을 얻는 것이다(롬 1:16-17 등). 인간은 아담 이후 죄로 말미암아 참 생명의 근원이신 하나님을 떠나 죽음 곧 불행한 가운데 있기 때문이다(롬 1:18-3:20 등). 그러므로 인간은 무엇보다도 먼저 이러한 죄와 죽음에서 벗어나 참 생명을 얻어야 한다. 사람이 이 세상에서 모든 것을 다 가지고 있다고 해도 그 생명을 잃으면, 아무 소용이 없기 때문이다(마 16:24 등 참조). 그러므로 우리가 참 생명이 무엇이며, 그 생명을 어떻게 얻을 수 있는가를 아는 것은 참으로 중요하다. 그것은 곧 하나님의 아들 예수 그리스도를 바로 알고 믿는 것이다

(롬 1:16-17 등). 그러나 만약 우리가 예수 그리스도를 믿는 목적이 단지 구원을 받아 천국에 가는 것이라면, 그리스도인들이 이 세상에서 고생하면서 사는 목적은 무엇인가? 이 세상에서 고생하며 사느니 차라리 예수 믿고 바로 천국에 가는 것이 낫지 않겠는가? 그리스도인들이 예수를 믿어 구원을 받은 후에도 이 세상에서 고생하며 사는 이유는 무엇인가? 물론 거기에도 하나님의 뜻이 있을 것이다. 그러므로 이 장에서는 로마서를 중심으로 구원과 윤리의 관계를 고찰하고자 한다. 이 둘 사이의 관계를 잘 앎으로 한국의 그리스도인들이 구원을 받을 뿐만 아니라 그리스도인의 윤리적 책임을 바로 감당함으로 이 시대에 하나님의 뜻을 이루고 하나님께 영광을 돌리는 하나님의 복된 일군들이 되기 바란다.

다음 내용은 로마서에 나타난 바울의 윤리적 교훈을 중심으로 인간의 구원과 그리스도인의 윤리적 삶의 관계를 연구한 것이다. 이 내용을 통해 구원과 윤리의 관계가 어느 정도 정리가 되기를 바란다.

로마서에 나타난 바울의 윤리적 교훈에 대한 연구:

구원과 윤리의 관계를 중심으로

국문 요약

이 논문은 로마서에 나타난 바울의 윤리적 교훈 중, 특히 구원과 윤리의 관계에 대해서 고찰하였다. 먼저 바울에게 있어서 구원은 인간이 죄와 죽음에서 벗어나 영생을 얻는 것이다(롬 1:16-17). 그리고 이러한 구원을 얻는 방법은 하나님의 아들 예수 그리스도를 알고 믿는 것이다. 그러면 그는 죄 용서받고, 거듭나 새 사람이 되고, 하나님의 자녀가 되며, 성령을 받고, 그리스도의 몸인 교회의 일원이 된다. 그리고 그 믿음이 성장하여 예수를 닮아 거룩한 사람이 되고, 예수님이 다시 올 때 부활하여 영원한 하나님의 나라에 들어간다.

다음에 바울에게 있어서 그리스도인의 윤리적 삶은 윤리적 삶의 기준과 이유와 방법으로 구분하여 볼 수 있는데, 그리스도인의 윤리적 삶의 기준은 그리스도인이 하나님의 뜻을 따라 거룩하고(롬 6:22), 의롭고(롬 6:13 등), 선한 삶(롬 7:18 등 참조), 곧 사랑의 삶(롬 13:9-10 참조)을 사는 것이다. 그리고 그리스도인의 윤리적 삶의 이유는 1) 그리스도인은 구원받아 새사람이 되어 죄에 대해서 죽고 의에 대해서 산 자가 되었기 때문이며, 2) 죄 가운데 사는 것은 죽음이고, 의로운 삶은 참된 생명과 복이기 때문에, 3) 신자의 구원의 완성을 위하여, 4) 하나님의 종말론적인 심

---

*이 자료는 본 저자의 논문 "로마서에 나타난 바울의 윤리적 교훈에 대한 연구: 구원과 윤리의 관계를 중심으로", 「성경과 신학」 73(2014): 243-280의 일부를 수정한 것이다.

판 앞에 바로 서기 위해서, 5) 이 세상에서 하나님의 뜻을 이루기 위해서, 곧 그리스도의 몸인 교회를 세우고, 이 세상에서 하나님의 나라를 이루며, 이 땅에서 정의와 평화가 이루어지게 하고, 하나님의 영광을 드러내 하나님의 창조의 목적을 이루기 위해 필요하다는 것이다. 그리고 이러한 윤리적 삶을 살기 위해서는 하나님의 은혜와 능력이 필요한데, 그리스도인은 이러한 하나님의 은혜와 능력의 역사에 대해 믿음과 순종으로 응답하는 것이 필요하다는 것이다.

그리고 구원과 윤리의 관계로서는 1) 바울에게 있어서 그리스도인의 현재적 구원(직설법)은 그리스도인의 윤리적 삶(명령법)의 기초가 되며, 2) 그리스도인의 윤리적 삶은 또한 구원의 완성을 위한 요소가 되고, 3) 그리스도인들의 윤리적 삶은 또한 하나님의 종말론적 우주적 구원을 위한 한 요소가 되며, 4) 그리스도인의 윤리적 삶은 단지 신자의 구원만을 위한 것이 아니라, 또한 이 세상에서 하나님의 뜻을 이루고 하나님의 영광을 드러내기 위한 것이다.

키워드: 사도 바울, 바울서신, 로마서, 구원과 윤리, 윤리적 삶의 기준, 이유, 방법, 직설법, 명령법.

서론

사단법인 기독교윤리실천운동이 2014년 2월 5일에 발표한, 한국교회의 사회적 신뢰도 여론조사 결과 발표에 따르면,[1] 한국교회의 신뢰도는 '가장 신뢰하는 종교' 조사에서 가톨릭(29.2%)과 불교(28.0%)보다도 낮은 21.3%를 보였다. 비기독교인들만을 대상으로 한 조사에서는 가톨릭교 47.0%, 불교 38.0%, 그리고 기독교는 12.5%였다. 그리고 '한국교회를 신뢰한다'에

---

1) 이 여론 조사는 전국 만 19세 이상 남녀 1000명을 대상으로 2013년 12월 10일부터 11일에 실시되었다. 조제호 편, 『2013 한국교회의 사회적 신뢰도 여론조사 결과 발표 세미나』(서울: 기독교윤리실천운동, 2014), 8.

대한 응답자는 19.4%였는데, 이는 2010년 조사 때보다는 약 1.8% 상승한 것이지만, 여전히 낮은 수치이며, 2008년부터 실시한 네 번의 조사에서 모두 낮은 수준에 머무르고 있어 그 원인이 특정 상황에 기인한 것이라기보다는 만성적이고 구조적인 것으로 보인다고 한다.[2] 이러한 조사결과는 오늘의 한국교회가 얼마나 큰 위기에 있는가를 보여준다.

그리고 동 조사에서 응답자들이 한국교회를 신뢰하지 않는 이유로 1) 언행일치가 되지 않아서(24.8%), 2) 교회 내부적 비리/부정부패가 많아서(21.4%), 3) 타 종교에 대해 비판적/배타적이어서(10.2%), 4) 선교활동이 지나쳐서/강압적으로 전도해서(10.0%) 등을 들었는데,[3] 이는 주로 윤리적인 문제라고 할 것이다. 이와 함께 응답자들이 한국교회가 신뢰도를 높이기 위해 우선적으로 해야 할 사회적 활동으로 1) 윤리와 도덕 실천 운동(45.4%), 2) 봉사 및 구제활동(36.4%). 3) 환경, 인권 등 사회운동(7.2%)"을 들었는데, 이 중 '윤리와 도덕 실천 운동'은 2009년 이후 지속적으로 증가하고 있는 추세라고 한다.[4] 이러한 사실에서 보는 바는 오늘날 한국교회의 윤리적 상황이 매우 어렵다는 것이다. 그러면, 한국교회의 윤리적 상황이 이렇게 어렵게 된 이유는 무엇인가? 성서에 의하면, 교회는 세상의 빛과 소금으로서 그 역할을 다해야 할 것인데(마 5:13-16 등 참조), 교회가 오히려 사회에서 신뢰성을 잃고 있다면, 그 원인이 무엇인가?

김세윤 박사는 현재 한국교회의 전반적인 무능과 일부 심각한 부패의 한 근본 원인을 신학적 빈곤으로 보면서, 그 몇 가지 예를 드는데, 그 중에

---

2) '한국교회를 신뢰한다' (매우+약간)는 2008년 18.4%, 2009년 19.1%, 2010년 17.6%, 2013년 19.4%였다. 윤화미, "한국교회, 사회봉사는 '최고' 신뢰도는 '최하'," News Mission (2014. 2. 5.). http://www.newsmission.com/news/news_view.asp?seq=56685; 한경민, " '말 따로 삶 따로' 만성 불신 한국교회," NEWSNJOY (2014. 2. 4.). http://www.newsnjoy.or.kr/news/articleView.html?idxno=196075.

3) 한경민, "'말 따로 삶 따로' 만성 불신 한국교회".

4) 한경민, "'말 따로 삶 따로' 만성 불신 한국교회".

는 1) 하나님 나라에 대한 현재적 이해의 부족, 2) 칭의론에 대한 부분적 이해, 곧 칭의론을 법정적으로만 이해하고, 관계론적 측면을 도외시함, 3) 예정론의 의미와 의도에 대한 이해 부족, 4) '구원파적 복음' 이해,[5] 5) 신앙과 지성의 분리 등을 들고 있다.[6] 그리고 그는 이러한 잘못된 신학이 한국교회에 윤리의 부재 또는 잘못된 윤리를 초래했다고 본다.[7] 김세윤 박사는 또한 2013년 12월 16일 서울 논현동 서울영동교회에서 열린 목회자 세미나의 강의에서 "도덕적 타락과 신학적 부패가 한국교회의 위기를 가져왔음"을 말하고, "…목회자 권위주의와 '칭의'를 의로운 삶을 배제하고 믿음만으로 가능하다는 인식 등이 '칭의론'의 왜곡을 가져왔다"고 하며, "한국교회의 개혁을 위해 '칭의론'에 대한 올바른 이해가 절실하게 필요하다"고 강조했다.[8] 이 내용으로 볼 때 김세윤 박사가 언급하는 신학적 문제들은 대개 구원과 윤리 및 그 관계에 대한 잘못된 이해에서 온 것임을 보게 된다.

사도 바울은 딤후 3:15-17에서 디모데에게 성경의 유익을 크게 두 가지로 말하는데, 하나는 성경이 인간에게 예수 그리스도를 믿음으로 구원을 얻게 한다는 것이다(딤후 3:15).[9] 그리고 또 하나는 이 성경이 그리스도인으로 하여금 온전케 하며, 그로 모든 선한 일을 행하기에 온전하게 한다는

---

5) 그는 "예수의 하나님 나라 복음에 대한 부족한 이해와 바울의 칭의 복음의 부분적 이해가 예정론에 대한 왜곡된 이해와 합하여 이루어진 것이 '우리는 오직 은혜와 믿음으로 의인이라 칭함을 받으며, 그렇게 한 번 얻은 구원은 우리의 삶과 관계없이 영원히 보장된 것이다'라는 '구원파적 복음'"이라고 한다. 김세윤, "한국교회 문제의 근원, 신학적 빈곤", 『한국교회, 개혁의 길을 묻다』(서울: 새물결플러스, 2013), 20-21.
6) 김세윤, "한국교회 문제의 근원, 신학적 빈곤", 18-21.
7) 김세윤, "한국교회 문제의 근원, 신학적 빈곤", 22-26.
8) 김정연, "'칭의'는 구원의 완성 아냐…하나님과의 관계 중요," News Mission(2013. 12. 16.) http://www.newsmission.com/news/news_view.asp?seq=56179.
9) "또 어려서부터 성경을 알았나니 성경은 능히 너로 하여금 그리스도 예수 안에 있는 믿음으로 말미암아 구원에 이르는 지혜가 있게 하느니라." 개역개정 한글 성경. 이하 한글 성경은 다른 표시가 없는 한 개역개정 한글 성경임.

것이다(딤후 3:16-17).[10] 그러므로 성경의 2대 주제는 구원과 윤리라고 할 것이다. 첫째는 예수님이 누구신가를 바로 알고 믿어서 구원을 받아야 한다는 것이다(딤후 3:14-15; 요 3:16; 롬 1:16,17 등).[11] 그리고 다음에 성경이 말하는 것은 그리스도인들이 예수님을 알고 믿어서 받은 구원의 복을 가지고 하나님을 기쁘시게 하고, 하나님께 영광을 돌리는 삶을 살라는 것이다(고전 10:31; 마 25:14-30 등). 그리스도인이 그의 삶으로 하나님을 기쁘시게 하고 하나님께 영광을 돌리는 삶, 이것이 바로 그리스도인의 윤리적 삶이라고 할 것이다.

따라서 이 논문은 성서가 말하는 구원과 윤리의 관계에 대해서 고찰해 보고자 한다. 다만, 성서 전체의 내용을 보기 전에 우선 사도 바울이 말하는 구원과 윤리의 관계를 고찰하고자 하며, 그것도 바울서신 중에서 바울신학의 대표적 내용이라고 할 수 있는 로마서의 내용을 중심으로 구원과 윤리의 관계를 고찰하고자 한다. 이를 위해 이 논문에서는 바울신학에서 구원과 윤리의 관계에 대해서 말한 몇 학자들의 견해를 간략히 살펴보고, 로마서의 전체적인 구조와 내용을 간략히 고찰한 후, 구원에 대한 바울의 견해와 윤리에 대한 바울의 견해를 각 각 살펴보고, 이를 기초로 구원과 윤리의 관계에 대한 바울의 견해를 고찰해 보고자 한다. 이를 통해서 우리는 성서가 말하는 구원과 윤리의 관계에 대해 보다 바른 이해를 갖게 되고, 나아가 이것이 한국교회의 윤리적 삶과 신뢰도를 높이는데 도움이 되기를 바라는 것이다.

---

10) "16. 모든 성경은 하나님의 감동으로 된 것으로 교훈과 책망과 바르게 함과 의로 교육하기에 유익하니 17. 이는 하나님의 사람으로 온전하게 하며 모든 선한 일을 행할 능력을 갖추게 하려 함이라."
11) 이것을 위해서 예수님이 오셨고(요 10:10 등), 또 우리는 이 예수님을 믿고 전하는 것이다.

1. 바울의 신학에서 구원과 윤리의 관계에 대한 견해들

최갑종 박사는 그의 논문 "바울과 윤리: 바울의 윤리적 교훈의 특징 – 직설법과 명령법"[12]에서 바울의 신학에 있어서 구원과 윤리의 관계에 대한 학자들의 견해를 다음과 같이 세 가지로 구분한다. 1) C. H. Dodd의 견해, 2) R. Bultmann의 견해, 3) V. P. Furnish의 견해이다. 그리고 최갑종은 이세 가지가 다 바울이 말하는 구원과 윤리의 관계를 설명하기에 적절하지 않다고 하며, 제3의 길로 자신의 견해를 제시한다. 최갑종은 여기서 직설법과 명령법에 대해서 말하는데, 직설법은 "일차적으로 신자의 신분에 관련된 교훈"을 말하고, 명령법은 "신자의 삶에 관련된 교훈"을 말한다.[13] 그런데 신자의 신분은 주로 신자가 받은 구원의 내용을 말하는 것이고, 신자의 삶은 곧 윤리에 대한 것이므로,[14] 직설법은 구원을 말하고, 그리고 명령법은 윤리를 말하는 것으로 이해할 수 있다. 따라서 여기서는 먼저 바울이 말하는 구원과 윤리의 관계에 대해서 최갑종 박사가 말하는 세 종류의 견해와 함께 최갑종 박사 자신의 견해를 고찰해본다.

1.1. C. H. Dodd의 견해

이것은 바울에게 있어서 구원과 윤리의 관계를 서로 다른 기원을 가진 것으로 보아 이 둘 사이의 관계를 분리시키는 것이다. 최갑종에 의하면, 도드는 바울에게 있어서 케류그마와 디다케, 또는 직설법과 명령법을 서로 다른 기원을 가진 것으로 본다고 한다.[15] 따라서 도드는 신학과 윤리를 서

---

12) 최갑종, "바울과 윤리: 바울의 윤리적 교훈의 특징 – 직설법과 명령법", 『사도 바울: 그의 삶, 편지, 그리고 신학』 개정증보판 (서울: 기독교연합신문사, 2001): 557-576.
13) 최갑종, "바울과 윤리: 바울의 윤리적 교훈의 특징 – 직설법과 명령법", 559.
14) 최영태, "윤리의 기본 개념과 목적에 대한 연구", 『복음과 윤리』 9(2012): 157-203.
15) 그러나 케리그마(복음적 선포)를 직설법으로, 디다케(교육)를 명령법으로 보는 것은 문제

로 분리시켜 통일성을 해치는 치명적인 약점을 가지고 있다고 한다.[16] 다시 말해서 도드는 그리스도인에게 있어서 구원과 윤리를 서로 다른 기원을 가진 것으로 보아 분리시키는데, 이는 성서적으로 볼 때 적절한 이해가 아니라는 것이다.

1.2. R. Bultmann의 견해

도드에 비해서 불트만은 직설법과 명령법을 너무 일치시키고 있다. 불트만에 의하면, 명령법은 직설법에 의존하고, 또한 직설법은 명령법에 의존한다는 것이다. 불트만에게 있어서 직설법과 명령법은 결단의 순간에서 하나가 된다는 것이다.[17] 그러나 이것도 성서가 말하는 직설법과 명령법의 관계를 적절하게 표현하지 못한다고 할 것이다.[18]

1.3. V. P. Furnish의 견해

퍼니쉬는 직설법이 명령법을 포함한다고 하여 직설법과 명령법의 구분을 반대한다.[19] 퍼니쉬는 말한다: "바울은 하나님의 요구가 하나님의 선물의 한 구성 부분이라고 본다. 바울의 은총 개념은 바울의 순종 개념을 포함

가 있다고 여겨진다. 케리그마에도 직설법과 명령법이 들어 있고, 디다케에도 직설법과 명령법이 다 들어 있을 수 있기 때문이다.

16) 최갑종, "바울과 윤리: 바울의 윤리적 교훈의 특징 – 직설법과 명령법," 560-562. 도드는 구원 또는 직설법은 기독교적 기원을 가지고 있지만, 윤리는 헬라 로마 사회의 윤리적 이념들을 기독교적으로 변형시킨 것으로 보아 이들이 서로 다른 기원을 가지고 있는 것으로 본다는 것이다.

17) 여기서 결단은 "그리스도 사건에 대한 믿음에 의해 하나님께 순종하려는 결단"을 말한다. 최갑종, "바울과 윤리: 바울의 윤리적 교훈의 특징－직설법과 명령법", 562-564.

18) 최갑종, "바울과 윤리: 바울의 윤리적 교훈의 특징－직설법과 명령법", 562-564.

19) 최갑종, "바울과 윤리: 바울의 윤리적 교훈의 특징－직설법과 명령법", 564-565.

하는 것이다."[20] 여기서 "하나님의 선물" 또는 "바울의 은총 개념"은 직설법을 말하고, "하나님의 요구" 또는 "바울의 순종 개념"은 명령법을 말한다고 할 것이다. 이와 같이 퍼니쉬는 명령법이 직설법 안에 포함되어 있는 것으로 보고 있는 것이다.[21] 그러나 퍼니쉬는 바울의 명령법을 지나치게 직설법에 예속시킴으로써 명령법 자체가 설 여지를 주지 않는데, 이것도 성서가 말하는 직설법과 명령법의 관계를 적절하게 표현하지 못한다고 할 것이다.[22]

1.4. 최갑종의 견해

최갑종 박사는 앞에서 본 세 종류의 견해가 다 문제가 있으므로 제3의 길을 제시한다고 하면서, 바울에게 있어서 직설법과 명령법의 관계에 대해서 몇 가지 원리를 제시한다. 1) 바울에게 있어서 신자의 윤리적 행위는 신자됨의 귀결이지 그 원인이 아니다. 다시 말해서 직설법이 명령법의 기초이지, 명령법이 직설법의 기초가 되지 않는다는 것이다. 2) 그러나 명령법은 직설법의 보충이거나 부속물이 아니라 또 하나의 차원을 가지고 있다. 다시 말해서 바울의 종말론적인 구조 속에서 '아직'과 연결된 명령법은 직설법과 별도로 성립된다고 한다. 3) 바울의 직설법과 명령법은 다 같이 인간의 사역이 아니라, 그리스도와 성령의 사역에 좌우된다고 한다.[23] 결론적으로 최갑종은 바울서신에 나타난 직설법과 명령법은 서로 구분되지만 결

---

20) Victor Paul Furnish, *The Moral Teaching of Paul: Selected Issues,* rev. 2nd ed.(Nashville: Abingdon, 1985), 225; Victor Paul Furnish, *Theology and Ethics in Paul*(Nashville: Abingdon, 1968), 『바울의 신학과 윤리』, 김용옥 역 (서울: 대한기독교출판사, 1996), 247-248.
21) Furnish, 『바울의 신학과 윤리』, 247-249.
22) 최갑종, "바울과 윤리: 바울의 윤리적 교훈의 특징－직설법과 명령법," 564-565.
23) 최갑종, "바울과 윤리: 바울의 윤리적 교훈의 특징－직설법과 명령법", 565-566, 575-576.

코 분리되지 않는다고 한다.[24] 최갑종은 롬 12:1-2, 빌 2:12-13, 갈 5:25, 고전 6:12-20의 해석을 통해서 이러한 내용을 잘 제시하고 있으나, 이러한 내용을 로마서 전체를 통해서 그리고 구원과 윤리의 관계라는 관점에서 고찰해볼 필요가 있다.

이상 바울의 신학에 있어서 구원과 윤리의 관계에 대한 네 가지의 견해를 간략히 보았는데, 이 중 어느 것이 가장 적절한 견해인가? 아니면, 이들보다 더 나은 다른 견해가 있는가? 이것을 고찰하기 위해서 먼저 바울의 서신들을 통해서 그 중에서도 특히 로마서를 통해서 바울 자신의 견해를 고찰해 보고자 한다.

2. 로마서와 바울의 복음

바울이 말하는 구원과 윤리의 관계에 대해서 고찰하기 전에 먼저 사도 바울이 기록한 로마서에 대해서 몇 가지 고찰해본다. 구원과 윤리에 대한 바울의 견해를 로마서의 내용을 중심으로 고찰해 보고자 하기 때문이다.

2.1. 로마서의 기록 목적[25]

로마서는 사도 바울이 그의 제3차 전도여행 시 그리스의 고린도에서 로

---

24) 장종현과 최갑종, 『사도 바울: 그의 삶, 편지, 그리고 신학』, 개정증보판 (서울: 기독교연합신문사, 2001), 575.
25) 이 내용은 최영태의 논문 "바울의 윤리적 이상과 그 실현 방법에 대한 연구: 로마서의 윤리적 교훈을 중심으로" 중 일부를 약간 수정한 것이다. 최영태, "바울의 윤리적 이상과 그 실현 방법에 대한 연구: 로마서의 윤리적 교훈을 중심으로," 「복음과 윤리」 11(2014), 224-226; 최영태, "로마서에 나타난 바울윤리의 구조론적 분석: 구원과 규범과의 관계를 중심으로" (석사학위 논문, 연세대학교 대학원, 2000), 15-17 참조.

마교회 신자들에게 쓴 편지로 여겨진다.[26] 바울이 이 편지를 쓴 목적은 그가 그때까지 한 번도 방문한 적이 없는 로마교회 신자들에게 자신을 바르게 소개하기 위한 것이 하나의 큰 목적이었다고 생각된다. 물론 로마교회에 이미 바울을 아는 사람들이 여럿 있었지만(롬 16장 참조) 로마 교회에는 아직 바울을 잘 알지 못하는 사람들이 더 많았을 것이다. 그러므로 바울은 이 교회에 자신을 바르게 소개하기를 원하였고, 이것을 통해서 바울은 로마교회와 좋은 관계를 가짐으로 바울이 이 교회를 방문했을 때에 서로 간에 유익을 얻을 뿐만 아니라(롬 1:9-12 등 참조), 더 나아가서 그가 스페인으로 갈 때에 그들의 도움을 받기를 원했던 것이다(롬 15:22-24 참조).[27] 더욱이 바울은 가는 곳마다 유대인들의 반대를 많이 받았으므로[28] 이러한 유대인들의 반대로 말미암은 오해를 불식시키기 위해서도 바울은 자기가 전하는 복음의 핵심 내용을 바르게 이해시킴으로 바울이 전하는 복음의 내용이 잘못된 것이 아니며, 오히려 유대인과 이방인의 구원을 위한 하나님의 계획이 실현된 것임을 밝히 증거하고자 했던 것이다. 따라서 이 로마서의 중심 내용은 바울의 복음이라고 할 것이다. 다시 말해서 로마서에는 바울 복음의 핵심 내용이 잘 나타나 있다는 것이다.[29]

2.2. 로마서의 구조와 내용[30]

로마서의 주제는 한 마디로 "바울의 복음"으로서 그 내용은 "예수 그리

---

26) 최영태, "로마서에 나타난 바울윤리의 구조론적 분석", 5-16. 그 연대는 대개 주후 55-57년경으로 추정된다.

27) Leon Morris, *The Epistle to The Romans*, 1988 Reprint (Grand Rapids: Eerdmans, 1994), 518.

28) 장종현과 최갑종, 『사도 바울: 그의 삶, 편지, 그리고 신학』, 229.

29) 최영태, "로마서에 나타난 바울윤리의 구조론적 분석", 16-17.

30) 좀더 자세한 내용은 최영태, "바울의 윤리적 이상과 그 실현 방법에 대한 연구", 226-228; 최영태, "로마서에 나타난 바울윤리의 구조론적 분석", 17-19 참조.

스도를 믿음으로 말미암는 구원"이라고 할 것이다. 이는 롬 1:16,17에 잘 요약되어 있다.[31] 이러한 주제에 따라 로마서의 내용을 다음과 같이 구분해 볼 수 있을 것이다.

1) 서론(1:1-17).
2) 믿음으로 말미암는 칭의와 구원(1:18-5:21)
3) 구원받은 신자의 삶(6:1-8:39)
4) 이스라엘 민족의 구원 문제(9:1-11:36)
5) 신자의 실제적 삶(12:1-15:13)
6) 결론(15:14-16:23)

이상에서 보는 바와 같이 로마서의 내용은 서론과 결론을 뺀 나머지 본론 부분은 크게 인간의 구원과 삶(윤리)에 대한 것으로 다음과 같이 구분해 볼 수 있을 것이다. 1) 인간 구원의 방법(1:18-5:21). 2) 그리스도인의 삶: 삶의 기준과 그 실현 방법(6:1-8:39). 3) 이스라엘 민족의 구원 문제(9:1-11:36). 4) 그리스도인의 실제적 삶(12:1-15:13)이다.

3. 구원에 대한 바울의 견해

인간의 구원은 바울신학의 중심이라고 할 수 있을 것이다. 바울은 그가 전하는 복음의 핵심 내용이 인간의 구원이라고 하기 때문이다(롬 1:16,17). 그는 로마서 1:16에서 복음에 대해서 다음과 같이 말한다. "내가 복음을 부끄러워하지 아니하노니 이 복음은 모든 믿는 자에게 구원을 주시는 하나님의 능력이 됨이라 먼저는 유대인에게요 그리고 헬라인에게로다." 바울이

---

31) 이것은 바울의 복음의 핵심으로서 아마도 그는 이것을 다메섹 사건을 통하여 깨달은 것 같다(행 9장 참조). 장종현과 최갑종, 『사도 바울: 그의 삶, 편지, 그리고 신학』, 231-252.

말하는 복음은 하나님의 아들 예수 그리스도이다(롬 1:1-4). 그런데 이 예수 그리스도에 대한 소식이 복음이 되는 이유는 이 복음은 모든 믿는 자에게 구원을 주기 때문이라는 것이다. 그러므로 여기서는 먼저 사도 바울이 구원에 대해서 무엇을 말하는지 곧 구원의 의미와 필요와 방법과 내용에 대해서 로마서의 내용을 중심으로 고찰해 보고자 한다.

3.1. 구원의 의미

바울에게 있어서 구원은 한 마디로 사는 것 곧 생명이라고 할 것이다. 그는 로마서 1:16-17에서 다음과 같이 말한다.

> 16. 내가 복음을 부끄러워하지 아니하노니 이 복음은 모든 믿는 자에게 구원을 주시는 하나님의 능력이 됨이라 먼저는 유대인에게요 그리고 헬라인에게로다 17. 복음에는 하나님의 의가 나타나서 믿음으로 믿음에 이르게 하나니 기록된 바 오직 의인은 믿음으로 말미암아 살리라 함과 같으니라.

사도 바울은 롬 1:13-14에서 자기가 로마에 가기 원하는 이유 중의 하나는 로마에서도 복음을 전하기 원하기 때문이라고 하였다. 그리고 그는 세상 모든 사람들에게 복음을 전해야 할 빚을 진 자라고 생각하는데, 그 이유는 이 복음은 모든 믿는 자에게 구원을 주시는 하나님의 능력이 되기 때문이라고 한다(16). 그리고 그는 1:17에서 왜 이 복음이 믿는 자에게 구원을 주는 능력이 되는가를 말한다. 그것은 이 복음에는 믿음으로 말미암는 하나님의 의가 나타나고 있기 때문이라고 한다(17상). 그리고 이것은 구약성경에서 하나님이 말씀하신 바와 같다고 하며 하박국서 2:4의 말씀을 인용한다. 그 내용은 바로 "오직 의인은 믿음으로 말미암아 살리라"[32] 함과 같다는 것이다(17하). 여기서 "살리라"는 ζήσεται인데, 이 말은 ζαω의 미래 직설법으로서 죽지 않고 산다는 뜻이다. 곧 생명을 얻는다는 뜻이다.[33] 바울은 로마서에서 이 말의 뜻을 계속해서 설명하는데, 인간은 죄로 말미암아 죽게 되었는데, 하나님이 은혜로 예수 그리스도의 십자가와 부활을 통해 인간이 살 길을 준비하셨고, 인간은 오직 이 하나님의 사랑으로 오신 예수님을 믿을 때 의인이 되어 영생을 누리게 된다는 것이다 (롬 1:18-5:21). 그러므로 바울에게 있어서 구원은 생명을 얻는 것 곧 영생을 의미하는 것이다. 구원이란 일반적인 의미로 어려움에서 건져냄을 받는 것인데, 인간에게 있어서 최대의 어려움은 죽음이요, 이 죽음에서 건져냄을 받아 사는 것 곧 영생을 얻는 것이야말로 인간에게 있어서 최대의 기쁜 소식 곧 복음이라는 것이다.[34] 바울은 이 생명을 생명 안에서 왕노릇하는 것(롬 5:17), 하나님의 나라(롬 14:17), 하나님과의 화목(고후 5:17-21 참조) 등 여러 가지로 표현한다.[35]

3.2 구원의 필요성

바울은 인간에게 이러한 구원이 필요한 이유는 인간이 죄로 말미암아 하나님의 심판과 죽음에 있게 되었기 때문이라고 한다(롬 1:18-3:20; 3:23;

---

32) 헬라어로는 "ὁ δὲ δίκαιος ἐκ πίστεως ζήσεται." 이다. 장보웅, 고영민 편저, 『분해 대조 로고스 성경』(서울: 로고스, 1990), 645. *Nestle-Aland Novum Testamentum Graece,*. 7th edition (Stuttgart: Deutsche Bibelgesellschaft, 1983), 410.

33) Morris, *The Epistle to The Romans*, 70-72.

34) Stott, *The Message of Romans: God's Good News for the World* (Downers Grove: InterVasity Press, 1994),『로마서 강해: 온 세상을 향한 하나님의 복음』, 정옥배 역 (서울: 한국기독학생회출판부, 2006), 68-69, 74-75.

35) 이 생명은 하나님이 처음 인간에게 주신 생명으로서(창 1:26-28) 예수님이 신자에게 주는 생명이며(요 10:10 등), 또한 성령의 열매로 나타나는 그러한 생명이라고 할 것이다. "22. 오직 성령의 열매는 사랑과 희락과 화평과 오래 참음과 자비와 양선과 충성과 23. 온유와 절제니 이같은 것을 금지할 법이 없느니라." (갈 5:22-23)

5:12; 6:23; 엡 2:1-10 등 참조). 바울은 이방인뿐만 아니라 유대인들도 하나님의 의의 기준인 율법을 지키지 못하여 다 죄 가운데 있고, 또 그 죄로 말미암아 하나님의 진노의 심판 아래 있게 되었다고 한다(롬 1:18-3:20). 그러므로 인간은 이 어려움에서 구출되어야 할 긴급하고도 심각한 처지에 있게 되었다는 것이다(롬 3:23; 롬 6:23 등).[36]

3.3. 구원의 방법

바울은 인간이 하나님의 심판에서 벗어나 생명의 구원을 얻기 위해서는 먼저 죄 용서 받아 의로운 자가 되어야 함을 말한다. 왜냐 하면, 하나님은 거룩하시고 의로우신 분으로서 죄를 용납하지 않기 때문이다(롬 1:18 등 참조). 이것은 구약성경이 가르쳐주는 구원의 대전제라고 할 것이다. 곧 의인은 살고, 죄인은 죽는다는 것이다(신 30:19-20; 시 1편, 갈 6:6-7 등 참조). 바울은 로마서 2장에서도 이와 같은 사실을 말한다(롬 2:1-16 등).

그러나 문제는 인간은 자기의 능력으로 하나님의 의의 기준인 율법을 다 행함으로 하나님 앞에 의로운 자가 될 수 없다는 것이다(롬 3:20 등 참조). 따라서 하나님은 이러한 인간을 불쌍히 여기시고, 그들을 대신하여 그의 아들 예수 그리스도를 죽게 하심으로 인간이 하나님 앞에 죄 용서받아 의롭게 되고 구원을 받을 수 있는 길을 준비하셨다는 것이다(롬 3:21-31; 5:8, 12-21 등). 그리고 인간이 그 구원의 은혜를 받는 방법은 오직 믿음으로 가능하다는 것이다. 다시 말해서 인간의 죄를 위해 죽으시고 부활하신 예수 그리스도를 믿을 때에 하나님은 그의 믿음을 의로 여기시고, 그에게 구원 곧 생명을 주신다는 것이다(롬 3:21-4:25 참조).[37] 바울은 그의 로마서에서

---

36) Stott, 『로마서 강해: 온 세상을 향한 하나님의 복음』, 78-80.
37) 최근 칭의에 대한 새관점 학파의 여러 논쟁이 있으나 본 연구자는 전통적인 개신교의 입장이 적절하다고 본다. 최갑종, "한국교회와 구원론: '새 관점'에 대한 복음주의의 대응: 로

이러한 사실을 거듭하여 말한다(롬 1:16,17; 4장; 10:9-10 등). 즉 믿음의 대상은 하나님의 아들 예수 그리스도이며(롬 1:2-4; 롬 4장 아브라함의 믿음 참조), 믿음은 하나님의 사랑과 은혜와 능력을 믿고 의지하는 것이다(롬 4장; 10:9-17 등 참조).[38]

3.4. 구원의 내용

바울은 인간의 구원에 있어서 구원의 시작이 있고, 진행이 있고, 완성이 있음을 말한다. 그는 롬 8:29-30에서 다음과 같이 말한다.

> 29. 하나님이 미리 아신 자들을 또한 그 아들의 형상을 본받게 하기 위하여 미리 정하셨으니 이는 그로 많은 형제 중에서 맏아들이 되게 하려 하심이니라 30. 또 미리 정하신 그들을 또한 부르시고 부르신 그들을 또한 의롭다 하시고 의롭다 하신 그들을 또한 영화롭게 하셨느니라.

하나님은 미리 아신 자들을 그 아들의 형상을 본받도록 미리 정하셨고, 또 그들을 부르시고, 의롭다 하시고, 영화롭게 하셨다는 것이다.

마서와 갈라디아서에 나타난 바울의 '이신칭의'(the Justification by Faith) 교훈을 중심으로」, 「성경과 신학」 55(2010): 1-40; N. T. Wright, *Justification: God's Plan and Paul's Vision* (London: Society for Christian Knowledge, 2009), 최현만 역, 『톰 라이트, 칭의를 말하다』(평택: 에클레시아북스, 2013), 103-143 참조. 이승구, 『톰 라이트에 대한 개혁신학적 반응: N. T. Wright의 신학적 기여와 그 문제점들』(수원: 합동신학대학원 출판부, 2013), 43-61.

38) 롬 10:9-17에 의하면, 믿음은 마음으로 믿는 것이며, 따라서 지(知), 정(情), 의(意)의 요소가 있음을 말한다. ① 지(知)적 요소: 예수님(하나님)이 누구신가를 안다. 복음을 듣고 깨달아야 한다(롬 10:17). ② 정(情)적 요소: 십자가에 나타난 하나님의 사랑을 깨달을 때(롬 5:8 등), 우리는 그 하나님의 사랑에 감사하고, 하나님을 사랑하게 된다(눅 7장 죄 많은 여자 참조). ③ 의지(意志)적 요소: 우리는 예수님(하나님)을 나의 주로 믿고 그 뜻대로 살기로 작정하고, 입으로 시인한다. 곧 예수님을 나의 주로 받아들이고 영접한다(롬 10:10).

바울은 롬 5장에서 인간의 구원에 대해서 1) 믿음으로 이미 이루어진 것, 2) 현재 진행되는 것, 3) 장차 이루어질 것을 말한다. 1) 인간이 예수님을 믿음으로 이미 이루어진 것이 있다. 그것은 의롭다 하심을 받은 것(1,9), 하나님과 화평하게 된 것(1,10,11), 하나님의 구원의 은혜에 들어가게 된 것(2) 등이다. 2) 현재 진행되는 것은 환난 중에도 즐거워하는 것이다(3,11).[39] 3) 그리고 장차 이루어질 것은 하나님의 영광을 바라며(2하), 소망이 이루어지고(4), 진노하심에서 구원을 받을 것이며(9), 구원을 받을 것이다(10).[40] 바울은 이와 같이 인간의 구원에는 이미 이뤄진 것과 현재 이루어지고 있는 것과 장차 이루어질 것이 있음을 말하고 있다. 바울은 또한 피조물의 구원도 말하는데, 이는 역사의 종말에 있을 전 우주적인 구원을 말하는 것이라고 할 것이다(롬 8:18-25). 이 내용을 1) 구원의 시작, 2) 구원의 진행, 3) 구원의 완성으로 구분해서 좀 더 자세히 본다.

3.4.1. 구원의 시작

사람이 예수 그리스도를 믿음으로 이미 이루어진 구원으로는 앞에서 말한 칭의와 화평 외에 그리스도와의 연합(union with Christ, 롬 6장 등), 새 사람이 됨(regeneration, 롬 6장; 고후 5:17; 딛 3:3-7[41]; 고전 6:9-11), 성령의 내주(Indwelling of the Holy Spirit, 롬 8:9[42]; 갈 3:13-14; 갈 4:6), 하

---

39) 바울은 롬 5:3-4에서 환난 중에도 즐거워하는 것은 환난은 신자로 하여금 인내와 연단을 통해 소망을 이루기 때문이라고 하는데, 여기서 연단은 바로 롬 8:29에 말하는 하나님의 아들의 형상을 닮는 것으로서 신자의 거룩한 삶이라고 할 것이다.

40) 여기서 말하는 구원은 장차 이루어질 미래적 완전한 구원이다. Morris, *The Epistle to The Romans*, 225-226; C. E. B. Cranfield, *Romans: A Shorter Commentary* (Grand Rapids: Eerdmans, 1985), 107-109; James D. G. Dunn, *The Theology of Paul the Apostle* (Grand Rapids: Eerdmans, 1998), 257-261.

41) "5. 우리를 구원하시되 우리가 행한 바 의로운 행위로 말미암지 아니하고 오직 그의 긍휼하심을 따라 중생의 씻음과 성령의 새롭게 하심으로 하셨나니."

42) "만일 너희 속에 하나님의 영이 거하시면 너희가 육신에 있지 아니하고 영에 있나니 누구든지 그리스도의 영이 없으면 그리스도의 사람이 아니라."

나님의 자녀가 됨(adoption, 롬 8:14-17[43]); 갈 3:26; 4:5-6), 교회(그리스도의 몸)의 일원이 됨(고전 12:13[44])을 말한다. 이러한 것은 예수 그리스도를 믿음과 동시에 이루어지는 것으로서 구원의 시작이라고 할 것이다.

3.4.2. 구원의 진행(성숙, 성장) - 성화(sanctification)

바울은 구원의 진행 곧 그리스도인의 성숙과 성장에 대해서 말한다. 신자는 하나님의 자녀로서 예수를 닮아가며, 그가 가지고 있는 재능과 은사를 활용하여 사랑으로 교회와 이웃을 섬기는 삶을 사는 것을 말한다.

바울은 그리스도인이 죄를 떠나 의롭고 거룩한 삶을 살아야 함을 말한다(롬 6장). 그리고 하나님의 아들 예수 그리스도를 본받는 자가 되어야 함을 말한다(롬 8:29; 엡 4:11-16 등). 그리고 하나님의 뜻을 따라 교회를 섬기고(롬 12:3-13), 이웃과 평화를 이루고(롬 12:14-21), 의를 실천하는 삶을 살아야 함을 말한다(롬 13:1-14 등). 그리고 이러한 성화의 삶은 성령의 능력(롬 8:1-14 등)과 삼위 하나님의 도우심에 의해 이루어짐을 말한다(롬 8:12-39). 그리고 이를 위해서 그리스도인은 예수 그리스도를 믿고 순종해야 함을 말한다(롬 6-8장; 12:1-2 등).

3.4.3. 구원의 완성 - 영화(glorification)

바울은 또한 장차 이루어질 구원 곧 구원의 완성에 대해서 말한다. 그는 신자의 몸의 부활(롬 8:11; 고전 15장 등 참조)과 영원한 하나님 나라의 영광에 참여함(롬 5:1-11; 8장)을 말하고 있다.

---

43) "14. 무릇 하나님의 영으로 인도함을 받는 사람은 곧 하나님의 아들이라 15. 너희는 다시 무서워하는 종의 영을 받지 아니하고 양자의 영을 받았으므로 우리가 아빠 아버지라고 부르짖느니라 16. 성령이 친히 우리의 영과 더불어 우리가 하나님의 자녀인 것을 증언하시나니 17. 자녀이면 또한 상속자 곧 하나님의 상속자요 그리스도와 함께 한 상속자니 우리가 그와 함께 영광을 받기 위하여 고난도 함께 받아야 할 것이니라."
44) "우리가 유대인이나 헬라인이나 종이나 자유인이나 다 한 성령으로 세례를 받아 한 몸이 되었고 또 다 한 성령을 마시게 하셨느니라."

이상에서 본 바와 같이 구원은 죄와 죽음에서 벗어나 영생을 얻는 것이며, 이것은 오직 하나님의 아들 예수 그리스도를 알고 믿음으로 주어지는 것이며, 그 내용은 죄에서 벗어나 하나님의 자녀가 되고, 영생을 얻으며, 예수님을 닮아 거룩함을 이루고, 부활의 몸을 가지고 영원한 하나님 나라의 영광에 들어가는 것이다.

4. 그리스도인의 윤리적 삶에 대한 바울의 견해

바울은 인간의 구원과 함께 구원받은 그리스도인이 어떻게 살아야 하는가를 말한다. 곧 그리스도인의 삶은 어떠해야 하며, 그것이 왜 필요하며, 또 그것이 어떻게 가능한지에 대해서 말한다. 이와 같이 그리스도인이 어떻게 살 것인가의 문제를 그리스도인의 윤리적 삶이라고 할 것이다. 일반적으로 인간의 윤리적 삶은 삶의 기준과 이유와 방법으로 구분해서 생각해 볼 수 있다. 따라서 여기서는 바울이 생각하는 그리스도인의 삶의 기준과 이유와 방법에 대해서 생각해 본다.

4.1. 그리스도인의 윤리적 삶의 기준

바울은 그리스도인이 어떠한 삶을 살아야 한다고 하는가? 바울이 말하는 그리스도인의 윤리적 삶의 표준 또는 기준은 무엇인가? 최영태는 그의 논문 "바울의 윤리적 이상과 그 실현방법에 대한 연구: 로마서의 윤리적 교훈을 중심으로"에서 바울의 윤리적 이상을 다음과 같이 네 가지로 정리하였다.

1) 하나님의 아들 예수 그리스도를 믿음으로 구원 곧 영생을 얻는 것(롬 1:16,17; 6:23 등). 인간에게 있어서 가장 귀중한 것은 무엇보다도 생명이기

때문이다.[45]

2) 예수를 믿어서 구원받은 신자는 하나님의 뜻을 따라 거룩, 의, 선 곧 사랑의 삶을 살아야 한다(롬 6-8장; 13:8-10 등). 이것이 하나님이 인간을 지으신 목적이고, 또한 인간을 구원하신 목적이기 때문이다.[46]

3) 그리스도인은 또한 하나님이 주신 은혜로 서로 봉사함으로 그리스도의 몸인 교회를 세워야 한다(롬 12:1-13; 엡 4:1-16 등). 교회는 그리스도의 몸이요, 또한 이 세상에서 하나님의 충만이기 때문이다(엡 1:23 등).[47]

4) 그리스도인은 하나님이 주신 은혜로 이웃을 사랑하고 섬김으로 이 세상에서 하나님의 뜻을 이루고, 하나님의 나라를 이루어야 한다(롬 12:14-21 등). 하나님은 모든 사람들이 구원받고 복을 받기를 원하시기 때문이다(딤전 2:4 등).[48]

이 중에서 첫번째 것은 인간의 윤리적 삶의 목적을 말하는 것이고, 두 번째 것과 셋째 것과 넷째 것이 바로 그리스도인의 윤리적 삶의 내용 또는 기준이라고 할 것이다. 그리고 이 그리스도인의 윤리적 삶의 기준 중에서 2)는 원리적인 측면을 말하는 것이고, 3)과 4)는 실제 생활에 있어서 그리스도인의 윤리적 삶의 의무인 것이다.

그리스도인은 이 세상에 사는 동안 어떠한 삶을 살아야 하는가? 그는 죄에서 벗어나 하나님 앞에 거룩하고(롬 6:22), 의롭고(롬 6:13 등), 선한 삶(롬 7:18 등 참조)을 통해서 하나님을 기쁘시게 하고 하나님께 영광을 돌리

---

45) 최영태, "바울의 윤리적 이상과 그 실현 방법에 대한 연구", 254.
46) 최영태, "바울의 윤리적 이상과 그 실현 방법에 대한 연구", 254.
47) 최영태, "바울의 윤리적 이상과 그 실현 방법에 대한 연구", 254.
48) 최영태, "바울의 윤리적 이상과 그 실현 방법에 대한 연구", 254.

는 삶을 살아야 한다는 것이다(롬 6-8장). 바울은 이것이 바로 그리스도인들이 살아야 할 마땅한 삶이라고 한다. 여기서 거룩하고 의롭고, 선한 삶이란 율법의 요구를 이루는 삶인데(롬 7:12; 8:4), 율법의 요구는 사랑의 삶이라고 할 수 있다. 사랑은 율법의 완성이기 때문이다(롬 13:9-10 참조).[49]

4.2. 그리스도인의 윤리적 삶의 이유

그러면 바울은 그리스도인이 윤리적 삶을 살아야하는 이유를 무엇이라고 하는가? 우리가 윤리적 삶의 이유를 바로 알고 사는 것은 참으로 중요하다. 이것을 바로 알아야 윤리적 삶에 대한 동기가 부여되기 때문이다. 바울이 말하는 그리스도인의 윤리적 삶의 이유는 다음과 같이 몇 가지로 구분해서 생각해 볼 수 있다.

4.2.1. 새사람이 되어 죄에 대해서 죽고 의에 대해서 산 자가 되었으므로: 바울은 롬 6장에서 그리스도인이 왜 죄 가운데 더 이상 머물러 있을 수 없

---

49) 바울은 로마서 6장에서 그리스도인이 죄에서 벗어나 의로운 삶을 살 것을 다음과 같이 말한다. "1. 그런즉 우리가 무슨 말을 하리요 은혜를 더하게 하려고 죄에 거하겠느냐 2. 그럴 수 없느니라 죄에 대하여 죽은 우리가 어찌 그 가운데 더 살리요."(롬 6:1-2). 로마서 6:12-13에서는 "12. 그러므로 너희는 죄가 너희 죽을 몸을 지배하지 못하게 하여 몸의 사욕에 순종하지 말고 13. 또한 너희 지체를 불의의 무기로 죄에게 내주지 말고 오직 너희 자신을 죽은 자 가운데서 다시 살아난 자 같이 하나님께 드리며 너희 지체를 의의 무기로 하나님께 드리라."고 하고 있고, 로마서 6:19에서는 "너희 육신이 연약하므로 내가 사람의 예대로 말하노니 전에 너희가 너희 지체를 부정과 불법에 내주어 불법에 이른 것 같이 이제는 너희 지체를 의에게 종으로 내주어 거룩함에 이르라."고 한다. 한 마디로 그리스도인의 삶은 죄를 떠나 하나님의 뜻을 따라 의로운 삶을 살아야 하며, 이러한 의로운 삶을 통하여 거룩함에 이르러야 한다는 것이다. 그리고 그 결국은 영생이라는 것이다(롬 6:22 참조). 그러면, 바울에게 있어서 무엇이 의로운 삶인가? 그것은 한 마디로 율법을 이루는 삶이라고 할 것이다. 율법은 하나님의 의의 계시이기 때문이다. 로마서 2장 참조. 바울은 로마서 2장에서 다음과 같이 말한다. "12. 무릇 율법 없이 범죄한 자는 또한 율법 없이 망하고 무릇 율법이 있고 범죄한 자는 율법으로 말미암아 심판을 받으리라 13. 하나님 앞에서는 율법을 듣는 자가 의인이 아니요 오직 율법을 행하는 자라야 의롭다 하심을 얻으리니."

는가를 말한다(롬 6:1-11). 그리스도인은 예수를 믿을 때 하나님 앞에 죄 용서받아 의롭다 함을 얻었을 뿐만 아니라, 그리스도와 연합하여 하나가 되었기 때문이다(3 이하). 그리고 신자가 그리스도와 연합하여 하나가 되면, 그는 예수 그리스도의 죽으심과 하나가 되고 또 그리스도의 부활과 하나가 되는 것이다(6:3-5). 그리고 예수 그리스도의 죽으심은 죄에 대해서 죽으신 것이고, 그의 부활은 하나님을 향하여 산 것이기 때문에 그리스도 인도 예수와 함께 죄에 대해서 죽고, 하나님을 향하여 산 자가 되었다고 한다(6:10-11 등). 그러므로 이제 그리스도인은 더 이상 죄 안에서 살 수 없다는 것이다(2). 옛 사람이 죽어 죄에서 해방된 자가 어찌 더 죄의 종으로 살겠느냐는 것이다(6:6-7). 그 대신에 그는 이제 죄에서 벗어나 새로워진 자로서 자신을 하나님께 드려 의의 삶을 살아야 한다는 것이다(6:12-23). 이는 마치 병고침을 받은 자는 더 이상 질병의 고통에 매여 있지 않고, 그 대신에 질병에서 벗어난 건강한 몸으로 보람 있고, 복된 새로운 삶을 살아야 하는 것과 같다고 할 것이다.

사람이 구원받기 전에는 하나님의 뜻대로 살 수 없었다. 그는 죄와 죽음의 지배하에 있기 때문이다(롬 7장 등 참조).[50] 그러나 이제 예수를 믿어 구원받은 사람은 다르다. 그는 새사람이 되었고(고후 5:17), 죄와 죽음의 지배에서 벗어났으며(롬 6장 등), 또한 성령의 은혜와 능력을 힘입어 살게 되었기 때문이다(롬 8장 등). 그러므로 그는 그가 받은 구원의 은혜와 능력을 가지고 하나님을 기쁘시게 하는 삶을 살 수 있고, 또 그렇게 살아야 하는 것이다(롬 8:1-4 등 참조). 이것이 그리스도인이 윤리적 삶을 살아야 하는 이유들 중의 하나인 것이다.

---

50) 롬 7:14-25에서 "나"는 육신에 속한 자로서 일차적으로는 불신자를 가리키는 것으로 보아야 할 것이다. 장해경, "변증법적 긴장 속에서 사는 크리스천의 삶?: 로마서 7:7-25를 재고하며," 「성경과 신학」 39(2006): 52-86. 이와 대조되는 견해로는 김현광, "로마서 7:14-25절과 그리스도인의 현재적 삶", 「성경과 신학」 61(2012): 336-364. 그러나 본 연구자는 1차적으로 이는 육신에 속한 자 곧 불신자로 보는 것이 적절하다고 본다.

4.2.2. 죄 가운데 사는 것은 죽음이고, 의로운 삶은 참된 생명과 복이므로: 바울은 신자가 예수를 믿어 새 사람이 되었을지라도, 그가 다시 죄를 짓고, 그 죄 가운데 계속 있게 되면, 죽게 될 것이라고 경고한다. 바울은 롬 6:15-16절에서 말하기를, "15. 그런즉 어찌하리요 우리가 법 아래에 있지 아니하고 은혜 아래에 있으니 죄를 지으리요 그럴 수 없느니라 16. 너희 자신을 종으로 내주어 누구에게 순종하든지 그 순종함을 받는 자의 종이 되는 줄을 너희가 알지 못하느냐 혹은 죄의 종으로 사망에 이르고 혹은 순종의 종으로 의에 이르느니라."고 한다. 여기서 "너희"는 그리스도인들을 가리킨다. 그리스도인들이라도 자신을 누구에게 드리느냐에 따라 결과가 달라진다는 것이다. 자신을 죄에게 드리면, 죄의 종이 되어 사망에 이르고,[51] 자신을 하나님께 드리면, 순종의 종으로 의에 이른다는 것이다. 여기서 의에 이른다는 것은 거룩함의 열매를 맺고, 영생에 이르는 것을 말한다(6:22). 바울은 결론적으로 말한다: "죄의 삯은 사망이요 하나님의 은사는 그리스도 예수 우리 주 안에 있는 영생이니라"(롬 6:23). 물론 참 그리스도인은 이와 같이 계속 죄에 머물러 있다가 죽음에 이르지 않을 것이다(6:22).

바울은 롬 8:13에서도 말하기를, "너희가 육신대로 살면 반드시 죽을 것이로되 영으로써 몸의 행실을 죽이면 살리니,"라고 하였다. 여기서도 "너희"는 그리스도인들이다. 롬 8장에 의하면, 그리스도인은 예수 그리스도를 믿음으로 육신 안에 곧 육신의 지배 아래 있지 않고, 성령 안에 곧 성령의 은혜와 능력 안에 있다(롬 8:9). 그럼에도 불구하고 바울은 그리스도인들에게 육신을 따라 살지 말고,[52] 영으로써 몸의 행실을 죽이라고 한다. 이는 그

---

51) 모리스는 여기서 "죽음"은 육체의 죽음 이상이라고 한다. 이것이 죄와 연결된 것은 이 죽음이 공포이며, 크게 두려워할 것임을 보여준다고 한다. 죄는 결국 참으로 생명이라고 불릴 수 있는 모든 것을 잃게 만든다는 것이다. Morris, *The Epistle to The Romans*, 262.

52) 모리스는 여기서 육신을 따라 사는 것을 "육신에 의해 결합된, 자신의 지평과 함께 사는 것, 즉 이생의 관심에 의해 사는 것"이라고 한다. 그러나 본 연구자는 여기서 육신은 단순히 "이생의 관심" 정도가 아니라, 하나님을 대적하는 세력으로서 "죄의 세력"이라고 보는

리스도인들이 비록 정상적으로는 육신의 지배 아래 있지 않을지라도, 세상의 유혹을 받아 다시 육신 곧 죄의 욕망을 따라 살 수 있음을 가리키는 것이며, 그와 같이 계속하여 육신을 따라 살면, 바울은 심지어 "반드시" 죽을 것이라고 말하고 있는 것이다.[53] 따라서 그리스도인들은 이 세상에서 계속하여 세상의 유혹을 받아 육신을 따라 살 욕망을 갖게 될 수도 있지만, 그 육신 곧 죄의 욕망을 따라 살지 말고, 성령의 능력으로 몸의 행실 곧 죄에 속한 행위를 죽여야 한다는 것이다.[54] 그리고 신자는 자신의 능력으로는 죄의 세력을 이기지 못하나(롬 7장 참조), 성령을 좇아 행하면, 성령의 능력에 의해서 죄의 욕망을 이기고, 하나님의 뜻을 행하게 된다는 것이다(롬 8:3-4). 바울은 갈 5:16-26에서도 같은 취지의 말을 한다. 이와 같이 바울은 신자가 육신 곧 죄에게 굴복하여 죄 가운데 살 수 있음을 말하며, 그 결국은 사망이므로(롬 8:13 등), 신자는 더 이상 죄 가운데 살아서는 안 되며, 그 대신에 성령을 따라 삶으로 하나님의 뜻을 이루는 거룩하고 의로운 삶을 살아야 한다고 하는 것이다. 그리고 성령을 따라 삶으로 하나님의 뜻을 이루고(롬 8:4), 성령의 열매를 맺는 것은(갈 5:22-23) 그 자체가 참으로 복된 삶인 것이다. 그리스도인은 이 세상의 영광보다 하늘에 속한 것을 더 귀한 것으로 여기기 때문이다(롬 2:6-11; 골 3:1 이하 등 참조).

4.2.3. 신자의 구원의 완성을 위하여: 바울은 롬 6:19에서 " 너희 육신이

것이 더 적절하다고 본다. 왜냐하면, 롬 7장에 의하면, 이 육신은 사람으로 하여금 선을 행하지 못하게 하고 대신에 악을 행하게 하기 때문이다(롬 7:14-25 참조). Morris, *The Epistle to The Romans*, 312.

53) 모리스는 여기 "죽을 것이로되"(μελλετε αποθνησκειν)란 말에는 확실성이 있으며, 주어진 이유로부터 오는 확실한 결과가 있다고 한다. Morris, *The Epistle to The Romans*, 312.

54) 여기서 몸은 "죽음의 몸" 곧 죄와 죽음의 지배 아래 있는 몸(롬 7:24)을 가리킨다고 할 것이다. Morris, *The Epistle to The Romans*, 312. 그리고 "죽이면"은 현재형으로 계속적인 행위를 말한다. Morris, *The Epistle to The Romans*, 312.

연약하므로 내가 사람의 예대로 말하노니 전에 너희가 너희 지체를 부정과 불법에 내주어 불법에 이른 것 같이 이제는 너희 지체를 의에게 종으로 내주어 거룩함에 이르라."고 말하고 있고, 6:22에서는 "그러나 이제는 너희가 죄로부터 해방되고 하나님께 종이 되어 거룩함에 이르는 열매를 맺었으니 그 마지막은 영생이라."고 말한다. 그리스도인들이 자신을 하나님께 또는 의에게 종으로 드리면, 곧 하나님의 뜻에 또는 의에게 자신을 드려 순종하는 삶을 살면, 거룩함을 이루고, 그 마지막은 영생이라는 것이다. 바울은 신자가 예수를 믿음으로 이미 생명을 얻었다고 하나(롬 5:18 등), 여기서 말하는 영생은 종말론적으로 완성되는 구원으로서의 영생을 말하는 것이다.[55] 그러므로 여기서 바울이 말하는 것은 신자가 자신을 하나님께 드려 또는 의에게 드려 의로운 삶을 살 때, 그는 거룩함을 이루고(성화), 결국 구원의 완성으로서의 영생에 이르게 된다는 것이다. 이는 그리스도인의 순종의 삶이 성화와 구원의 완성으로서의 영화에 이르는 길이 됨을 말하는 것이다. 물론 신자는 그가 하나님의 뜻대로 온전한 삶을 살지 못했을지라도, 그가 예수 그리스도를 믿는 믿음을 가지고 있는 한, 구원을 얻을 것이다. 구원은 오직 믿음으로 이루어지기 때문이다.

바울은 롬 8:28-30에서 인간의 구원의 과정을 다음과 같이 말한다.

28. 우리가 알거니와 하나님을 사랑하는 자 곧 그의 뜻대로 부르심을 입은 자들에게는 모든 것이 합력하여 선을 이루느니라 29. 하나님이 미리 아신 자들을 또한 그 아들의 형상을 본받게 하기 위하여 미리 정하셨으니 이는 그로 많은 형제 중에서 맏아들이 되게 하려 하심이니라 30. 또 미리 정하신 그들을 또한 부르시고 부르신 그들을 또한 의롭다 하시고 의롭다 하신 그들을 또한 영화롭게 하셨느니라.

---

55) Morris, *The Epistle to The Romans*, 266-267.

하나님의 뜻은 신자들이 영적으로 성숙하여 그 아들 곧 예수 그리스도의 형상을 본받게 하기를 원하신다. 그리고 이 일을 위하여 하나님은 모든 것이 합력하여 선을 이루게 하신다. 이 때 신자의 순종의 삶은 신자들을 거룩하게 하시려는 하나님의 뜻을 이루는 것을 순조롭게 할 것이다. 그러므로 바울은 롬 5:3-4에서 다음과 같이 말한다. "3. 다만 이뿐 아니라 우리가 환난 중에도 즐거워하나니 이는 환난은 인내를, 4. 인내는 연단을, 연단은 소망을 이루는 줄 앎이로다." 신자가 이 세상에서 환난 중에도 소망을 가지고 살아갈 때, 그 환난은 오히려 인내를 가져오고, 인내는 연단 곧 그리스도인의 인격의 성숙을 가져오며, 결국은 그리스도인의 소망인 영생을 얻게 한다는 것이다. 이런 점에서 볼 때, 그리스도인들의 의와 거룩한 삶은 그리스도인들의 인격의 성숙을 가져오고, 또 이것이 성화와 구원의 완성으로서의 영생(영화)에 이르게 한다는 것이다. 따라서 그리스도인들의 윤리적 삶 곧 순종의 삶은 구원의 완성을 위해서도 필요한 것이다. 물론 이러한 구원의 완성은 하나님의 주권에 의해서 이루어지지만, 신자는 이러한 하나님의 인도하심에 믿음으로 순종해야 할 책임이 있는 것이다.[56]

4.2.4. 하나님의 종말론적인 심판 앞에 바로 서기 위해서이다. 바울은 그리스도인들에게도 하나님의 심판이 있음을 말한다. 바울은 롬 14:10-12에서 다음과 같이 말한다.

10. 네가 어찌하여 네 형제를 비판하느냐 어찌하여 네 형제를 업신여기느냐 우리가 다 하나님의 심판대 앞에 서리라 11. 기록되었으되 주께서 이르시되 내가 살았노니 모든 무릎이 내게 꿇을 것이요 모든 혀가 하나님께 자백하리라 하였느니라 12. 이러므로 우리 각 사람이 자기 일을 하나님께 직고하리라.

---

56) 최갑종, "바울과 윤리: 바울의 윤리적 교훈의 특징—직설법과 명령법", 569-570.

그리스도인들도 다 하나님의 심판대 앞에 서서 각자가 행한 자기 일을 하나님께 직고한다는 것이다. 그러므로 그리스도인은 이 세상에서 하나님 앞에 어떻게 살 것인가를 신중히 생각하여 하나님을 기쁘시게 하는 삶을 살아야 한다는 것이다.

바울은 또한 고후 5:8-10에서도 다음과 같이 말한다.

> 8. 우리가 담대하여 원하는 바는 차라리 몸을 떠나 주와 함께 있는 그 것이라 9. 그런즉 우리는 몸으로 있든지 떠나든지 주를 기쁘시게 하 는 자가 되기를 힘쓰노라 10. 이는 우리가 다 반드시 그리스도의 심판 대 앞에 나타나게 되어 각각 선악 간에 그 몸으로 행한 것을 따라 받 으려 함이라.

우리 그리스도인들이 다 반드시 그리스도의 심판대 앞에 나타나 각각 선악 간에 그 몸으로 행한 것을 따라 받는다는 것이다. 그러므로 바울은 이 세상에 사는 동안 주를 기쁘시게 하는 삶을 살기 위해 힘쓴다는 것이다. 이것은 바로 이 세상에 사는 그리스도인들의 삶의 자세가 되어야 할 것이다. 바울은 또한 고전 3:10-15에서 그리스도의 일군들이 어떻게 행했는가에 따라서 상을 받기도 하고, 그렇지 못하기도 한다는 것을 말한다. 따라서 그리스도인은 이 세상에 사는 동안 하나님의 뜻을 따라 하나님을 기쁘시게 하는 삶을 살아야 한다는 것이다.

4.2.5. 이 세상에서 하나님의 뜻을 이루기 위해서: 바울은 그리스도인들의 윤리적 삶 곧 순종의 삶은 그 외에도 이 세상에서 하나님의 뜻을 이루기 위해서도 필요한 것을 말한다. 그가 말하는 하나님의 뜻은 여러 가지로 볼 수 있으나 다음과 같이 몇 가지로 구분해서 볼 수 있을 것이다.

1) 하나님의 뜻은 그리스도의 몸인 교회를 세우는 것이다. 바울은 그리스도인들이 그리스도의 몸인 교회를 위해서 각자가 가진 은사를 활용해서 서로 봉사해야 함을 말한다(롬 12:3-12 등). 교회는 그리스도의 몸으로서 하나님은 교회가 온전하게 되기를 원하시기 때문이다(엡 4장 등 참조).

2) 이 세상에서 하나님의 나라를 이루는 것이다. 바울은 그리스도인들이 이 세상에서 하나님의 나라를 위해서 일해야 함을 말한다. 하나님의 나라는 하나님이 다스리시는 나라로서 하나님은 궁극적으로 그의 나라를 이루시기를 원한다는 것이다. 바울은 롬 14:15-20에서 다음과 같이 말한다.

> 15. 만일 음식으로 말미암아 네 형제가 근심하게 되면 이는 네가 사랑으로 행하지 아니함이라 그리스도께서 대신하여 죽으신 형제를 네 음식으로 망하게 하지 말라 16. 그러므로 너희의 선한 것이 비방을 받지 않게 하라 17. 하나님의 나라는 먹는 것과 마시는 것이 아니요 오직 성령 안에 있는 의와 평강과 희락이라 18. 이로써 그리스도를 섬기는 자는 하나님을 기쁘시게 하며 사람에게도 칭찬을 받느니라 19. 그러므로 우리가 화평의 일과 서로 덕을 세우는 일을 힘쓰나니 20. 음식으로 말미암아 하나님의 사업을 무너지게 하지 말라 만물이 다 깨끗하되 거리낌으로 먹는 사람에게는 악한 것이라.

바울은 여기서 신자들이 고기 먹는 문제와 같이 음식 문제로 신자들에게 서로 해를 끼치는 일을 해서는 안 된다고 한다. 그리고 그 이유는 하나님의 나라는 먹는 것과 마시는 것과 같은 음식에 의해서 결정되는 것이 아니고, 오직 성령 안에서 의와 평강과 희락이기 때문이라고 한다. 다시 말해서 하나님의 나라는 성령 안에 있음으로써 얻게 되는 의와 평화와 희락이라는 것이다. 그러므로 이러한 것을 알고, 이러한 의와 평화와 희락을 가지고 그리스도를 섬기고, 그리스도인들 사이에 화평과 서로 덕을 세우는 일에 힘써야 한다는 것이다. 이와 같이 바울은 그리스도인들이 성령 안에서 하나님의 나라의 확장을 위해서 일해야 함을 말하고 있는 것이다. 물론 완전한 하나님의 나라는 예수님이 다시 오셔야 이루어지겠지만, 그리스도인들은 그 때까지 이 땅에서 하나님의 나라가 이루어지도록 일해야 한다는 것이다.[57]

3) 이 땅에서 정의와 평화가 이루어지게 하는 것이다. 바울은 그리스도인들이 이 땅에서 정의와 평화를 추구하며 살아야 할 것을 말한다(롬 12:14-21; 13:1-14 등). 하나님은 이 땅에 정의와 평화를 이루기를 원하시고, 바로 이것이 완전히 이루어지는 것이 하나님의 나라라고 할 것이다(롬 14:17 등 참조). 그리고 그리스도인들은 바로 이것을 위해서 일해야 한다는 것이다.[58]

4) 하나님의 영광을 드러내 하나님의 창조의 목적을 이루는 것이다. 바울은 롬 12:1에서 그리스도인들이 자신을 하나님께 드리는 삶을 살아야 한다고 하면서, 이는 그리스도인들이 마땅히 드려야 할 영적인 예배라고 한다. 다시 말해서 그리스도인들의 윤리적 삶은 하나님께 대한 예배가 된다는 것이다. 예배는 인간이 하나님께 마땅히 드려야 할 것이다. 이것이 하나님이 온 세계를 창조하신 목적이기 때문이다(롬 1:19-23,25 등 참조). 그리고 이것은 하나님이 인간을 구원하신 목적이기도 하다(엡 1:3-14; 2:10 등 참조). 그러므로 그리스도인은 하나님께 마땅히 드려야 할 예배를 위해서도 하나님 앞에 거룩한 산 제사의 삶을 살아야 한다는 것이다(고전 10:31; 빌 2:15,16 등 참조).

---

57) 예수님도 그리스도인들이 이 땅에서 하나님의 나라가 이루어지기를 바라고 기도해야 함을 그의 가르치신 기도에서 알려준다. (마 6:9-13 참조). 개역개정 한글 성경.
58) 예수님도 이 세상에서 신자들이 정의와 평화를 추구하며 살 것을 말하셨다. 마 5:1-16 등 참조.

4.3. 그리스도인의 윤리적 삶의 방법

그러면 그리스도인의 윤리적 삶은 어떻게 가능한가? 사도 바울은 그리스도인의 윤리적 삶이 어떻게 가능하다고 보는가? 사도 바울이 말하는 그리스도인의 윤리적 삶의 방법을 다음과 같이 세 가지로 정리해 본다.[59)]

1) 먼저는 하나님의 아들 예수 그리스도를 바로 알고 믿어서 구원을 받아야 한다. 사람이 먼저 구원받지 않고는 하나님의 뜻을 행할 수 없기 때문이다(롬 7장 등 참조).

2) 다음에 그리스도인은 항상 예수 그리스도를 믿는 가운데 성령의 인도하심을 따라 순종하는 삶을 살아야 한다(롬 6-8장 등 참조). 구원받은 신자라도 자신의 힘만으로는 하나님의 뜻을 행할 수 없고(롬 7장 등), 오직 삼위 하나님의 도우심에 의해 가능하기 때문이다(롬 8장 등).

3) 그리고 구체적인 삶의 현장에서 하나님의 뜻을 분별하고 행해야 한다.

4.3.1. 먼저는 하나님의 아들 예수 그리스도를 바로 알고 믿어서 구원을 받아야 한다.

바울은 인간이 그리스도인의 윤리적 삶의 기준인 하나님의 뜻을 따라 거룩하고 의롭고 선한 삶을 살려면, 먼저 하나님의 아들 예수 그리스도를 믿어서 구원을 받아 새 사람이 되어야 한다고 한다. 사람이 먼저 예수를 믿어 죄 용서받고, 새 사람이 되지 않고는 하나님의 뜻대로 사는 것이 불가능하다고 보기 때문이다. 사람이 구원받기 전에는 하나님의 뜻을 알지도 못하고(롬 1:18-32 참조), 또 하나님의 뜻을 안다고 해도 그 뜻을 행할 수 있는 능력이 없기 때문이다(롬 3:20; 7:14-25 등 참조). 예수 그리스도를 믿어서 새사람이 되기 전에 인간은 죄와 죽음의 권세 아래 있기 때문이다(롬 3:23;

59) 최영태, "바울의 윤리적 이상과 그 실현 방법에 대한 연구", 243-253.

1:18-3:20).

그러므로 인간은 먼저 하나님의 아들 예수 그리스도를 믿어 구원을 받아야 하는 것이다. 그러면 그는 죄와 죽음에서 벗어나 영생을 얻고 새사람이 되어 하나님의 뜻을 행할 수 있게 된다(롬 6장 등). 인간이 자신의 죄를 회개하고, 하나님의 아들 예수 그리스도를 믿으면, 그는 하나님의 은혜로 죄에서 해방되고(롬 6장), 새사람이 되며(롬 6장), 또한 성령을 받아 하나님의 은혜와 능력이 그와 함께 하기 때문이다(롬 8장 참조).

4.3.2. 다음에 그리스도인은 항상 예수 그리스도를 믿는 가운데 성령의 인도하심을 따라 순종하는 삶을 살아야 한다(롬 6-8장 등 참조).

사도 바울은 그리스도인이 하나님의 뜻을 따라 거룩하고 의롭고 선한 삶을 살고, 또 교회와 이웃을 섬기며 살기 위해서는 하나님의 은혜와 능력과 도우심이 필요함을 말한다(롬 6-8장). 구원받은 신자라도 자신의 힘만으로는 하나님의 뜻을 행할 수 없고(롬 7장 등), 오직 삼위 하나님의 도우심이 필요하기 때문이다(롬 8장 등). 그러나 또한 그리스도인이 해야 할 일이 있다. 그것은 계속하여 하나님을 믿고 의지하여 순종하는 것이다(롬 6-8장 등). 다시 말해서 그리스도인은 계속하여 예수 그리스도를 믿고 의지해야 하며, 하나님의 성령의 인도하심을 따라 순종해야 하는 것이다(롬 8:1-14 등 참조). 이렇게 살 때 그리스도인은 육신의 소욕을 이기고, 의로운 삶을 살게 되며, 또한 하나님의 뜻을 이루는 삶을 살게 되는 것이다. 그런데 여기서 그리스도인은 항상 예수 그리스도를 믿는 가운데 성령의 인도하심을 따라 살아야 한다고 하였는데, 그것은 그리스도인의 신앙은 마음으로 믿는 것으로 그것은 계속적인 신뢰의 관계이기 때문이다(롬 10:10; 고전 13:13 등 참조).

4.3.3. 그리고 구체적인 삶의 현장에서 하나님의 뜻을 분별하고 행해야 한다.

바울은 롬 12-15장에서 그리스도인이 현실의 삶 속에서 어떻게 살아야 하는가를 말한다. 그는 먼저 그리스도인이 자신을 하나님께 드리는 삶을 살아야 함을 말하고(12:1), 하나님의 뜻을 분별하여 그 뜻대로 살아야 함을 말한다(12:2). 그리고 그리스도의 몸인 교회를 위해서 그리스도인들이 각자가 가진 은사를 활용하여 서로 섬기는 삶을 사는 것과(12:3-13), 이웃과 화목을 이루며 사는 법(12:14-21), 그리고 세상 권세에 대한 자세(13:1-7)와 이웃사랑의 법(13:8-10)과 종말론적인 신자의 삶의 자세(13:11-14)를 말하고, 교회 안에서 그리스도인들 사이의 화목에 대해서(14:1-15:13) 말한다. 이 내용은 롬 6-8장에 있는 그리스도인들의 거룩한 삶의 내용의 구체적인 적용으로서 그리스도인들이 현실의 삶에서 어떻게 살아야 할 것인가를 말하는 것이다. 그것은 그리스도인들이 현실의 삶 속에서 구체적으로 자신의 위치와 역할 또는 사명을 바로 알고, 그에 합당하게 곧 각자에게 주어진 은사와 재능을 활용하여 서로 봉사하는 삶을 살 것을 말하는 것이다. 이것을 위해서는 믿음 안에서의 지혜가 필요하며(12:3 참조), 현실을 분별하는 것과 성령의 도우심과 인도하심이 필요할 것이다(롬 8:1-14; 12:1-2 참조).[60]

5. 구원과 윤리의 관계에 대한 바울의 견해

이상에서 바울의 구원에 대한 견해와 그리스도인의 윤리적 삶에 대한 견해를 고찰하였다. 그러면 구원과 윤리의 관계는 무엇인가? 곧 그리스도인의 구원과 윤리적 삶의 관계는 무엇인가? 이제까지 앞에서 본 내용을 기초로 바울이 말하는 구원과 윤리의 관계를 요약해서 정리해 보면, 다음과 같이 몇 가지 결론을 얻게 된다.

---

60) 이에 대한 자세한 내용은 최영태, "그리스도인의 윤리적 삶의 방법에 대한 사도 바울의 교훈 연구", 「신학과 실천」 6(2008): 175-200을 참고하기 바란다.

5.1. 바울에게 있어서 그리스도인의 현재적 구원은 그리스도인의 윤리적 삶의 기초가 된다.

그리스도인의 윤리적 삶은 거룩하고, 의롭고, 선해야 한다. 그러나 이러한 삶은 사람이 먼저 구원받지 않고는 불가능한 것이다. 인간은 죄로 말미암아 죄와 죽음의 지배 아래 있기 때문에 하나님의 뜻을 알지도 못하고, 혹 율법을 통해서 하나님의 뜻을 안다고 할지라도 그 뜻을 행할 수 있는 능력이 없기 때문이다(롬 7장 등 참조). 그러나 예수 그리스도를 알고 믿어서 구원받은 자는 죄에서 해방되고(롬 6장), 새사람이 되며, 곧 죄에 대해서 죽고 하나님을 향하여 산 자가 되며(롬 6장), 또한 하나님의 성령이 그 안에 계셔서(롬 8:9 등) 그를 인도하시며(롬 8:1-14 등), 또한 삼위의 하나님이 그를 돕기 때문에(롬 8:15-39 등) 그는 하나님이 원하시는 그리스도인의 윤리적 삶을 살 수 있는 것이다(롬 8:13 등).

5.2. 바울에게 있어서 그리스도인의 윤리적 삶은 또한 구원의 완성을 위한 요소가 된다.

바울은 거듭하여 그리스도인의 믿음과 순종의 삶은 그에게 의와 거룩을 이루어 결국 영생에 이르게 된다고 하였다(롬 6:19-23; 2:6-10; 5:3-4; 8:17-25; 13:11-14; 갈 6:7-8; 빌 2:12 등). 반대로 바울은 구원받은 자일지라도 자신을 죄에게 드려 계속하여 죄 가운데 살면 죽음에 이르게 되고(롬 6:15-16,23), 육신대로 살면 반드시 죽을 것이라고 하며(롬 8:13), 이방인

---

61) 20. 옳도다 그들은 믿지 아니하므로 꺾이고 너는 믿으므로 섰느니라 높은 마음을 품지 말고 도리어 두려워하라 21. 하나님이 원 가지들도 아끼지 아니하셨은즉 너도 아끼지 아니하시리라 22. 그러므로 하나님의 인자하심과 준엄하심을 보라 넘어지는 자들에게는 준엄하심이 있으니 너희가 만일 하나님의 인자하심에 머물러 있으면 그 인자가 너희에게 있으리라 그렇지 않으면 너도 찍히는 바 되리라. 롬 11:20-22.

그리스도인들도 믿지 아니하면 버림받을 수 있음(롬 11:20-22[61] 등)을 경고하고 있다. 물론 그리스도인이 하나님의 뜻대로 온전히 살지 못했을지라도 그가 예수 그리스도에 대한 신앙을 가지고 있는 한 구원은 받겠지만, 이것이 하나님이 기뻐하시는 뜻은 아닌 것이다.

5.3. 그리스도인들의 윤리적 삶은 또한 하나님의 종말론적 우주적 구원을 위한 한 요소가 된다.

여기서 말하는 종말론적 우주적 구원이란 온 우주와 그 안의 모든 피조물의 구원을 말한다(롬 8:17-25 등). 바울은 롬 19-21에서 다음과 같이 말한다.

> 19. 피조물이 고대하는 바는 하나님의 아들들이 나타나는 것이니 20. 피조물이 허무한 데 굴복하는 것은 자기 뜻이 아니요 오직 굴복하게 하시는 이로 말미암음이라 21. 그 바라는 것은 피조물도 썩어짐의 종 노릇 한 데서 해방되어 하나님의 자녀들의 영광의 자유에 이르는 것이니라.

바울은 여기서 피조물이 하나님의 아들들이 나타나기를 기다리는데, 그 이유는 피조물도 썩어짐의 종노릇에서 해방되어 하나님의 자녀들의 영광의 자유에 이르기를 바라기 때문이라고 한다. 다시 말해서 하나님의 자녀들이 영광의 자유에 이르게 될 때 피조물도 그러한 자유에 참여하는 종말론적 우주적 구원이 이루어진다는 것이다. 그런데 여기서 하나님의 자녀들의 영광의 자유는 그들의 구원이 완성될 때 이루어지므로,[62] 신자의 구원의

---

62) Morris, *The Epistle to The Romans*, 322.

완성을 위한 한 요소인 신자의 윤리적 삶은 하나님의 우주적 종말론적인 구원에서도 그 한 요소가 된다고 할 수 있다. 다시 말해서 그리스도인들의 윤리적 삶은 자신의 구원의 완성뿐만 아니라, 나아가 온 세계의 구원을 위한 하나의 요소도 된다는 것이다.

5.4. 그리스도인의 윤리적 삶은 단지 자신의 구원만을 위한 것이 아니다. 그것은 또한 이 세상에서 하나님의 뜻과 하나님의 영광을 이루기 위한 것이다.

바울은 그리스도인들의 헌신적 삶은 하나님께 대한 예배라고 하였고(롬 12;1), 그리스도인들은 그들의 섬기는 삶을 통하여 그리스도의 몸인 교회를 세우고(롬 12:3-13), 또 이 세상에서 평화를 이루고(롬 12:14-21), 또 정의를 실현하며(롬 13:1-10 등), 하나님의 나라를 이루는 것(롬 14:17 등)이라고 하였다.

5.5. 소결론

이와 같이 그리스도인들의 윤리적 삶(명령법)은 현재적 구원(직설법)을 기초로 하면서 또한 종말론적 구원의 완성(미래적 목적)을 위해 필요한 것이다. 그리고 단순히 신자 자신의 구원만을 위한 것이 아니라, 그의 삶을 통해 하나님의 뜻을 이루기 위한 것이다. 곧 예배를 통해 하나님께 영광을 돌리며, 그리스도의 복음을 전파하여 사람들을 구원으로 인도하며, 그리스도의 몸인 교회를 세우고, 이 땅에서 정의와 평화를 이루며, 궁극적으로 영원한 하나님의 나라를 이루기 위해 필요한 것이다. 물론 이 모든 것은 하나님의 주권과 은혜에 의해서 이루어지지만 동시에 인간은 이러한 하나님의 은혜의 역사에 믿고 순종해야 할 책임이 있다는 것이다.

결론

이상에서 로마서의 내용을 중심으로 바울의 윤리적 교훈에 대해서, 그 중에서 특히 구원과 윤리의 관계에 대해서 고찰하였다. 이 연구에서 발견한 것을 몇 가지 정리해 보면, 먼저 바울에게 있어서 구원은 인간이 죄와 죽음에서 벗어나 영생을 얻는 것이다. 그리고 이러한 구원을 얻는 방법은 하나님의 아들 예수 그리스도를 믿고 의지하는 것이다. 그러면 그는 죄 용서받고, 거듭나 새 사람이 되고, 하나님의 자녀가 되며, 그리스도의 몸인 교회의 일원이 된다. 그리고 그 믿음이 성장하여 예수를 닮아 거룩한 사람이 되고, 예수님이 다시 올 때 부활하여 영원한 하나님의 나라에 들어간다. 다시 말해서 구원의 내용은 구원의 시작과 진행과 완성이 있다는 것이다.

다음에 바울에게 있어서 그리스도인의 윤리적 삶은 윤리적 삶의 기준과 이유와 방법으로 구분하여 보았는데, 그리스도인의 윤리적 삶의 기준은 그리스도인이 하나님의 뜻을 따라 거룩하고(롬 6:22), 의롭고(롬 6:13 등), 선한 삶(롬 7:18 등 참조) 곧 사랑의 삶(롬 13:9-10 참조)을 사는 것이다. 그리고 그리스도인의 윤리적 삶의 이유는 1) 그리스도인은 구원받아 새사람이 되어 죄에 대해서 죽고 의에 대해서 산 자가 되었기 때문이며, 2) 죄 가운데 사는 것은 죽음이고, 의로운 삶은 참된 복의 삶이기 때문에, 3) 신자의 구원의 완성을 위하여, 4) 하나님의 종말론적인 심판 앞에 바로 서기 위해서, 5) 이 세상에서 하나님의 뜻을 이루기 위해서, 곧 그리스도의 몸인 교회를 세우고, 이 세상에서 하나님의 나라를 이루며, 이 땅에서 정의와 평화가 이루어지게 하고, 하나님의 영광을 드러내 하나님의 창조의 목적을 이루기 위해 필요하다는 것이다. 그리고 이러한 윤리적 삶을 살기 위해서는 하나님의 은혜와 능력이 필요한데, 그리스도인에게는 이러한 하나님의 은혜와 능력의 역사에 대해 믿음과 순종으로 응답하는 것이 필요함을 보았다.

그리고 구원과 윤리의 관계로서는 1) 바울에게 있어서 구원(현재적 구원, 직설법)은 윤리적 삶(명령법)의 기초가 되며, 2) 바울에게 있어서 그리스도인의 윤리적 삶은 또한 구원의 완성을 위한 요소가 되고, 3) 그리스도인들의 윤리적 삶은 또한 하나님의 종말론적 우주적 구원을 위한 한 요소가 되며, 4) 그리스도인의 윤리적 삶은 단지 구원만을 위한 것이 아니라, 그 자체가 하나님의 영광을 위한 것이고, 또한 이 세상에서 하나님의 뜻을 이루기 위한 것임을 보았다.

이상의 내용을 통해서 보는 것은 그리스도인의 윤리적 삶은 필수적이라는 것이다. 그리스도인은 죄와 죽음에서 벗어나 새사람이 되었으며, 성령을 모시고 있고, 삼위 하나님의 도우심을 받고 있다. 그러므로 그리스도인은 하나님의 은혜로 선을 행할 수 있는 것이다. 그리고 그리스도인의 윤리적 삶은 신자 자신의 구원의 완성과 함께 이 땅에서 하나님의 뜻을 이루기 위해서도 꼭 필요하다는 것이다.

이상에서 바울의 로마서를 중심으로 바울이 말하는 구원과 윤리의 관계에 대해서 고찰하였다. 이것을 기초로 그리스도인들이 자신의 구원뿐만 아니라 온 세계의 구원을 위한 하나님의 뜻을 이루는데 있어서 신자의 윤리적 삶의 위치와 중요성과 방법을 바로 알고 실천함으로 오늘날 윤리적 위기를 맞고 있는 한국교회의 갱신을 이루고, 또 한국교회의 사회적 신뢰도를 높여 이 시대에 한국교회의 선교적 사명을 감당하는데 도움이 되기 바란다.

[참고문헌]

강영안 외 20명. 『한국교회, 개혁의 길을 묻다』. 서울: 새물결플러스, 2013.

김세윤. "한국교회 문제의 근원, 신학적 빈곤". 『한국교회, 개혁의 길을 묻다』. 서울: 새물결플러스, 2013.

김세윤. 『바울신학과 새관점』. 서울: 두란노, 2002.

_____. 『예수와 바울』. 서울: 두란노, 2001.

김의원 편. 『NIV 한영해설성경』. 고양시: (유)성서원, 2013.

김정연. "'칭의'는 구원의 완성 아냐…하나님과의 관계 중요." News Mission. 2013. 12. 16. http://www.newsmission.com/news/news_view.asp?seq=56179.

김현광. "로마서 7:14-25절과 그리스도인의 현재적 삶". 『성경과 신학』. 61(2012): 336-364.

윤화미. "한국교회, 사회봉사는 '최고' 신뢰도는 '최하'." News Mission. 2014. 2. 5. http://www.newsmission.com/news/news_view.asp?seq=56685.

이승구. 『톰 라이트에 대한 개혁신학적 반응: N. T. Wright의 신학적 기여와 그 문제점들』. 수원시: 합동신학대학원 출판부, 2013.

장보웅, 고영민 편저. 『분해 대조 로고스 성경』. 서울: 도서출판 로고스, 1990.

장종현과 최갑종. 『사도 바울: 그의 삶, 편지, 그리고 신학』. 개정증보판. 서울: 기독교연합신문사, 2001.

장해경. "변증법적 긴장 속에서 사는 크리스천의 삶?: 로마서 7:7-25를 재고하며". 『성경과 신학』. 39(2006): 52-86.

조제호 편. 『2013 한국교회의 사회적 신뢰도 여론조사 결과 발표 세미나』. 서울: (사) 기독교윤리실천운동, 2014.

최갑종. "바울과 윤리: 바울의 윤리적 교훈의 특징 - 직설법과 명령법." 『사도 바울: 그의 삶, 편지, 그리고 신학』. 개정증보판. 서울: 기독교연합신문사, 2001: 557-576.

_____. "한국교회와 구원론: '새 관점'에 대한 복음주의의 대응: 로마서와 갈라디아서에 나타난 바울의 '이신칭의'(the Justification by Faith) 교훈을 중심으로." 『성경과 신학』. 55(2010): 1-40.

최영태. "그리스도인의 윤리적 삶의 방법에 대한 통전적, 구조적 이해에 대한 연구: 바울윤리의 구조적 분석을 중심으로." 박사학위 논문. 연세대학교 대학원,

2007.

_____. "로마서에 나타난 바울윤리의 구조론적 분석: 구원과 규범과의 관계를 중심으로." 석사학위 논문, 연세대학교 대학원, 2000.

_____. "로마서에 나타난 바울의 윤리적 교훈에 대한 연구: 구원과 윤리의 관계를 중심으로", 「성경과 신학」. 73(2015): 243-280.

_____. "바울의 윤리적 이상과 그 실현 방법에 대한 연구: 로마서의 윤리적 교훈을 중심으로," 「복음과 윤리」 11(2014): 217-259.

_____. "인간 삶의 윤리적 판단 기준에 대한 연구," 「복음과 윤리」 10(2013): 164-205.

_____. "윤리의 기본 개념과 목적에 대한 연구." 「복음과 윤리」 9(2012): 157-203.

_____. "그리스도인의 윤리적 삶의 방법에 대한 사도 바울의 교훈 연구." 「신학과 실천」. 6(2008): 175-200.

한경민. " '말 따로 삶 따로' 만성 불신 한국교회." NEWSNJOY. 2014. 2. 4. http://www.newsnjoy.or.kr/news/articleView.html?idxno=196075

Cranfield, C. E. B. *Romans: A Shorter Commentary*. Grand Rapids: Eerdmans, 1985.

Dunn, James D. G. *The Theology of Paul the Apostle*. Grand Rapids: Eerdmans, 1998.

_____. *The Theology of Paul the Apostle*. Grand Rapids: Eerdmans, 1998. 『바울신학』. 박문재 역. 서울: 크리스챤 다이제스트, 2003.

Furnish, Victor Paul. *The Moral Teaching of Paul: Selected Issues*. rev. 2nd ed. Nashville: Abingdon Press, 1985.

_____. *Theology and Ethics in Paul*. Nashville: Abingdon, 1968. 『바울의 신학과 윤리』. 김용옥 역. 서울: 대한기독교출판사, 1996.

Hays, Richard B. *The Moral Vision of The New Testament: Community, Cross, New Creation: A Contemporary Introduction to New Testament Ethics*. New York: HarperSanFransisco, 1996.

_____. *The Moral Vision of The New Testament: Community, Cross, New Creation: A Contemporary Introduction to New Testament Ethics*. New York: HarperSanFransisco, 1996. 『신약의 윤리적 비전』. 유승원 역. 서울: 한국기독학생회 출판부, 2002.

Morris, Leon. *The Epistle to The Romans*. 1988. Reprint, Grand Rapids: Eerdmans, 1994.

Nestle-Aland Novum Testamentum Graece. 7th edition. Stuttgart: Deutsche Bibelgesellschaft, 1983.

Stott, John. *The Message of Romans: God's Good News for the World.* Downers Grove: InterVasity Press, 1994.

_____. *The Message of Romans: God's Good News for the World.* Downers Grove: InterVasity Press, 1994. 『로마서 강해: 온 세상을 향한 하나님의 복음』. 정옥배 역. 서울: 한국기독학생회출판부, 2006.

Wright, N. T. *Justification: God's Plan and Paul's Vision.* London: Society for Christian Knowledge, 2009. 최현만 역. 『톰 라이트, 칭의를 말하다』. 평택: 에클레시아북스, 2013.

_____. *What St. Paul Really Said?* Oxford: A Lion Book, 1997. 최현만 역. 『톰 라이트, 바울의 복음을 말하다』. 평택: 에클레시아북스, 2012.

[영문요약]

A Study on the Apostle Paul's Ethical Teaching in the Epistle to the Romans:
Focusing on the Relationship between Salvation and Ethics

This thesis examined the Apostle Paul's ethical teaching in the Epistle to the Romans, especially the relationship between salvation and ethics. The result is this. First, in Paul salvation is to get eternal life, delivered from sin and death(Rom. 1:16-17). The way to receive this salvation is to believe in the Lord Jesus Christ the Son of God. Then the believer is forgiven of his/her sin, regenerated to a new person, become a child of God, receive the Holy Spirit, and become a member of the Church the body of Christ. Then the believer grows in his/her faith to become a holy person like Jesus Christ. And when the Lord Jesus Christ returns to this world, the believer will be resurrected and enter the eternal Kingdom of God.

Next, in Paul the ethical life of a Christian can be divided into three parts: the standard, the reason, and the way of Christian ethical life. The standard of Christian ethical life is to live a holy(Rom. 6:22), righteous(Rom. 6:13), and good life(Rom. 7:18, etc.), that is to live in Christian love(Rom. 13:9-10), according to the will of God. Then the reason of Christian ethical life is: 1) because the Christian has become a new person, having been dead to sin and alive to righteousness, 2) because to live in sin is death, and to live in righteousness is true life and happiness, 3) to complete the perfection of a believer's salvation, 4) to stand firm before the eschatological judgment of God, 5) to accomplish the will of God in the world, that is, to build the Church the body of Christ, to establish the kingdom of God in the world, to realize justice and peace in the world, and to manifest the glory of God to fulfill the purpose of creation of God. The way of Christian ethical life is to work by the power and the grace of God through responding to God's grace in faith and obedience in the believer's part.

The relationship between salvation and ethics in Paul is: 1) the present salvation(indicative) becomes the foundation of a Christian's ethical life(imperative), 2) the Christian ethical life is an element for the perfection of salvation of a believer, 3) the Christian ethical life is also an element for the eschatological and universal salvation of God, and 4) the Christian ethical life is not only for the perfection of a believer's salvation, but also for the glory and for the fulfillment of God's will in the world.

Key Words: the Apostle Paul, Pauline epistles, the Epistle to the Romans, salvation and ethics, standard, reason and way of Christian ethical life, Indicative, Imperative.

Chapter 7

그리스도인의
윤리적 삶의 방법

자료6: 로마서 6-8장에 나타난 그리스도인의
윤리적 삶의 방법

A Basic Understanding of
Christian Ethics

제7장

그리스도인의
윤리적 삶의 방법

다음 논문은 로마서 6-8장에 나타난 그리스도인의 윤리적 삶의 방법에 대해서 고찰하였다. 그 결과는 다음과 같다.[1]

1. 그리스도인은 죄를 떠나서 거룩하고 의롭고 선한 삶을 살아야 한다(롬 6:1-23 등).

2. 그리스도인이 이렇게 살아야 하는 이유는 그가 예수를 믿음으로 예수와 연합되어 죄에 대해서 죽고, 의에 대해서 산 자가 되었기 때문이다(롬 6:1-11; 8:1-4 등). 그는 죄에서 해방되어 의의 종이 되었고(롬 6:17-18 등), 타락한 본성인 육신에서 벗어나 성령 안에 있게 되었기 때문이다 (롬 8:1-9 등).

3. 로마서 7:14-25의 "나"는 원칙적으로 율법 아래 있는 인간(롬 6:14), 율법을 의지하면서도 율법을 행하지 못하는, 예수 믿기 전의 인간, 변화되지 않은 인간성 곧 육신 안에 있는 자를 말한다. 이는 로마서 6-8장의

---

[1] 이 내용은 본 저자의 논문 "로마서 6-8장에 나타난 그리스도인의 윤리적 삶의 방법에 대한 연구", 「성경과 신학」, 82(2017.4): 299-331의 국문초록이다.

구조상으로 볼 때, 로마서 6장은 죄와의 관계에서 그리스도인의 삶을 말한다면, 로마서 7-8장은 율법과의 관계에서 그리스도인의 삶을 말한 것으로, 특히 로마서 7:7-25는 율법을 의지하는 자가 왜 율법을 행하지 못하고 죄를 행할 수밖에 없는가를 말하기 때문이다. 바울은 여기서 율법을 의지하는 자는 율법을 알고 이를 행하고자 하지만, 그의 타락한 인간성 곧 육신(타락한 마음)이 변화되지 않아서, 곧 그 육신 안에 죄가 있어서 이 죄 때문에 그 율법을 행하지 못하고, 오히려 죄를 짓고, 죽게 된다는 것이다.

4. 그리스도인은 죄에서 벗어나 의의 종이 되었으며, 육신 안에 있지 않고, 성령 안에 있음에도 불구하고, 육신(타락한 마음)을 따라 행함으로 죄를 지어 죽게 되는 것은 그 안에 아직도 죄가 있어서 그 죄를 이기지 못하기 때문이 아니라, 그가 이미 죄에서 벗어나 그 안에 죄가 없음에도 불구하고, 그가 죄의 유혹에 굴복하여 자신을 죄에게 드릴 때, 그의 마음이 죄의 마음 곧 육신이 되어 이 육신을 따름으로 이루어지는 것이다(롬 6:16). 그리스도인도 인간의 연약함으로 인해 죄의 유혹에 굴복할 때는 그도 육신에 속하여 육신적인 사람이 될 수 있는 것이다(고전 3:1-4 등 참조). 그러므로 그리스도인은 항상 영으로써 몸의 행실을 죽이는 삶(8:13하), 곧 영적 싸움에 대비하여 항상 깨어 기도하는 삶을 살아야 한다(엡 6:10-20 등 참조).

5. 인간의 연약함과 죄는 구별되어야 한다. 연약함은 죄의 가능성을 가지고 있으나, 그 자체가 죄는 아니다. 연약함은 강함과 양육을 위해 돌봄과 도움을 받아야 하는 것이지, 하나님을 대적하는 것으로서의 죄가 아니다. 그리스도인은 약하기 때문에 더욱 하나님을 믿고 의지해야 하는 것이다(고후 12:9-10 참조).

6. 그리스도인이 하나님의 뜻을 따라 거룩하고, 의롭고, 선한 삶을 사는 방법은 항상 예수 그리스도를 믿고 의지함으로 성령 안에서 사는 것이다.

곧 성령의 인도하심을 따라 사는 것이다(롬 8:1-4,14 등). 이것은 그리스도인이 자신을 의의 병기로 하나님께 드리는 것이며(롬 6:12-23), 곧 하나님의 뜻을 분별하고, 그 뜻에 순종하는 것이다(롬 12:1-2).

키워드: 사도 바울, 로마서 6-8장, 윤리적 삶, 죄, 죽음, 의, 육신, 인간의 연약함, 율법, 예수 그리스도, 성령.

로마서 6-8장에 나타난 그리스도인의 윤리적 삶의 방법

I. 서론

마태복음 5:13-16[1]에 의하면, 예수님의 제자 곧 그리스도인 또는 교회는 세상의 소금과 빛으로서 그 착한 행실로 하나님께 영광을 돌려야 한다. 그러나 오늘날 한국교회 특히 한국의 개신교회는 세상에서 소금과 빛의 역할을 하기보다는 오히려 한국사회로부터 많은 비난을 받고 있다.[2] 그런데 한국교회가 비판을 받는 주된 이유는 대부분 교회와 신자들이 윤리적으로

---

*이 자료는 본 저자의 논문 "로마서 6-8장에 나타난 그리스도인의 윤리적 삶의 방법에 대한 연구", 「성경과 신학」, 82(2017.4): 299-331의 일부를 수정 보완한 것이다.

1) 예수님은 그의 제자들에게 다음과 같이 말씀하셨다. "13. 너희는 세상의 소금이니 소금이 만일 그 맛을 잃으면 무엇으로 짜게 하리요 후에는 아무 쓸 데 없어 다만 밖에 버려져 사람에게 밟힐 뿐이니라 14. 너희는 세상의 빛이라 산 위에 있는 동네가 숨겨지지 못할 것이요 15. 사람이 등불을 켜서 말 아래에 두지 아니하고 등경 위에 두나니 이러므로 집 안 모든 사람에게 비치느니라 16. 이같이 너희 빛이 사람 앞에 비치게 하여 그들로 너희 착한 행실을 보고 하늘에 계신 너희 아버지께 영광을 돌리게 하라." (마 5:13-16). 이하 다른 표시가 없으면, 한글 성구 인용은 Good TV 온라인 성경, 개역개정 한글 성경임. Good TV 온라인 성경. http://goodtvbible.goodtv.co.kr/bible.asp (2018. 8. 3)

2) 장열, "기독교윤리실천운동 '한국교회 사회적 신뢰도 여론조사'," 중앙일보(2018.8.12), http://www.koreadaily.com/news/read.asp?art_id=2318714 (2018.8.13); 기윤실 보도자료, "한국교회의 낮은 신뢰는 만성적, 구조적 문제(19.4%), 윤리와 도덕실천을 통한 신뢰회복 필요." http://cemk.org/2008/bbs/board.php?bo_table=2007_notice&wr_id=2926 (2017. 1. 18) 등 참조.

바르게 살지 못하기 때문이라고 한다.[3] 따라서 한국교회와 신자들이 사회 속에서 소금과 빛의 사명을 감당하기 위해서, 그리고 더 나아가 교회의 선교적 사명을 감당하기 위해서도 그리스도인들이 윤리적으로 바른 삶을 사는 것은 참으로 중요하다. 교회의 신뢰도가 낮은 것은 선교에도 크게 부정적인 영향을 주기 때문이다.[4]

그러면, 한국 교회와 신자들이 윤리적으로 바른 삶을 살지 못하는 이유는 무엇인가? 물론 거기에는 여러 가지 이유가 있겠지만, 그 중에 가장 중요한 이유들 중의 하나는 신앙과 윤리적 삶의 관계에 대한 바른 이해의 부족이라 할 것이다.[5] 그러한 잘못된 신앙 가운데 하나는 그리스도인의 윤리적 삶의 방법에 대한 잘못된 이해라고 할 것이다. 특히 사도 바울의 오직 믿음으로 말미암는 구원을 잘못 이해하여 구원은 오직 믿음과 은혜로 주어지므로 신자의 삶과는 아무 관련이 없는 것처럼 생각하는 경향이 있다. 이러한 경향이 그리스도인의 윤리적 삶의 중요성을 경시하게 될 때 교회와 신자들의 삶이 윤리적으로 부패 또는 퇴보하게 되는 한 원인이 되는 것이다. 따라서 이 논문은 로마서 6-8장의 내용을 중심으로 사도 바울이 말하는 그리스도인의 윤리적 삶의 방법에 대해서 고찰함으로써 그리스도인의 윤리적 삶에 대한 바른 이해를 도모하며, 나아가 이것이 한국교회의 윤리적 갱신

---

3) 조제호 편, 『2013 한국교회의 사회적 신뢰도 여론조사 결과 발표 세미나』(서울: (사) 기독교 윤리실천운동, 2014), 8; 최영태, "로마서에 나타난 바울의 윤리적 교훈에 대한 연구: 구원과 윤리의 관계를 중심으로", 「성경과 신학」 73(2015. 4), 244-245 참조.

4) 장열, "기독교윤리실천운동 '한국교회 사회적 신뢰도 여론조사'," 중앙일보(2018.8.12), http://www.koreadaily.com/news/read.asp?art_id=2318714 (2018.8.13); 기윤실 보도자료, "한국교회의 낮은 신뢰는 만성적, 구조적 문제(19.4%), 윤리와 도덕실천을 통한 신뢰회복 필요." http://cemk.org/2008/bbs/board.php?bo_table=2007_notice&wr_id=2926 (2017. 1. 18); 최영태, "인간 삶의 윤리적 판단 기준에 대한 연구", 「복음과 윤리」 10(2013), 164-165; 최영태, "윤리의 기본 개념과 목적에 대한 연구", 「복음과 윤리」 9(2012), 157-161 참조.

5) 김세윤, "한국교회 문제의 근원, 신학적 빈곤", 『한국교회, 개혁의 길을 묻다』(서울: 새물결플러스, 2013), 20-21; 최영태, "로마서에 나타난 바울의 윤리적 교훈에 대한 연구", 244-245 참조.

을 위한 하나의 작은 기초가 되기를 바라는 것이다. 그리스도인의 윤리적 삶의 방법에 대해서 로마서 6-8장을 중심으로 고찰하고자 하는 것은 이 내용이 그리스도인의 윤리적 삶에 대한 사도 바울의 견해를 가장 잘 나타내는 한 부분이라고 생각되기 때문이다.[6]

사도 바울은 로마서 1:1-17에서 로마교회에 대한 인사와 자기가 로마교회를 방문하고자 하는 이유를 말한 후, 로마서 1:18-5:21에서 예수 그리스도를 믿음으로 말미암는 인간의 구원에 대해서 말한다.[7] 그리고 로마서 6-8장에서는 그리스도인의 윤리적 삶에 대해서 말한다.[8] 그러므로 이 논문에서는 먼저 로마서 6-8장의 구조를 고찰하고, 그 구조에 따라 로마서 6-8장에서 말하는 그리스도인의 윤리적 삶의 방법을 고찰하고자 한다. 그리고 그 중에서도 특히 사도 바울이 말하는 육신의 의미와 그 윤리적 의미에 대해서 고찰해 본다. 왜냐하면 바울이 말하는 육신의 의미를 바로 이해하는 것이 바울이 말하는 그리스도인의 윤리적 삶의 이해에 있어서 아주 중요한 의미가 있기 때문이다.[9] 그리고 이것을 기초로 사도 바울이 말하는 그리스

---

6) 장해경, "변증법적 긴장 속에서 사는 크리스천의 삶?: 로마서 7:7-25를 재고하며", 「성경과 신학」, 39(2006), 53; 최영태, "바울의 윤리적 이상과 그 실현 방법에 대한 연구: 로마서의 윤리적 교훈을 중심으로", 「복음과 윤리」 11(2014), 217-221.

7) 좀 더 자세한 것은 다음 내용 참조. 최영태, "로마서에 나타난 바울의 윤리적 교훈에 대한 연구", 252-257 참조.

8) 물론 이 단락에서 바울은 단지 그리스도인의 삶에 대해서만 말하는 것이 아니고, 그리스도인의 삶과 함께 구원의 완성에 대해서도 말한다.

9) 그리스도인의 인간성에 대한 이해에 있어서 로마서 7-8장에 나타난 바울의 육신 개념을 어떻게 이해할 것인가는 아주 중요하다. 이 문제에 있어서 어떤 사람들은 롬 6장에 근거하여 그리스도인은 죄에 대해서 죽고, 의에 대해서 산 자가 되었으므로 언제라도 죄를 떠나 의로운 삶을 살 수 있다고 생각하고, 어떤 사람은 롬 7장에 근거하여 그리스도인도 부패한 인간성 곧 육신을 가지고 있으므로 언제라도 죄 없이 온전한 삶을 사는 것은 불가능하다고 생각한다. 전자의 경우에는 그리스도인의 윤리적 삶에 대해 지나치게 낙관적으로 생각함으로 그리스도인의 윤리적 삶을 너무 쉽게 생각하는 경향이 있고, 후자의 경우에는 그리스도인의 윤리적 삶에 대해 지나치게 비관적으로 생각하여 그리스도인의 윤리적 삶 자체를 포기하는 경향이 있다. 따라서 이 논문에서는 바울이 롬 7-8장에서 말하는 육신 개념을 중심으로 그리스도인의 인간성을 어떻게 이해해야 할 것인가를 고찰하고, 이를 토대로 그리스도인의 윤

도인의 윤리적 삶의 방법에 대해서 정리해 보고자 한다.

II. 로마서 6-8장의 구조

로마서 6-8장이 그리스도인의 윤리적 삶과 구원에 대해서 말한다는 것
은 이의가 없을 것이다. 그런데 이 내용을 보다 더 잘 이해하기 위해서는
6-8장의 구조를 이해하는 것이 필요하다. 이 구조를 아는 것은 바울이 여
기서 말하고자 하는 것의 기본 흐름을 이해하게 하기 때문이다. 본 연구자
는 로마서 6-8장은 우선 6장과 7-8장으로 구분될 수 있다고 본다.[10] 바울
은 로마서 6장에서 그리스도인이 왜 더 이상 죄 안에서 살 수 없는가를 말
한다(6:1-11). 그리고 그가 어떻게 죄에서 벗어나 거룩하고 의로운 삶을 살
수 있는가를 말한다(6:12-23). 그리고 7장에서 먼저 그리스도인이 율법에
서 벗어나 성령에 의해 하나님을 섬기게 된 것을 말한다(7:1-6). 그리고는
사람이 왜 율법을 통해 선과 의를 알면서도 그 선과 의를 행하지 못하는가
를 말한다(7:7-25). 그것은 한 마디로 율법이 죄이기 때문이 아니라(7:7-
13),[11] 오히려 인간이 육신 또는 죄의 지배 아래 있기 때문이라고 한다
(7:14-25). 그리고 8장에서 그리스도인이 예수를 믿음으로 육신 또는 죄의

리적 삶의 방법에 대한 바른 이해를 도모하고자 한다. 이 문제에 대한 논문으로 다음 논문
들 참조. 장해경, "변증법적 긴장 속에서 사는 크리스천의 삶?", 52-86; 김현광, "로마서
7:14-25절과 그리스도인의 현재적 삶", 「성경과 신학」 61(2012): 336-364. Thomas R.
Schreiner, *Romans*(Grand Rapids: Baker Academic, 1998), 371-394; James D. G.
Dunn, *The Theology of Paul the Apostle*, 박문재 역, 『바울신학』(서울: 크리스챤 다이제
스트, 2003), 119-131; John Stott, *The Message of Romans: God's Good News for the
World*, 정옥배 역, 『로마서 강해: 온 세상을 향한 하나님의 복음』(서울: 한국기독학생회출
판부, 2006), 266-279; Leon Morris, *The Epistle to the Romans*(Grand Rapids:
Eerdmans, 1988; Reprint, 1994), 284-298; C. E. B. Cranfield, *Romans: A Shorter
Commentary*(Grand Rapids: Eerdmans, 1985), 153-172 등 참조.
10) 장해경, "변증법적 긴장 속에서 사는 크리스천의 삶?", 70-73 참조.
11) 바울은 오히려 여기서 율법의 거룩함과 의로움과 선함을 증거한다.

지배에서 벗어나 율법의 요구 곧 선과 의를 이루게 되었음을 말한다(8:1-14). 그리고 이러한 그리스도인은 하나님의 자녀로서 장래 하나님의 영광에 참여하게 되었으며, 이 세상에서의 고난 가운데서도 삼위 하나님의 도우심으로 모든 고난을 이기고 승리할 것을 말한다(8:15-39). 이렇게 해서 그리스도인의 구원은 완성된다는 것이다. 이 내용으로 볼 때 로마서 6-8장은 6장과 7-8장으로 구분해 볼 수 있는 것이다. 왜냐 하면, 바울은 로마서 6장에서 죄에서 떠난 그리스도인의 삶의 이유와 방법에 대해서 말한 것을 로마서 7-8장에서 다시 말하고 있기 때문이다. 바울은 로마서 6장에서 그리스도인이 그리스도와 연합됨으로 죄에서 벗어나 하나님의 종이 되어 자신을 하나님께 드림으로 의와 거룩과 영생에 이르게 된다고 했다. 반면에 로마서 7-8장에서는 그 내용을 율법과의 관계에서 좀 더 자세히 설명한다.[12] 바울은 여기서 인간이 왜 율법을 의지함으로 곧 자신의 능력으로[13] 율법의 요구(8:4) 곧 거룩과 선과 의(7:12 등)를 이루지 못하는가를 말한다. 그것은 그가 육신 안에 있기 때문이다(롬 7:5[14] 참조). 바울은 로마서 7:7-25에서 율법을 의지하는 자 곧 육신 안에 있는 자가 왜 율법을 지키지 못하는가를 자세히 설명하고 있는 것이다. 그는 한 마디로 율법을 통하여 하나님의 뜻곧 선과 의를 알면서도 그 선과 의를 행하지 못하는 것이다. 왜냐 하면, 그는 그의 속 곧 그의 육신 안에 죄가 있어서 그 죄가 그를 지배하고 있기 때문이다. 그는 그 안에 있는 이 죄를 이기지 못하기 때문에 선을 행하지 못하

---

12) 장해경은 롬 7장의 주제가 율법이라고 한다. 장해경, "변증법적 긴장 속에서 사는 크리스천의 삶?", 69-73.

13) 바울에게 있어서 인간이 율법을 의지한다는 것은 곧 인간이 자신의 힘으로 율법을 지키려 하는 것을 의미한다. 바울은 율법이 인간에게 선 또는 의가 무엇인지를 가르쳐주지만, 그 선 또는 의를 행할 수 있는 능력은 주지 않는다고 보기 때문이다(롬 3:20 등). 이런 사람은 오히려 죄의 지배를 받아 죄를 짓게 된다고 본다. 롬 7:7-25 참조. 그리고 바울은 이런 사람을 육신 안에 있는 자라고 한다(롬 7:5 등).

14) "우리가 육신에 있을 때에는 율법으로 말미암는 죄의 정욕이 우리 지체 중에 역사하여 우리로 사망을 위하여 열매를 맺게 하였더니." 여기서 "육신에"는 "육신 안에"이다. 곧 육신의 지배 아래 있는 것을 말한다.

고 오히려 악을 행하고 있는 것이다(롬 7:14-25). 그러므로 로마서 7:7-25의 사람은 육신 안에 있는 사람이요(7:5), 곧 죄의 지배 아래 있는 사람이며 (7:14-25), 원칙적으로 변화되지 않은 곧 거듭나지 못한 인간이다. 그리고 로마서 8장에서는 그리스도인이 어떻게 이러한 육신 안에 있는 자에서 벗어나 선과 의를 행하고 영생을 누리는 자가 되는가를 말하는 것이다. 그것은 한 마디로 예수 그리스도의 십자가의 은혜(8:3,34 등)와 성령의 도우심 (8:4,14,26-27 등)과 하나님의 도우심(8:28-33 등)에 의해서 이루어지는 것이다. 그러므로 로마서 7-8장은 그리스도인이 어떻게 육신 곧 죄의 지배에서 벗어나 율법의 요구인 거룩과 의와 선을 이루는 삶을 살 수 있는가를 말하는 것이다. 따라서 로마서 7-8장은 로마서 6장에서 말한 것을 율법과 육신과의 관계에서 좀 더 자세하게 다시 말하는 것이다. 이것이 로마서 6-8장 전체의 구조이다. 다시 말해서 로마서 6장은 그리스도인의 삶을 죄와의 관계에서 말한다면, 로마서 7-8장에서는 그리스도인의 삶을 율법과 육신과의 관계에서 말하고 있는 것이다.

바울은 로마서 6장에서 사람을 죄 안에 있는 자와 죄에서 벗어나 의와 하나님 안에 있는 자로 구분한다. 죄 안에 있는 자는 불의와 죽음에 이르고, 의 안에 있는 자는 거룩과 영생에 이른다는 것이다. 반면에 바울은 로마서 7-8장에서는 사람을 율법과 육신 안에 있는 자와 율법에서 벗어나 그리스도와 성령 안에 있는 자로 구분한다. 율법 안에 있는 자는 육신 안에 있는 자로서 육신을 따라 행하다가 죽음에 이른다(롬 7:1-25). 그러나 그리스도와 성령 안에 있는 자는 성령을 따라 행함으로 의와 영생에 이른다(롬 8:1-39).

바울은 로마서 6장에서 먼저 죄와의 관계에서 그리스도인의 삶의 기준과 이유와 방법에 대해서 말한다. 하나님의 은혜와 믿음으로 구원받은 그리스도인은 더 이상 죄 가운데 있어서는 안 된다(6:1-2). 이는 그가 예수를 믿음으로 그리스도와 연합하여 하나가 되었기 때문이다. 그는 예수 그리스도와 연합하여 그리스도와 함께 죽었고, 또한 그와 함께 다시 산 자가 되었다(6:3-11). 그리고 그가 죽은 것은 죄에 대해서 죽은 것이고, 그가 산 것은 하나님을 향하여 산 것이다(11). 그러므로 그는 죄에서 해방되어 하나님의 종이 된 것이다. 그는 이제 더 이상 죄의 종이 아니다(6:17-18). 그러므로 그리스도인은 더 이상 죄 안에서 살지 말고, 의를 위해서 살아야 한다. 그것은 그가 죄에 대해서 죽고, 의에 대해서 산 자가 되었기 때문이다. 그리고 그가 다시 죄 가운데 살면 죽음에 이르고, 의를 위하여 살면, 거룩함과 영생에 이르기 때문이다(롬 6:12-23).

바울은 여기서 새로운 존재인 그리스도인이 다시 죄를 지을 수 있는 가능성을 말한다. 비록 그가 예수 그리스도와 연합하여 새로운 존재가 되었을지라도 그가 다시 죄에게 굴복하여 자신을 죄에게 드리면, 그는 죄의 종이 되어 사망에 이를 수 있다는 것이다(6:16[15]). 그러나 새로운 존재인 그리스도인이 자신을 의와 하나님께 드리면, 그는 의와 거룩함의 열매를 맺고 영생에 이르게 된다는 것이다(롬 6:16, 19-22). 물론 여기서 영생에 이른다는 것은 신자의 구원의 완성에 이르는 것을 말하는 것이다.[16] 이와 같이 그리스도와 연합하여 새로워진 그리스도인은 자신을 누구에게 드리느냐에 따라서 죄의 종이 되어 죽음에 이를 수도 있고, 의의 종이 되어 거룩과 영생에 이를 수도 있다는 것이다. 이와 같이 바울은 로마서 6장에서 그리스도인의 삶의 기준과 이유와 방법에 대해서 죄와 관련하여 말하고 있는 것이다.

바울은 로마서 7-8장에서 그리스도인의 삶을 율법과의 관계에서 말하고 있다. 그러면 이것이 왜 필요한가? 그것은 당시에 많은 유대인들이 율법을 의지함으로, 곧 율법을 스스로의 능력으로 지켜서 하나님 앞에 의로운 자

---

15) "너희 자신을 종으로 내주어 누구에게 순종하든지 그 순종함을 받는 자의 종이 되는 줄을 너희가 알지 못하느냐 혹은 죄의 종으로 사망에 이르고 혹은 순종의 종으로 의에 이르느니라."
16) 물론 여기서 영생에 이른다는 것은 그가 생명이 없어서 그 생명을 얻는다는 것이 아니라, 그가 이미 받은 생명이 완전하게 되어 구원의 완성에 이르는 것을 말하는 것이다(롬 8:23, 30 등 참조).

가 되겠다고 하였기 때문이다.[17] 그들은 스스로 율법을 지켜서 하나님 앞에 의로운 자가 되고, 또 구원의 복에 참여하고자 했던 것이다. 바울은 로마서 9:30-10:4[18], 빌립보서 3:5-9[19] 등에서 이러한 사실을 잘 알려주고 있다.[20] 그러나 이것은 불가능한 것이었다. 바울은 로마서 3:20[21]에서 이미 이 사실에 대해서 말했었다. 이제 바울은 그것이 왜 불가능한가를 좀 더 구체적으로 말하고자 하는 것이다. 그래서 바울은 로마서 7장에서 율법을 의지하는 것 곧 율법을 자신의 능력으로 지켜서 하나님 앞에 의로운 자가 되고, 또 구원의 복을 받는 것은 불가능하다는 것을 말하고자 하는 것이다.[22] 그리고 그 대신 오직 예수 그리스도를 믿음으로 인하여 사람이 하나님 앞에 의로운 자가 될 뿐만 아니라, 그의 본성이 변하여[23] 곧 새 사람이 되어 실제

---

17) 장해경, "변증법적 긴장 속에서 사는 크리스천의 삶?", 70 참조.

18) "30. 그런즉 우리가 무슨 말을 하리요 의를 따르지 아니한 이방인들이 의를 얻었으니 곧 믿음에서 난 의요 31. 의의 법을 따라간 이스라엘은 율법에 이르지 못하였으니 32. 어찌 그러하냐 이는 그들이 믿음을 의지하지 않고 행위를 의지함이라 부딪칠 돌에 부딪쳤느니라 33. 기록된 바 보라 내가 걸림돌과 거치는 바위를 시온에 두노니 그를 믿는 자는 부끄러움을 당하지 아니하리라 함과 같으니라."(롬 9:30-33) "1. 형제들아 내 마음에 원하는 바와 하나님께 구하는 바는 이스라엘을 위함이니 곧 그들로 구원을 받게 함이라 2. 내가 증언하노니 그들이 하나님께 열심이 있으나 올바른 지식을 따른 것이 아니니라 3. 하나님의 의를 모르고 자기 의를 세우려고 힘써 하나님의 의에 복종하지 아니하였느니라 4. 그리스도는 모든 믿는 자에게 의를 이루기 위하여 율법의 마침이 되시니라." (롬 10:1-4)

19) "5. 나는 팔일 만에 할례를 받고 이스라엘 족속이요 베냐민 지파요 히브리인 중의 히브리인이요 율법으로는 바리새인이요 6. 열심으로는 교회를 박해하고 율법의 의로는 흠이 없는 자라 7. 그러나 무엇이든지 내게 유익하던 것을 내가 그리스도를 위하여 다 해로 여길 뿐더러 8. 또한 모든 것을 해로 여김은 내 주 그리스도 예수를 아는 지식이 가장 고상하기 때문이라 내가 그를 위하여 모든 것을 잃어버리고 배설물로 여김은 그리스도를 얻고 9. 그 안에서 발견되려 함이니 내가 가진 의는 율법에서 난 것이 아니요 오직 그리스도를 믿음으로 말미암은 것이니 곧 믿음으로 하나님께로부터 난 의라."

20) 바울은 율법 아래 있는 자를 말하는데(롬 6:14 등), 그는 곧 율법을 의지하는 자이다(롬 9:30-33 등 참조). 곧 율법을 자기 능력으로 지켜 하나님 앞에 의롭다고 인정받고자 하는 자이다. Schreiner, *Romans*, 345.

21) "그러므로 율법의 행위로 그의 앞에 의롭다 하심을 얻을 육체가 없나니 율법으로는 죄를 깨달음이니라."

22) 바울은 이러한 자를 롬 6:14에서 "율법 아래" 있는 자라고 한다.

23) 육신 곧 타락한 본성이 변하여 새 성품 곧 하나님의 형상인 거룩과 의의 성품을 갖게 되는 것이다. 롬 8:1-9; 골 3:10; 엡 4:22-24 등 참조.

로 의를 행하며 살 수 있고, 결국 영생에 이르게 된다는 것을 롬 8장에서 말하고자 하는 것이다.[24] 결국 바울은 로마서 7-8장에서 율법을 의지하는 자 곧 율법 아래 있는 자와 예수 그리스도를 믿음으로 성령의 인도함을 받는 자 곧 은혜 아래 있는 자를 대조하고 있는 것이다(롬 6:14 참조). 이를 통해 의로운 삶을 사는데 있어서 율법을 의지하는 것의 무능함과 예수를 믿는 것의 차이를 분명히 하고자 하는 것이다. 곧 율법을 의지하는 자는 의를 행하지 못하고 오히려 죄를 짓다가 죽게 되지만, 예수 그리스도를 믿는 자는 하나님의 은혜로 선을 행하고 영생에 이르게 된다는 것이다.

이러한 관점에서 본다면, 우리는 로마서 7-8장을 좀 더 잘 이해할 수 있다. 로마서 7장이 당시 유대인들의 방법에 대응하여 율법을 의지하는 것으로는 하나님 앞에 의를 행할 수 없다는 것을, 따라서 의로운 자로 인정받을 수도 없다는 것을 말하기 위한 것이다. 바울은 로마서 7:1-6에서 먼저 그리스도인은 그리스도와 연합함으로 율법의 지배 곧 율법의 속박에서 벗어나 그리스도에게 속하여 새로운 삶을 살게 된 것을 말한다. 그리고 그 의미를 로마서 7:7부터 8장에 이르기까지 좀 더 자세히 설명하고 있는 것이다. 곧 7:7-25에서는 먼저 율법을 의지하는 것이 왜 하나님의 의를 이루지 못하는가를 말하고, 8장에서는 예수 그리스도를 믿는 자가 어떻게 하나님의 의를 이루는 삶을 살게 되는가를 말하는 것이다.

바울은 로마서 7:7-25에서 율법 아래 있는 자 곧 율법을 의지하여 사는 자가 왜 의를 이루지 못하는가를 말하는데, 바울은 먼저 사람이 율법을 지키지 못하는 것은 율법 자체가 문제가 아니라고 한다(롬 7:7-13). 율법이 죄이거나 그 자체가 악이기 때문이 아니다. 오히려 율법은 죄가 무엇인가를 알려주는 선한 것이다. 문제는 이 선한 율법을 이용하여, 율법을 의지하는 그 사람으로 악을 행하게 하고, 죽게 하는 죄인 것이다. 이렇게 바울은

---

24) 바울은 이러한 자를 롬 6:14에서 "은혜 아래" 있는 자라고 한다.

인간으로 죄를 짓고 죽게 하는 근본 원인을 분명히 밝혀준다. 그것은 바로 인간을 지배하고 있는 죄인 것이다. 바울은 이러한 사람을 "육신 안에 있는 자"[25]라고 한다(롬 7:5).

바울은 로마서 7:14-25에서 율법을 의지하는 자가 왜 의를 행하지 못하는가를 좀 더 자세히 말한다. 그는 바로 육신 안에 있어서 죄의 지배 아래 있기 때문이다.[26] 인간이 아무리 율법을 알고 율법을 행하려고 노력해도, 근본적으로 그의 육신 곧 그의 타락한 본성이 변하지 않고는 결코 선을 행할 수 없다는 것이다. 오히려 죄의 종이 될 뿐이라는 것이다.[27] 그것은 육신 안에 있는 자 곧 그 본성[28]이 변화되지 않은 자는 그 본성 속에 죄가 있어서 그 죄가 그를 지배하고 있기 때문이라는 것이다(롬 7:17-20 참조). 따라서 로마서 7:14-25의 사람은 원칙적으로 거듭나지 못한 자이다. 곧 그 본성이 변화되지 못한 육신의 지배 아래 있는 자, 곧 죄의 지배 아래 있는 자이

---

25) 성경 원어에 "ἐν τῇ σαρκί" (Rom 7:5 BGT)를 개역개정 한글 성경에서는 "육신에"라고 번역하였는데, 좀 더 명확하게 "육신 안에"라고 번역하는 것이 좋을 것이다. 여기서 "안에"는 지배 영역을 의미하는 것으로 중요한 의미가 있기 때문이다. 즉 우리가 어느 영역에 속하여 있는가? 곧 우리의 소속을 말하는 것이다. 반면에 바울은 롬 8:9에서 그리스도인은 "육신 안에" 있지 않다고 분명히 말한다. 그 대신에 "성령 안에" 있다는 것이다. 이렇게 율법 아래 있는 자 곧 육신 안에 있는 자와 은혜 아래 있는 자 곧 성령 안에 있는 자는 구별되는 것이다.

26) 여기서 사람이 육신 안에 있다는 것은 그가 육신 곧 인간의 변화되지 않은 본성 곧 타락한 본성의 지배 아래 있다는 것이다. 여기서 육신 곧 인간의 타락한 본성은 그 속에 죄가 있어서 죄의 지배 아래 있는 것이다(롬 7:17-20 참조). "17. 이제는 그것을 행하는 자가 내가 아니요 내 속에 거하는 죄니라 18. 내 속 곧 내 육신에 선한 것이 거하지 아니하는 줄을 아노니 원함은 내게 있으나 선을 행하는 것은 없노라 19. 내가 원하는 바 선은 행하지 아니하고 도리어 원하지 아니하는 바 악을 행하는도다 20. 만일 내가 원하지 아니하는 그것을 하면 이를 행하는 자는 내가 아니요 내 속에 거하는 죄니라." Schreiner, *Romans*, 354; F. B. Knutson, "Flesh," in *The International Standard Bible Encyclopedia*. Vol. 2. General Ed. Geoffrey W. Bromiley(Grand Rapids: William B. Eerdmans Publishing Company, 1982. Reprint, 1987), 314; George Eldon Ladd, *A Theology of the New Testament,* 신성종, 이한수 역, 『신약신학』, 개정증보판(서울: 대한기독교서회, 2001), 590-591 참조.

27) 사람이 율법을 지키기 위해서는 율법을 아는 것만으로 되는 것이 아니라, 인간성 자체가 변해야 했던 것이다(롬 3:20; 2:28-29 등).

28) 여기서 본성(本性, nature)은 "1. 사람이 본디부터 가진 성질."을 말한다. 네이버 국어사전, '본성,' http://krdic.naver.com/detail.nhn?docid=17288900 (2016. 2. 1) 참조.

다.[29] 그러므로 이런 사람을 정상적인 그리스도인이라고 보는 것은 바울의 의도에 맞지 않는 것이다. 바울은 정상적인 그리스도인은 당연히 성령 안에 있고, 육신 안에 있지 않으므로(롬 8:9[30] 등), 성령을 따라 행함으로 하나님의 의를 이루는 사람으로 보고 있다(롬 8:1-4, 14; 갈 5:16-26; 엡 5:8-9 등 참조). 바울은 로마서 7:14-25에서 과거에 율법을 의지하면서도 선을 행하지 못하던 자신의 모습을 현재적으로 실감나게 묘사하고 있는 것이다.[31]

III. 로마서 6장이 말하는 그리스도인의 윤리적 삶의 방법

구원받은 그리스도인의 삶은 어떠해야 하는가? 그것은 한 마디로 죄를 떠나 거룩하고(롬 6:19[32]), 의로운 삶(롬 6:13[33] 등)이어야 한다.[34] 그것은

---

29) 최갑종, "바울과 인간: 로마서 7:7-25에 관한 연구," 『사도 바울: 그의 삶, 편지, 그리고 신학』, 개정증보판(서울: 기독교연합신문사, 2001), 427-449 참조.

30) "만일 너희 속에 하나님의 영이 거하시면 너희가 육신에 있지 아니하고 영에 있나니 누구든지 그리스도의 영이 없으면 그리스도의 사람이 아니라." 여기서 "육신에 있지 아니하고"는 "육신 안에 있지 아니하고"이다. 곧 육신의 지배 아래 있지 않다는 것이다.

31) 슈라이너는 이것이 바울의 경험을 그리스도인의 관점에서 말하고 있는 것이라고 한다. Schreiner, *Romans*, 359-365; 장해경, "변증법적 긴장 속에서 사는 크리스천의 삶?", 73-76 참조. 그렇다고 해서 그리스도인은 전혀 이런 경험을 할 수 없다는 것은 아니다. 왜냐하면 그리스도인도 그가 성령을 따라 행하지 않고, 육신을 따라 행하면, 육체의 일을 하게 되고, 결국 죽을 수도 있기 때문이다(롬 8:13; 6:16-23; 갈 5:16-21; 고전 3:1-4 등 참조). 바울은 이런 가능성을 분명히 말하고 있는 것이다.

32) "너희 육신이 연약하므로 내가 사람의 예대로 말하노니 전에 너희가 너희 지체를 부정과 불법에 내주어 불법에 이른 것 같이 이제는 너희 지체를 의에게 종으로 내주어 거룩함에 이르라."

33) "또한 너희 지체를 불의의 무기로 죄에게 내주지 말고 오직 너희 자신을 죽은 자 가운데서 다시 살아난 자 같이 하나님께 드리며 너희 지체를 의의 무기로 하나님께 드리라."

34) 그러면, 바울에게 있어서 무엇이 의로운 삶인가? 그것은 한 마디로 율법을 이루는 삶이라고 할 것이다. 율법은 하나님의 의의 계시이기 때문이다. (로마서 2장 참조). "여기서 거룩하고 의롭고, 선한 삶이란 율법의 요구를 이루는 삶이며(롬 7:12; 8:4), 율법의 요구는 사랑의 삶이라고 할 수 있다. 사랑은 율법의 완성이기 때문이다(롬 13:9-10 참조)." 최영태, "로마서에 나타난 바울의 윤리적 교훈에 대한 연구", 259-260 참조.

그리스도인은 이미 예수를 믿음으로 그리스도와 연합하여 새 사람이 되었기 때문이다(롬 6:1-11). 그는 그리스도와 연합하여 그리스도와 함께 죄에 대해서 죽고, 하나님을 향하여 산, 새로운 존재가 된 것이다(6:11).[35] 또한 그리스도인이 의의 삶을 사는 것은 영생에 이르게 하지만, 다시 죄의 종이 되어 죄 가운데 살면 죽음이기 때문이다(롬 6:15-23). 그리고 그리스도인이 이런 삶을 사는 방법은 새로워진 자신을 의의 무기로 하나님께 드리는 것이다. 이렇게 살 때 그는 의와 거룩을 이루고, 영생에 이르게 되는 것이다(롬 6:12-23).[36]

---

35) 그는 그의 옛 사람이 예수와 함께 십자가에 못박혀 죽었는데, 그것은 그의 죄의 몸이 죽어 다시 말해서 그가 죄에서 벗어나 의로운 자로서 다시는 죄에게 종노릇하지 않기 위해서라는 것이다(롬 6:6-7). 여기서 옛 사람은 예수 믿기 전의 사람으로서 하나님을 알지 못하여 하나님 없이 자기가 자기의 주인인 사람으로 결국 죄의 지배 아래 있어 죄를 지을 수밖에 없는 사람이다. 이는 바로 롬 7-8장에 나오는 육신 안에 있는 자라 할 것이다. 롬 7:5에서 바울은 예수 믿기 전의 사람을 "육신에 있는 자" 곧 "육신 안에 있는 자"라고 하고 있다. 그리고 여기서 바울은 그의 죄의 몸이 죽었다고 하는데, 이것은 그가 죄의 지배에서 해방됨으로써 그가 곧 그의 몸도 자유케 된 것을 의미하는 것으로 보아야 할 것이다. 이러므로 그의 몸도 죄의 지배에서 해방되어 거룩한 성령의 전이 된 것이다(고전 6:19-20 참조). 이와 같이 바울은 그리스도인은 그의 몸도 새로워진 것을 말한다(고전 6:15-17 참조). "15. 너희 몸이 그리스도의 지체인 줄을 알지 못하느냐 내가 그리스도의 지체를 가지고 창녀의 지체를 만들겠느냐 결코 그럴 수 없느니라 16. 창녀와 합하는 자는 그와 한 몸인 줄을 알지 못하느냐 일렀으되 둘이 한 육체가 된다 하셨나니 17. 주와 합하는 자는 한 영이니라." 다시 말해서 여기서 몸은 곧 그 사람 자신을 가리키는 것으로 볼 수 있는 것이다.
36) 바울은 여기서 그리스도인도 전에 예수를 믿기 전에는 죄의 종이었음을 말한다. 다시 말해서 전에는 죄의 종이었기 때문에 의를 행할 수 없었다는 것이다(롬 6:17,20). 그리고 그 결과는 죽음이었다(롬 6:21). 그러나 이제는 이런 죄에서 해방되어 의의 종이 되었다(롬 6:18). 다시 말해서 그는 의를 행할 수 있게 되었고, 그 마지막은 영생이라는 것이다(롬 6:22). "17. 하나님께 감사하리로다 너희가 본래 죄의 종이더니 너희에게 전하여 준 바 교훈의 본을 마음으로 순종하여 18. 죄로부터 해방되어 의에게 종이 되었느니라 19. 너희 육신이 연약하므로 내가 사람의 예대로 말하노니 전에 너희가 너희 지체를 부정과 불법에 내주어 불법에 이른 것 같이 이제는 너희 지체를 의에게 종으로 내주어 거룩함에 이르라 20. 너희가 죄의 종이 되었을 때에는 의에 대하여 자유로웠느니라 21. 너희가 그 때에 무슨 열매를 얻었느냐 이제는 너희가 그 일을 부끄러워하나니 이는 그 마지막이 사망임이라. 22. 그러나 이제는 너희가 죄로부터 해방되고 하나님께 종이 되어 거룩함에 이르는 열매를 맺었으니 그 마지막은 영생이라."

IV. 로마서 7-8장이 말하는 그리스도인의 윤리적 삶의 방법

바울이 로마서 6장에서 죄와 관련하여 그리스도인의 삶에 대해서 말한 것을 로마서 7-8장에서 율법과 관련하여 다시 말한다는 것은 앞에서 본 바와 같다.[37] 바울이 이것을 말하는 이유는 당시 많은 유대인들이 율법을 의지하여 곧 율법을 지킴으로 구원을 얻고자 했기 때문이었다는 것도 앞에서 보았다(롬 9:30-33 등 참조). 그러므로 롬 7장에서 바울은 율법을 의지하는 인간 곧 율법을 지켜서 하나님 앞에 의로운 자가 되려고 하는 인간이 왜 율법을 행하지 못하고, 오히려 죄를 짓고, 죽을 수밖에 없는가를 말하는 것이다. 그것은 율법 자체가 죄이기 때문이 아니라, 인간의 타락한 본성 곧 육신 안에 죄가 있어서 그 죄가 선한 율법을 이용하여 율법을 의지하는 그 사람으로 죄를 짓게 하고, 결국 그로 죽게 하기 때문이라는 것도 앞에서 보았다. 그러므로 율법을 의지하는 자 곧 율법 아래 있는 자는 결코 선을 행할 수 없다는 것이다(롬 7:14-25).[38]

이제 바울은 로마서 8장에서 예수 믿는 자의 삶에 대해서 말한다. 예수 그리스도를 믿는 자는 로마서 7:7-25의 율법 아래 있는 자 곧 율법을 지켜서 의를 행하려고 하지만, 그 본성이 변화되지 않아서 의를 행하지 못하고, 오히려 죄를 짓고 죽을 수밖에 없는 사람과는 다르다는 것을 말하는 것이

---

37) 바울은 롬 6:12-14에서 그리스도인들에게 자신을 죄에게 주지 말고, 하나님께 드리라고 한다. 그리고 그리스도인이 이렇게 할 수 있는 이유는 그가 법 아래 있지 않고, 은혜 아래 있기 때문이라고 한다(롬 6:14). 그리스도인은 이제 법 곧 율법의 지배 아래 있지 않고, 은혜의 지배 아래 있기 때문에 죄가 그리스도인을 지배하지 못한다는 것이다. 그러므로 그리스도인은 자신을 의의 무기로 하나님께 드릴 수 있고, 죄를 거부할 수 있다는 것이다 (6:12-13). 바울은 여기서 율법 아래 있는 것을 죄 아래 있는 것과 동일한 것으로 본다. 그 이유는 무엇인가? 바울은 이 문제에 대해서는 7장에서 말하고 있다. 다시 말해서 사람이 율법 아래 있다는 것은 그가 율법을 의지하고 있는 것을 말한다. 그러나 율법은 그로 하여금 선을 행하게 하지 못하므로 그는 죄 아래 있는 것이다.

38) Schreiner, *Romans*, 345-346 참조.

다. 그리스도인은 그리스도 예수 안에 있는 생명의 성령의 법, 곧 생명을 주
는 성령의 법(권세 또는 능력)[39]에 의해서 죄와 사망의 법[40]에서 벗어나 결
코 정죄함이 없다(8:1-2). 정죄함이 없다는 것은 정죄로 인한 죽음이 없다
는 것이다.[41] 다시 말해서 그는 죄와 그 죄로 인한 죽음의 지배에서 해방된
것이다. 이는 롬 6장에서 그리스도인이 죄의 종에서 벗어나 의의 종이 된
것과 같은 것이다(롬 6:11, 17-18 등). 그가 이렇게 된 것은 하나님이 그 아
들 예수 그리스도를 보내어 죄 있는 인간을 대신하여 죽게 하심으로 인간
속에서 그 인간을 지배하는 죄를 심판하여 그를 그 죄의 지배에서 해방하였
기 때문이다(8:3).[42] 이러므로 이제 그리스도인은 육신을 따르지 않고, 성

---

39) 여기서 생명의 성령의 법은 여러 가지로 해석될 수 있지만, 결국 그리스도인을 죄와 죽음의
지배에서 해방시키는 하나님의 말씀 곧 복음과 죽은 자를 살리시는 성령의 능력이라고 할
것이다(롬 8:11 등 참조). 바울은 롬 10:8-10에서 복음을 듣고 깨달아 믿을 때 의에 이르고,
구원을 얻는다고 한다. (또한 롬 1:16-17 참조.) 바울은 법에 권세가 있음을 말한다. 법은
죄지은 자를 정죄하고 죽이지만, 복음 곧 생명의 말씀은 죄인을 용서하고 살게 한다(고후
3:6 등 참조). "그가 또한 우리를 새 언약의 일꾼 되기에 만족하게 하셨으니 율법 조문으로
하지 아니하고 오직 영으로 함이니 율법 조문은 죽이는 것이요 영은 살리는 것이니라."
40) 여기서 죄와 사망의 법은 롬 7:14-25에서 말하는 죄와 사망의 권세 곧 율법을 이용해 사람
으로 죄를 짓게 하고 죽게 하는 죄와 그로 인한 죽음의 권세라 할 것이다.
41) 그는 성령의 은혜로 새 사람이 되어 죄를 짓지 않을 것이다. 그 대신에 그는 율법의 요구인
선과 의를 이루는 것이다(롬 8:4 등). 그러므로 그에게는 결코 정죄함이 없는 것이다. 이와
같이 그는 롬 7장의 사람과는 다르다. 7:14-25의 사람은 죄의 지배 아래 있어서 선을 행하
려고 해도 선을 행하지 못하고, 오히려, 원치 않는 악을 행하는 것이다.
42) 롬 8:3에서 "κατέκρινεν τὴν ἁμαρτίαν ἐν τῇ σαρκί"(Rom 8:3 BGT)를 한글 개역개정
성경에서 "육신에 죄를 정하사"로 번역한 것은 문제가 있다. 이 말은 육신을 정죄했다는
뜻으로 이해되기 쉬운데, 오히려 원어의 뜻은 육신을 정죄했다기보다는(육신은 이미 율법
에 의해 정죄되어 있다.) (그리스도의 성육신과 그의 몸의 죽으심으로) 육신 안에 있는(또
는 그 육신을 지배 하고 있는) 그 죄를 심판하여 인간을 죄에서 해방시킨 것으로 봐야 할
것이다. 이것은 롬 6:6의 말씀과도 같은 뜻으로 여겨진다. "τοῦτο γινώσκοντες ὅτι ὁ
παλαιὸς ἡμῶν ἄνθρωπος συνεσταυρώθη, ἵνα καταργηθῇ τὸ σῶμα τῆς
ἁμαρτίας, τοῦ μηκέτι δουλεύειν ἡμᾶς τῇ ἁμαρτίᾳ"(Rom 6:6 BGT) "knowing
this, that our old self was crucified with *Him*, that our body of sin might be done
away with, that we should no longer be slaves to sin;"(Rom 6:6 NAS). "우리가 알거
니와 우리의 옛 사람이 예수와 함께 십자가에 못 박힌 것은 죄의 몸이 죽어 다시는 우리가
죄에게 종노릇하지 아니하려 함이니," 여기서 죄의 몸이 죽는다는 것은 실제 우리 몸이 죽

령을 따라 행함으로 율법의 요구 곧 의를 이루며 살게 된 것이다(8:4). 이것
이 바로 7:6의 말씀인 것이다.[43] 그리스도인은 예수 그리스도의 죽음으로
인해 율법의 지배 곧 율법의 정죄에서 해방되어 자유케 되었으며, 이제 하
나님께 속하여 하나님의 성령에 의하여 하나님의 의를 이루며 살게 되었다
는 것이다.[44]

　　바울은 로마서 8:5-8에서 육신을 따르는 것이 무엇인지 설명하는데, 우
리는 이것을 통해 육신이 무엇인지를 알게 된다. 그것은 한 마디로 하나님
의 법을 대적하는 인간성 곧 타락한 인간성이라고 할 것이다. 그러므로 육
신의 생각 곧 육신이 추구하는 것은 하나님을 대적하고, 결국 사망에 이르
게 한다(6-7).[45] 그러므로 육신 안에 있는 자 곧 육신의 지배 아래 있는 자
는 하나님을 기쁘시게 하지 못하는 것이다. 그러나 그리스도인은 그러하지
아니하다. 그는 그리스도의 영 곧 하나님의 영을 모시고 있으므로 육신 안

는 것이 아니라, 우리 옛사람 곧 죄의 지배 아래 있는 사람이 죽음으로 (죄의 지배 아래 있
던) 우리 몸 곧 우리가 죄에서 해방되어 자유케 된 것을 의미한다고 봐야 할 것이다. 그러
므로 그리스도인은 이제 죄의 종이 아니라 의의 종으로서 성령을 따라 행할 수 있게 된 것
이다. 이것을 대부분의 영어 성경은 "For what the Law could not do, weak as it was
through the flesh, God *did*: sending His own Son in the likeness of sinful flesh and *as
an offering* for sin, He condemned sin in the flesh," (Rom 8:3 NAS)로 번역하고 있다. 그
러므로 이것은 "그 육신 안에 있는 그 죄를 정죄하사"로 번역하든지, 또는 "그 육신"을 그
리스도의 몸으로 보아 "그의 육체의 죽음으로"로 번역해야 할 것이다. 어쨋든 바울이 뜻하
는 것은 그리스도의 죽으심으로 인간을 지배하던 그 죄의 권세가 무너져 인간이 그 죄의
지배에서 해방된 것을 가리키는 것이다.

43) "이제는 우리가 얽매였던 것에 대하여 죽었으므로 율법에서 벗어났으니 이러므로 우리가
영의 새로운 것으로 섬길 것이요 율법 조문의 묵은 것으로 아니할지니라."

44) 최갑종, "바울과 성령: 로마서 8:1-27에 대한 연구,"『사도 바울: 그의 삶, 편지, 그리고 신
학』, 개정증보판(서울: 기독교연합신문사, 2001), 450-461 참조.

45) 바울은 또한 8:6에서 "육신의 생각은 사망이요 영의 생각은 생명과 평안"이라고 하는데,
여기서 생각은 집중 또는 추구하는 것으로서 육신이 추구하는 것은 결국 사망에 이르고,
영 곧 성령이 추구하는 것은 결국 생명과 평안에 이른다고 하여 육신과 성령을 대조시킨
다. 다시 말해서 육신이 추구하는 것은 성령이 추구하는 것과 달리 죄에 속한 것으로서 결
국 죽음에 이르게 된다는 것이다. 죽음은 바로 죄에서 오기 때문이다. Morris, *The Epistle
to the Romans*, 305 참조.

에 있지 않고, 성령 안에 있다(8:9). 그가 성령 안에 있다는 것은 성령의 은혜와 능력 안에 있다는 것이며, 성령의 은혜와 능력을 힘입고 있다는 것이다. 그는 육신 안에 있지 않다고 했는데, 이는 바로 로마서 7:14-25의 사람이 아니라는 것이다. 로마서 7:14-25의 사람은 바로 육신 안에 있는 자이기 때문이다(롬 7:5 참조). 다시 말해서 그리스도인에겐 그 속에 죄 대신 성령이 있어서 죄의 지배 아래 있지 않고, 성령의 지배 아래 있다는 것이다. 그러므로 그리스도인은 이제 그 성령의 인도함을 받아 의를 이루며 살게 된 것이다. 그리고 그 마지막은 몸의 부활에까지 이른다는 것이다(8:10-11, 14). 그러므로 이제 그리스도인들은 육신을 따라 살아야 할 의무가 없다(8:12). 그는 이미 그리스도의 죽으심으로 육신의 지배에서 벗어났기 때문이다(8:9 등). 그러나 바울은 여기서도 그리스도인들에게 한 가지 경고를 한다. 이렇게 죄에서 해방되고, 성령 안에 있는 그들이라도 다시 육신을 따라 살면, 반드시 죽는다는 것이다(8:13). 여기서 죽는다는 것은 영원한 죽음을 말한다.[46] 여기서 한 가지 의문이 생긴다. 육신 안에 있지 않고 성령 안에 있는 그리스도인이 어떻게 육신을 따라 삶으로 죽음에 이를 수 있는가? 하는 것이다.[47]

여기까지 논의한 것을 기초로 롬 8장에서 말하는 그리스도인의 삶을 다음과 같이 정리해볼 수 있을 것이다.

1. 그리스도인은 예수 그리스도의 십자가의 죽으심으로 죄와 죽음의 지배에서 해방되었다. 그래서 결코 정죄함이 없는 의인이 되었다(8:1-4). 그

---

[46] 슈라이너는 여기서 죽음은 단순히 육체의 죽음이 아니라, 죄의 삯으로서의 죽음으로(롬 6:23), 롬 5:15-19에서의 정죄와 연결된다고 한다. 그리고 이것은 갈 6:8에서와 같이 영생과 대조되는 것으로서의 부패로 "영원한 죽음"이라고 한다. Schreiner, *Romans*, 420-421; Morris, *The Epistle to The Romans*, 262; 최영태, "로마서에 나타난 바울의 윤리적 교훈에 대한 연구", 261.

[47] 이것은 바울이 롬 6:16 이하에서 죄에서 벗어난 그리스도인들이 다시 자신을 죄에게 드림으로 죄의 종이 되어 죽음에 이를 수 있다고 한 것과 일치하는 것으로 봐야 할 것이다.

는 사람으로 죄를 짓고 죽게 하는 육신 곧 타락한 인간성의 지배에서도 벗어났다(8:9). 그 대신 그는 성령을 모시고 있고, 또 성령의 은혜와 능력의 도우심과 인도하심을 받고 있다(8:9-11). 따라서 그는 성령을 따라 행함으로 율법의 요구 곧 의를 이루는 삶을 살 수 있게 된 것이다(8:4). 더 이상 죄의 종이 되어 살 필요가 없게 된 것이다(8:12).

2. 그러나 이런 그리스도인도 다시 육신을 따라 행함으로 죄를 짓고 죽을 수 있다(8:13). 그러므로 그리스도인은 계속하여 몸의 행실 곧 육신의 소욕에 의한 죄의 행위들을 죽이며 살아야 한다(갈 5:16 이하 참조).[48]

V. 육신 안에 있지 않고, 성령 안에 있는 그리스도인이 어떻게 육신을 따라 행함으로 죽을 수 있는가?

바울은 로마서 8장에서 그리스도인은 죄와 사망의 지배에서 벗어나 육신 안에 있지 않고, 성령 안에 있다고 했다(롬 8:1-4, 9). 그러나 롬 8:13에서는 그리스도인들에게 말하기를, "너희가 육신대로 살면 반드시 죽을 것이로되 영으로써 몸의 행실을 죽이면 살리니"라고 한다. 그러면, 여기서 한 가지 의문이 생긴다. "육신 안에 있지 않고 성령 안에 있는 그리스도인이 어떻게 육신을 따라 삶으로 죽을 수 있는가?"이다.[49] 이 질문은 두 가지로 나누어 볼 수 있다. 하나는 "육신 안에 있지 않고 성령 안에 있는 그리스도인이 어떻게 육신을 따라 살 수 있는가?"이며, 또 하나는 "그리스도인도 육신을 따라 살면 죽는가?"이다. 두 번째 질문은 바울이 로마서 8:13에서 명

---

48) 슈라이너는 여기서 몸의 행실은 육신의 행위들이 몸을 통해서 표현된 것으로 보는 것이 좋을 것이라고 한다. Schreiner, *Romans*, 421; Morris, *The Epistle to The Romans*, 312 참조.

49) 바울은 그리스도인이라도 계속 죄 가운데 살면, 그도 죽는다는 것은 당연한 것으로 말한다 (롬 6:16-23; 8:13 등).

백히 말하므로 로마서 8:13에서 "죽는다"는 말의 뜻이 무엇인가만 밝히면 된다. 그리고 그 의미는 이미 앞에서 본 바와 같이 영생과 대조되는 것으로서 하나님과의 관계가 끊어짐으로 인한 영원한 죽음인 것이다.[50] 그러므로 이제 첫 번째 질문 곧 "육신 안에 있지 않고 성령 안에 있는 그리스도인이 어떻게 육신을 따라 살 수 있는가?"에 대해서 생각해보기로 한다. 이 질문에 답하기 위해서는 "1) 그리스도인이 성령 안에 있다는 것은 무엇을 의미하는가? 2) 육신을 따라 사는 것이 무엇을 의미하는가? 3) 성령 안에 있는 그리스도인이 어떻게 육신을 따라 살 수 있는가?"를 고찰해보아야 한다.

1) 그리스도인이 성령 안에 있다는 것은 무엇을 의미하는가? 그리스도인이 성령 안에 있다는 것은 그가 거듭난 새 사람으로서 성령의 은혜와 능력을 힘입어 성령의 인도하심과 능력 가운데 사는 것을 말한다. 곧 성령의 인도함을 받아 의를 이루며 사는 것을 말한다(롬 8:1-4 참조). 따라서 그는 성령의 열매를 맺으며 산다(갈 5:22-23 등). 그리고 그의 본성은 변화되어 하나님의 형상인 거룩, 의, 선의 본성을 가지고 있다고 할 것이다(롬 6:6-7, 11; 골 3:10[51]; 엡 4:22-24[52]; 5:8-9[53] 등).

2) 육신을 따라 사는 것이 무엇을 의미하는가? 육신을 따라 산다는 것은 육신의 지배를 받아 죄를 짓는 삶 곧 죄 가운데 사는 삶을 말한다(롬 7:14-25 등 참조). 여기서 육신은 변화되지 않은 인간 본성 곧 죄의 지배 아래 있는 인간성을 의미하기 때문이다. 그는 그의 육신 안에 죄가 있어서 죄의 지

---

50) Schreiner, *Romans*, 420-421; Morris, *The Epistle to The Romans*, 262; 최영태, "로마서에 나타난 바울의 윤리적 교훈에 대한 연구", 261.

51) "새 사람을 입었으니 이는 자기를 창조하신 이의 형상을 따라 지식에까지 새롭게 하심을 입은 자니라."

52) "22. 너희는 유혹의 욕심을 따라 썩어져 가는 구습을 따르는 옛 사람을 벗어 버리고 23. 오직 너희의 심령이 새롭게 되어 24. 하나님을 따라 의와 진리의 거룩함으로 지으심을 받은 새 사람을 입으라."

53) "8. 너희가 전에는 어둠이더니 이제는 주 안에서 빛이라 빛의 자녀들처럼 행하라 9. 빛의 열매는 모든 착함과 의로움과 진실함에 있느니라."

배를 받고 있기 때문이다(롬 7:17-20[54] 등). 그는 육신 곧 죄의 지배 아래 있는 인간성을 따라 삶으로 죄를 짓고, 결국 죽음에 이르는 것이다(롬 7:5[55]; 8:6-8[56] 등 참조).

3) 그러면, 육신 안에 있지 않고 성령 안에 있는 그리스도인이 어떻게 육신을 따라 살 수 있는가? 바울은 예수를 믿어 새 사람된 그리스도인도 육신을 따라 삶으로 죄를 지을 수 있고, 또 그 죄로 인해 죽을 수 있다고 한다(롬 8:13). 그러면, 예수를 믿어 새 사람된 그리스도인이 어떻게 육신을 따라 삶으로 죄를 지을 수 있는가? 여기에는 몇 가지 가능성을 생각해 볼 수 있다.

1) 그가 새사람이 된 것은 그가 죄 용서를 받았지만, 그 본성 곧 그의 마음은 변하지 않아 아직도 죄의 본성 곧 죄의 마음을 가지고 있기 때문이라고 생각할 수 있다.[57] 그러나 바울은 이것을 거부한다. 그리스도인은 육신의 할례가 아니라, 마음의 할례를 받았으며(롬 2:28-29[58]), 그 육체과 함께

---

54) "17. 이제는 그것을 행하는 자가 내가 아니요 내 속에 거하는 죄니라 18. 내 속 곧 내 육신에 선한 것이 거하지 아니하는 줄을 아노니 원함은 내게 있으나 선을 행하는 것은 없노라 19. 내가 원하는 바 선은 행하지 아니하고 도리어 원하지 아니하는 바 악을 행하는도다 20. 만일 내가 원하지 아니하는 그것을 하면 이를 행하는 자는 내가 아니요 내 속에 거하는 죄니라."

55) "우리가 육신에 있을 때에는 율법으로 말미암는 죄의 정욕이 우리 지체 중에 역사하여 우리로 사망을 위하여 열매를 맺게 하였더니."

56) "6. 육신의 생각은 사망이요 영의 생각은 생명과 평안이니라 7. 육신의 생각은 하나님과 원수가 되나니 이는 하나님의 법에 굴복하지 아니할 뿐 아니라 할 수도 없음이라 8. 육신에 있는 자들은 하나님을 기쁘시게 할 수 없느니라."

57) 여기서 본성을 마음이라고 한 것은 본성 곧 인간성의 중심은 그 마음에 있다고 보기 때문이다. 예수님도 마 15:16-20에서 인간이 부정하게 되는 것은 그 마음에 달려 있다고 하신 것을 본다. "16. 예수께서 이르시되 너희도 아직까지 깨달음이 없느냐 17. 입으로 들어가는 모든 것은 배로 들어가서 뒤로 내버려지는 줄 알지 못하느냐 18. 입에서 나오는 것들은 마음에서 나오나니 이것이야말로 사람을 더럽게 하느니라 19. 마음에서 나오는 것은 악한 생각과 살인과 간음과 음란과 도둑질과 거짓 증언과 비방이니 20. 이런 것들이 사람을 더럽게 하는 것이요 씻지 않은 손으로 먹는 것은 사람을 더럽게 하지 못하느니라."(마 15:16-22) 결국 인간이 악한 자 또는 죄인인가 그렇지 않은가는 그 마음에 달려 있는 것이다.

58) "28. 무릇 표면적 유대인이 유대인이 아니요 표면적 육신의 할례가 할례가 아니니라 29. 오직 이면적 유대인이 유대인이며 할례는 마음에 할지니 영에 있고 율법 조문에 있지 아니한 것이라 그 칭찬이 사람에게서가 아니요 다만 하나님에게서니라." 여기서 마음의 할례는

그 정욕과 탐심을 십자가에 못박았으며(갈 5:24[59]), 또한 그리스도인은 그의 옛사람이 그리스도와 함께 죽어 장사되었고(롬 6:4[60]), 그의 죄의 몸이 죽어 죄에서 해방되었으며(롬 6:6-7[61]; 17-18), 그는 육신 안에 있지 않고, 성령 안에 있다고 하기 때문이다(롬 8:9). 그러므로 그리스도인은 그 본성 곧 마음이 변하였다. 옛사람의 마음이 죽었고, 새 사람의 마음이 된 것이다.[62] 분명히 그의 본성 곧 그의 마음은 변화되었다. 그러면, 여기서 문제가 되는 것은 그 본성이 변화되어 새 사람된 그리스도인이 왜 육신을 따라 행함으로 죄를 짓느냐이다.

옛 예언(렘 31:31-34; 겔 11:19-20; 36:26-27 등)의 성취로 사람들의 마음이 변화되어 그들이 율법을 행하게 된 것을 의미한다. Schreiner, *Romans*, 142-143; Morris, *The Epistle to The Romans*, 141-143 참조.

59) "24. 그리스도 예수의 사람들은 육체와 함께 그 정욕과 탐심을 십자가에 못 박았느니라." 여기서 "육체"는 "육신"이다.

60) "4. 그러므로 우리가 그의 죽으심과 합하여 세례를 받음으로 그와 함께 장사되었나니 이는 아버지의 영광으로 말미암아 그리스도를 죽은 자 가운데서 살리심과 같이 우리로 또한 새 생명 가운데서 행하게 하려 함이라." 여기서 그리스도인이 그리스도의 죽으심과 하나가 되어 장사되었다는 것은 그가 완전히 죽었음을 의미한다. 여기서 장사되었음은 또한 완료형이기도 하다.

61) "6. 우리가 알거니와 우리의 옛 사람이 예수와 함께 십자가에 못 박힌 것은 죄의 몸이 죽어 다시는 우리가 죄에게 종노릇 하지 아니하려 함이니 7. 이는 죽은 자가 죄에서 벗어나 의롭다 하심을 얻었음이라." 바울은 여기서 그의 죄의 몸이 죽었다고 한다. 죄의 종노릇하던 그의 몸이 죽어서 그가 죄에서 해방되었다는 것이다. 곧 죄가 그를 지배하지 못한다는 것이다. 롬 6:14 등 참조.

62) 바울은 그리스도인은 그 마음과 함께 그의 몸도 새로워진 것을 말한다. 고전 3:15-20 참조. "15. 너희 몸이 그리스도의 지체인 줄을 알지 못하느냐 내가 그리스도의 지체를 가지고 창녀의 지체를 만들겠느냐 결코 그럴 수 없느니라 16. 창녀와 합하는 자는 그와 한 몸인 줄을 알지 못하느냐 일렀으되 둘이 한 육체가 된다 하셨나니 17. 주와 합하는 자는 한 영이니라 18. 음행을 피하라 사람이 범하는 죄마다 몸 밖에 있거니와 음행하는 자는 자기 몸에 죄를 범하느니라 19. 너희 몸은 너희가 하나님께로부터 받은 바 너희 가운데 계신 성령의 전인 줄을 알지 못하느냐 너희는 너희 자신의 것이 아니라 20. 값으로 산 것이 되었으니 그런즉 너희 몸으로 하나님께 영광을 돌리라." 바울은 그리스도인의 몸은 그리스도의 지체요, 예수 그리스도의 피값을 주고 사신 성령의 전이라고 한다. 히브리서 기자도 같은 취지의 말을 한다. 히 10:21-22 참조. "21. 또 하나님의 집 다스리는 큰 제사장이 계시매 22. 우리가 마음에 뿌림을 받아 악한 양심으로부터 벗어나고 몸은 맑은 물로 씻음을 받았으니 참 마음과 온전한 믿음으로 하나님께 나아가자."

2) 그리스도인은 그의 본성이 변화되어 새 사람이 되었지만, 그의 본성 곧 마음의 일부가 변화되고, 일부가 변화되지 않아 남은 옛성품 때문이라고 생각할 수 있다. 그러나 이것도 바울이 말하는 그리스도인의 모습과 어울리지 않는다. 바울은 분명히 그리스도인은 그리스도와 연합하여 죄에 대하여 죽고, 의에 대하여 살았으며(롬 6:1-11), 죄에서 해방되어 의의 종이 되었고(롬 6:17-20), 그는 육신 안에 있지 않고, 성령 안에 있다고(롬 8:1-9) 하기 때문이다. 그리스도인은 그의 옛사람이 죽었고, 그는 죄에서 해방되었다(롬 6:6-7[63]). 그는 죄와 사망의 법 곧 죄와 사망의 지배에서 벗어났다(8:1-2). 이는 그에게서 그를 지배하던 죄가 사라졌음을 말하는 것이다. 만약 그에게 아직도 죄가 남아 있다면, 이렇게 말할 수 없을 것이다. 그리스도의 피는 우리를 모든 죄와 불의에서 깨끗게 하신다(히 9:14[64]; 10:10, 14, 22[65], 29; 요일 1:9[66] 등 참조). 그는 그리스도와 함께 죄에 대하여 죽었다(6:2-7 등). 그리스도께서 죄에 대하여 완전히 죽으시고, 부활하신 것처럼 그도 그리스도와 하나가 되어 죄에 대하여 완전히 죽은 것이다. 그리고 새로운 존재가 된 것이다. 그가 아직 덜 죽은 것이 아니다. 그의 옛사람은 완전히 죽은 것이다(롬 6:6). 이것은 그가 완전히 새 사람이 된 것을 의미하는 것이다. 그가 아직 덜 변화되었다면, 어떻게 그의 옛사람이 죽었다고 할 것이며(롬 6:6), 이전 것이 지나갔으니, 새것이 되었다고(고후 5:17 등) 할 수 있겠는가? 그렇다면 그는

---

63) "6. 우리가 알거니와 우리의 옛 사람이 예수와 함께 십자가에 못 박힌 것은 죄의 몸이 죽어 다시는 우리가 죄에게 종노릇 하지 아니하려 함이니 7. 이는 죽은 자가 죄에서 벗어나 의롭다 하심을 얻었음이라." 여기서 옛사람은 하나님을 떠나 자기중심적인 인간성 곧 죄에 속한 마음인 것이다.

64) "하물며 영원하신 성령으로 말미암아 흠 없는 자기를 하나님께 드린 그리스도의 피가 어찌 너희 양심을 죽은 행실에서 깨끗하게 하고 살아 계신 하나님을 섬기게 하지 못하겠느냐."

65) "그가 거룩하게 된 자들을 한 번의 제사로 영원히 온전하게 하셨느니라."(14) "우리가 마음에 뿌림을 받아 악한 양심으로부터 벗어나고 몸은 맑은 물로 씻음을 받았으니 참 마음과 온전한 믿음으로 하나님께 나아가자."(22)

66) "만일 우리가 우리 죄를 자백하면 그는 미쁘시고 의로우사 우리 죄를 사하시며 우리를 모든 불의에서 깨끗하게 하실 것이요."

분명히 완전히 새사람이 된 것이다. 그에겐 죄가 없고, 그는 어둠이 아니고, 빛인 것이다(엡 5:8-9[67]; 히 10:10-14, 21-22[68] 등 참조). 적어도 그가 성령 안에 있는 한, 곧 성령의 은혜 안에 있는 한 그에게는 죄가 없고, 그는 온전히 새 사람이 되었다고 해야 할 것이다(롬 6:14; 8:9 등 참조). 그럼에도 불구하고, 그가 육신을 따라 행함으로 죄를 짓는 것은 무엇 때문인가?

3) 그리스도인의 본성이 완전히 변화되어 그의 마음에는 죄가 없고, 그의 마음은 완전히 새 마음이 되었으나, 그 육체는 아직도 죄에 속해 있기 때문이라고 생각할 수 있다. 그러나 죄는 마음에서 발생하는 것이다. 마음과 관계없이 육체가 죄를 짓는다는 것은 생각할 수 없다. 왜냐 하면, 죄는 그 자체가 마음에 속한 것 곧 영적인 것이기 때문이다(마 15:16-20[69] 등 참조). 그러므로 그리스도인이 죄를 짓는 것은 그의 마음이 죄를 짓는 것이다.

4) 그러면, 새롭게 변화된 그의 마음이 어떻게 죄를 짓는단 말인가? 새롭게 변화된 마음은 거룩하고, 의롭고, 선한 마음인데, 어떻게 이 마음이 죄를 짓는가? 우리는 이 거룩하고, 의롭고, 선한 마음이 죄를 짓는다고 할 수 없을 것이다. 이 마음은 그 자체가 죄와는 거리가 멀기 때문이다. 그럼에도 불구하고 새 마음을 가진 그리스도인이 죄를 짓는 것은 무엇 때문인가?

---

67) "8. 너희가 전에는 어둠이더니 이제는 주 안에서 빛이라 빛의 자녀들처럼 행하라 9. 빛의 열매는 모든 착함과 의로움과 진실함에 있느니라." 바울은 그리스도인들이 이제는 어둠이 아니고, 대신 빛이라고 한다. 그들의 마음이 착함과 의로움과 진실함의 마음이 되었기 때문이다.

68) "10. 이 뜻을 따라 예수 그리스도의 몸을 단번에 드리심으로 말미암아 우리가 거룩함을 얻었노라 … 14. 그가 거룩하게 된 자들을 한 번의 제사로 영원히 온전하게 하셨느니라." 히브리서 기자는 그리스도인들을 예수 그리스도의 피로 거룩하게 하셨다고 한다. 이것은 그들을 형식적으로가 아니라 실제 그들의 마음을 깨끗하게 하셨다는 것이다. 히브리서 10:21-22에서는 다음과 같이 말한다. "21. 또 하나님의 집 다스리는 큰 제사장이 계시매 22. 우리가 마음에 뿌림을 받아 악한 양심으로부터 벗어나고 몸은 맑은 물로 씻음을 받았으니 참 마음과 온전한 믿음으로 하나님께 나아가자."

69) "18. 입에서 나오는 것들은 마음에서 나오나니 이것이야말로 사람을 더럽게 하느니라 19. 마음에서 나오는 것은 악한 생각과 살인과 간음과 음란과 도둑질과 거짓 증언과 비방이니 20. 이런 것들이 사람을 더럽게 하는 것이요 씻지 않은 손으로 먹는 것은 사람을 더럽게 하지 못하느니라." 이 내용으로 볼 때 사람을 참으로 부정하게 하는 것은 마음인 것이다. 곧 악한 생각들이 사람을 부정하게 하고, 죄인 되게 하는 것이다.

그것은 분명, 그의 마음이 변했기 때문이라고 해야 할 것이다. 다시 말해 그리스도인의 거룩하고, 선한 마음이 죄의 마음, 악한 마음으로 변한 것이다. 어떻게 이것이 가능한가? 이것이 사실인가? 성경은 그 가능성을 말한다. 선한 마음도 죄의 유혹을 받아 그 죄에 굴복하면, 죄의 마음, 악한 마음이 된다는 것이다. 그 대표적인 예가 아담과 하와일 것이다. 그들이 처음엔 하나님의 형상으로 지음받아 거룩하고, 선한 마음을 가졌을 것이다(창 1:26-27[70] 참조). 그런데 그들이 뱀의 유혹을 받아 하나님의 말씀을 어겼을 때 그들의 마음은 변화되어 악한 마음이 된 것이다(창 3장 참조). 우리는 여기서 인간의 마음에 대해서 고려할 필요가 있다. 인간의 마음은 언제라도 변할 수 있는 것이다.[71] 죄 없는 온전한 마음이라도 언제라도 유혹을 받아 죄를 지을 수 있다는 것이다. 우리는 이런 예를 인간의 최초의 범죄에서 보았다(창 3장). 처음에 아담과 하와는 죄 없는 온전한 마음을 가지고 있었다. 그러나 그들도 뱀의 유혹에 넘어가 죄를 지었던 것이다. 죄없이 온전한 마음이라고 유혹과 시험에 넘어갈 수 있는 것이다. 심지어 예수님도 시험과 유혹을 받으셨다. 그러나 그 시험과 유혹을 다 이기신 것이다(히 4:15[72] 참조). 그러므로 그리스도인이 죄를 짓는다고 해서 그가 예수 그리스도를 믿는 처음부터 죄가 그에게 그냥 그대로 남아 있었다고 해서는 안 될 것이다. 그가 참 그리스도인이라면, 그는 그의 모든 죄를 용서받았을 뿐만 아니라, 모든 죄를 씻음 받아 온전한 사람이 되었다고 해야 할 것이다(히 10:10,14[73] 등 참조). 바울도 그 가능성을 롬 6:15-16에서 다음과 같이 말한다.

---

70) 하나님의 형상은 곧 그리스도의 형상이다. 골 1:15 참조. "15. 그는 보이지 아니하는 하나님의 형상이시요 모든 피조물보다 먼저 나신 이시니."
71) 만약 변할 수 없다면 인간의 마음이라고 할 수 없을 것이다.
72) "우리에게 있는 대제사장은 우리의 연약함을 동정하지 못하실 이가 아니요 모든 일에 우리와 똑같이 시험을 받으신 이로되 죄는 없으시니라."
73) "… 10. 이 뜻을 따라 예수 그리스도의 몸을 단번에 드리심으로 말미암아 우리가 거룩함을 얻었노라 … 12. 오직 그리스도는 죄를 위하여 한 영원한 제사를 드리시고 하나님 우편에 앉으사 … 14. 그가 거룩하게 된 자들을 한 번의 제사로 영원히 온전하게 하셨느니라."

15. 그런즉 어찌하리요 우리가 법 아래에 있지 아니하고 은혜 아래에 있으니 죄를 지으리요 그럴 수 없느니라 16. 너희 자신을 종으로 내주어 누구에게 순종하든지 그 순종함을 받는 자의 종이 되는 줄을 너희가 알지 못하느냐 혹은 죄의 종으로 사망에 이르고 혹은 순종의 종으로 의에 이르느니라.

바울은 여기서 분명히 그리스도인에게 말하고 있다. 예수를 믿어 새 사람된 그리스도인이라도 그가 자신을 죄에게 드리면, 곧 죄에게 굴복하면, 그는 죄의 종이 되어 사망에 이르게 된다는 것이다. 그러므로 우리는 새 사람된 그리스도인이라도 죄의 유혹에 굴복하여 자신을 죄에게 드리면, 그의 마음은 죄의 마음으로 변화되어 죄를 짓고, 죄의 종이 된다는 것이다. 우리는 창세기 3장에서 하나님의 형상을 가진 아담과 하와가 어떻게 뱀의 유혹에 넘어가 죄를 짓고, 죽게 되었는가를 잘 관찰할 필요가 있다. 오늘 그리스도인들이 죄의 유혹에 빠져 죄를 짓게 되는 것도 비슷한 과정을 거친다고 보기 때문이다. 그러므로 바울은 로마서 8장에서 거듭나 새 사람된 그리스도인도 육신을 따라 행함으로 죽을 수 있다고 말하는 것이다(롬 8:13 등). 이 때 바울이 말하는 육신은 로마서 7장에 의하면(롬 7:17-19[74] 등), 죄의 지배 아래 있는 인간의 마음 곧 타락한 마음이다.

그러므로 우리는 다음과 같이 결론을 내리게 된다. 새 사람된 그리스도인이 어떻게 타락한 마음인 육신을 따라 행할 수 있는가? 새 사람된 그리스도인의 마음에 원래부터 타락한 마음이 있어서(또는 그의 마음이 완전히 변화되지 않아서 일부 타락한 마음이 있어서) 그 타락한 마음에 의해서 죄를 짓는가? 아니면, 새 사람된 그리스도인의 마음은 온전히 새로워

---

74) "17. 이제는 그것을 행하는 자가 내가 아니요 내 속에 거하는 죄니라 18. 내 속 곧 내 육신에 선한 것이 거하지 아니하는 줄을 아노니 원함은 내게 있으나 선을 행하는 것은 없노라. 19. 내가 원하는 바 선은 행하지 아니하고 도리어 원하지 아니하는 바 악을 행하는도다." 바울은 여기서 그의 속 곧 그의 육신 안에 죄가 있어서 악을 행한다고 한다.

졌으나, 그 마음이 죄의 유혹에 넘어가 타락한 마음이 되어 죄를 범하게 되는 것인가? 지금까지 살펴 본 바에 의하면, 후자의 경우가 더 적합하다고 할 것이다.[75] 바울은 분명 그리스도인의 마음은 예수와 함께 새로워졌으나, 그가 죄의 유혹에 굴복함으로 그의 마음이 타락한 마음 곧 죄의 마음 또는 육신이 되어 그 육신을 따라 행함으로 죄를 짓게 되는 것이라는 것이다.

그러면, 새 사람된 그리스도인이 어떻게 죄의 유혹에 굴복하는가? 그것은 바로 인간의 연약함 때문이라고 해야 할 것이다. 그리스도인은 그가 새 사람이 되었어도, 아직 연약하여 부족한 것이 많다. 지식도 부족하고, 감정도 온전하지 않고, 의지도 약하다. 그리고 그의 몸 곧 육체도 약하다. 그러므로 그는 많은 실수와 잘못에 노출되어 있는 것이다. 그러나 바울은 이러한 연약함 자체를 죄라고 하지 않는다. 하나님은 오히려 이러한 그리스도인의 연약함을 도우신다(롬 8:18-39 등 참조).[76] 죄는 하나님을 거스리는 악한 마음의 자세이지, 연약함 자체를 죄라고 할 수는 없는 것이다. 물론 그리스도인은 그 연약함 때문에 죄의 유혹에 쉽게 빠지거나 굴복할 수 있다. 오해나 불완전한 감정과 약한 의지 때문에 죄에 쉽게 빠질 수 있는 것이다. 그렇다고 연약한 자가 다 죄에 빠지는 것은 아니다. 비록 약할지라도 그는 하나님의 은혜로 보호하심을 받으며, 지키심을 받는 것이다(롬 6:14; 계 3:8[77] 등 참조). 다만 이 하나님의 은혜를 의지하지 않고, 연약한 자신을 의

---

75) 물론 믿음이 온전하지 못해 그 마음이 완전히 변화되지 않은 자도 있을 것이다. 그러나 바울은 참된 그리스도인은 그리스도와 함께 죽고 삶으로 그가 온전히 새로워진 것을 말한다. 롬 6장 등 참조.

76) 성령은 신자를 위해 친히 간구함으로, 성부는 모든 것이 합력하여 선을 이루게 하심으로, 성자는 신자를 위해 죽으시고, 부활하시고, 그를 위해 하나님 아버지 우편에서 간구하심으로 도우신다. 롬 8:26-39 등 참조.

77) "볼지어다 내가 네 앞에 열린 문을 두었으되 능히 닫을 사람이 없으리라 내가 네 행위를 아노니 네가 작은 능력을 가지고서도 내 말을 지키며 내 이름을 배반하지 아니하였도다." 빌라델비아 교회는 작은 능력 곧 많은 약함을 가지고도 주의 뜻을 이루었던 것이다.

지할 때 그리스도인도 죄에 빠지게 되는 것이다. 그래서 ·바울은 그리스도인들에게 계속하여 깨어 기도하며(롬 13:11-14; 엡 6:10-20; 고전 10:13 등), 하나님을 의지하여 자신을 하나님께 드리라고 하는 것이다(롬 6:12-23; 12:1-2 등).

이상에서 본 바와 같이 성령 안에 있는 그리스도인이 죄의 성품인 육신을 따라 행하게 되는 것은 변화되어 새 사람된 그리스도인의 마음이 이 세상의 죄의 유혹에 굴복하여 그 거룩한 마음이 부정한 마음, 죄의 마음 곧 육신으로 변하여 그 육신을 따라 행함으로 죄를 짓는다고 해야 할 것이다. 그리고 그 죄를 회개함으로 그 죄에서 벗어나지 않고, 계속 그 죄 안에 있게 되면, 영원한 죽음에 이르게 된다는 것이다(롬 6:23; 8:13 등).

VI. 결론

지금까지 검토한 것들을 기초로 다음과 같이 몇 가지 결론을 정리해 본다.

1. 그리스도인은 죄를 떠나서 거룩하고 의롭고 선한 삶을 살아야 한다(롬 6:1-23 등). 이것이 그리스도인에게 대한 하나님의 뜻이다.

2. 그리스도인이 이렇게 살아야 하는 이유는 그가 예수님을 믿음으로 예수님과 연합되어 죄에 대해서 죽고, 의에 대해서 산 자가 되었기 때문이다(롬 6:1-11; 8:1-4 등). 곧 그는 죄에서 해방되어 의의 종이 된 것이다(롬 6:17-18 등). 그리고 그는 타락한 본성인 육신에서 벗어나 성령 안에 있게 되었기 때문이다(롬 8:9 등). 즉 그는 육신 곧 죄의 지배에서 벗어나 하나님의 은혜 곧 성령의 은혜와 능력 안에 있게 된 것이다(롬 8:1-4, 9 등). 또한 그리스도인이 의의 삶을 사는 것은 영생에 이르게 하지만, 다시 죄의 종이 되어 죄 가운데 살면 죽음이기 때문이다(롬 6:15-23).

3. 로마서 7:14-25의 "나"는 원칙적으로 율법 아래 있는 인간(롬 6:14),

율법을 의지하면서도 율법을 행하지 못하는, 예수 믿기 전의 인간 곧 변화되지 않은 인간성 곧 육신 안에 있는 자를 말하는 것이다. 이는 로마서 6-8장의 구조상으로 볼 때 로마서 6장은 죄와의 관계에서 그리스도인의 삶을 말한 것이라면, 로마서 7-8장은 율법과의 관계에서 그리스도인의 삶을 말한 것으로, 그 중에서 로마서 7:7-25는 율법을 의지하는 자가 왜 율법을 행하지 못하고 죄를 행할 수밖에 없는가를 말하기 때문이다. 바울은 여기서 율법을 의지하는 자 곧 자기 힘으로 율법을 행하고자 하는 자는 율법을 알고 이를 행하고자 하지만, 그 타락한 인간성(곧 마음) 곧 육신(타락한 마음)이 변화되지 않아서 곧 그 육신 안에 죄가 있어서 이 죄 때문에 그가 그 율법을 행하지 못하고, 오히려 죄를 짓고, 죽게 된다는 것이다. 바울은 여기서 당시 어떤 유대인들과 같이 율법을 의지하여 하나님 앞에 의로운 삶을 살려고 하는 것과 예수 그리스도를 믿음으로 하나님의 은혜에 의해서 의를 행하게 되는 것을 비교하고 있는 것이다. 그러므로 로마서 7:14-25의 "나"는 원칙적으로 율법 아래 있는 인간(롬 6:14 참조), 율법을 의지하면서도 율법을 행하지 못하는, 예수 믿기 전의 인간 곧 변화되지 않은 인간 곧 육신 안에 있는 자를 말하는 것이다. 이러한 사람은 정상적인 그리스도인이 아니다. 그러나 그리스도인도 성령의 인도하심을 받지 않고, 죄에 굴복하여 죄의 마음 곧 육신을 따라 살면, 그도 그와 같이 될 수 있을 것이다(고전 3:1-4 등 참조).

4. 그리스도인이 죄에서 벗어나 의의 종이 되었으며, 육신 안에 있지 않고, 성령 안에 있음에도 불구하고, 육신(타락한 마음)을 따라 행함으로 죄를 지어 죽게 되는 것은 무엇 때문인가? 그것은 그 안에 아직도 죄가 있어서 그 죄를 이기지 못하기 때문이 아니라, 그가 이미 죄에서 벗어나 죄가 없음에도 불구하고, 그가 죄의 유혹을 받을 때에 이 죄의 유혹에 굴복하여 자신을 죄에게 드릴 때에, 그의 마음이 죄의 마음 곧 육신이 되어 이 육신을 따름으로 이루어지는 것이라고 보아야 할 것이다(롬 6:16). 그리고 여

기서 인간의 몸의 구성요소로서의 육신과 타락한 인간성으로서의 육신을 구별해야 할 것이다. 그리스도인은 인간 몸의 구성 요소로서의 육신 안에 살고 있으나(갈 2:20; 빌 1:22 등), 원칙적으로 타락한 본성(타락한 마음)으로서의 육신 안에 있지는 않다. 바울은 이것을 롬 8:9에서 분명하게 말하고 있다. 여기서 "원칙적으로"라고 말한 것은, 그리스도인은 육신 안에 있지 않고, 성령 안에 있는 것이 정상적인 모습이나, 여러 가지 인간적인 약점으로 인해 죄의 유혹에 굴복할 때에는 그도 육신에 속하여 육신적인 사람이 될 수 있다는 것을 말하는 것이다. 마치 고린도전서 3:1-4의 사람과 같은 경우이다. 그러나 바울은 이것을 정상적인 그리스도인의 모습이라고 하지 않는다. 그것은 어디까지나 하나님의 뜻과 계획에 어긋난 것으로서 시정되어야 하는 것이지, 그리스도인의 당연한 모습이 아닌 것이다. 따라서 그리스도인은 항상 언제라도 죄의 유혹을 받아 다시 죄를 지을 수 있다는 것을 알고, 영으로써 몸의 행실을 죽이는 삶(8:13하), 곧 영적 싸움에 대비하여 항상 깨어 기도하는 삶을 살도록 해야 할 것이다(엡 6:10-20 등).

5. 그리고 여기서 인간의 연약함과 죄는 구별되어야 한다. 그리스도인은 이 세상에서 인간으로서의 많은 약점을 가지고 있다. 그러나 인간으로서의 약점 그 자체를 죄라고 해서는 안 되는 것이다. 연약함은 죄의 가능성을 가지고 있으나, 죄는 아니며, 그것은 강화되고, 양육되어야 하는 것이지, 하나님을 대적하는 것으로서의 죄와 같이 회개하고 버려야 하는 것이 아니다. 그러므로 바울은 자기의 약함을 자랑한다고 했다(고후 12:9-10). 우리는 약하기 때문에 더욱 하나님을 믿고 의지해야 하는 것이다.

6. 그리스도인이 하나님의 뜻을 따라 거룩하고, 의롭고, 선한 삶을 사는 방법은 항상 예수 그리스도를 믿고 의지함으로 성령 안에서 사는 것이다. 곧 성령을 따라 성령의 인도하심을 받아 사는 것이다(롬 8:1-4, 14 등). 이것은 그리스도인이 자신을 의의 병기로 하나님께 드리는 것이며(롬 6:12-

23), 곧 하나님의 뜻을 분별하고, 그 뜻에 순종하는 삶이다(롬 12;1-2).[78]

아직 많이 부족하지만, 이러한 연구를 기초로 앞으로 더 충분한 연구를 통해 그리스도인의 윤리적 삶의 방법을 더 잘 이해함으로 오늘 한국의 그리스도인들이 하나님의 뜻을 바로 분별하고, 행함으로, 한국교회의 갱신과 발전에 기여하게 되기 바란다.

---

78) 이에 대해 좀 더 자세한 것은 최영태, "바울의 윤리적 이상과 그 실현 방법에 대한 연구", 243-255 참조.

[참고문헌]

강영안 외.『한국교회, 개혁의 길을 묻다』. 서울: 새물결플러스, 2013.

기윤실 보도자료. "한국교회의 낮은 신뢰는 만성적, 구조적 문제(19.4%), 윤리와 도덕실천을 통한 신뢰회복 필요."
http://cemk.org/2008/bbs/board.php?bo_table=2007_notice&wr_id=2926 (2017.1.18)

김세윤. "한국교회 문제의 근원, 신학적 빈곤".『한국교회, 개혁의 길을 묻다』. 서울: 새물결플러스, 2013.

김현광. "로마서 7:14-25절과 그리스도인의 현재적 삶".「성경과 신학」. 61(2012): 336-364.

네이버 국어사전. "본성." http://krdic.naver.com/detail.nhn?docid=17288900 (2016.2.1)

윤화미. "한국교회, 사회봉사는 '최고' 신뢰도는 '최하'". News Mission. 2014. 2. 5. http://www.newsmission.com/news/news_view.asp?seq=56685

장보웅, 고영민 편저.『분해 대조 로고스 성경』. 서울: 도서출판 로고스, 1990.

장 열. "기독교윤리실천운동 '한국교회 사회적 신뢰도 여론조사.'" 중앙일보 (2018. 8.12). http://www.koreadaily.com/news/read.asp?art_id=2318714 (2018. 8. 13).

장종현과 최갑종.『사도 바울: 그의 삶, 편지, 그리고 신학』. 개정증보판. 서울: 기독교연합신문사, 2001.

장해경. "변증법적 긴장 속에서 사는 크리스천의 삶?: 로마서 7:7-25를 재고하며".「성경과 신학」. 39(2006): 52-86.

조제호 편.『2013 한국교회의 사회적 신뢰도 여론조사 결과 발표 세미나』. 서울: (사) 기독교윤리실천운동, 2014.

최갑종. "바울과 인간: 로마서 7:7-25에 관한 연구".『사도 바울: 그의 삶, 편지, 그리고 신학』. 개정증보판. 서울: 기독교연합신문사, 2001: 427-449.

_____. "바울과 성령: 로마서 8:1-27에 대한 연구".『사도 바울: 그의 삶, 편지, 그리고 신학』. 개정증보판. 서울: 기독교연합신문사, 2001: 450-461.

최영태. "로마서에 나타난 바울의 윤리적 교훈에 대한 연구: 구원과 윤리의 관계를 중심으로".「성경과 신학」. 73(2015): 243-280.

_____. "바울의 윤리적 이상과 그 실현 방법에 대한 연구: 로마서의 윤리적 교훈을 중심으로". 「복음과 윤리」. 11(2014): 217-259.

_____. "인간 삶의 윤리적 판단 기준에 대한 연구". 「복음과 윤리」. 10(2013): 164-205.

_____. "윤리의 기본 개념과 목적에 대한 연구". 「복음과 윤리」. 9(2012): 157-203.

Aland, Kurt et al. Eds. *Nestle-Aland Novum Testamentum Graece*. 7th edition. Stuttgart: Deutsche Bibelgesellschaft, 1983.

Cranfield, C. E. B. *Romans: A Shorter Commentary*. Grand Rapids: Eerdmans, 1985.

Dunn, James D. G. *The Theology of Paul the Apostle*. Grand Rapids: Wm. B. Eerdmans Publishing Company, 1998.

_____. *The Theology of Paul the Apostle*. 박문재 역. 『바울신학』. 서울: 크리스챤 다이제스트, 2003.

Good TV 온라인 성경. http://goodtvbible.goodtv.co.kr/bible.asp (2018. 8. 3)

Knutson, F. B. "Flesh," in *The International Standard Bible Encyclopedia*. Vol. 2. General Ed. Geoffrey W. Bromiley. Grand Rapids: William B. Eerdmans Publishing Company, 1982. Reprint, 1987.

Ladd, George Eldon. *A Theology of the New Testament*. 신성종, 이한수 역. 『신약신학』. 개정증보판. 서울: 대한기독교서회, 2001.

Morris, Leon. *The Epistle to the Romans*. Grand Rapids: Eerdmans, 1988. Reprint, 1994.

Schreiner, Thomas R. *Romans*. Grand Rapids: Baker Academic, 1998.

Stott, John. *The Message of Romans: God's Good News for the World*. 정옥배 역. 『로마서 강해: 온 세상을 향한 하나님의 복음』. 서울: 한국기독학생회출판부, 2006.

[영문요약]

A Study on Christian Ethical Living as Described in Chapters 6-8 of Paul's Epistle to the Romans

This thesis examines Christian ethical living as described in chapters 6–8 of Paul's Epistle to the Romans. The results are as follows. 1. The Christian should live a holy, righteous, and good life (Rom. 6:1–23 etc.). 2. The reason why the Christian should live such a life is that he/she has died to sin and has become alive to righteousness by being united to Christ by faith in Jesus Christ (Rom. 6:1–11; 8:1–4, etc.). Therefore He/she has been freed from sin and has become a slave of righteousness (Rom. 6:17–18 etc.), and as follows he/she has been released from the flesh, the corrupt nature and has come to be in the Holy Spirit instead (Rom. 8:1–9 etc.). 3. "I" as described in Rom. 7:14–25 is basically a person who is under the law (Rom. 6:14), one who relies on the law but ultimately fails to do the law, that is, the one who is still living under the corrupt nature of the flesh, the person who is not in Jesus Christ. The reason is thus: when seen from the structure of Romans 6–8, Rom. 6 talks about the Christian life in relation to sin, and Rom. 7–8 explains it in relation to the law and the flesh, and most especially Rom. 7:7–25 explains why the one who relies on the law fails to do the law. The Apostle Paul says here that the one who relies on the law knows the law and wants to do it, but he/she sins and dies because sin is in his/her flesh: the unchanged nature (the corrupt heart). 4. The reason why a Christian could walk according to the flesh (the corrupt heart) and die even though he/she has become a slave of righteousness, hence is freed from sin, and is in the Holy Spirit, not in the flesh, is this: not because he/she still has sin in him/her and so cannot overcome it, but because even though he/she has already become freed from sin and does not have sin, he/she volitionally surrenders to the temptations of sin and delivers himself/herself over to sin, and then his/her heart becomes the heart of sin, also known as the flesh, and he/she then follows the flesh, the corrupt heart (Rom. 6:16). When a Christian surrenders to the temptations of sin because of his/her human weaknesses, he/she then also becomes one with the flesh and becomes a fleshy person (1Corinthians 3:1– 4 etc.). Therefore each Christian should always kill the practices of his/her body (Rom. 8:13), that is, he/she should always be alert and pray against spiritual warfare (Ephesians 6:10–20 etc.). 5. Human weaknesses and sin must be distinguished. Human weaknesses can potentially lead to sins, but they are not inherently sinful. Therefore they should be helped and cared for, not punished as a sin which opposes God. Rather, because of our weaknesses we Christians should trust and rely on God more (2Corinthians 12:9–10). 6. The way in which a Christian should live a holy, righteous, and good life according to the will of God, is to always live in the Holy Spirit by faith in Jesus Christ (Rom. 8:1–4, 14, etc.). A Christian should deliver himself/herself to God as an instrument of righteousness (Rom. 6:12–23), and discern God's will and obey it (Rom. 12:1–2).

Key Words: the Apostle Paul, Romans 6-8, ethical living, sin, death, righteousness, flesh, human weaknesses, law, Jesus Christ, the Holy Spirit.

Chapter 8

그리스도인과
율법

자료7: 그리스도인들은 모세의 율법을 지켜야
　　　하는가?

A Basic Understanding of
Christian Ethics

제8장

그리스도인과 율법

오늘 그리스도인들은 모세의 율법을 지켜야 하는가? 아니면, 지킬 필요가 없는가? 이 문제는 중요한 문제이다. 이에 대한 답에 따라 그리스도인의 구원의 방법과 삶의 내용이 달라지기 때문이다.[1] 이 문제에 대한 답은 크게 두 가지로 구분될 수 있다. 첫째는 모세의 율법을 그대로 다 지켜야 한다는 것이다. 그리고 둘째는 모세의 율법은 지킬 필요가 없다는 것이다. 그러나 이들을 검토한 결과, 이 두 견해는 다 문제가 있다. 따라서 다음 논문은 이 두 견해의 문제들을 보완한 제3의 견해를 제시한다. 그 결과는 다음과 같다.

그리스도인들은 구약의 율법 특히 모세의 율법을 지켜야 한다. 모세의 율법은 하나님의 영감으로 기록된 하나님의 말씀이며(딤후 3:16 등), 예수께서 다 지켜야 한다고 했기 때문이다(마 5:17-20 등). 그러나 그 율법의 준수는 형식적 의미의 율법이 아니라, 율법의 본질적인 내용인 율법의 정신 곧 거룩, 의, 선(사랑)이다. 이를 좀 더 자세히 보면 다음과 같다. 1) 모세의 율법 중 도덕법은 하나님의 백성의 삶의 원리로서 그 내용은 거룩, 의, 선

---

1) 다음 내용은 본 저자의 논문 "그리스도인들은 모세율법을 지켜야 하는가?",「성경과 신학」, 84(2017.10): 191-222의 국문초록이다.

곧 사랑이다(마 22:34-40; 갈 5:13-14; 롬 13:8-10 등). 그러므로 이 도덕법은 오늘날에도 그대로 지켜져야 한다(롬 2장; 3:31; 8:1-4 등). 이것은 영원히 변치 않는 하나님의 뜻이기 때문이다(마 22:34-40 등). 2) 율법의 형식적인 내용 특히 의식법은 하나님 앞에 속죄와 정화와 화목에 대한 것으로 이것은 예수님이 십자가에 죽으심으로 이루어졌다(히 10:17-18 등). 그러므로 오늘 그리스도인들은 이 의식법을 그대로 지킬 필요가 없다(갈 3:15-29; 4장). 그러나 그 의식법의 정신인 거룩과 정결은 예수 그리스도를 믿고 의지함으로 그리스도인의 삶 속에서 계속 지켜져야 할 것이다(요일 1:9 등 참조). 3) 시민법은 이스라엘 민족의 시민 생활에 관한 법으로서 오늘 역사와 문화가 다른 우리의 시대에 그대로 지킬 수 없는 것들이 많다. 그러나 그 시민법의 정신인 정의와 사랑은 오늘 그리스도인들의 삶 속에서도 지혜롭게 적용되어야 할 것이다(롬 12:1-2; 엡 5:15-17 등 참조).

이와 같이 율법의 형식적인 측면은 실체이신 그리스도가 오신 오늘 그리스도인들이 그대로 행할 필요가 없다. 그러나 율법의 본질적인 측면인 거룩과 의와 사랑은 타락한 인간성을 가진 인간은 자기 힘으로 이것을 행할 수가 없다(롬 7장 등). 그러나 오늘 그리스도인들은 계속하여 예수 그리스도를 믿고 의지함으로 이것을 행할 수 있다(롬 8:1-4 등). 그는 그리스도를 믿음으로 죄에서 벗어나 새사람이 되었고(롬 1-6장), 또한 삼위 하나님이 그와 함께 계시므로 그가 계속하여 성령을 따라 행할 때 이것을 이룰 수 있기 때문이다(롬 7-8장; 갈 5:16-26 등).

오늘 한국의 그리스도인들이 이와 같은 사실을 바로 알고 행할 때에 그들의 삶은 이 땅에서 하나님의 나라와 의를 이루고, 하나님의 영광을 드러낼 것이다(마 5:13-16; 6:33). 그리고 이것은 오늘 한국교회에 대한 신뢰도를 높이고, 그리스도의 복음 선교에도 도움이 될 것이다.

주제어: 모세 율법, 율법의 형식적 측면, 율법의 본질적 측면, 율법의 정신, 도덕법, 의식법, 시민법, 구원과 윤리.

그리스도인들은
모세의 율법을 지켜야 하는가?

I. 서론

오늘날 한국교회의 신뢰도 저하의 주된 원인은 교회와 신사들의 삶이 윤리적이지 못하다는 것이다.[1] 그러면, 한국교회와 신자들의 삶이 윤리적이지 못한 주된 이유는 무엇인가? 거기에는 여러 가지 이유가 있겠으나, 그 중에 중요한 것 중의 하나는 한국 교회와 신자들의 율법경시 태도라고 생각된다. 물론 여기서 말하는 율법은 삶의 기준으로서의 규범을 말한다.[2] 그

---

* 이 자료는 본 저자의 논문 "그리스도인들은 모세율법을 지켜야 하는가?", 「성경과 신학」, 84(2017.10): 191-222의 일부를 수정 보완한 것이다.

1) 최영태, "로마서 6-8장에 나타난 그리스도인의 윤리적 삶의 방법에 대한 연구", 「성경과 신학」 82(2017. 4), 301; 장열, "기독교윤리실천운동 '한국교회 사회적 신뢰도 여론조사'," 중앙일보(2018.8.12), http://www.koreadaily.com/news/read.asp?art_id=2318714 (2018.8.13); 기윤실 보도자료, "한국교회의 낮은 신뢰는 만성적, 구조적 문제(19.4%), 윤리와 도덕실천을 통한 신뢰회복 필요", http://=cemk.org/2008/bbs/board.php?=bo_table=2007_notice&wr_id=2926 (2017. 7. 19.); 조제호 편, 『2013 한국교회의 사회적 신뢰도 여론조사 결과 발표 세미나』(서울: (사) 기독교윤리실천운동, 2014), 8; 최영태, "로마서에 나타난 바울의 윤리적 교훈에 대한 연구: 구원과 윤리의 관계를 중심으로", 「성경과 신학」 73(2015. 4), 244-245 등 참조.

2) 네이버 국어사전은 "율법"을 다음과 같이 정의한다. "1. 〈법률〉 [같은 말] 법률(2. 국회의 의결을 거쳐 대통령이 서명하고 공포함으로써 성립하는 국법(國法)). 2. 〈종교〉 종교적 · 사회적 · 도덕적 생활과 행동에 관하여 신(神)의 이름으로 규정한 규범. 모세의 십계명을 중심으로 모세 오경을 이르는 것이 일반적이다. [비슷한 말] 법계1(法戒)." 네이버 국어사전, "율

리스도인들이 삶의 규범으로서의 율법을 중요하게 생각하지 않는다는 것이다. 그러면, 이런 율법경시 태도는 어디서 온 것인가? 물론 거기에는 여러 가지 이유가 있겠으나, 그 중에서 가장 중요한 이유들 중의 하나는 성경에서 말하는 율법에 대한 잘못된 이해 때문이라고 생각된다.[3] 그 중에서도 특히 구약의 율법에 대한 그리스도인들의 자세에 대한 잘못된 이해가 가장 중요한 이유들 중의 하나라고 생각된다.[4] 따라서 이 논문은 구약의 율법 특히 모세의 율법에 대한 그리스도인들의 자세가 어떠해야 하는가를 고찰하고자 한다. 여기서 구약의 율법이란 구약 성경에 나타난 삶의 기준 또는 규범으로서의 율법을 말한다. 그 중에서도 특히 모세의 율법에 대해서 생각해 보고자 하는 것은 모세의 율법, 곧 모세 오경(특히 출애굽기, 레위기, 민수기, 신명기)에 나타난 율법들, 곧 모세를 통해서 주어진 율법들이 구약에 나

법", http://krdic.naver.com/detail.nhn?docid=29922600 (2017. 7. 19). 이 중에서 이 논문에서 사용하는 "율법"은 일차적으로는 2번의 의미이다. 곧 "모세의 십계명을 중심으로"한 "모세 오경"을 말한다. 더 나아가 이 모세오경에 나타난 모세의 율법을 기초로 한 구약성경의 율법을 말한다. 그리고 이것을 더 넓혀서 1번과 같이 삶의 기준으로서의 법 규범 전체를 의미할 수도 있을 것이다. 최영태, "윤리의 기본 개념과 목적에 대한 연구", 「복음과 윤리」 9(2012), 196-199 참조.

3) 오늘날 그리스도인들이 율법을 경시하는 주된 이유들 중의 하나는 무엇보다도 사도 바울의 이신칭의 교리에 대한 잘못된 이해라고 생각된다. 칭의와 구원은 율법을 행함이 아니라 오직 믿음에 의해 가능하므로 율법을 행하는 것은 불필요하다는 것이다. 이러한 생각에서 오늘 그리스도인에게는 율법이 필요 없다는 생각이 나오고, 이런 율법 경시의 태도가 오늘 한국 교회가 윤리적 실천을 소홀히 여기는 하나의 원인이 되었다고 보는 것이다. 그러면, 율법에 대한 이러한 이해가 옳은가? 과연 그리스도인들은 율법을 행할 필요가 없는가? 율법은 우리에게 죄를 깨닫게만 할 뿐(롬 3:20 등), 우리는 그 율법을 지킬 필요가 없는가? 이것이 사도 바울과 성경이 우리에게 가르치는 것인가? 이 논문은 이런 문제에 대해서 고찰하고자 하는 것이다.

4) 사도 바울에 의하면, 구원은 율법을 행함으로 가능하지 않고, 오직 예수 그리스도를 믿는 신앙에 의하여 가능하다(롬 1-4장 참조). 그러면, 율법은 불필요한 것인가? 이에 대해서는 여러 가지 견해가 있을 수 있으나, 그것은 크게 두 가지로 나누일 것이다. 하나는 구약의 율법을 다 지켜야 한다는 것이고, 또 하나는 그 율법을 지킬 필요가 없다는 것이다. 제1의 견해는 우리로 율법주의에 빠지게 할 수 있고, 제2의 견해는 우리로 무율법주의에 빠지게 할 가능성이 크다. 그런데 한국교회는 대개 제1의 입장 또는 제2의 입장을 가지고 있다. 때로는 한 교회 또는 한 신자가 제1과 제2의 입장을 혼합하여 가지고 있기도 하다. 이와 같이 교회와 신자들의 삶의 기준이 혼란되어 있으므로 그 실제 삶 또한 혼란된 것으로 나타나게 되는 것이다.

타난 모든 율법들의 기준이 되고, 또 기초가 되고 있다고 보기 때문이다.[5]

오늘날 그리스도인들이 구약 율법 특히 모세율법에 대해 가지고 있는 자세는 크게 두 가지로 구분해 볼 수 있을 것이다.[6] 첫째는 오늘 그리스도인들은 모세의 율법을 글자 그대로 다 지켜야 한다는 것이다. 그 주된 이유는 예수님이 구약의 율법은 다 이루어져야 한다고 했고(마 5:17-20 등), 또 율법은 하나님의 계시의 말씀이기(딤후 3:16 등) 때문이라는 것이다. 둘째는 이와 반대로 오늘 그리스도인들은 모세의 율법을 지킬 필요가 없고, 더 나아가 지키려고 해서는 안 된다는 것이다. 그 주된 이유는 사람이 구원받는 것은 율법 곧 구약 율법을 행함으로 되지 않고, 오직 하나님의 아들 예수 그리스도를 믿음으로 가능하며(롬 1-5장; 갈 1-4장 등), 더 나아가 모세의 율법을 지키려고 하는 것은 하나님의 은혜를 거부하는 것이 되기 때문이라고 한다(갈 5:1-4 등). 그러나 이 두 가지 견해들은 다 문제가 있다. 첫째 것은 자칫 율법주의 곧 율법을 행함으로 구원을 얻는 것처럼 여겨질 수 있고, 오늘날 구약의 율법을 그대로 다 지키는 것은 불가능하며, 또 예수님 자신이나 사도 바울도 이것을 요구하지 않기 때문이다. 둘째 것도 문제가 있다. 물론 사도 바울이 율법을 행함으로 곧 모세의 율법을 행함으로 사람이 구원을 받지 못한다고 하였으나, 그렇다고 하여 그리스도인들에게 율법이 전혀 필요 없다고 하지 않았기 때문이다. 그러므로 여기서 제3의 견해가 나온다. 다

5) James D. G. Dunn, *The Theology of Paul the Apostle*, 박문재 역, 『바울신학』 (서울: 크리스챤 다이제스트, 2003), 213-220; George Eldon Ladd, *A Theology of the New Testament*, 신성종, 이한수 역, 『개정증보판 신약신학』 (서울: 대한기독교서회, 2001), 615-633; J. H. Gerstner, "Law in the NT," in *The International Standard Bible Encyclopedia* Vol. 3, general ed. Geoffrey W. Bromiley (Grand Rapids: Eerdmans, 1986; reprint, 1987), 85-91 참조. 슈라이너는 롬 3:20에서 율법은 모세의 율법을 포함한 율법 전체를 말한다고 한다. Thomas R. Schreiner, *Romans*(Grand Rapids: Baker Academic, 1998), 169-173 참조. 따라서 이후 이 논문에서 다른 설명이 없는 경우, 율법은 구약의 율법, 특히 모세의 율법을 의미한다.
6) 바울의 율법관에 대한 논의의 간략한 소개는 김근수, "바울의 율법론", 「개혁논총」 17/0(2011), 191-196 참조.

시 말해서 첫째와 둘째 견해의 문제점들을 보완한 제3의 견해이다. 이것은 구약의 율법을 지키되, 그 정신을 지켜야 한다는 것이며, 그것도 그리스도인 자신의 능력으로가 아니라, 하나님의 은혜와 능력으로 그 율법을 지켜야 한다는 것이다. 그러면 이 중에서 어떤 것이 옳은가? 이 문제를 검토하는 것은 대단히 중요하다. 왜냐 하면, 이것은 우리가 하나님 앞에 의롭다함을 얻고, 구원을 얻는 방법을 결정할 뿐만 아니라, 또한 우리 그리스도인들이 이 세상에서 어떻게 살아야 하는가를 결정하는 중요한 문제가 되기 때문이다. 따라서 이 논문은 이 내용들을 좀 더 자세히 고찰해 보고자 한다. 그리고 그 방법은 앞의 두 견해의 주장과 문제점들을 고찰하고, 이를 보완하는 제3의 견해를 고찰하여 보다 더 바람직한 견해를 제시하고자 하는 것이다.

이와 같이 하여 오늘 우리 그리스도인들이 구약의 율법에 대해서 바른 이해와 자세를 가지고 이를 행할 때, 이는 오늘 한국교회의 윤리적 실천에 도움이 될 것이다. 그리고 이것은 더 나아가 한국교회와 신자들에 대한 신뢰도를 높이고, 그리스도의 복음 선교에도 도움이 될 것이다.[7]

II. 구약의 율법을 그대로 다 지켜야 한다는 견해

먼저 구약의 율법을 그대로 다 지켜야 한다는 견해가 있다. 그 이유는 첫째 율법은 하나님의 계시의 말씀이기 때문이며, 또한 예수님이 구약의 율법을 다 지켜야 한다고 했기 때문이라는 것이다.

---

7) 최영태, "로마서 6-8장에 나타난 그리스도인의 윤리적 삶의 방법에 대한 연구", 301; 기윤실 보도자료, "한국교회의 낮은 신뢰는 만성적, 구조적 문제(19.4%), 윤리와 도덕실천을 통한 신뢰회복 필요", http://cemk.org/2008/bbs/board.php?bo_table=2007_notice&wr_id=2926 (2017. 7. 19.) 참조.

1. 이 견해의 근거들

이 견해의 근거들은 여러 가지가 있으나 그 대표적인 것들은 다음과 같다.

1) 구약의 율법은 하나님의 계시의 말씀이기 때문이다. 사도 바울은 딤후 3:16[8]에서 모든 성경은 하나님의 감동으로 된 것으로 교훈과 책망과 바르게 함과 의로 교육하기에 유익하다고 하였는데, 여기서 모든 성경에는 당연히 모세의 율법이 포함된 것이다. 따라서 모세의 율법은 하나님의 영감으로 기록된 계시의 말씀으로서 완전하고, 흠이 없어 그대로 다 지켜야 한다는 것이다(시 19:7-10[9] 등 참조).

2) 구약의 말씀은 그 자체가 율법을 철저히 지켜야 함을 거듭해서 말한다. 그 내용은 일일이 다 말할 수 없으나, 한 가지만 들면 다음과 같다. 모세는 신명기에서 하나님이 주신 율법을 다 설명한 후에 결국 이스라엘 백성이 이 율법을 지켜야 할 것을 다음과 같이 말한다.

> 15. 보라 내가 오늘 생명과 복과 사망과 화를 네 앞에 두었나니 16. 곧 내가 오늘 네게 명령하여 네 하나님 여호와를 사랑하고 그 모든 길로 행하며 그의 명령과 규례와 법도를 지키라 하는 것이라 그리하면 네

---

8) "모든 성경은 하나님의 감동으로 된 것으로 교훈과 책망과 바르게 함과 의로 교육하기에 유익하니," (딤후 3:16), Goodtv 온라인 성경, 개역개정 한글 성경, http://goodtvbible. goodtv.co.kr/bible.asp (2018. 8. 3). 이하 다른 표시가 없으면, 한글 성경 인용은 Goodtv 온라인 성경 개역개정 한글 성경이다.

9) "7. 여호와의 율법은 완전하여 영혼을 소성시키며 여호와의 증거는 확실하여 우둔한 자를 지혜롭게 하며 8. 여호와의 교훈은 정직하여 마음을 기쁘게 하고 여호와의 계명은 순결하여 눈을 밝게 하시도다 9. 여호와를 경외하는 도는 정결하여 영원까지 이르고 여호와의 법도 진실하여 다 의로우니 10. 금 곧 많은 순금보다 더 사모할 것이며 꿀과 송이꿀보다 더 달도다." 여기 말하는 율법은 모세의 율법을 말하며, 구약 성경은 이 율법의 완전성과 그 말씀을 철저히 지켜야 할 것을 거듭하여 말한다. 신 28-30장 등 참조.

가 생존하며 번성할 것이요 또 네 하나님 여호와께서 네가 가서 차지
할 땅에서 네게 복을 주실 것임이니라 17. 그러나 네가 만일 마음을
돌이켜 듣지 아니하고 유혹을 받아 다른 신들에게 절하고 그를 섬기
면 18. 내가 오늘 너희에게 선언하노니 너희가 반드시 망할 것이라 너
희가 요단을 건너가서 차지할 땅에서 너희의 날이 길지 못할 것이니
라. (신 30:15-18)

결국 이스라엘 백성은 하나님의 "명령과 규례와 법도" 곧 모세의 율법을
지켜야 한다는 것이다. 이것을 지키는 것이 생명과 복이며, 지키지 않는 것
은 곧 사망과 화로서 망하는 길이라는 것이다.

3) 예수님 자신이 율법을 하나님의 말씀으로 존중했으며, 이 율법은 다 지
켜져야 한다고 했다. 예수님은 모세의 율법을 포함한 구약의 말씀을 철저히
존중하고 지키셨다. 예를 들어 예수님은 요 10:35에서 성경은 폐하지 못한
다고 하시며[10], 모세의 율법을 포함한 구약 성경을 철저히 존중하셨다. 마
5:17-20에서 예수님은 구약의 율법은 다 지켜져야 한다고 다음과 같이 말
씀하셨다.

17. 내가 율법이나 선지자를 폐하러 온 줄로 생각하지 말라 폐하러 온
것이 아니요 완전하게 하려 함이라 18. 진실로 너희에게 이르노니 천
지가 없어지기 전에는 율법의 일점 일획도 결코 없어지지 아니하고
다 이루리라 19. 그러므로 누구든지 이 계명 중의 지극히 작은 것 하
나라도 버리고 또 그같이 사람을 가르치는 자는 천국에서 지극히 작
다 일컬음을 받을 것이요 누구든지 이를 행하며 가르치는 자는 천국
에서 크다 일컬음을 받으리라 20. 내가 너희에게 이르노니 너희 의가

---

10) "성경은 폐하지 못하나니 하나님의 말씀을 받은 사람들을 신이라 하셨거든," 여기서 성경
은 모세의 율법을 포함한 구약 성경이다.

서기관과 바리새인보다 더 낫지 못하면 결코 천국에 들어가지 못하
리라.

예수님은 율법을 폐하러 온 것이 아니라 완전하게 하려고 오셨으며, 율
법은 일점 일획도 결코 없어지지 아니하고 다 이루어진다는 것이다. 여기
서 말하는 율법은 모세의 율법을 포함한 구약의 율법이다.[11] 따라서 모세
의 율법을 중심으로 한 구약의 율법은 다 지켜져야 한다는 것이다.

4) 사도 바울은 로마서 2장에서 율법은 모든 사람에 대한 심판의 기준으로
서 지켜져야 한다고 했다. 바울은 로마서 2:12-16에서 율법이 모든 사람의
심판의 기준이 됨을 다음과 같이 말한다.

> 12. 무릇 율법 없이 범죄한 자는 또한 율법 없이 망하고 무릇 율법이
> 있고 범죄한 자는 율법으로 말미암아 심판을 받으리라 13. 하나님 앞
> 에서는 율법을 듣는 자가 의인이 아니요 오직 율법을 행하는 자라야
> 의롭다 하심을 얻으리니 14. (율법 없는 이방인이 본성으로 율법의
> 일을 행할 때에는 이 사람은 율법이 없어도 자기가 자기에게 율법이
> 되나니 15. 이런 이들은 그 양심이 증거가 되어 그 생각들이 서로 혹
> 은 고발하며 혹은 변명하여 그 마음에 새긴 율법의 행위를 나타내느
> 니라) 16. 곧 나의 복음에 이른 바와 같이 하나님이 예수 그리스도로
> 말미암아 사람들의 은밀한 것을 심판하시는 그 날이라.

유대인은 기록된 율법 곧 모세의 율법에 의해서,[12] 그리고 이방인은 "마

---

11) H. L. Ellison, "Matthew," in *The International Bible Commentary with the New International Version,* general ed. F. F. Bruce(Grand Rapids: Zondervan, 1986), 1124.
12) 슈라이너는 여기서 율법이 모세의 율법임을 말한다. Schreiner, *Romans,* 118.

음에 새긴 율법"에 의해서 심판을 받는다는 것이다.[13] 그리고 그는 하나님 앞에서는 그 율법을 행하는 자라야 의롭다 하심을 얻는다고 한다(13). 율법은 유대인이나 이방인이나 모든 사람에 대한 심판의 기준으로서 반드시 지켜져야 한다는 것이다.

2. 이 견해의 문제점

이 견해의 문제점들은 다음과 같다.

1) 구약 성경 자체가 율법의 문자적 준수를 요구하지 않았다. 이는 많은 선지자들의 글이 그것을 가르쳐 준다. 예를 들어 이사야 선지자는 다음과 같이 말한다.

> 11. 여호와께서 말씀하시되 너희의 무수한 제물이 내게 무엇이 유익하뇨 나는 숫양의 번제와 살진 짐승의 기름에 배불렀고 나는 수송아지나 어린 양이나 숫염소의 피를 기뻐하지 아니하노라 12. 너희가 내 앞에 보이러 오니 이것을 누가 너희에게 요구하였느냐 내 마당만 밟을 뿐이니라 13. 헛된 제물을 다시 가져오지 말라 분향은 내가 가증히 여기는 바요 월삭과 안식일과 대회로 모이는 것도 그러하니 성회와 아울러 악을 행하는 것을 내가 견디지 못하겠노라 14. 내 마음이 너희의 월삭과 정한 절기를 싫어하나니 그것이 내게 무거운 짐이라 내가 지기에 곤비하였느니라 15. 너희가 손을 펼 때에 내가 내 눈을 너희에

---

13) 바울은 여기서 기록된 율법과 마음에 새겨진 율법을 본질적으로 같은 것으로 보고 있다. 따라서 여기서 율법은 율법의 형식적인 내용보다는 실질적인 내용(도덕적 규범)을 의미할 것이다. 이방인들이 의식에 관한 규칙 등 모세율법의 형식적인 내용들까지 알기는 어렵기 때문이다. 슈라이너는 마음에 새겨진 율법의 이 실질적인 내용을 "도덕적 규범"(moral norms) 그리고 "자연법"(natural law)이라고 한다. Schreiner, *Romans*, 119-123.

게서 가리고 너희가 많이 기도할지라도 내가 듣지 아니하리니 이는 너희의 손에 피가 가득함이라 16. 너희는 스스로 씻으며 스스로 깨끗하게 하여 내 목전에서 너희 악한 행실을 버리며 악행을 그치고 17. 선행을 배우며 정의를 구하며 학대 받는 자를 도와 주며 고아를 위하여 신원하며 과부를 위하여 변호하라 하셨느니라. (사 1:11-17)

하나님은 이스라엘 백성들이 율법의 규정을 따라 하나님께 제사드리는 것, 절기를 지키는 것보다 그들이 죄를 버리고, 선과 정의를 행하기를 원하신다는 것이다. 다시 말해서 형식적인 율법의 준수가 아니라 율법의 정신인 선과 의를 행하기를 원하신다는 것이다.

2) 예수님도 율법을 문자적으로 지킬 것을 말씀하지 않았다. 예수님은 물론 마 5:17-20에서 구약의 율법이 다 이루어져야 함을 말씀하셨다. 그러나 그것이 다 문자적으로 이루어지는 것을 의미하는 것은 아니었다. 예수님은 오히려 율법의 정신이 이루어져야 할 것을 말씀하셨다. 예수님이 그의 제자들의 의가 서기관과 바리새인보다 더 나아야 한다고 한 것은 그의 제자들이 서기관과 바리새인보다 더 철저하게 율법을 글자 그대로 지켜야 한다는 것이 아니었다. 오히려 예수님은 율법의 문자적인 준수 곧 형식적인 준수가 아니라, 그 율법의 근본정신이 지켜져야 할 것을 말씀하셨다. 예수님은 이런 율법의 준수가 진정한 율법의 준수라고 하신다. 그러므로 예수님은 마 5-7장에서 율법의 참된 의미를 밝히시며, 그 율법을 지켜야 할 것을 말씀하신 것이다.[14] 이러한 예를 우리는 예수님의 사역에서 계속하여 본다. 예를 들어 예수님은 마 9:9-17에서 하나님은 제사보다 긍휼을 더 원하신다고 했고, 마 12:1-21에서는 안식일의 형식적인 준수보다 안식일에도 사람을 살리는 것 곧 선을 행하는 것이 옳다고 하셨으며, 마 15:1-21에서는 손을 씻는

---

14) Ellison, "Matthew," 1124.

것보다도 마음을 깨끗하게 하는 것이 더 중요하다고 하셨다(마 23:25-28[15])
등 참조). 그리고 마태복음 23:23에서 예수님은 외식하는 서기관들과 바리
새인들을 책망하시면서 "화 있을진저 외식하는 서기관들과 바리새인들이
여 너희가 박하와 회향과 근채의 십일조는 드리되 율법의 더 중한 바 정의
와 긍휼과 믿음은 버렸도다 그러나 이것도 행하고 저것도 버리지 말아야 할
지니라."고 하심으로써 율법의 형식적인 준수보다 그 율법의 정신인 "정의
와 긍휼과 믿음"이 더 중요한 것을 말씀하셨다. 그리고 예수님은 모든 율법
의 근본정신은 하나님 사랑과 이웃 사랑임을 말씀하셨다(마 22:34-40[16]).

3) 사도 바울도 율법을 문자적으로 다 지킬 것을 요구하지 않았다. 사도 바
울이 로마서 2장에서 율법이 모든 사람의 심판의 기준으로서 지켜져야 한
다고 하였으나, 그 율법은 어디까지나 그 율법의 근본정신인 선과 의가 지
켜져야 한다는 것이지, 율법의 형식적인 준수를 말한 것이 아니다. 왜냐 하
면 바울은 하나님의 심판이 진리대로 된다고 하기 때문이다(롬 2:2,11,16[17])

---

15) "25. 화 있을진저 외식하는 서기관들과 바리새인들이여 잔과 대접의 겉은 깨끗이 하되 그
    안에는 탐욕과 방탕으로 가득하게 하는도다 26. 눈 먼 바리새인이여 너는 먼저 안을 깨끗
    이 하라 그리하면 겉도 깨끗하리라." 여기서도 예수님은 형식적인 율법의 준수보다 정결하
    고 바른 마음을 가져야 할 것을 말씀하신 것이다.
16) "34. 예수께서 사두개인들로 대답할 수 없게 하셨다 함을 바리새인들이 듣고 모였는데 35.
    그 중의 한 율법사가 예수를 시험하여 묻되 36. 선생님 율법 중에서 어느 계명이 크니이까
    37. 예수께서 이르시되 네 마음을 다하고 목숨을 다하고 뜻을 다하여 주 너의 하나님을 사
    랑하라 하셨으니 38. 이것이 크고 첫째 되는 계명이요 39. 둘째도 그와 같으니 네 이웃을
    네 자신 같이 사랑하라 하셨으니 40. 이 두 계명이 온 율법과 선지자의 강령이니라." 여기
    서 "강령"(χρέμαται, Mat 22:40 BGT))이란 온 율법과 선지자는 이 두 계명에 근거한다는
    것으로, 곧 이 두 계명이 온 율법과 선지자의 근본임을 말하는 것이다. 이하 헬라어 성구는
    BibleWorks Greek LXX/BNT이다.
17) "2. 이런 일을 행하는 자에게 하나님의 심판이 진리대로 되는 줄 우리가 아노라 ……11. 이
    는 하나님께서 외모로 사람을 취하지 아니하심이라 …… 16. 곧 나의 복음에 이른 바와 같
    이 하나님이 예수 그리스도로 말미암아 사람들의 은밀한 것을 심판하시는 그 날이라." 이
    내용들은 하나님의 심판이 율법을 따라 이루어지지만, 그 율법은 형식적인 것이 아니라,
    율법의 실질적인 내용인 진리에 따라서 이루어진다는 것을 말하는 것이다.

등).[18] 그리고 바울이 로마서 3:31과 8:4에서 사람이 예수 그리스도를 믿음으로 율법을 이루게 된다고 했을 때, 여기서 말하는 것은 형식적인 율법의 준수가 아니라, 로마서 2장에서와 같이 진리로서의 율법 곧 율법의 근본정신이 이루어지는 것을 말한 것이다.[19]

4) 사도 바울은 인간이 자신의 힘으로 이 율법을 지키지 못한다고 한다. 사도 바울은 율법은 인간에게 죄를 깨닫게만 할 뿐 그 율법을 행할 능력을 주지 못한다고 한다(롬 3:20; 7:7-25 등). 따라서 인간은 율법을 행함으로 하나님 앞에 의롭다함을 받거나 구원을 받지 못한다는 것이다.[20] 그러면, 이와 같이 인간이 지킬 수 없는 것을 왜 지키라고 하느냐는 것이다.

5) 사도 바울은 율법은 그리스도가 오시기까지 한시적인 것이라고 한다. 바울은 갈라디아서 3-4장에서(3:15-4:31) 모세의 율법은 사람들을 그리스도에게 인도하기 위한 초등교사로서 임시적으로 주어진 것이라고 한다.[21] 따라서 실체이신 그리스도께서 오신 지금 이 율법에 매여 율법을 지켜야 할 이유가 무엇이냐는 것이다(갈 5:1-4 등).

6) 오늘 그리스도인들은 모세의 율법을 그대로 다 지킬 수 없다. 모세의 율법은 원래 구약의 이스라엘 민족에게 주어진 것으로 이방인들은 그 율법을 그대로 다 지킬 수 없는 것이었다.[22] 오늘 그리스도인들 또한 그 율법을 그

---

18) 여기서 진리는 형식적인 율법이 아니라 율법의 실질적인 내용 곧 율법의 근본정신을 말하는 것이다. Leon Morris, *The Epistle to the Romans*(Grand Rapids: Eerdmans, 1988; reprint, 1994), 111, 각주 18 참조. 슈라이너도 여기서 율법은 도덕적 규범으로서의 율법임을 말한다. Schreiner, *Romans*, 119-123.
19) Schreiner, *Romans*, 206-208, 404-407 참조.
20) 최영태, "로마서에 나타난 바울의 윤리적 교훈에 대한 연구", 252-257 등 참조.
21) 김근수, "바울의 율법론", 198 참조.
22) 바울은 갈 5:3에서 "내가 할례를 받는 각 사람에게 다시 증언하노니 그는 율법 전체를 행할

대로 다 지킬 수 없다. 모세의 율법은 보통 도덕법(moral law), 의식법(ceremonial law), 시민법(civil law)으로 구분하는데,[23] 도덕원리에 관한 도덕법은 모든 인간에 대한 행위의 규칙으로서 모든 사람이 항상 지켜야 한다. 그러나 의식에 관한 법은 주로 속죄와 정결, 화목에 대한 법으로서 이것은 예수 그리스도께서 십자가에 죽으시고 부활하심으로 다 이루어졌다. 그러므로 오늘 그리스도인들은 이 의식법을 그대로 다 지킬 필요가 없는 것이다.[24] 그리고 시민법은 모세 당시 이스라엘 사람들의 행위에 대한 규칙들로서, 오늘날 역사와 문화가 다른 사회 속에서 그대로 적용되기는 어려운 것들이 있는 것이다.[25] 그러므로 오늘 그리스도인들은 이런 의식법과 시민법을 그대로 다 지킬 수 없다는 것이다.

III. 구약의 율법을 지킬 필요가 없다는 견해

구약의 율법은 지킬 필요가 없거나 지키려고 해서는 안 된다는 견해가 있다.

의무를 가진 자라.”고 한다. 이 말의 뜻은 할례는 모세 언약에 참여한다는 뜻으로 받는 것으로 원칙적으로 할례 받지 않은 자는 이 언약을 지킬 필요가 없다는 것이다. 곧 모세의 율법을 지킬 의무가 없다는 것이다.

23) 이상원, 『기독교윤리학: 개혁주의 관점에서 본 이론과 실제』(서울: 총신대학교출판부, 2010), 102-109; 김근수, “바울의 율법론”, 203-207; John Calvin, *Institutes of the Christian Religion*, 김종흡, 신복윤, 이종성, 한철하 역, 『기독교강요』(서울: 생명의 말씀사, 1986), 4. 20. 15 참조.

24) 모세의 율법엔 인간의 속죄와 정화를 위한 계명들이 많이 있다(레위기 1-17장 등). 그러나 신약에서 예수님이 인간의 모든 죄를 위해 속죄의 죽음을 죽으셨기 때문에(롬 4:25; 5:8; 6:10; 갈 3:13-14 등), 이제 더 이상 다른 제사를 드릴 필요가 없다고 한다(히 8-10장 등 참조). 따라서 오늘날 그리스도인들은 이러한 의식에 관한 율법을 지킬 필요가 없다는 것이다.

25) 예를 들어 출애굽기 21-23장과 레위기 18-26장에는 이스라엘 백성들 사이의 관계에 대한 많은 규칙들이 있다. 그러나 오늘 제도와 문화가 다른 현대사회에서 이 규칙들을 그대로 적용하기는 어려운 것이다.

1. 이 견해의 근거들

이 견해의 근거들은 다음과 같다.

1) 사도 바울에 의하면, 인간은 율법을 행함으로 칭의와 구원을 얻지 못한다. 그러므로 인간이 율법을 행할 필요가 없다는 것이다. 사도 바울은 로마서 3:20에서 "그러므로 율법의 행위로 그의 앞에 의롭다 하심을 얻을 육체가 없나니 율법으로는 죄를 깨달음이니라."[26]고 하였다. 이 말씀에 의하면, 인간이 율법을 행함으로[27] 하나님 앞에 의롭다 함을 얻어 하나님의 구원 곧 영생을 얻는 것은[28] 불가능하다. 그러므로 인간의 구원을 위해서 율법을 행하는 것은 불필요하다는 것이다.

바울은 또한 로마서 3:28에서도 "그러므로 사람이 의롭다 하심을 얻는 것은 율법의 행위에 있지 않고 믿음으로 되는 줄 우리가 인정하노라."고 하였다. 또한 로마서 10:4에서 바울은 "그리스도는 모든 믿는 자에게 의를 이루기 위하여 율법의 마침이 되시니라."[29]고 하였다. 다시 말해서 사람이 의를 얻기 위해서 더 이상 율법을 행할 필요가 없게 되었다는 것이다. 바울은 또한 갈라디아서 2:16에서 다음과 같이 말한다.

---

26) "διότι ἐξ ἔργων νόμου οὐ δικαιωθήσεται πᾶσα σὰρξ ἐνώπιον αὐτοῦ, διὰ γὰρ νόμου ἐπίγνωσις ἁμαρτίας." (Rom 3:20 BGT)

27) 여기서 본 연구자는 "율법의 행위"(ἔργων νόμου)는 "율법을 행함"으로 이해한다. 그리고 율법은 모세의 율법을 포함한 율법 전체를 의미하는 것으로 본다. Schreiner, *Romans*, 169-173 참조.

28) 사도 바울의 로마서에 의하면, 사람은 예수 그리스도를 믿음으로 하나님 앞에 의롭다 함을 받으며, 이렇게 의로워진 자는 산다, 곧 구원을 얻는다. 롬 1:16-17 등 참조.

29) "τέλος γὰρ νόμου Χριστὸς εἰς δικαιοσύνην παντὶ τῷ πιστεύοντι." (Rom 10:4 BGT). 그리스도는 모든 믿는 자에게 의를 위한 율법의 마침이 되셨다는 것이다. 슈라이너는 여기서 τέλος를 시간적인 마침으로 해석해야 한다고 한다. Schreiner, *Romans*, 544-548 참조.

사람이 의롭게 되는 것은 율법의 행위로 말미암음이 아니요 오직 예수 그리스도를 믿음으로 말미암는 줄 알므로 우리도 그리스도 예수를 믿나니 이는 우리가 율법의 행위로써가 아니고 그리스도를 믿음으로써 의롭다 함을 얻으려 함이라 율법의 행위로써는 의롭다 함을 얻을 육체가 없느니라.

여기서 "율법의 행위"는 믿음과 대립되는 것으로서 모세의 율법을 행하는 것을 말한다.[30] 바울은 "율법의 행위" 곧 율법을 행함으로 사람이 의롭다 함을 얻지 못하므로 예수 그리스도를 믿음으로 의롭다 함을 얻고자 한다는 것이다. 그리고 칭의를 얻지 못하는 자는 당연히 구원을 얻지 못하는 것이다. 오직 하나님 앞에 의로운 자만 구원 곧 영생을 얻기 때문이다(갈 3:1-8,13-14; 롬 1:16-17 등 참조). 바울은 갈라디아서 2:21에서도 다음과 같이 말한다. "내가 하나님의 은혜를 폐하지 아니하노니 만일 의롭게 되는 것이 율법으로 말미암으면 그리스도께서 헛되이 죽으셨느니라." 다시 말해서 사람이 하나님 앞에 의롭게 되는 것은 율법을 행함으로 되지 않으므로, 그것이 하나님의 은혜로 되게 하기 위해서 그리스도께서 죽으셨다는 것이다.[31] 그러므로 인간에게 있어서 가장 중요한 칭의와 구원을 위해 율법을 행하는

---

30) 갈라디아서에서 율법은 모세의 율법을 말한다. 사도 바울은 갈라디아서에서 말하는 율법이 이스라엘의 출애굽 후에 시내산에서 주어진 모세의 율법인 것을 다음과 같이 말한다. "15. 형제들아 내가 사람의 예대로 말하노니 사람의 언약이라도 정한 후에는 아무도 폐하거나 더하거나 하지 못하느니라 16. 이 약속들은 아브라함과 그 자손에게 말씀하신 것인데 여럿을 가리켜 그 자손들이라 하지 아니하시고 오직 한 사람을 가리켜 네 자손이라 하셨으니 곧 그리스도라 17. 내가 이것을 말하노니 하나님께서 미리 정하신 언약을 사백삼십 년 후에 생긴 율법이 폐기하지 못하고 그 약속을 헛되게 하지 못하리라"(갈 3:15-17). 여기서 율법은 하나님이 아브라함에게 주신 언약 후 사백삼십 년 후에 주어진 것 곧 모세의 율법임을 말하고 있는 것이다.

31) 갈라디아서 3:11에서도 바울은 다음과 같이 말한다. "또 하나님 앞에서 아무도 율법으로 말미암아 의롭게 되지 못할 것이 분명하니 이는 의인은 믿음으로 살리라 하였음이라." 사람은 율법이 아니라 오직 믿음에 의해서 하나님 앞에 의롭게 된다는 것이다.

것이 필요하지 않다면, 그 외에 무엇을 위해 율법을 행하는 것이 더 필요하냐는 것이다. 인간은 오직 예수 그리스도를 믿는 믿음에 의해서 칭의와 구원을 받으므로 율법을 행하는 것은 더 이상 필요하지 않다는 것이다.

2) 오히려 율법을 행할 것을 요구하는 것은 오직 믿음에 의해 구원을 얻는다는 복음을 부정하는 것이 된다는 것이다. 사도 바울은 갈라디아서에서 구약의 율법을 행하려고 하는 갈라디아 교회 신자들을 강한 어조로 책망하고 있다. 그는 오직 예수 그리스도를 믿음으로 구원을 얻는 것 외에 율법을 행할 것을 요구하는 자들을 다른 복음을 전하는 자들이라고 하면서 강하게 배척한다(갈 1장 참조). 바울은 갈라디아서 2:19에서 "내가 율법으로 말미암아 율법에 대하여 죽었나니 이는 하나님에 대하여 살려 함이라."고 한다.[32] 다시 말해서 그는 율법에서 해방되어[33] 이제 하나님을 위하여 살게 되었다는 것이다.[34] 또한 갈라디아서 3:10에서는 "무릇 율법 행위에 속한 자들은 저주 아래에 있나니 기록된 바 누구든지 율법 책에 기록된 대로 모든 일을 항상 행하지 아니하는 자는 저주 아래에 있는 자라 하였음이라."고 하여 "율법의 행위에 속한 자" 곧 율법을 행함으로 의롭다함을 얻고자 하는 자는 저주 아래 있다고 한다.[35] 그리고 그 이유는 그가 율법 책에 기록된 대로 모든 것을 항상 행하지 않기 때문이라고 한다.

---

32) 이 말의 뜻은 내가 그리스도를 믿을 때, 율법에 의하여 정죄되어 죽은 자로서 율법의 의무에서 해방되고, 그리스도와 함께 산 자로서 하나님을 위하여 살게 된 것을 말한다고 할 것이다(롬 6:1-11; 7:1-6 등 참조). 김창락, 『성서주석 갈라디아서』(서울: 대한기독교서회, 1999), 239-241 참조.

33) 다시 말해서 율법의 지배 곧 율법을 지켜야 할 의무에서 벗어났다는 것이다. 물론 여기서 율법은 모세의 율법, 그 중에서도 특히 율법의 형식적 측면을 말한다고 할 것이다. 김창락, 『성서주석 갈라디아서』, 239-241 참조.

34) 롬 7:4도 다음과 같이 말한다. "그러므로 내 형제들아 너희도 그리스도의 몸으로 말미암아 율법에 대하여 죽임을 당하였으니 이는 다른 이 곧 죽은 자 가운데서 살아나신 이에게 가서 우리가 하나님을 위하여 열매를 맺게 하려 함이라."

35) 김창락, 『성서주석 갈라디아서』, 278.

바울은 또한 모세의 율법을 그리스도께로 인도하는 초등교사라고 하며, 이제 그리스도를 믿는 믿음이 온 후에는 우리가 더 이상 초등교사인 율법 아래 있지 아니하므로 율법에 매이거나 그 율법을 지켜야 할 의무가 없음을 말한다(갈 3:23-25[36]). 바울은 또한 갈라디아서 4:21-31에서 "율법 아래 있고자 하는 자"(21) 곧 율법을 의지하여 그 율법을 지키고자 하는 자는 [37] 시내산 언약에 속한 자로서 여종인 하갈의 자녀들과 같이 아브라함의 유업 곧 하나님의 유업을 얻지 못한다고 한다. 더 나아가 바울은 갈라디아서 5:1에서 모세의 율법을 "종의 멍에"라고 하면서 다시는 "종의 멍에"를 메지 말라고 한다. 다시 말해서 다시 "종의 멍에"인 율법을 행하려고 하지 말라는 것이다. 심지어 바울은 할례를 받음으로 모세의 율법을 행하려고 하는 자는 그리스도에게서 떨어진 자라고 한다. 예를 들어 바울은 갈라디아서 5:3-4에서 다음과 같이 말한다. "3. 내가 할례를 받는 각 사람에게 다시 증언하노니 그는 율법 전체를 행할 의무를 가진 자라 4. 율법 안에서 의롭다 함을 얻으려 하는 너희는 그리스도에게서 끊어지고 은혜에서 떨어진 자로다." 여기서 "율법 안에서"라는 말은 율법을 지켜 그것에 의해 하나님 앞에 의롭다 하심을 얻으려 하는 것을 말한다.[38] 그러므로 율법 곧 모세의 율법을 지키려고 하는 것 자체가 잘못이라는 것이다. 따라서 구약의 율법은 지킬 필요가 없는 것이 아니라, 지키려는 생각 자체를 버려야 한다는 것이다.

---

36) "23. 믿음이 오기 전에 우리는 율법 아래에 매인 바 되고 계시될 믿음의 때까지 갇혔느니라 24. 이같이 율법이 우리를 그리스도께로 인도하는 초등교사가 되어 우리로 하여금 믿음으로 말미암아 의롭다 함을 얻게 하려 함이라 25. 믿음이 온 후로는 우리가 초등교사 아래에 있지 아니하도다."

37) F. F. Bruce, *The Epistle to the Galatians* (Grand Rapids: Eerdmans, 1982), 214-215.

38) Bruce, *The Epistle to the Galatians*, 231.

2. 이 견해의 문제들

이 견해에는 다음과 같은 문제들이 있다.

1) 예수님은 마태복음 5:17-20 등에서 왜 율법을 다 지켜야 한다고 했는가? 앞에서 본 바와 같이 사람이 구원을 얻기 위해 율법 곧 모세의 율법을 행할 필요가 없다면, 예수님은 왜 마태복음 5:17-20 등에서 율법을 다 지켜야 한다고 했는가?

2) 사도 바울은 로마서 2장에서 왜 사람이 율법을 지켜야 한다고 했는가? 앞에서 본 바와 같이 사도 바울은 로마서 2장에서 율법은 심판의 기준으로서 모든 사람은 이 율법에 의해서 심판을 받는다고 하였다. 그러므로 모든 사람은 이 율법을 다 지켜야 한다는 것이다(롬 2:13 등 참조). 그러면, 칭의를 위해 율법을 행하는 것은 필요 없다는 사도 바울의 말은 로마서 2장의 이 말과 어떻게 조화를 이룰 수 있는가?

3) 모세의 율법은 잘못된 것인가? 바울은 갈라디아서 3-4장에서 율법은 중보에 의해서 주어진 것으로 그리스도가 오시기까지 임시적으로 주어진 것이며(갈 3장), 율법은 또한 그리스도에게 인도하는 초등교사와 같은 것이라고 한다(갈 4장). 따라서 예수 그리스도를 믿는 그리스도인은 더 이상 모세의 율법을 지킬 필요가 없는 것처럼 말한다. 심지어 갈라디아서 5:3-4에서는 사람이 더 이상 모세의 율법을 지키려고 해서는 안 된다고 한다. 그러면 여기서 모세의 율법이 잘못된 것인가? 하는 문제가 발생한다. 여기에 대해서 바울은 로마서 7장에서 율법에 잘못이 없다고 한다.[39] 오히려 율법

---

39) 물론 여기서 말하는 율법은 모세의 율법이다. Schreiner, *Romans*, 358.

은 거룩하고, 의롭고, 선한 것이며, 심지어 신령한 것이라고 한다(롬 7:12,14[40]). 율법이 잘못이 아니라, 그 율법을 지키지 못하는 인간이 문제라는 것이다. 육신 곧 타락한 인간성[41]을 가진 인간이 문제라는 것이다(롬 7:7-25). 바울은 또한 디모데전서 1:8-10[42]에서 율법은 사람이 그것을 적법하게만 쓰면 선한 것이라고 한다. 어쨌든 율법이 잘못된 것이 아니라면, 우리는 왜 이 율법을 지키지 말아야 하는가?

4) 사도 바울은 그리스도인이 율법을 행하는 것이 필요 없다고 했는가? 사도 바울은 갈라디아서와 로마서에서 사람이 하나님 앞에 의롭다 함을 얻고, 구원을 얻는 것은 율법을 행함에 의하지 않고, 오직 하나님의 아들 예수 그리스도를 믿음으로 가능하다고 했다(갈 2:16; 롬 3:28[43]) 등). 그러므로 인간의 칭의와 구원을 위해서 율법을 행하는 것은 불필요하다고 했다. 그러나 바울은 그렇다고 하여 율법을 행하는 것이 필요 없다고 하지 않았다. 그는 로마서 3:31에서 말하기를, "그런즉 우리가 믿음으로 말미암아 율법을 파기하느냐 그럴 수 없느니라 도리어 율법을 굳게 세우느니라."고 하였다. 여기서 율법을 굳게 세운다는 것은 율법 곧 율법의 요구들이 온전히 이루어지게 한다는 것이다.[44] 그러므로 율법은 지켜져야 한다는 것이다. 바울은 로마서 8:1-4[45]

---

40) "12. 이로 보건대 율법도 거룩하며 계명도 거룩하며 의로우며 선하도다." "14. 우리가 율법은 신령한 줄 알거니와 나는 육신에 속하여 죄 아래 팔렸도다."

41) 여기서 육신은 곧 타락한 인간성을 말한다. 최영태, "로마서 6-8장에 나타난 그리스도인의 윤리적 삶의 방법에 대한 연구", 299-326; Schreiner, *Romans*, 354 참조.

42) "그러나 율법은 사람이 그것을 적법하게만 쓰면 선한 것임을 우리는 아노라." (딤전 1:8).

43) "그러므로 사람이 의롭다 하심을 얻는 것은 율법의 행위에 있지 않고 믿음으로 되는 줄 우리가 인정하노라."

44) Schreiner, *Romans*, 206-208 참조.

45) "1. 그러므로 이제 그리스도 예수 안에 있는 자에게는 결코 정죄함이 없나니 2. 이는 그리스도 예수 안에 있는 생명의 성령의 법이 죄와 사망의 법에서 너를 해방하였음이라 3. 율법이 육신으로 말미암아 연약하여 할 수 없는 그것을 하나님은 하시나니 곧 죄로 말미암아 자기 아들을 죄 있는 육신의 모양으로 보내어 육신에 죄를 정하사 4. 육신을 따르지 않고 그 영을 따라 행하는 우리에게 율법의 요구가 이루어지게 하려 하심이니라."

에서도 말하기를, 우리가 예수 그리스도를 믿어 죄와 죽음에서 해방된 것은 성령을 따라 행함으로 "율법의 요구가 이루어지게" 하기 위해서라고 한다. 다시 말해서 율법의 요구 곧 "율법의 모든 도덕적 규범들"을 이루기 위해서라는 것이다.[46] 그러므로 바울은 구약의 율법은 안 지켜도 되는 것이 아니라, 다 지켜야 한다고 한 것이다. 다만 여기서 말하는 율법은 형식적 의미의 율법이 아니라(갈 4:10-11 등), 율법의 본질적 내용으로서 곧 거룩과 의와 사랑을 행하는 것을 말하는 것이다(갈 5:13-14 등 참조).

바울은 디모데후서 3:15-17[47]에서 구약의 말씀 곧 모세의 율법은 그리스도인의 교육과 훈련을 위해 필요함을 말한다. 모세의 율법을 포함한 모든 성경은 하나님의 감동으로 된 것으로, 그리스도인들에게 교훈과 책망과 바르게 함과 의로 교육하기에 유익하다는 것이다. 그래서 그리스도인으로 하여금 모든 선한 일을 행할 능력을 갖추게 한다는 것이다. 바울은 또한 로마서 7:7-13에서 율법의 기능과 필요성에 대해서 다음과 같이 말한다.

> 7. 그런즉 우리가 무슨 말을 하리요 율법이 죄냐 그럴 수 없느니라 율법으로 말미암지 않고는 내가 죄를 알지 못하였으니 곧 율법이 탐내지 말라 하지 아니하였더라면 내가 탐심을 알지 못하였으리라 8. 그러나 죄가 기회를 타서 계명으로 말미암아 내 속에서 온갖 탐심을 이루었나니 이는 율법이 없으면 죄가 죽은 것임이라 9. 전에 율법을 깨닫지 못했을 때에는 내가 살았더니 계명이 이르매 죄는 살아나고 나는 죽었도다 10. 생명에 이르게 할 그 계명이 내게 대하여 도리어 사

---

46) Schreiner, *Romans*, 407 참조. 슈라이너는 여기서 "율법의 요구"를 "하나의 통일체로서의 율법" 또는 "율법의 모든 도덕적 규범들"이라고 해석한다.

47) "14. 그러나 너는 배우고 확신한 일에 거하라 너는 네가 누구에게서 배운 것을 알며 15. 또 어려서부터 성경을 알았나니 성경은 능히 너로 하여금 그리스도 예수 안에 있는 믿음으로 말미암아 구원에 이르는 지혜가 있게 하느니라 16. 모든 성경은 하나님의 감동으로 된 것으로 교훈과 책망과 바르게 함과 의로 교육하기에 유익하니 17. 이는 하나님의 사람으로 온전하게 하며 모든 선한 일을 행할 능력을 갖추게 하려 함이라."

망에 이르게 하는 것이 되었도다 11. 죄가 기회를 타서 계명으로 말미암아 나를 속이고 그것으로 나를 죽였는지라 12. 이로 보건대 율법은 거룩하고 계명도 거룩하고 의로우며 선하도다 13. 그런즉 선한 것이 내게 사망이 되었느냐 그럴 수 없느니라 오직 죄가 죄로 드러나기 위하여 선한 그것으로 말미암아 나를 죽게 만들었으니 이는 계명으로 말미암아 죄로 심히 죄 되게 하려 함이라.

율법은 하나님의 의의 계시로서, 우리로 하나님의 의와 죄가 무엇인지를 깨닫게 하며(롬 3:20; 7:7 등), 타락한 자에게는 율법이 죄의 기회가 되어(롬 7:8) 죄가 얼마나 무서운지를 드러내고(롬 7:9-13), 율법은 죄인을 정죄하여 죽인다(롬 7:9-10 등)는 것이다.[48] 바울은 또한 디모데전서 1:8-10에서[49] 율법이 죄인들의 악을 억제하는 효과가 있음을 말한다.

그러므로 바울은 그리스도인들이 율법을 지키는 그 자체를 반대한 것이 아니라, 그 율법의 참 의미 곧 하나님의 뜻의 계시로서의 의미를 바로 알지 못하고, 단지 그 율법을 형식적으로(의식법 포함) 지키려고 하는 것을 반대한 것이다. 그리고 사람이 하나님의 뜻의 계시로서의 율법의 의미를 바로 알 때 사람은 그 율법을 스스로 지킬 수 없는데(롬 7:7-25 등), 그것을 자기 자신의 능력으로 지키려고 하는 것을 반대한 것이다(롬 10:1-3[50] 등 참조).

---

48) 최갑종, "바울과 인간: 로마서 7:7-25에 관한 연구", 『사도 바울: 그의 삶, 편지, 그리고 신학』, 개정증보판 (서울: 기독교연합신문사, 2001): 427-449 참조.

49) "8. 그러나 율법은 사람이 그것을 적법하게만 쓰면 선한 것임을 우리는 아노라 9. 알 것은 이것이니 율법은 옳은 사람을 위하여 세운 것이 아니요 오직 불법한 자와 복종하지 아니하는 자와 경건하지 아니한 자와 죄인과 거룩하지 아니한 자와 망령된 자와 아버지를 죽이는 자와 어머니를 죽이는 자와 살인하는 자며 10. 음행하는 자와 남색하는 자와 인신 매매를 하는 자와 거짓말하는 자와 거짓맹세하는 자와 기타 바른 교훈을 거스르는 자를 위함이니."

50) "1. 형제들아 내 마음에 원하는 바와 하나님께 구하는 바는 이스라엘을 위함이니 곧 그들로 구원을 받게 함이라 2. 내가 증언하노니 그들이 하나님께 열심이 있으나 올바른 지식을 따른 것이 아니니라 3. 하나님의 의를 모르고 자기 의를 세우려고 힘써 하나님의 의에 복종하지 아니하였느니라."

IV. 제3의 길: 모세의 율법의 정신을 지켜야 한다는 견해

앞에서 본 바와 같이 구약의 율법 곧 모세의 율법을 그대로 다 지켜야 한다는 견해와 모세의 율법을 지킬 필요가 없다는 견해는 다 문제가 있다. 각 견해는 일부 긍정적인 면이 있지만 그 견해들을 그대로 다 수용하기는 어려운 것이다. 따라서 여기서는 각 견해의 문제점을 보완한 제3의 견해를 제시하고자 한다. 그것은 바로 모세의 율법을 지키되, 그 형식적인 내용을 그대로 지키는 것이 아니라, 그 율법의 실질적인 내용인 율법의 정신을 지키는 것이다. 그리고 그것도 인간의 자연적 능력으로 지키는 것이 아니라, 예수 그리스도를 믿음으로 하나님의 은혜와 성령의 능력에 의해서 지키는 것이다. 이 내용을 지금까지 논의한 것을 기초로 다음과 같이 정리해본다.

1. 그리스도인들은 모세의 율법을 지켜야 한다. 다만 형식적 의미의 율법이 아니라, 그 율법의 정신을 지켜야 한다.

1) 그리스도인은 율법을 지켜야 한다. 모세의 율법도 하나님의 뜻이 계시된 하나님의 말씀이다(딤후 3:16 등). 따라서 우리는 그 율법을 지켜야 한다. 다만 모세의 율법은 그리스도가 오시기까지 한시적인 측면이 있으므로(갈 3-4장 참조),[51] 우리는 이 점을 고려해야 한다. 모세의 율법은 보통 도덕법, 의식법, 시민법으로 구분되는데,[52] 도덕법은 십계명과 같이 항상 변함없이 지켜야 하는 도덕원리에 관한 법이다.[53] 의식법은 성전과 제사 제도에 관한 법, 그리고 정결에 관한 법들로서(출 25장-레위기 17장 등), 이

---

51) 그것은 주로 율법의 형식적 측면이다(갈 4:8-11 등 참조).
52) 도덕법, 의식법, 시민법에 대한 좀 더 자세한 설명은 다음 내용 참조: 이상원, 『기독교윤리학』, 102-109; 김근수, "바울의 율법론", 203-207; 칼빈, 『기독교강요』, 4. 20. 15 등.
53) 제4계명인 안식일에 대한 법은 제외될 수 있다. 사도 바울은 갈 4:10; 롬 14:5; 골 2:16-17 등에서 이방 그리스도인들은 이 계명을 그대로 지킬 필요가 없다고 한다.

법들은 인간의 속죄와 정화, 그리고 하나님과의 화목을 위한 것이다. 그런데, 이런 것들은 그리스도의 오심과 속죄의 사역에 의해서 이미 이루어졌다(롬 4:25; 5:8; 6:10; 갈 3:13-14). 따라서 이 법들은 오늘 그리스도인들이 그대로 지킬 필요가 없다. 그리스도께서 완전한 속죄를 이루셨기 때문이다(히 8-10장 등). 그러나 구약에서 하나님이 이 율법을 주신 목적은 하나님의 백성들이 죄에서 구별되어 하나님 앞에 거룩해야 한다는 것으로 오늘 그리스도인들의 삶에서도 적용되어야 할 것이다. 다만, 그것은 죄 고백과 속죄의 사역을 이루신 예수 그리스도를 믿음으로 이루어지는 것이다(요일 1:9[54] 등 참조). 시민법은 모세 이후 신정국가인 이스라엘 민족의 삶에 대한 법들로서, 오늘 역사와 문화가 다른 현대 사회 속에서 그대로 적용하기 어려운 것들도 많이 있다. 그러나 이 법의 정신은 사랑과 정의로서, 이 법의 정신은 오늘 그리스도인들의 삶에서도 그대로 적용되어야 할 것이다(갈 5:13-14[55]; 롬 13:8-10[56] 등).

그러므로 모세의 율법은 하나님의 계시의 말씀으로서 오늘 그리스도인들의 삶에서도 이루어져야 한다. 다만, 그 율법의 준수는 형식적인 것이 아니라, 그 율법의 근본정신이 지켜져야 한다.[57] 이것이 구약과 신약 전체를

---

54) "만일 우리가 우리 죄를 자백하면 그는 미쁘시고 의로우사 우리 죄를 사하시며 우리를 모든 불의에서 깨끗하게 하실 것이요."

55) "13. 형제들아 너희가 자유를 위하여 부르심을 입었으나 그러나 그 자유로 육체의 기회를 삼지 말고 오직 사랑으로 서로 종 노릇 하라 14. 온 율법은 네 이웃 사랑하기를 네 자신 같이 하라 하신 한 말씀에서 이루어졌나니."

56) "8. 피차 사랑의 빚 외에는 아무에게든지 아무 빚도 지지 말라 남을 사랑하는 자는 율법을 다 이루었느니라 9. 간음하지 말라, 살인하지 말라, 도둑질하지 말라, 탐내지 말라 한 것과 그 외에 다른 계명이 있을지라도 네 이웃을 네 자신과 같이 사랑하라 하신 그 말씀 가운데 다 들었느니라 10. 사랑은 이웃에게 악을 행하지 아니하나니 그러므로 사랑은 율법의 완성이니라."

57) 다만, 그 율법에는 그리스도가 오시기까지 한시적인 것들도 있는바, 그것은 주로 의식법과 시민법이다. 그러나 이 의식법과 시민법의 정신은 또한 도덕법과 같이 거룩과 의와 사랑이므로 오늘 그리스도인들의 삶 속에서 그대로 이루어져야 한다. 율법의 제한성과 계속성에 대한 좀 더 자세한 내용은 김근수, "바울의 율법론", 207-212 참조.

통한 하나님의 뜻이기 때문이다. 그리고 그 율법의 근본정신은 예수께서 말씀하신 바와 같이 하나님 사랑과 이웃 사랑이다(마 22:34-40 등). 따라서 오늘 누구든지 이것을 행하면, 그 사람이야말로 율법을 바로 지키고 있다고 할 것이다((갈 5:6,13; 롬 13:8-10 등 참조).

2) 그러면, 사도 바울이 갈라디아서에서 율법을 행하려고 하는 것을 비판한 이유는 무엇인가? 사도 바울은 갈라디아서에서 사람이 칭의와 구원을 얻기 위해서 모세의 율법을 지키려고 해서는 안 된다고 했다(갈 5:1-4 등 참조).[58] 그 이유는 1) 첫째 모세의 율법은 그리스도가 오시기까지 임시적으로 주어진 것으로서 실체가 아니기 때문이다(갈 3-4장).[59] 이제는 실체이신 그리스도께서 오셨으므로 그리스도를 믿고 의지해야 한다. 바울은 여기서 모세의 율법의 의식적인 규칙들을 지키려고 해서는 안 된다고 한 것이다(갈 4:8-11[60] 등 참조). 의식은 실체의 그림자일 뿐 실체가 아니기 때문이다(갈 5:6[61] 참조). 2) 다음에 바울이 율법을 행하려는 것을 반대한 이유는

---

58) 심지어 바울은 갈 5:1-4에서 율법을 종의 멍에라고 하면서 이 율법을 지키려고 하는 자는 그리스도에게서 끊어진 것이라고 했다.

59) 바울이 여기서 말한 율법은 일차적으로 모세의 율법 중 의식에 관한 것들을 가리킨다고 해야 할 것이다. 바울은 여기서 율법의 도덕적 규범들을 반대하는 것이 아니기 때문이다(갈 5:13-14 등 참조). 그는 다만 임시적인 그림자인 의식에 관한 것들을 반대한 것이다(갈 4장 참조).

60) "8. 그러나 너희가 그 때에는 하나님을 알지 못하여 본질상 하나님이 아닌 자들에게 종 노릇 하였더니 9. 이제는 너희가 하나님을 알 뿐 아니라 더욱이 하나님이 아신 바 되었거늘 어찌하여 다시 약하고 천박한 초등학문으로 돌아가서 다시 그들에게 종 노릇 하려 하느냐 10. 너희가 날과 달과 절기와 해를 삼가 지키니 11. 내가 너희를 위하여 수고한 것이 헛될까 두려워하노라." 바울은 여기서 "날과 달과 절기와 해"와 같은 의식적인 율법들을 지키려는 것을 반대하고 있는 것이다.

61) "그리스도 예수 안에서는 할례나 무할례나 효력이 없으되 사랑으로써 역사하는 믿음뿐이니라." 참 신앙은 할례와 같은 의식이 문제가 아니라, 실체인 사랑과 그 사랑의 근원인 믿음이란 것이다. 바울은 갈 6:10에서도 같은 취지의 말을 한다. "할례나 무할례가 아무 것도 아니로되 오직 새로 지으심을 받는 것만이 중요하니라." 히브리서 기자도 같은 취지의 말을 한다. "8. 성령이 이로써 보이신 것은 첫 장막이 서 있을 동안에는 성소에 들어가는 길

사람이 자기 힘으로 율법을 다 행할 수 없기 때문이다(갈 2-3장; 롬 7장 참조). 율법의 본질적 내용인 거룩, 의, 사랑은 타락한 인간 자신의 능력으로는 지킬 수 없기 때문이었다(갈 3:10-11[62]; 롬 3:20; 롬 7장 등). 따라서 타락한 자신의 능력으로 율법을 행하려 하는 자는 저주 아래 있다(갈 3:10 참조). 그래서 그리스도께서 이러한 죄인들을 위해 죽으심으로 그들에게 칭의와 구원을 주신 것이다(갈 3:13-14 등 참조). 그러므로 사람이 구원을 얻기 위해서 타락한 자신의 능력으로 율법을 행하려고 해서는 안 된다. 그는 구원을 얻기는커녕 정죄를 받아 죽을 수밖에 없기 때문이다.

그러나 바울은 예수 그리스도를 믿어 칭의와 구원을 얻은 그리스도인이 율법을 지키지 않아도 된다고 하지 않았다. 물론 의식법과 같은 형식적 의미의 율법은 글자 그대로 지킬 필요는 없다. 그리스도께서 그 의미를 이루셨기 때문이다. 그러나 도덕적 원리로서의 율법과 율법의 본질적인 내용 곧 율법의 정신은 지켜져야 한다고 했다(롬 3:31[63]; 8:4 등). 이런 의미의 율법은 하나님의 뜻의 계시로서 거룩하고, 의롭고, 선하기 때문이다(롬 7:7-13 등 참조). 그리고 그리스도인은 예수와 함께 죽고, 예수와 함께 다시 산 자로서 새 사람이 되었고, 또 하나님의 성령이 그와 함께 하기 때문이다(롬 6-8장 참조).

이 아직 나타나지 아니한 것이라 9. 이 장막은 현재까지의 비유니 이에 따라 드리는 예물과 제사는 섬기는 자를 그 양심상 온전하게 할 수 없나니 10. 이런 것은 먹고 마시는 것과 여러 가지 씻는 것과 함께 육체의 예법일 뿐이며 개혁할 때까지 맡겨 둔 것이니라"(히 9:8-10). 다시 말해서 모세 율법의 의식에 관한 내용들은 실체이신 그리스도가 오기까지 임시적인 것이었다는 것이다. 이제 실체가 왔는데, 다시 임시적이고, 그림자인 의식들을 의지할 필요가 있느냐? 하는 것이다.

62) "10. 무릇 율법 행위에 속한 자들은 저주 아래에 있나니 기록된 바 누구든지 율법 책에 기록된 대로 모든 일을 항상 행하지 아니하는 자는 저주 아래에 있는 자라 하였음이라 11. 또 하나님 앞에서 아무도 율법으로 말미암아 의롭게 되지 못할 것이 분명하니 이는 의인은 믿음으로 살리라 하였음이라."

63) "그런즉 우리가 믿음으로 말미암아 율법을 파기하느냐 그럴 수 없느니라 도리어 율법을 굳게 세우느니라."

2. 그리스도인이 이 율법을 지켜야 하는 이유는 무엇인가?

그러면, 그리스도인이 하나님의 율법을 지켜야 하는 이유는 무엇인가?

1) 참된 의미에 있어서 율법은 하나님의 의의 계시요 기준이기 때문이다. 하나님은 그리스도인들이 하나님의 자녀로서 하나님의 뜻대로 살기를 원하신다(벧전 1:14-16[64]; 마 6:33 등 참조). 그런데 율법은 하나님의 뜻의 계시로서 그 근본정신은 거룩, 의, 사랑이다(롬 2장; 7:6-13; 마 22:34-40 등 참조). 따라서 그리스도인은 이 율법을 지켜야 한다.

2) 하나님이 우리를 구원하신 목적은 우리가 하나님 앞에 바로 서서 하나님의 영광을 나타내기를 원하시기 때문이다. 하나님이 예수 그리스도의 십자가의 은혜로 믿는 우리를 구원하신 것은 우리가 새 사람이 되어 율법의 요구인 의와 사랑을 실천하여 하나님의 영광을 나타내게 하기 위해서인 것이다(롬 8:1-4; 엡 2:10[65]; 딛 2:14[66]; 벧전 2:9[67] 등 참조).

3) 우리가 율법을 행함으로 하나님의 더 큰 뜻을 이루기 때문이다. 그리스도인들이 하나님의 은혜로 율법의 본질적 내용인 거룩과 의와 선을 행할 때, 그리스도인들의 구원은 완성되고, 이 세상에서 하나님의 나라가 이루

---

[64] "14. 너희가 순종하는 자식처럼 이전 알지 못할 때에 좇던 너희 사욕을 본 삼지 말고 15. 오직 너희를 부르신 거룩한 자처럼 너희도 모든 행실에 거룩한 자가 되라 16. 기록하였으되 내가 거룩하니 너희도 거룩할찌어다 하셨느니라."

[65] "우리는 그의 만드신 바라 그리스도 예수 안에서 선한 일을 위하여 지으심을 받은 자니 이 일은 하나님이 전에 예비하사 우리로 그 가운데서 행하게 하려 하심이니라"

[66] "그가 우리를 대신하여 자신을 주심은 모든 불법에서 우리를 구속하시고 우리를 깨끗하게 하사 선한 일에 열심하는 친 백성이 되게 하려 하심이니라."

[67] "오직 너희는 택하신 족속이요 왕같은 제사장들이요 거룩한 나라요 그의 소유된 백성이니 이는 너희를 어두운데서 불러내어 그의 기이한 빛에 들어가게 하신 자의 아름다운 덕을 선전하게 하려 하심이라."

어지는 것이다(빌 2:12-18; 롬 12장 등 참조).[68]

3. 이러한 율법을 지키는 방법은 계속하여 예수 그리스도를 믿는 믿음 안에서 하나님의 은혜에 의해서 가능한 것이다.

앞에서 본 바와 같이 율법의 근본정신은 사랑이다(롬 2장; 마 22:34-40; 롬 13:8-10; 갈 5:13-15 등 참조). 그리고 그리스도인은 이런 율법의 정신을 지켜야 한다. 이는 하나님의 뜻이기 때문이다. 그러나 이러한 의미에서의 율법은 인간이 자기 자신의 자연적 능력으로 지키지 못한다(롬 3:20; 7장 등 참조). 형식적 의미의 율법은 인간이 어느 정도 지킬 수 있을지 모르지만, 하나님의 거룩과 의와 사랑의 표현으로서의 율법은 타락한 인간의 성품으로는 지킬 수 없기 때문이다(롬 7장 참조). 그리스도인도 예수 그리스도를 믿어 새사람이 되었으나(롬 6장 등), 그는 아직 연약한 육체를 가진 존재로서 그 자신의 능력으로는 이 세상의 죄와 악의 세력을 이기고 선을 행할 수 없는 것이다.[69] 하나님께서는 이런 연약한 인간이 죄와 육신을 이기고 하나님의 뜻을 행하게 하기 위해서, 그리스도의 십자가와 성령을 준비하셨다(롬 8:1-4 등). 그리스도의 십자가는 인간을 죄의 세력에서 해방시키신다. 그리고 하나님의 성령은 이러한 그리스도인에게 능력을 주어 죄의 세력을 이기고 선을 행할 수 있게 하는 것이다(롬 8:1-14 등 참조).[70] 그러나 인간이 해야 할 책임이 있다. 인간이 죄의 세력을 이기고 율법의 요구인 선을 이루기 위해서는 먼저 예수 그리스도를 믿음으로 죄에서 벗어나 새사람이 되어야 하며(롬 8:1-3 등), 또한 예수 그리스도를 믿는 자에게 주어지

---

68) 최영태, "로마서에 나타난 바울의 윤리적 교훈에 대한 연구", 260-267 참조.

69) 장해경, "변증법적 긴장 속에서 사는 크리스천의 삶?: 로마서 7:7-25를 재고하며", 「성경과 신학」 39(2006): 52-86 참조.

70) 최갑종, "바울과 성령: 로마서 8:1-27에 대한 연구", 『사도 바울: 그의 삶, 편지, 그리고 신학』, 개정증보판(서울: 기독교연합신문사, 2001), 450-461 참조.

는 성령을 따라 행해야 하는 것이다(롬 8:4). 그러면, 인간은 타락한 인성인 육신을 이기고, 선을 행함으로 율법의 요구를 이루게 되는 것이다(롬 8:1-14; 갈 5:16-26 등 참조).[71]

V. 결론

오늘 그리스도인들은 모세의 율법을 행할 필요가 없는가? 이 문제는 중요한 문제이다. 이에 대한 답에 따라 그리스도인의 구원과 삶이 달라지기 때문이다. 이 문제에 대한 답은 크게 세 가지로 구분될 것이다. 첫째는 모세의 율법을 그대로 다 지켜야 한다는 것이다. 그리고 둘째는 모세의 율법은 지킬 필요가 없다는 것이다. 그러나 이들을 검토한 결과 이 두 견해는 다 문제가 있었다. 따라서 이 두 견해의 문제들을 보완한 제3의 견해를 제시하였다. 그 결과는 다음과 같다.

그리스도인들은 율법 특히 모세의 율법을 지켜야 한다. 다만 율법을 지키되, 율법의 형식적인 준수가 아니라, 율법의 본질적인 내용인 율법의 정신 곧 거룩, 의, 선(사랑)을 행해야 한다. 이 내용을 좀 더 자세히 보면 다음과 같다. 1) 율법의 형식적인 측면 특히 의식법을 행하는 것은 불필요하다(갈 4:10-11 등 참조). 형식적 율법은 율법의 실체가 아니기 때문이다. 의식법과 같이 그리스도를 예표하는 의식은 이제 그리스도가 오셨으므로 더 이상 행할 필요가 없는 것이다(갈 3:15-29; 4장 등 참조). 그러나 그 의식법이 가르치는 정신 곧 거룩과 의와 정결은 오늘 그리스도인의 삶 속에서 이루어져야 한다. 2) 율법의 정신을 가르쳐 주는 도덕법은 오늘날에도 그대로 지켜야 할 것이다(롬 2장, 롬 3:31, 롬 8:1-4 등 참조). 이것은 영원히 변치 않

---

71) 최영태, "바울의 윤리적 이상과 그 실현 방법에 대한 연구", 243-253; 최영태, "로마서에 나타난 바울의 윤리적 교훈에 대한 연구", 267-270 참조.

는 하나님의 뜻을 가르쳐 주기 때문이다(마 22:34-40; 갈 5:13-14; 롬 13:8-10 등 참조). 3) 신정정치인 이스라엘 백성들에게 적용되던 시민법은 문화와 제도가 다른 오늘 현대 사회에서 그대로 적용하기는 어려울 것이다. 그러나 여기서도 우리는 그 시민법의 정신인 이웃사랑은 오늘 우리의 사회 속에서 실천해야 할 것이다(마 22:34-40; 갈 5:13-14; 롬 13:8-10 등 참조).

오늘 우리 그리스도인들이 그 율법은 지켜야 하는 이유는 다음과 같다. 1) 참된 의미에 있어서 율법은 하나님의 의의 계시요 기준이기 때문이다(롬 7:6-13; 딤후 3:16 등). 2) 하나님이 우리를 구원하신 목적은 우리가 하나님 앞에 바로 서서 하나님의 영광을 나타내기를 원하시기 때문이다(마 5:13-16; 엡 2:10; 딛 2:14; 벧전 2:9 등). 3) 그리스도인들이 율법(참된 의미의 율법)을 행함으로 하나님의 더 큰 뜻을 이루기 때문이다. 곧 그리스도인들의 구원이 완성되고, 하나님의 나라가 이루어지는 것이다(빌 2:12-18; 3장; 마 6:9-10,33 등).

오늘 그리스도인들이 구약의 율법 곧 모세의 율법을 지키는 방법은 예수 그리스도를 믿음으로 죄에서 벗어나 새사람이 될 뿐만 아니라(롬 1-6장), 계속하여 성령을 따라 행하는 것이다(롬 7-8장; 갈 5:16-26 등 참조). 곧 예수 그리스도를 믿고, 순종하는 것이다. 1) 모세의 율법 중 도덕법의 근본정신은 거룩, 의, 선 곧 사랑으로서 인간 자신의 능력으로 지키지 못한다(롬 7장 등). 그러므로 그리스도인은 인간의 죄를 위해 죽으시고 부활하신 예수 그리스도를 믿음으로 새사람이 되고, 성령을 따라 행함으로 이 도덕법을 이루어야 한다(롬 8:1-4; 갈 5:16-26 등). 2) 의식법은 하나님 앞에 속죄와 정화와 화목에 대한 것으로서 이는 예수님의 십자가의 죽으심으로 완전히 이루어졌으므로 오늘 그리스도인들이 그 의식법을 그대로 지킬 필요는 없다(히 10:17-18[72]). 그러나 그 의식법의 정신인 거룩과 정결은 예수 그리스

---

72) "17. 또 저희 죄와 저희 불법을 내가 다시 기억지 아니하리라 하셨으니 18. 이것을 사하셨은즉 다시 죄를 위하여 제사드릴 것이 없느니라."

도를 믿고, 죄를 고백함으로 그리스도인의 삶 속에서 계속 지켜져야 할 것이다(요일 1:9 등). 3) 시민법은 이스라엘의 시민 생활에 관한 법으로서 오늘 역사와 문화가 다른 우리의 시대에 그대로 지킬 수 없는 것들도 많다. 그러나 그 시민법의 정신인 정의와 사랑은 오늘 우리 그리스도인들의 삶 속에서 지혜롭게 적용되어 지켜져야 할 것이다(롬 12:1-2; 엡 5:15-17[73] 등 참조).[74]

결국 모세의 율법은 오늘 그리스도인들의 삶 속에서 지켜져야 한다. 다만 그 율법은 형식적인 것이 아니라, 그 정신이 지켜져야 한다(갈 5:13-14 등). 율법의 형식적 준수는 진정한 의미에서 율법의 준수가 아니기 때문이다(롬 2:17-29 등 참조). 그리고 율법의 근본정신은 하나님과 이웃에 대한 사랑이다(마 22:34-40 등). 그리고 그 율법을 지키는 방법은 그리스도를 믿음으로 성령에 의해 사는 것이다(갈 5:16-26; 롬 8:1-4 등 참조). 타락한 인간이 참된 율법 곧 율법의 정신을 지키는 것은 불가능하기 때문이다(롬 7:7-25 등 참조). 오늘 한국의 그리스도인들이 이와 같은 사실을 바로 이해하고 행할 때 한국교회와 그리스도인들의 윤리적 실천은 향상될 것이며, 이것은 더 나아가 한국교회와 신자들에 대한 신뢰성을 높이고, 그리스도의 복음 선교에도 도움이 될 것이다.

---

73) "15. 그런즉 너희가 어떻게 행할지를 자세히 주의하여 지혜 없는 자 같이 하지 말고 오직 지혜 있는 자 같이 하여 16. 세월을 아끼라 때가 악하니라 17. 그러므로 어리석은 자가 되지 말고 오직 주의 뜻이 무엇인가 이해하라."
74) 율법의 사회적, 교육적, 규범적 적용에 대해서는 김근수, "바울의 율법론", 212-215 참조.

[참고문헌]

기윤실 보도자료. "한국교회의 낮은 신뢰는 만성적, 구조적 문제(19.4%), 윤리와 도
　　덕실천을 통한 신뢰회복 필요". http://cemk.org/2008/bbs/board.php?bo_
　　table=2007_notice&wr_id=2926 (2017.7.19.)

김근수. "바울의 율법론". 「개혁논총」 17/0(2011): 191-223.

김창락. 『성서주석 갈라디아서』. 서울: 대한기독교서회, 1999.

네이버 국어사전. "율법." http://krdic.naver.com/detail.nhn?docid=29922600
　　(2017. 7. 19).

윤화미. "한국교회, 사회봉사는 '최고' 신뢰도는 '최하'". News Mission. 2014. 2. 5.
　　http://www.newsmission.com/news/news_view.asp?seq=56685.

이상원. 『기독교윤리학: 개혁주의 관점에서 본 이론과 실제』. 서울: 총신대학교출판
　　부, 2010.

장　열. "기독교윤리실천운동 '한국교회 사회적 신뢰도 여론조사'." 중앙일보
　　(2018.8.12). http://www.koreadaily.com/news/read.asp?art_id=2318714
　　(2018. 8. 13).

장종현과 최갑종. 『사도 바울: 그의 삶, 편지, 그리고 신학』. 개정증보판. 서울: 기독
　　교연합신문사, 2001.

장해경. "변증법적 긴장 속에서 사는 크리스천의 삶?: 로마서 7:7-25를 재고하며".
　　「성경과 신학」 39(2006): 52-86.

조제호 편. 『2013 한국교회의 사회적 신뢰도 여론조사 결과 발표 세미나』. 서울: (사)
　　기독교윤리실천운동, 2014.

최갑종. "바울과 인간: 로마서 7:7-25에 관한 연구". 『사도 바울: 그의 삶, 편지, 그리
　　고 신학』. 개정증보판. 서울: 기독교연합신문사, 2001: 427-449.

_____. "바울과 성령: 로마서 8:1-27에 대한 연구". 『사도 바울: 그의 삶, 편지, 그리
　　고 신학』. 개정증보판. 서울: 기독교연합신문사, 2001: 450-461.

최영태. "로마서에 6-8장에 나타난 그리스도인의 윤리적 삶의 방법에 대한 연구".
　　「성경과 신학」 82(2017.4): 299-331.

_____. "로마서에 나타난 바울의 윤리적 교훈에 대한 연구: 구원과 윤리의 관계를 중
　　심으로". 「성경과 신학」 73(2015): 243-280.

_____. "바울의 윤리적 이상과 그 실현 방법에 대한 연구: 로마서의 윤리적 교훈을 중심으로". 「복음과 윤리」 11(2014): 217-259.

_____. "윤리의 기본 개념과 목적에 대한 연구". 「복음과 윤리」 9(2012): 157-203.

BibleWorks9. *Greek LXX/BNT.*

Bruce, F. F. *The Epistle to the Galatians.* Grand Rapids: Eerdmans, 1982.

Calvin, John. *Institutes of the Christian Religion.* 김종흡, 신복윤, 이종성, 한철하 역. 『기독교강요』. 서울: 생명의 말씀사, 1986.

Dunn, James D. G. *The Theology of Paul the Apostle.* Grand Rapids: Eerdmans, 1998.

_____. *The Theology of Paul the Apostle.* 박문재 역. 『바울신학』. 서울: 크리스챤다이제스트, 2003.

Ellison, H. L., "Matthew," In *The International Bible Commentary with the New International Version.* General Ed. F. F. Bruce. Grand Rapids: Zondervan, 1986.

Good TV 온라인 성경. http://goodtvbible.goodtv.co.kr/bible.asp (2018. 8. 3).

Ladd, George Eldon. *A Theology of the New Testament.* 신성종, 이한수 역. 『신약신학』. 개정증보판. 서울: 대한기독교서회, 2001.

Morris, Leon. *The Epistle to the Romans.* Grand Rapids: Eerdmans, 1988. Reprint, 1994.

Schreiner, Thomas R. *Romans.* Grand Rapids: Baker Academic, 1998.

Gerstner, J. H. "Law in the NT." In *The International Standard Bible Encyclopedia.* Vol. 3. General Ed. Geoffrey W. Bromiley. Grand Rapids: Eerdmans, 1986. Reprint, 1987: 85-91.

[영문요약]

Should Christians Keep the Mosaic Law of the Old Testament?

Should Christians keep the Mosaic Law of the Old Testament or not? This is a big issue, especially in Korea today, because the answer to this question directly affects both the way to salvation and the contents of Christian living. The answers to this question are divided into two general categories. The first is that Christians should keep the Law literally, and the other is that Christians should not or need not keep it. However, according to this research, both of these two views have problems. So this thesis presents a third view which complements the two views. The third view is as follows.

Christians should keep the Mosaic Law because it is the word of God which is inspired by God's Spirit (2 Tim. 3:16), and because Jesus Christ said that it should be kept wholly (Matt. 5:17–20, etc.). However, the keeping of the Law should not be too rigid or formal, but rather the essence of the Law, that is, the spirit of the Law should be kept. And the spirit of the Law is holiness, righteousness, goodness, and love (Rom. 7:12; Matt. 22:37–40, etc.). The more detailed explanation is as follows: 1) The moral law of the Mosaic Law should be kept as it is, because it is the moral principle of the people of God and it requires holiness, righteousness, goodness, and love (Rom. 2:6–16; 7:12; Matt. 22:37–40, etc.). 2) The formal aspects of the Law, especially the ceremonial law should not be kept literally (Gal. 3:15–29; 4:8–11, etc.), because the ceremonial law and its rites, which are for atonement, purification, and the reconciliation of the people of God, have already been accomplished by the death and resurrection of Jesus Christ (Heb. 10:17–18, etc.). However, the spirit of the ceremonial law, which is for holiness, purity, and reconciliation of the people of God, should be kept even in the life of Christians today, because it is still required even for Christians today (1 John 1:9, etc.). 3) The civil laws of the Mosaic Law, such as the rules regarding the civil life of the people of Israel cannot be kept strictly today as our society is different from the society of ancient Israel. However, the spirit of the civil laws which is justice and love for one's neighbors should be kept in the life of Christians today because it is also the spirit of the Law itself (Rom. 12:1–2; Eph. 5:15–17, etc.).

The way of keeping the Law is this: to trust in and obey Jesus Christ always, because, though for a person to keep the formal aspects of the Law is in some degree possible, for a person to keep the essential aspect of the Law, that is, the spirit of the Law is not possible, because natural man is in a state of depravity (Rom. 7:7–25, etc.). Therefore, Christians today should always trust in and rely on Jesus Christ for keeping the Law, because when they trust in and rely on Jesus Christ they are released from sin and death, and accomplish the requirements of the Law by the power of the Holy Spirit (Rom. 8:1–4; Gal. 5:16–26, etc.).

When Christians today in Korea understand and practice these truths, their lives will build the kingdom of God, accomplish the will of God, and give glory to God (Matt. 5:13–16; 6:33, etc.). And that will increase the trustworthiness of Korean churches and help to achieve the mission of the church.

Key Words: The Mosaic Law, formal aspects of the law, essential aspects of the law, the spirit of the law, moral law, ceremonial law, civil law, salvation and ethics.

결론

A Basic Understanding of
Christian Ethics

제9장

결 론

기독교윤리는 기독교 신앙의 관점에서 본 윤리라고 할 것이다. 그러므로 기독교윤리를 잘 알려면, 기독교 신앙이 무엇인지를 알아야 하고, 또한 윤리가 무엇인지를 알아야 한다. 그러므로 이 책에서 우리는 먼저 윤리의 기본 개념과 목적에 대해서 고찰하였다. 그 결과 윤리에는 최소한 다섯 가지의 의미가 있음을 알 수 있었다. 그것은 1) 윤리학과 같은 의미, 2) 인간의 삶의 문제 또는 삶의 과제, 3) 삶의 원리 또는 이치, 4) 규범 또는 규칙, 그리고 5) 좁은 의미에서의 윤리, 곧 양심 또는 이성에 의해 인간이면 기본적으로 지켜야 한다고 생각되는 순수한 도덕 규칙이다. 그리고 윤리의 목적은 사람들이 함께 잘 살기 위한 것임을 고찰하였다. 제3장에서는 인간의 윤리적 삶의 방법에 대해서 고찰하였는데, 한 개인에게 있어서 윤리적 삶에는 인격 형성과 실천적 삶의 요소가 있으며, 인격 형성에는 세계관 형성, 가치관 형성, 삶의 목적 인식, 삶의 기준 인식, 삶의 방법에 대한 이해와 성품 형성의 요소들이 있고, 실천적 삶에는 자신의 정체성 확인, 현실 분별, 구체적 목표 설정, 구체적 계획 수립, 실천, 반성과 수정 및 재 시도의 요소들이 있음을 보았다. 그리고 이 모든 것이 어떤 세계관을 갖느냐에 따라서 차이가 생기는 것과 기독교인에게 있어서 그의 세계관 곧 기독교 신앙이 그의 인격 형성과 실천적 삶에 어떠한 영향을 미치는가를 보았다. 이를 통해 한 인간의 윤리적 삶의 전 과정과 그 안에서의 중요한 요소들 사이의 관계를 알 수 있었다. 제4장에서는 인간 삶의 윤리적 판단 기준에 대해서 고찰하였다. 인간 삶의 윤리적 판단 기준에 대해서 여러 이론들이 있지만, 궁극적으로 인간의 행위가 옳은 것이 되려면, 최소한 세 가지 조건을 갖추어야 함을 보았다. 그것은 1) 사물의 이치로서의 진리와 사실에 대한 바른 이해로서의 진실성(眞實性), 2) 사람에게 유익한 것으로서의 선(善), 3) 사람들 사이에 균형과 비례적 평등으로서의 공평성(公平性)이다. 인간의 행위가 윤리적으로 옳은 것이 되려면, 최소한 이 세 가지 요소들을 갖추어야 한다는 것이다. 제5장에서는 로마서의 내용을 검토함으로써 바울의 윤리적 이상과 그 실현 방법에 대해서 고찰하였다. 그 결과 바울에게 있어서 윤리적 이상은 네 가지로 요약할 수 있었다. 1) 첫째는 무엇보다도 먼저 하나님의 아들 예수 그리스도를 알고 믿음으로 구원 곧 영생을 얻는 것이다(롬 1-5장). 인간에게 있어서 이것이 가장 중요하기 때문이다. 2) 둘째로 구원받은 그리스도인은 하나님 앞에 거룩하고, 의롭고, 선한 삶을 사는 것이다(롬 6-8장). 이것이 구원받은 그리스도인에 대한 하나님의 뜻이며, 이와 같이 사는 것은 비록 고난이기도 하지만, 그 자체가 참으로 복되고 가치 있는 삶이기 때문이다. 3) 셋째로 그리스도인은 하나님께 받은 은혜로 서로 섬김으로 그리스도의 몸인 교회를 세우는 것이다(롬 12:1-13 등). 이것도 하나님이 기뻐하시는 뜻이기 때문이다. 4) 넷째로 그리스도인은 이 세상에서 하나님의 정의를 이루고 사랑으로 이웃을 섬김으로 하나님의 나라를 이루는 것이다(롬 12:14-13:14 등). 그리고 이러한 윤리적 이상을 실현하는 방법은 예수 그리스도를 믿고 순종하는 것이다. 그것은 곧 예수 그리스도의 십자가의 은혜로 죄와 악의 세력에서 자유를 얻으며, 성령의 은혜와 인도하심을 따라 하나님의 뜻을 이루며 사는 것이다(롬 6-8장 등). 제6장에서는 바울의 서신을 중심으로 구원과 윤리의 관계에 대해서 고찰하였다. 이를 통해 다음과 같은 몇 가지 결론을 얻었다. 1) 바울에게 있어서 그리스도인의 현재적 구원(직설법)은 그리스도인의 윤리적 삶(명령법)의 기초가 된다. 2) 그리스도인의 윤리적 삶은 또한 구원의 완성을 위한 요소가 되고, 3) 그리스도인들의 윤리적 삶은 또한 하나님의 종말론적 우주적 구원을 위한 한 요소가 되며, 4) 그리스도인의 윤리적 삶은 단지 신자의 구원만을 위한 것이 아니라, 또한 이 세상에서 하나님의 뜻을 이루기 위한 것이라는 것이다. 그것은 곧 그리스도인은 이 세상에서 복음을 전하여 세상의 구원을 이루어야 하며, 하나님의 의를 행함으로 하나님의 나라를 이루고, 또 하나님의 영광을 드러내기 위한 것이라는 것이다. 제7장에서는 로마서 6-8장에 나타난 바울의 윤리적 교훈을 고찰하였는데, 특히 로마서 7장과 8장에 나오는 "육신"의 의미를 고찰하고, 이 육신의 극복 방법에 대해서 고찰하였다. 로마서 7-8장에 나오는 "육신"은 타락한 인간성 곧 죄의 지배 아래 있는 인간성인데, 이 육신을 극복하는 방법은 바로 그리스도의 십자가의 은혜와 성령의 역사에 의한 것임을 보았다. 제8장에서는 그리스도인과 율법과의 관계에 대해서 고찰하였는데, 특히 오늘날 그리스도인들이 구약의 모세의 율법에 대해서 어떤 자세를 가져야 하는가에 대해서 고찰하였다. 그 결과 그리스도인들은 모세율법을 지키되, 그 정신을 지켜야 하며, 이는 오직 하나님의 사랑과 은혜에 의해서 가능한 것임을 보았다. 특히 모세 율법의 내용을 도덕법, 의식법, 시민법으로 구분하여 그 각 각의 내용을 지키는 방법에 대해서 고찰하였다. 이상의 내용을 통하여 윤리의 기본 개념과 목적, 윤리적 삶의 방법과 기준, 그리고 구원과 윤리의 관계와 그리스도인의 윤리적 삶의 방법 등에 대해서 고찰하였는데, 아직도 많은 부분들이 더 넓고 깊게 연구되어야 할 것이다. 특히 이러한 기독교윤리의 기본적인 내용들에 대한 이해를 기초로 성서윤리와 기독교윤리사상, 사회윤리들에 대해서는 앞으로 더 많은 연구가 있어야 할 것이다.

이를 통해 오늘날 한국의 그리스도인들이 구원과 윤리의 관계, 윤리적 삶의 방법, 기독교윤리의 기본적 이론들을 잘 이해하고, 이를 실천함으로 이 시대에 이 땅에서 하나님의 나라가 이루어지고, 하나님의 영광이 나타나는 복된 역사가 있기를 기대하고 기도한다.

bibliography

참고문헌

1. 성서

김의원 편. 『NIV 한영해설성경』. 고양시: (유)성서원, 2013.
김호용 편. 『성경전서 개역개정판』. 서울: 대한성서공회, 1998.
장보웅, 고영민 편저. 『분해 대조 로고스 성경』. 서울: 도서출판 로고스, 1990.
한성천 편. 『NASB 한영해설성경』. 서울: 도서출판 진흥, 1998.
BibleWorks9 Greek LXX/BNT.
BibleWorks9 NT(NA 27).
Good TV 온라인 성경. http://goodtvbible.goodtv.co.kr/bible.asp (018. 8. 1)
Nestle-Aland Novum Testamentum Graece. 7th edition. Stuttgart: Deutsche
         Bibelgesellschaft, 1983.

2. 사전

네이버 국어사전. "가치." http://100.naver.com/100.nhn?docid=249621 (2018.8.3).
_____. "도덕." http://100.naver.com/100.nhn?docid=47588 (2018. 8. 3).
_____. "본성." http://krdic.naver.com/detail.nhn?docid=17288900 (2018.8.1).
_____. "비전." http://krdic.naver.com/detail.nhn?docid=18553600 (2018. 8. 3).
_____. "선." http://100.naver.com/100.nhn?docid=90484 (2018. 8. 3).
_____. "윤리." http://krdic.naver.com/detail.nhn?docid=29893300 (2018. 8. 3).
_____. "윤리학." http://100.naver.com/100.nhn?docid=123564 (2018. 8. 3).
_____. "율법." http://krdic.naver.com/detail.nhn?docid=29922600 (2018. 8. 1).

──. "이상."

    http://krdic.naver.com/detail.nhn?docid=30509800&directAnchor=s3072

    14p196518 (2018. 8. 3).

──. "이치."

    https://ko.dict.naver.com/search.nhn?kind=all&query=%EC%9D%B4%

    EC%B9%98 (2018.8.14).

──. "지혜." http://100.naver.com/100.nhn?docid=143110 (2018. 8. 3).

──. "행복."

    https://ko.dict.naver.com/search.nhn?dic_where=krdic&query=%ED%9

    6%89%EB%B3%B5 (2018. 8. 3).

네이버 지식백과 교회용어사전. "행복."

    https://terms.naver.com/entry.nhn?docId=2377059&cid=50762&

    categoryId=51365 (2018. 8. 11).

네이버 지식백과 두산백과. "가치." http://100.naver.com/100.nhn?docid=249621

    (2018. 8. 3).

──. "계시."

    https://terms.naver.com/entry.nhn?docId=1060924&ref=y&cid=

    40942&categoryId=31576 (2018.8.6).

──. "규범." http://100.naver.com/100.nhn?docid=24838 (2018.8.6).

──. "당위." http://100.naver.com/100.nhn?docid=43720 (2018.8.6).

──. "도덕." http://100.naver.com/100.nhn?docid=47588 (2018. 8. 3).

──. "선." http://100.naver.com/100.nhn?docid=90484 (2018. 8. 3).

──. "양심." http://100.naver.com/100.nhn?docid=109391 (2018.8.6).

──. "예기." http://100.naver.com/100.nhn?docid=114380 (2018. 8. 3).

──. "윤리." http://krdic.naver.com/detail.nhn?docid=29893300 (2018. 8. 3).

──. "윤리학." http://100.naver.com/100.nhn?docid=123564 (2018. 8. 3).

──. "의." http://100.naver.com/100.nhn?docid=124676 (2018.8.6).

──. "의무." http://100.naver.com/100.nhn?docid=124804 (2018.8.6).

──. "이성." http://100.naver.com/100.nhn?docid=126601 (2018. 8. 6).

──. "조문도석사가의."

    https://terms.naver.com/entry.nhn?docId=1168863&cid=40942&

categoryId=32972 (2018. 8. 3).

_____. "지혜." http://100.naver.com/100.nhn?docid=143110 (2018. 8. 3).

_____. "진리." http://100.naver.com/100.nhn?docid=143495 (2018.8.6).

네이버 영어사전. "이상."

        http://endic.naver.com/search.nhn?sLn=kr&query=%EC%9D%B4%
        EC%83%81&searchOption=mean (2018.8.7).

_____. "ideal."

        http://endic.naver.com/enkrEntry.nhn?sLn=kr&entryId=9256b9b2436b4
        dcdab37796b6803527b (2018. 8. 3).

네이버 한자사전. "윤리."

        http://hanja.naver.com/search?query=%EC%9C%A4%EB%A6%AC
        (2018.8.3).

동아출판사 편집국 편. 『동아 프라임 국어사전』. 증보 개정판. 서울: 동아출판사, 1988.

민중서림 편집국 편. 『에센스 실용 영한사전』. 서울: 민중서림, 1997.

『브리태니커 세계대백과사전』, V. 17. 서울: 한국브리태니커 회사, 1993.

이희승 편저. 『국어사전』. 제3판. 서울: 민중서림, 1994.

한글과컴퓨터 한글2007 한자자전. "侖".

한글과컴퓨터 한글2007 한자자전. "倫".

Aland, Kurt et al. Eds. *Nestle-Aland Novum Testamentum Graece*. 7th
    edition. Stuttgart: Deutsche Bibelgesellschaft, 1983.

Arndt, William F. and Gingrich, F. Wilbur. *A Greek-English Lexicon of the
    New Testament and Other Early Christian Literature*. 2d ed.
    Chicago: The University of Chicago Press, 1979.

BibleWorks9. *Freiberg Greek Lexicon*. "24259 σάρξ."

_____. *Gingrich Greek Lexicon*. "5726 σάρξ."

_____. *Thayer's Greek Lexicon*. "24259 σάρξ."

Childress, James F. and MacQuarrie, John. Ed. *The Westminster Dictionary
    of Christian Ethics*. Philadelphia: The Westminster Press, 1986.

"Ethics." *The New Encyclopaedia Britanica* V.4, 1989 Micropaedia 15th ed.
    S.v.

Gerstner, J. H. "Law in the NT." In *The International Standard Bible*

Encyclopedia. Vol. 3. General Ed. Geoffrey W. Bromiley. Grand Rapids: Eerdmans, 1986. Reprint, 1987: 85-91.

Guralnik, David B. Ed., *Webster's New World Dictionary of the American Language*. 2nd College Edition. New York: Simon & Shuster, 1982.

The Westminster Dictionary of Christian Ethics. 1986 ed.

Hare, R. M. "Ethics." *The Westminster Dictionary of Christian Ethics*. 1986 ed.

Quell, Gottfried. "The Concept of Law in the Old Testament." *Theological Dictionary of the New Testament*. Vol. 2. ed. Kittel, Gerhard. tr. and ed. Bromiley, Geoffrey. Grand Rapids: Eerdmans, 1964.

Schrenk, Gottlob. "δικη, δικαιος, δικαιοσυνη, δικαιοω, δικαιωμα, δικαιωσις, δικαιοκρισια" *Theological Dictionary of the New Testament*. Vol. 2. ed. Kittel, Gerhard. tr. and ed. Bromiley, Geoffrey. Grand Rapids: Eerdmans, 1964.

Thayer's Greek Lexicon. "φρόνιμος." https://biblehub.com/greek/5429.htm (2018. 8. 14).

3. 윤리학

김은규. "지구윤리와 한국의 종교교육." 「종교교육학 연구」 20(2003): 117-145.

김태길. 『윤리학』. 개정 증보판. 서울: 박영사, 1998.

_____. 『윤리문제의 이론과 사회현실』. 서울: 철학과현실사, 2004.

_____. "지구촌의 공통된 문제들과 가치관의 혼란." 보편윤리와 아시아가치에 관한 국제회의. 1999.

도성달 외. 『거시윤리학: 과학기술시대의 새로운 윤리이론』. 성남시: 한국학중앙연구원, 2006.

목광수. "지구촌 정의관," 「철학논구」 30(2002): 117-139.

박병기 편. 『포스트모던 시대의 사회윤리학』. 서울: 도서출판 인간사랑, 1993.

박봉배. "그리스도인과 윤리," 『기독교윤리학 개론』. 서울: 대한 기독교출판사, 1996.

박일봉 편저. 『논어』. 서울: 육문사, 2000.

사단법인 한국총장협회 편. 『21세기 한국사회와 윤리』. 서울: 사단법인 한국총장협회, 2001.

사하키안, W. S. 『윤리학: 그 이론과 문제에 대한 개론』. 박종대 역. 개정판 3쇄. 서울:
　　　서강대학교출판부, 2005.

샌델, 마이클. 『정의란 무엇인가』. 이창신 역. 서울: 김영사, 2010.

＿＿＿. 『왜 도덕인가?』. 안진환, 이수경 역. 서울: 한국경제신문, 2010.

＿＿＿. 『정의의 한계』. 이양수 역. 서울: 도서출판 멜론, 2012.

서정기. 『새 시대를 위한 서경(상)』. 서울: 살림터, 2003.

성동호 역해. 『신역 한비자』. 서울: 홍신문화사, 1983.

시공사 편. 『도덕경』. 정창영 역. 서울: 시공사, 2000.

우천식, 이경영. "지구촌의 당면 과제(상): AC/UNU「미래보고서」."「나라경제」7
　　　(2006): 91-95.

＿＿＿. "지구촌의 당면 과제(하): AC/UNU「미래보고서」."「나라경제」8(2006): 98-105.

유네스코 철학윤리국. "21세기 윤리를 위한 공동의 틀(초안)." 유네스코 철학윤리국.
　　　1999.

유네스코 한국위원회. 「국제인권조약집」.

이대희. 『현대 윤리학』. 부산광역시: 세종출판사, 2004.

이서행. 『한국윤리문화사』. 경기도 성남시: 한국학중앙연구원 출판부, 2011.

이종은. 『평등, 자유, 권리: 사회정의의 기초를 묻다』. 서울: 책세상, 2011.

이한구. "문명 다원주의에서 본 세계화."

이홍구. "세계화의 윤리적 문제와 전망: 한국의 맥락에서." 유네스코 한국위원회, 한
　　　국정신문화연구원. 2002.

임의영. 『형평과 정의: 조화로운 사회적 삶의 원리를 찾아서』. 서울: 도서출판 한울, 2011.

정범모. "지구촌과 보편가치." 유네스코 철학윤리국. 1999.

정병오, 박제민 편. 『2017 한국교회의 사회적 신뢰도 여론조사 결과 발표 세미나』. 서울:
　　　(사)기독교윤리실천운동, 2017.

정원규. "현대사회와 윤리개념의 분화: 사회윤리와 개인윤리."『철학연구』. 제59권, 2002.

정재식. "세계화의 윤리적 문제와 전망: 지구촌의 맥락에서." 유네스코 한국위원회,
　　　한국정신문화연구원. 2002.

존스턴, 데이비드. 『정의의 역사』. 정명진 역. 서울: 부글북스, 2011.

최영태. "인간 삶의 윤리적 판단 기준에 대한 연구,"「복음과 윤리」10(2013): 164-205.

＿＿＿. "윤리의 기본 개념과 목적에 대한 연구."「복음과 윤리」9(2012): 157-203.

칸트, 이마누엘. 『도덕 형이상학을 위한 기초 놓기』. 이원봉 역. 서울: 책세상, 2002.

_____. 『실천이성비판』. 최재희 역. 중판. 서울: 박영사, 2003.

크리스챤아카데미 편. 『한스 큉의 세계윤리 구상』. 서울: 크리스챤아카데미, 2000.

테일러, 폴. 『윤리학의 기본원리』. 김영진 역. 서울: 서광사, 1985.

황경식 외. 『윤리학의 쟁점들 1: 윤리학과 그 응용』. 서울: 철학과현실사, 2012.

훈민학당 블로그. 예기 악기편.

> http://blog.naver.com/spdlqjrl?Redirect=Log&logNo=100014570622
> (2018.8.3).

Aristoteles. *Nicomachean Ethics*. 최명관 역. 『니코마코스 윤리학』. 서울: 서광사, 1984.

Bell, Daniel A. "Confucian Values for the Next Millenium." Division of Philosophy and Ethics, UNESCO. 1999.

Cady, Duane L. *Moral Vision: How Everyday Life Shapes Ethical Thinking*. New York: Rowman & Littlefield Publishers, Inc., 2005.

Cooper, David. *Value Pluralism & Ethical Choice*. New York: St. Martin's Press, 1993.

Coward, Harold. *Pluralism: Challenge to World Religions*. 한국종교연구회 역. 『종교다원주의와 세계종교』. 서울: 서광사, 1990.

Cox, Harvey. *The Secular City: Secularization and Urbanization in Theological Perspective*. 구덕관 외 역. 『세속도시』. 서울: 대한기독교서회, 1993.

Frankena, William Klaas. *Ethics*. 1989. 황경식 역. 『윤리학』. 서울: 철학과 현실사, 2003.

Freeman, Samuel, ed. *John Rawls: Collected Papers*. Cambridge, Massachusetts: Harvard University Press, 1999.

Griffin, James. *Value Judgement*. New York: Oxford University Press, 1997.

Honneth, Axel. "Mutual Recognition as a Key for a Universal Ethics." *Division of Philosophy and Ethics*. UNESCO. 1999.

Hayden, Patrick. *John Rawls: toward a Just World Order*. Cardiff: The University of Wales Press, 2002.

Jones, James William. *Contemporary Psychoanalysis & Religion:*

Transference and Transcendence. 유영권 역. 『현대정신분석학과 종교: 전이와 초월』. 서울: 한국심리치료연구소, 2002.

Kammer, Charles L. III. *Ethics And Liberation: An Introduction.* Maryknoll, New York: Orbis Books, 1988.

Kant, Immanuel. *Kritik der praktischen Vernunft.* Philosophische Bibliotheka. 최재희 역. 『실천이성비판』. 서울: 박영사, 2003.

_____. *Grundlegung zur Metaphysik der Sitten.* 이원봉 역. 『도덕 형이상학을 위한 기초 놓기』. 서울: 책 세상, 2002.

Kim, Yersu. "A Common Framework for the Ethics of the 21st Century." *Division of Philosophy and Ethics,* UNESCO. 1999.

Küng, Hans. *Projekt Weltethos.* 안명옥 역. 『세계윤리 구상』. 서울: 분도출판사, 1992.

Lovin, Robin W. "Ethos." *The Westminster Dictionary of Christian Ethics.* 1986 ed.

MacIntyre, Alasdair. *A Short History of Ethics.* 2nd ed. 김민철 역. 『윤리의 역사, 도덕의 이론』. 서울: 철학과현실사, 2004.

O'Byrne, Darren J. "Globalization, Cosmopolitanism and the Problem of Civil Society: Some Introductory Remarks." in *Global Ethics and Civil Society* edited by John Eade & Darren O 'Byrne, 1-14. Hampshire, England: Ashgate Publishing Limited, 2005.

O'Hear, Anthony. Ed. *Modern Moral Philosophy.* Cambridge: Cambridge University Press, 2004.

Parliament of the World's Religions. "Declaration Toward a Global Ethic." Chicago. 1993.

Plato. πολιτεία. 이병길 역. 『국가론』. 중판. 서울: 박영사, 2005.

Platts, Mark de Bretton. *Moral Realities: An Essay in Philosophical Psychology.* London: Routledge, 1991.

Pohl, Karl-Heinz. "Beyond Universalism and Relativism: Reflections on an East-West Intercultural Dialogue." Division of Philosophy and Ethics, UNESCO. 1999.

Pope John Paul II. *Memoria E Identita.* 이석규 역. 『우리는 그분 안에서 하나입

니다』. 김영사, 2005.

Rachels, James. *The Elements of Moral Philosophy.* 김기순 역. 『도덕철학』. 서울: 서광사, 1989.

Rawls, John. *A Theory of Justice.* Revised Edition. Harvard University Press, 1999.

_____. *A Theory of Justice.* Original Edition. Harvard University Press, 1971.

_____. *Political Liberalism.* Expanded Edition. New York: Columbia University Press, 2005.

_____. *Lectures on the History of Moral Philosophy.* Barbara, Herman. ed. Harvard University Press, 2000.

_____. *The Law of Peoples with "The Idea of Public Reason Revisited".* Cambridge, Massachusetts: Harvard University Press, 1999.

Schuweiker. William. *Power, Value and Conviction: Theological Ethics in the Postmodern Age.* 문시영 역. 『포스트모던 시대의 기독교 윤리』. 서울: 살림, 2003.

_____. *Responsibility & Christian Ethics.* 문시영 역. 『책임윤리란 무엇인가』. 서울: 대한기독교서회, 2000.

Singer, Peter. *A Companion to Ethics.* 김미영, 김성한, 소병철, 임건태 역. 『윤리의 기원과 역사』. 서울: 철학과현실사, 2004.

Taylor, Paul W. *Principles of Ethics: An Introduction.* Encino, California: Dickenson Publishing Co., 1975.

_____. *Principles Of Ethics: An Introduction.* 김영진 역. 『윤리학의 기본원리』. 서울: 서광사, 1985.

Thomas, Geoffrey. *An Introduction to Ethics.* 강준호 역. 『윤리학 입문: 도덕 판단의 다섯 가지 중심 문제들』. 서울: 철학과 현실사, 2005.

3. 기독교윤리학

가이슬러, 노르만 L. 『기독교윤리학』. 위거찬 역. 서울: 기독교문서선교회, 1999.
가이슬러, 노르만 L.와 스너퍼, 라이언. 『기독교윤리로 세상을 읽다』. 박주성 역. 서

울: 사랑플러스, 2009.

강영안 외. 『한국교회, 개혁의 길을 묻다』. 서울: 새물결플러스, 2013.

고범서. 『사회윤리학』. 서울: 나남, 1993.

고범서 외 편. 『기독교윤리학 개론』. 서울: 대한기독교출판사, 1987.

고재식. 『기독교윤리의 유형론적 연구』. 서울: 대한기독교서회, 2005.

_____. 편역. 『기독교윤리학 방법론』. 서울: 대한기독교출판사, 1985.

그렌츠, 스탠리. 『기독교윤리학의 토대와 흐름』. 신원하 역. 서울: IVP, 2001.

기윤실 보도자료. "한국교회의 낮은 신뢰는 만성적, 구조적 문제(19.4%), 윤리와 도
　　　　덕실천을 통한 신뢰회복 필요".

http://cemk.org/2008/bbs/board.php?bo_table=2007_notice&wr_id=2926
　　　　(2018.1.18.)

김세윤. "한국교회 문제의 근원, 신학적 빈곤". 『한국교회, 개혁의 길을 묻다』. 서울:
　　　　새물결플러스, 2013.

김정연. "'칭의'는 구원의 완성 아냐…하나님과의 관계 중요." News Mission. 2013.
　　　　12. 16. http://www.newsmission.com/news/news_view.asp?seq=56179.

김희수. 『기독교윤리학』. 서울: 동문선, 2011.

_____. 『기독교윤리학의 이론과 방법론』. 서울: 동문선, 2004.

노르만 가이슬러. 『기독교윤리학』. 위거찬 역. 서울: 기독교문서선교회, 1999. ·

노정선. "한반도 통일정책: 2002." 광주 YWCA 창립 80주년 기념 종교학술 세미나.

_____. "북한의 변화와 평화정착." 한국기독교교회협의회 통일위원회 주최, 2002.

_____. "한반도 평화전략과 나눔과 섬김의 공동체." 일본, 도잔소. 남북(북남) 공동
　　　　체의 나눔과 섬김. 2002.

_____. 『제3의 전쟁: 동북아 정세 변화와 한반도 평화정착-정치윤리학적 접근』. 서
　　　　울: 고려글방, 1997.

_____. 『이야기신학』. 서울: 도서출판 한울, 1993.

_____. 『통일신학을 향하여: 제 3세계 기독교윤리』. 서울: 도서출판 한울, 1988.

로빈, 로빈. 『21세기 그리스도인의 윤리: 기본지침』. 최영태 역. 서울: 기독교문서선
　　　　교회, 2008.

로저 크룩. 『기독교윤리학개론』. 최봉기 역. 서울: 요단출판사, 1997.

맹용길. 『기독교윤리실천방법론』. 서울: 장로회신학대학출판부, 1998.

_____. 『생명의료 윤리』. 서울: 장로회신학대학출판부, 1997.

_____. 『기독교윤리학 개론』. 서울: 한국장로교출판사, 1994.

박명철 편. 『생명, 신학, 윤리』. 서울: 한들출판사, 2003.

박봉배. "그리스도인과 윤리." 『기독교윤리학 개론』. 고범서 외. 서울: 대한기독교 출판사, 1987.

박충구. 『21세기 문명과 기독교윤리』. 서울: 대한기독교서회, 1999.

신국원. 『니고데모의 안경』. 서울: 한국기독학생회출판부, 2005.

신원하. 『전쟁과 정치』. 서울: 대한기독교서회, 2000.

편저. 『기독교윤리와 사회정의』. 서울: 한들출판사, 2000.

양명수. 『기독교사회정의론』. 서울: 한국신학연구소, 1997.

오주연. "기독교윤리의 규범형성 방법에 대한 연구: E. L. 롱의 유형론에 대한 비판적 분석." 박사학위논문, 연세대학교 대학원, 1998.

윤화미. "한국교회, 사회봉사는 '최고' 신뢰도는 '최하'". News Mission. 2014. 2. 5. http://www.newsmission.com/news/news_view.asp?seq=56685.

이상원. 『기독교윤리학: 개혁주의적 관점에서 본 이론과 실제』. 서울: 총신대학교 출판부, 2010.

이장형. 『라인홀드 니버의 사회윤리 구상과 인간이해』. 서울: 선학사, 2002.

이종성. 『윤리학(1)』. 서울: 대한기독교출판사, 1992.

_____. 『윤리학(2)』. 서울: 대한기독교출판사, 1992.

임성빈 외. 『현대기독교윤리학의 동향』. 서울: 예영 커뮤니케이션, 1997.

장 열. "기독교윤리실천운동 '한국교회 사회적 신뢰도 여론조사'." 중앙일보 (2018.8.12). http://www.koreadaily.com/news/read.asp?art_id=2318714 (2018. 8. 13).

정종훈. 『기독교 사회윤리와 인권: 함께 누릴 인권을 지향하는 사회』. 서울: 대한기독교서회, 2003.

_____. 『정치 속에서 꽃피는 신앙: 기독교 사회윤리와 정치』. 서울: 대한기독교서회, 2004.

조제호 편. 『2013 한국교회의 사회적 신뢰도 여론조사 결과 발표 세미나』. 서울: (사)기독교윤리실천운동, 2014.

조용훈. 『동서양의 자연관과 기독교 환경윤리』. 서울: 대한 기독교서회, 2002.

판넨베르크, 볼프하르트. 『기독교 윤리의 기초』. 오성현 역. 서울: 한들출판사, 2007.

한경민. "'말 따로 삶 따로' 만성 불신 한국교회." NEWSNJOY. 2014. 2. 4.

http://www.newsnjoy.or.kr/news/articleView.html?idxno=196075.

한국기독교윤리학회. 『새 세기의 한국교회와 기독교윤리』. 서울: 한들출판사, 2000.

──────. 편. 『기독교윤리학 개론』. 서울: 대한기독교서회, 2005.

한남대학교 기독교문화연구소 편. 『한국사회의 윤리적 위기와 기독교』. 서울: 한들, 1999.

한철하. 『21세기 인류의 살 길』. 서울: 아세아연합신학대학교출판부, 2003.

현영학 외. 『한국문화와 기독교윤리』. 서울: 문학과지성사, 1986.

홍요한, 김진호, 강명곤 편. 『2005 동북아시아 생명과 평화 국제 학술대회 자료집』. 서울: 한국기독자교수협의회, 2005.

Beach, Waldo and Niebuhr, H. Richard. *Christian Ethics: Sources of the Living Tradition*. 2nd Ed. 김중기 역. 『기독교윤리학』. 서울: 대한 기독교 출판사, 1985.

Bennett, John C. *The Radical Imperative: from Theology to Social Ethics*. Philadelphia: The Westminster Press, 1975.

Birch, Bruce C. & Rasmussen, Larry L. *Bible & Ethics in The Christian Life*. Revised & Expanded Edition. Minneapolis: Augsburg, 1989.

Gutierrez, Gustavo. "The Hope of Liberation" in *Mission Trends No. 3: Third World Theologies*. Anderson, ed. by Gerald H. and Stransky, Thomas F., C.S.P. New York/ Ramsey/ Toronto: Paulist Press and Grand Rapids: Eerdmans, 1976.

Bonhoeffer, Dietrich. *Ethik*. 6th ed. 손규태 역. 『기독교윤리』. 서울: 대한기독교서회, 1974.

Crook, Roger H. *An Introduction to Christian Ethics*. 2nd ed. 최봉기 역. 『기독교윤리학개론』. 서울: 요단출판사, 1997.

Dauma, J. *Responsible Conduct: An Introduction to Christian Ethics*. 신원하 역. 『개혁주의 윤리학: 책임 있는 행동을 위한 기독교적 원리』. 서울: 기독교문서선교회, 2003.

Elwell, Walter A. Ed. *Evangelical Dictionary of Theology*. Grand Rapids: Baker Book House, 1984.

Geisler, Norman L. *Christian Etics: Opinions and Issues*. 위거찬 역. 『기독교윤리학』. 서울: 기독교문서선교회, 1999.

Gill, Robin. *Moral Communities.* 김승호 역. 『포스트모던 시대의 도덕 공동체』. 서울: 선학사, 2004.

Grenz, Stanley J. *The Moral Quest: Foundations of Christian Ethics.* 신원하 역. 『기독교윤리학의 토대와 흐름』. 서울: 한국기독학생회출판부, 2001.

Grenz, Stanley J. and Olson, Roger E. *20th Century Theology: God and the World in a Transitional Age.* 신재구 역. 『20세기 신학』. 서울: 한국기독 학생회출판부, 1997.

_____ . *Who Needs Theology?: An Invitation to the Study of God.* 이영훈 역. 『신학으로의 초대』. 서울: 한국기독학생회출판부, 1999.

Gustafson, James M. *Ethics from a Theocentric Perspective.* Volume One *Theology and Ethics.* Chicago: The University of Chicago Press, 1981.

Harkness, Georgia. *Christian Ethics.* 김재준 역. 『기독교윤리학개론』. 서울: 대 한기독교서회, 1963.

Hauerwas, Stanley. *The Peaceable Kingdom.* Notre Dame: University of Notre Dame Press, 1983.

_____ . *A Community Of Character: Toward a Constructive Christian Social Ethics.* Notre Dame: University of Notre Dame, 1981.

Lovin, Robin W. *Christian Ethics: An Essential Guide.* Nashville: Abingdon Press, 2000.

Nash, James A. *Loving Nature: Ecological Integrity and Christian Responsibility.* 이문균 역. 『기독교 생태윤리: 생태계 보전과 기독교의 책 임』. 서울: 장로교출판사, 1997.

Niebuhr, H. Richard. *Christ and Culture.* 김재준 역. 『그리스도와 문화』. 서울: 대한기독교서회, 1958.

Niebuhr, Reinhold. *Interpretation of Christian Ethics.* London: SCM Press, 1936.

_____ . *Moral Man and Immoral Society: A Study in Ethics and Politics.* 이 한우 역. 『도덕적 인간과 비도덕적 사회』. 서울: 문예출판사, 1992.

Noh, Jong Sun. *Story God of the Oppressed.* Seoul: Hanul, 2004.

_____ . *The Third War: Christian Social Ethics.* Seoul: Yonsei University Press, 2000.

____. *Liberating God for Minjung.* Seoul: Hanul Academy, 1994.

____. *First World Theology and Third World Critique.* Seoul: The Christian Literature Society of Korea, 1989.

____. "Violence and Nonviolence in Minjung's Struggle for Justice in the Tonghak Revolution in 1894." Ph.D. diss., Union Theological Seminary, New York City, 1984.

O'Donovan, Oliver. *The Just War Revisited.* Cambridge: Cambridge University Press, 2003.

Rae, Scott B. and Cox, Paul M. *Bioethics: A Christian Approach in a Pluralistic Age.* 김상득 역. 『생명윤리학』. 서울: 살림출판사, 2004.

Rasmussen, Larry L. *Earth Community Earth Ethics.* Maryknoll, New York: Orbis Books, 1996.

Rauschenbusch, Walter. *A Theology for The Social Gospel.* New York: Abingdon Press.

Shin, Roger L. "The New Wave in Christian Thought" in *Encounter*, 28, No. 3(Summer, 1967).

Stackhouse, Max L.; Berger, Peter L.; McCann, Dennis P.; Meeks, M. Douglas. *Christian Social Ethics in a Global Era.* Nashville: Abingdon Press, 1995.

Stott, John. *New Issues Facing Christians Today.* Rev. ed. 정옥배 역. 『현대 사회문제와 그리스도인의 책임』. 서울: 한국기독학생회출판부, 2005.

Troeltsch, Ernst. *The Social Teaching of The Christian Churches.* New York: MacMillan Company, 1931.

Wogaman, J. Philip. *Christian Ethics: A Historical introduction.* 임성빈 역. 『기독교윤리학의 역사』. 서울: 한국장로교출판사, 2000.

Yoder, John H. *The Politics of Jesus.* Grand Rapids: Eerdmans Publishing Company, 1972.

4. 윤리적 삶의 방법

강희천. 『종교심리와 기독교교육』. 서울: 대한기독교서회, 2000.

____. 『기독교교육의 비판적 성찰』. 서울: 대한기독교서회, 1999.

_____.『기독교교육사상』. 서울: 연세대학교 출판부, 1991.

김현택 외 공저.『현대심리학 이해』. 서울: 학지사, 2003.

신국원.『니고데모의 안경』서울: 한국기독학생회출판부, 2005.

최영태. "그리스도인의 윤리적 삶의 방법에 대한 사도 바울의 교훈 연구."「신학과 실천」. 6(2008): 175-200.

한국성서대학교출판부.『세계문명과 자아 1: 신앙의 본질』. 서울: 한국성서대학교 출판부, 2003.

_____.『세계문명과 자아 2: 신앙의 성장』. 서울: 한국성서대학교 출판부, 2003.

Birch, Bruce C. & Rasmussen, Larry L. *Bible & Ethics in The Christian Life.* Revised & Expanded Edition. Minneapolis: Augsburg, 1989.

Dyksyra, Craig and Parks, Sharon. *Faith Development and Fowler.* Birmingham: Religious Education Press, 1986.

Fowler, James W. *Stages of Faith: The Psychology of Human Development and the Quest for Meaning.* San Francisco: Harper & Row, 1981.

Foster, Richard J. *Celebration of Discipline: The Path to Spiritual Growth.* San Francisco: Harper & Row, 1978.

Gilligan, Carol. *In a Different Voice: Psychological Theory and Women's Development.* Cambridge, Massachusetts, and London, England: Harvard University Press, 1982.

Hospers, John. *Human Conduct: Problems of Ethics.* 2nd ed. 최용철 역.『도덕행위론: 현대윤리학의 문제들』. 서울: 지성의 샘, 1994.

Jordan, James B. *Through New Eyes: Developing a Biblical View of the World.* 이동수, 정연해 역.『새로운 시각으로 본 성경적 세계관』. 서울: 도서출판 로고스, 2002.

Joy, Donald M. Ed. *Moral Development Foundations: Judeo-Christian Alternatives to Piaget/Kohlberg.* Nashville: Abingdon Press, 1983.

Kammer, Charles L., III. *Ethics And Liberation: An Introduction.* Maryknoll, New York: Orbis Books, 1988.

Loder, James E. *The Transforming Moment: Understanding Convictional Experiences.* San Francisco: Harper & Row, 1981.

Long, Edward L. Jr. *A Survey Of Recent Christian Ethics.* New York:

Oxford University Press, Inc., 1982.

_____. *A Survey of Christian Ethics.* New York: Oxford University Press, 1967.

MacIntyre, Alasdair. *After Virtue: A Study in Moral Theory.* 2nd ed. Notre Dame: University of Notre Dame Press, 1984.

Myers, David G. and Jeeves, Malcolm A. *Psychology through the Eyes of Faith.* 박원기 역. 『신앙의 눈으로 본 심리학』. 서울: 한국기독학생회출판부, 1995.

Niebuhr, H. Richard. *The Responsible Self: An Essay in Christian Moral Philosophy.* New York: Harper & Row, 1963.

Nelson, James B. *Moral Nexus: Ethics of Christian Identity and Community.* Twenty-fifth Anniversary Edition. Louisville: Westminster John Knox Press, 1996.

Ogltree, Thomas W. *The Use of the Bible in Christian Ethics.* Philadelphia: Fortress Press, 1983.

Oates, Wayne. The Psychology of Religion. 정태기 역. 『현대 종교심리학』. 서울: 대한기독교서회, 1994.

Peace, Richard. *Conversion in the New Testament: Paul & the Twelve.* 김태곤 역. 『신약이 말하는 회심』. 서울: 좋은씨앗, 1999.

Reeve, Johnmarshall. *Understanding Motivation and Emotion.* 3rd ed. 정봉교, 현성용, 윤병수 역. 『동기와 정서의 이해』. 서울: 박학사, 2003.

Sire, James W. *The Universe Next Door.* 2nd Ed. 김헌수 역. 『기독교세계관과 현대사상』. 서울: 한국기독학생회출판부, 1995.

Swanton, Christine. *Virtue Ethics: A Pluralistic View.* Oxford: Oxford University Press, 2003.

Trigg, Roger. *Idea of Human Nature: Historical Introduction.* 최용철 역. 『인간 본성에 대한 철학적 논쟁』. 개정판. 서울: 간디서원, 2003.

5. 성서윤리

김근수. "바울의 율법론". 「개혁논총」 17/0(2011): 191-223.

김동민. "고린도교회의 문제에 대한 바울의 접근." 박사학위논문, 서울성경신학대학
　　　원대학교, 2012.

김세윤. 『바울신학과 새관점』. 서울: 두란노, 2002.

──── . 『예수와 바울』. 서울: 두란노, 2001.

김영동. "신약성경 해석을 위한 담화행위 접근법의 가능성 모색: 기독교윤리의 관점
　　　에서 고찰한 신약성경 윤리학" 박사학위논문, 연세대학교 대학원, 2001.

김중기. 『바울은 이렇게 말한다』. 서울: 연세대학교출판부, 2004.

──── . 『바울의 윤리적 비전』. 서울: 연세대학교출판부, 2003.

──── . 『생동하는 신앙』. 서울: 참가치, 2001.

──── . 『김중기의 구약성경 이야기 1』. 서울: 도서출판 참가치, 2000.

──── . 『김중기의 구약성경 이야기 2』. 서울: 도서출판 참가치, 2000.

──── . 『참 가치의 발견』. 서울: 도서출판 예능, 1995.

──── . 『변화와 도전』. 서울: 도서출판 예능, 1995.

──── . 『이대로 주저앉을 수는 없다』. 서울: 도서출판 예능, 1992.

──── . 『약자에게 일어난 신앙 사건』. 서울: 도서출판 예능, 1991.

──── . 『신앙과 윤리』.서울: 종로서적, 1986.

──── . "바울 윤리의 바탕: 서신의 표현 양식을 이야기 신학으로 수용하면서." 「신학
　　　논단」 제27집. 서울: 연세대학교출판부, 1999.

──── . "바울 연구의 기초작업: 인간 바울; 바울 윤리의 구조론적 분석을 위하여."
　　　「현대와 신학」 제3집. 서울: 연세대학교 연합신학대학원, 1998.

──── . "바울의 변화체험과 가치구조의 전환." 「신학논단」 제27집. 서울: 연세대학
　　　교출판부, 1999.

──── . 편. 『한권으로 읽는 복음서』. 서울: 도서출판 참가치, 2005.

──── . 외. 『김중기의 목회 이야기와 신학』. 서울: 참가치, 2000.

김창락. 『성서주석 갈라디아서』. 서울: 대한기독교서회, 1999.

김현광. "로마서 7:14-25절과 그리스도인의 현재적 삶". 「성경과 신학」. 61(2012):
　　　336-364.

박동국. "바울의 성화론 내에서의 '몸의 행실 죽이기'(롬 8:13)." 박사학위논문, 아세
　　　아연합신학대학교 대학원, 2009.

서중석. 『바울서신 해석』. 서울: 대한기독교서회, 1998.

안진훈. 『성서윤리의 패러다임전환』. 서울: 청운사, 2003.

_____. "누가공동체에 대한 윤리학적 분석." 박사학위논문, 연세대학교 대학원, 1998.

유상현. 『바울의 제1차 선교여행』. 서울: 대한기독교서회, 2002.

_____. 『사도행전연구』. 서울: 대한기독교서회, 1996.

이승구. 『톰 라이트에 대한 개혁신학적 반응: N. T. Wright의 신학적 기여와 그 문제 점들』. 수원시: 합동신학대학원 출판부, 2013.

전경연. 『로마서신학』. 서울: 대한기독교서회, 1999.

_____. 『원시기독교와 바울』. 서울: 대한기독교출판사, 1982.

장종현과 최갑종. 『사도바울: 그의 삶, 편지, 그리고 신학』. 개정증보판. 서울: 기독교 연합신문사, 2001.

장해경. "변증법적 긴장 속에서 사는 크리스천의 삶?: 로마서 7:7-25를 재고하며." 「성경과 신학」 39(2006): 52-86.

장흥길. 『신약성경윤리』. 서울: 장로회신학대학 출판부, 2002.

최갑종. "한국교회와 구원론: '새 관점'에 대한 복음주의의 대응: 로마서와 갈라디아 서에 나타난 바울의 '이신칭의'(the Justification by Faith) 교훈을 중심으로." 「성경과 신학」. 55(2010): 1-40.

_____. "바울과 인간: 로마서 7:7-25에 관한 연구". 『사도 바울: 그의 삶, 편지, 그리고 신학』. 개정증보판. 서울: 기독교연합신문사, 2001: 427-449.

_____. "바울과 성령: 로마서 8:1-27에 대한 연구". 『사도 바울: 그의 삶, 편지, 그리고 신학』. 개정증보판. 서울: 기독교연합신문사, 2001: 450-461.

_____. "바울과 윤리: 바울의 윤리적 교훈의 특징-직설법과 명령법." 『사도 바울: 그의 삶, 편지, 그리고 신학』. 개정증보판. 서울: 기독교연합신문사, 2001: 557-576.

최영태. "그리스도인들은 모세율법을 지켜야 하는가?".「성경과 신학」. 84(2017.10): 191-222.

_____. "로마서 6-8장에 나타난 그리스도인의 윤리적 삶의 방법에 대한 연구".「성경과 신학」. 82(2017.4): 299-331.

_____. "로마서에 나타난 바울의 윤리적 교훈에 대한 연구: 구원과 윤리의 관계를 중심으로".「성경과 신학」. 73(2015): 243-280.

_____. "바울의 윤리적 이상과 그 실현 방법에 대한 연구: 로마서의 윤리적 교훈을 중심으로,"「복음과 윤리」 11(2014): 217-259.

_____. "그리스도인의 윤리적 삶의 방법에 대한 통전적, 구조적 이해에 대한 연구: 바울윤리의 구조적 분석을 중심으로." 박사학위 논문. 연세대학교 대학원, 2007.

_____. "로마서에 나타난 바울윤리의 구조론적 분석: 구원과 규범과의 관계를 중심으로." 석사학위 논문, 연세대학교, 2000.

한기채. 『성서이야기 윤리』. 서울: 대한기독교서회, 2003.

홍인규. 『바울의 율법과 복음』. 서울: 생명의 말씀사, 1996.

Barrett, C. K. *The Epistle to the Romans*. rev. ed. Peabody: Hendrikson, 1991.

_____. *The First Epistle to the Corinthians*. New York: Harper & Row, 1968.

Barth, Karl. *The Epistle to the Romans*. Trans. E. C. Hoskyns. London: Oxford University Press, 1960.

Beker, J. Christian. *Paul The Apostle: The Triumph of God in Life and Thought*. 장상 역. 『사도바울』. 서울: 한국신학연구소, 1998.

Bruce, F. F. Paul: *Apostle of The Heart Set Free*. Grand Rapids: Eerdmans, 1977.

_____. *The Letter of Paul to the Romans: An Introduction and Commentary*. 2nd ed. Leicester: Inter-Varsity Press, 1985.

_____. *The Epistle to the Galatians*. Grand Rapids: Eerdmans, 1982.

Calvin, John. *Institutes of the Christian Religion*. 김종흡, 신복윤, 이종성, 한철하 역. 『기독교강요』. 서울: 생명의 말씀사, 1986.

Carlson, R. "The Role of Baptism in Paul's Thought." *Interpretation* 47 (1993): 229-298.

Cranfield, C. E. B. *A Critical and Exegetical Commertary on the Epistle to the Romans*. V. I. Edinburgh: T & T Clark, 1990.

_____. *Romans: A Shorter Commentary*. Grand Rapids: Eerdmans, 1985.

_____. "Romans 6:1-14 Revisited." *Expository Times* 106 (1994): 40-43.

Ellison, H. L., "Matthew," In *The International Bible Commentary with the New International Version*. General Ed. F. F. Bruce. Grand Rapids: Zondervan, 1986.

Cullmann, Oscar. *Christ and Time: The Primitive Christian Conception of Time and History*. Revised, ed. London: SCM/ Philadelphia:

Westminster, 1962.

Donfried, Karl P. ed. *The Romans Debate*. Peabody: Hendrickson, 1991.

Dunn, James D. G. *The Theology of Paul the Apostle*. Grand Rapids: Wm. Eerdmans Publishing Company, 1998.

_____. *The Theology of Paul the Apostle*. 박문재 역. 『바울신학』. 서울: 크리스챤 다이제스트, 2003.

_____. *A New Perspective on Jesus: What the Quest for the Historical Jesus Missed*. Grand Rapids: Baker Academic, 2005.

_____. *The Holy Spirit And Christian Origins*. Wm. B. Eerdmans Publishing Co., 2004.

_____. *Word Biblical Commentary Volume 38a: Romans 1–8*. Dallas: Word Books, 1988.

_____. *Word Biblical Commentary Volume 38b: Romans 9–16*. Dallas: Word Books, 1986.

_____. "Salvation Proclaimed: Romans 6:1–11: Dead and Alive." *Expository Times*. 93 (1982): 259–264.

_____. *Unity & Diversity in the New Testament: An Inquiry into the Character of Earliest Christianity*. 김득중, 이광훈 역. 『신약성서의 통일성과 다양성』. 서울: 나단출판사, 1988.

Ellison, H. L., "Matthew," In *The International Bible Commentary with the New International Version*. General Ed. F. F. Bruce. Grand Rapids: Zondervan, 1986.

Fee, Gordon D. *Paul, the Spirit, and the People of God*. 길성남 역. 『바울, 성령, 그리고 하나님의 백성』. 서울: 좋은 씨앗, 2000.

_____. *Listening to the Spirit in the Text*. 조원봉 역. 『성령이 들려주시는 하나님의 말씀』. 서울: 좋은 씨앗, 2000.

Fitzmyer, Joseph A. S. J. "79. Paul, 82. Pauline Theology," *The New Jerome Biblical Commentary*. 배용덕 편역. 『바울의 신학』. 서울: 도서출판 솔로몬, 1996.

Furnish, Victor Paul. *The Moral Teaching of Paul: Selected Issues*. rev. 2d ed. Nashville: Abingdon Press, 1985.

_____. *Jesus according to Paul*. Cambridge: Cambridge University Press, 1993.

_____. *Theology and Ethics in Paul*. Nashville: 김용옥 역. 『바울의 신학과 윤리』. 서울: 대한기독교출판사, 1996.

Janzen, Waldemar. *Old Testament Ethics*. Louisville, Kentucky: Westminster/John Knox Press, 1994.

Jervell, Jacob. *The Theology of the Acts of the Apostles*. 윤철원 역. 『사도행전 신학』. 서울: 한들출판사, 1994.

Jervis, L. Ann. *The Purpose of Romans: A Comparative Letter Structure Investigation*. Sheffield: JSOT Press, 1991.

_____. *Galatians*. Grand Rapids: BakerBooks, 1999.

Hay, David M. & Johnson, E. Elisabeth. Ed. *Pauline Theology. V. III: Romans*. Mineapolis: Fortress Press, 1995.

Hays, Richard B. *The Moral Vision of The New Testament: Community, Cross, New Creation: A Contemporary Introduction to New Testament Ethics*. New York: HarperSanFransisco, 1996.

_____. *The Moral Vision of The New Testament: Community, Cross, New Creation: A Contemporary Introduction to New Testament Ethics*. 유승원 역. 『신약의 윤리적 비전』. 서울: 한국기독학생회 출판부, 2002.

Jones, David Clyde. *Biblical Christian Ethics*. Baker Books: Grand Rapids, 1994.

Käsemann, Ernst. *Commentary on Romans*. Bromiley, Geoffrey W. tr. and ed. Grand Rapids: William B. Eerdmanns Publishing Company, 1980 [Käsemann, Ernst. *An Die Römer*.].

Keck, Leander E. *Romans*. Nashville: Abingdon Press, 2005.

Kim, Seyoon. *The Origin of Paul's Gospel*. Tubingen: Mohr, 1981.

_____. *The Origin of Paul's Gospel*. 홍성희 역. 『바울복음의 기원』. 서울: 엠마오, 1994.

Knutson, F. B. "Flesh," in *The International Standard Bible Encyclopedia*. Vol. 2. General Ed. Geoffrey W. Bromiley. Grand Rapids: William B. Eerdmans Publishing Company, 1982. Reprint, 1987.

Ladd, George Eldon. *A Theology of the New Testament.* 신성종, 이한수 역.
　　『신약신학』. 개정증보판. 서울: 대한기독교서회, 2001.

＿＿＿. *A Theology of The New Testament.* Grand Rapids: Eerdmans, 1974.

Lightfoot, J. B. *Notes on Epistles of St Paul from Unpublished Commentaries.*
　　London : Macmillan, 1904.

Lohse, Eduard. *Umwelt des Neuen Testaments.* Göttingen: Vandenhoeck &
　　Ruprecht, 1971.『신약성서배경사』. 박창건 역. 서울: 대한기독교출판사,
　　1983.

＿＿＿. *Grundriss der neutstamentlichen Theologie.* 5th ed. 박두환 역.『신약
　　성서신학』. 서울: 한국신학연구소, 2002.

Lovering, Eugene H. Jr. & Sumney, Jerry L. Ed. *Theology and Ethics in
　　Paul and His Interpreters.* Nashville: Abingdon Press, 1996.

Marxen, Willi. *New Testament Foundations for Christian Ethics.*
　　Minneapolis: Fortress Press, 1993.

Matera, Frank J. *New Testament Ethics.* Louisville: Westminster John Knox
　　Press, 1996.

Meeks, Wayne A. *The Origins of Christian Morality: The First Two
　　Centuries.* New Haven: Yale University Press, 1993.

＿＿＿. *The Moral World of the First Christians.* Philadelphia: The
　　Westminster Press, 1986.

Moo, Douglas J. "Romans 6:1-14 [exegetical notes]." *Trinity Journal* ns 3
　　(1982): 215-220.

Morris, Leon. *The Epistle to The Romans.* 1988. Reprint, Grand Rapids:
　　Eerdmans, 1994.

＿＿＿. Galatians: Paul's Charter of Christian Freedom. Downers Grove:
　　InterVarsity Press, 1996.

Murray, John, *The Epistle to the Romans.* V. 1. Grand Rapids: Eerdmans,
　　1959.

Reymond, Robert L. *Paul Missionary Theologian: A Survey of his
　　Missionary Labours and Theology.* 원광연 역.『바울의 생애와 신학』.
　　서울: 크리스챤 다이제스트, 2003.

Rosner, Brian S. Ed. *Understanding Paul's Ethics*. Grand Rapids: Eerdmans, 1995.

Samply, J. Paul. *Walking between the Times: Paul's Moral Reasoning*. Minneapolis: Fortress Press, 1991.

Sanders, E. P. *Paul, the Law, and the Jewish People*. Philadelphia: Fortress Press, 1983.

_____. *Paul, the Law, and the Jewish People*. 김진영 역. 『바울, 율법, 유대인』. 서울: 크리스챤 다이제스트, 1994.

Schrage, Wolfgang. *Ethik des Neuen Testaments*. Göttingen: Vandenhoeck & Ruprecht, 1982. *The Ethics of The New Testament*. Trans. David E. Green. Philadelphia: Fortress Press, 1988.

Schreiner, Thomas R. *Romans*. Grand Rapids: Baker Academic, 1998.

Stanton, Graham N.; Longenecker, Bruce W.; and Barton, Stephen C. ed. *The Holy Spirit and Christian Origins: Essays in Honor of James D. g. Dunn*. Grand Rapids: William b. Eerdmans Publishing Company, 2004.

Stepp, Perry Leon. *The Believer's Participation in the Death of Christ: Corporate Identification and a Study of Romans 6:1-14*. Lewiston/ Queenston/ Lampeter: Mellen Biblical Press, 1996.

Stott, John. *The Message of Romans: God's Good News for the World*. 정옥배 역. 『로마서 강해: 온 세상을 향한 하나님의 복음』. 서울: 한국기독학생회출판부, 2006.

_____. *The Message of Romans: God's Good News for the World*. Downers Grove: InterVasity Press, 1994.

Thiselton, Anthony C., *First Corinthians: A Shorter Exegetical and Pastoral Commentary*. 권연경 역. 『고린도전서: 해석학적 & 목회적으로 바라본 실용적 주석』. 서울: SFC 출판부, 2011.

Verhey, Allen. *The Great Reversal: Ethics and the New Testament*. 김경진 역. 『신약성경윤리』. 서울: 솔로몬, 1997.

Wedderburn, A. J. M. *The Reasons for Romans*. Minneapolis: Fortress Press, 1991.

_____. "Hellenistic Christian Traditions in Romans 6?" *New Testament Studies* 29 (1983): 337-355.

Wenham, David. *Paul: Follower of Jesus or Founder of Christianity?* 박문재 역. 『바울: 예수의 추종자인가 기독교의 창시자인가』. 서울: 크리스챤 다이 제스트, 2002.

Wendland, Heinz Dietrich. *Ethik des Neuen Testaments*. Eine Einfürung. 2 Aufl. 전경연 역. 『신약성서의 윤리』. 서울: 대한기독교 출판사, 1980.

White, R. E. O. *Biblical Ethics*. Atlanta: John Knox Press, 1979.

Wright, Christopher J. H. *Living as the People of God: the Relevance of Old Testament Ethics*. 정옥배 역. 『현대를 위한 구약윤리』. 서울: 한국기독학 생회출판부, 1989.

Wright, N. T. *Justification: God's Plan and Paul's Vision*. 최현만 역. 『톰 라이 트, 칭의를 말하다』. 평택: 에클레시아북스, 2013.

_____. *What St. Paul Really Said?* 최현만 역. 『톰 라이트, 바울의 복음을 말하 다』. 평택: 에클레시아북스, 2012.

Ziesler, J. A. *The Meaning of Righteousness in Paul*. Cambridge University Press, 1972.

_____. *Pauline Christianity*. Rev. ed. Oxford New York: Oxford University Press, 1990.

6. 기타 문헌

신국원. 『포스트모더니즘』. 서울: 한국기독학생회출판부, 1999.

양수산. 『신법학통론』. 서울: 일신사, 1983.

『영한대조 웨스트민스터 신앙고백』. 송종섭 역. 서울: 소망사, 1982.

이경직. 『기독교 철학의 모색』. 서울: 기독교 연합 신문사, 2006.

이문균. 『포스트모더니즘과 기독교신학』. 서울: 대한기독교서회, 2000.

Brieskorn, Nobert. *Rechtsphilosophie*. 김일수 역. 『법철학』. 서울: 서광사, 1996.

Erickson, Millard J. *Introducing Christian Doctrine*. 나용화, 황규일 역. 『조직 신학 개론』. 서울: 기독교문서선교회, 2001.

Kaufmann, Gordon. *An Essay on Theological Method*. 기독교통합연구소 역.

『신학 방법론』. 서울: 한들, 1999.

Maritan, Jacques. *Introduction générale à la philosophie.* 박영도 역. 『철학의 근본이해』. 서울: 서광사, 1984.

McGrath, Alister E. *A Passion for Truth: The Intellectual Coherence of Evangelicalism.* 김선일 역. 『복음주의와 기독교적 지성』. 서울: 한국기독학생회 출판부, 2001.

Stott, John. *Evangelical Truth: A Personal Plea for Unity.* 김현회 역. 『복음주의의 기본 진리』. 서울: 한국기독학생회출판부, 2002.

기독교윤리의 기초 이해

A Basic Understanding of Christian Ethics

2018년 8월 20일 1판 1쇄 인쇄
2018년 8월 24일 1판 1쇄 발행

지은이 | 최 영 태
펴낸이 | 민 병 문
펴낸곳 | 새한기획출판부
주 소 | 04542 서울특별시 중구 수표로 67 천수빌딩 1106호
T E L | (02) 2274-7809 / 070-4224-0090
F A X | (02) 2279-0090
E-mail | saehan21@chol.com
출판등록번호 | 제 2-1264호
출판등록일 | 1991. 10. 21

값 20,000원

ISBN 979-11-88521-10-4 03230
Printed in Korea